敦煌西域出土的法律文书与中国古代法制研究

郑显文 王蕾 ◎ 主编

中国法制出版社
CHINA LEGAL PUBLISHING HOUSE

本书出版得到上海市教委科研创新计划重大项目"'一带一路'沿线新发现的古代各民族的法律文书整理及研究"（2017-01-07-00-02-E00048）项目和上海师范大学第九期校级重点文科"法律史学"项目的资助

前 言
PREFACE

　　法律文明是一个不断流动的文化载体，它总是通过不同的途径相互交流、相互影响。在历史长河中，有一条贯穿亚欧大陆东西两端的文化走廊，这就是举世闻名的丝绸之路，古代中国与中亚、西亚和欧洲的政治、经济和法律文化交流就是通过这条通道不断相互传播的。

　　丝绸之路作为古代东西方文化的重要通道，不仅蕴藏着巨大的经济价值，也蕴含着丰富的法律文化价值。从十九世纪末以来，国内外考古工作者在丝绸之路沿线发现了许多古代法律文书，这些新出土的法律文书分布地域广泛，从东起中国的洛阳和西安，往西一直到中亚、西亚、南亚和欧洲各地；这些文书所涉及的年代久远，从秦汉到明清之际；新发现的法律文书内容丰富，包括不同文字、不同古代政权的法律文书。深入调查和研究丝绸之路沿线新发现的古代法律文书，不仅有助于我们了解当时丝路沿线民众的生活状况和法律状况，还能促进现阶段中国与丝绸之路沿线各国家的法律文化交流。

　　法律史学界很早就有学者关注丝绸之路沿线新发现的古代法律文书的出土情况，并作了许多基础性的研究，出版了一系列的研究成果。从2015年以来，上海师范大学法律史学研究团队把对丝绸之路沿线新发现的古代法律文书作为学术研究重点。2016年，法律史学科获得上海师范大学第九期校级重点学科"法律史学"项目的资助；2017年6月，又获得了上海市教委科研创新计划重大项目"一带一路沿线新发现的古代各民族的法律文书整理及研究"，为我们的法律史学研究提供了便利条件。

　　最近几年来，上海师范大学法律史学科先后举办了"中国传统民事法律的近代转型及未来展望"学术研讨会，"丝绸之路沿线新发现的汉唐时期的法律文书研究"学术研讨会,"丝绸之路沿线新发现的古代少数民族法律文书研究"研讨会等学术会议,出版了《中国古代的法典、制度和礼法社会》《丝绸之路沿线新发现的汉唐时期法律文书研究》《中国传统民事法律的近代转型和未来展望》等论著,在国内外法史学界产生了较大的影响。本书正是在上述研究成果的基础上编纂而成的。

《敦煌西域出土的法律文书与中国古代法制研究》大致包括三方面的内容:其一,对丝绸之路沿线新发现的汉代法律竹简和敦煌吐鲁番文书的研究,主要有郑显文、王蕾《中国西北地区新发现的法律史料与汉唐经济法制》,杨晓宜《阿斯塔那墓出土的唐代废弃官文书与纸质随葬品》等论文。其二,对丝绸之路沿线新发现的古代各政权法律文书的研究,主要成果有韩树伟《丝绸之路沿线出土的古代佉卢文书研究概述》,盛洁《英藏敦煌西域古藏文文献中的法律文书概述》等论文。其三,新发现的法律史料与中国古代法律制度研究,主要成果有郑显文《译语人在古代丝绸之路沿线法律文化交流中的作用》,彭丽华《天圣〈营缮令〉与宋代桥梁的营缮与管理》,李云龙《宋代例册及其地位探微》等论文。上述这些研究成果,推动了中国古代法律史学研究的深入展开。

法律史学是一门法学、历史学和考古学等多学科的交叉性学科,法律史学的研究离不开新的史料。因此,我们衷心希望法律史学界能够与历史学、考古学等其他学科展开深入的交流,不断开拓学术研究的视野,提高法律史学研究的质量,为当前中国的法治现代化建设服务。

郑显文

2023 年 8 月 30 日

目 录
CONTENTS

中国西北地区新发现的法律史料与汉唐经济法制　　　　　郑显文　王　蕾　001

汉代边塞军吏职位变动的换补途径探析　　　　　　　　　　　　　邬文玲　032

从敦煌西域出土的法律文书看唐代的军事管理制度　　　郑显文　张媛媛　045

从敦煌吐鲁番文书看唐代的民事诉讼制度　　　　　　　　　　　　郑显文　084

从敦煌西域文书看吐蕃时期的农牧业法制　　　　　　　　　　　　魏明孔　114

敦煌文书伯3560号唐《沙州敦煌县行用水细则》性质探析　　　　　王　蕾　125

从P.2504Pièce3v《释道坚状》看中古时期敦煌僧尼的婚姻与家庭

　　　　　　　　　　　　　　　　　　　　　　　　　　　　　　冯培红　143

论唐代《道僧格》的性质及其形态　　　　　　　　　　　李勤通　周东平　153

天圣《营缮令》与宋代桥梁的营缮与管理　　　　　　　　　　　　彭丽华　167

宋代例册及其地位探微　　　　　　　　　　　　　　　　　　　　李云龙　191

译语人在古代丝绸之路沿线法律文化交流中的作用　　　　　　　　郑显文　214

丝绸之路沿线出土的古代佉卢文书研究概述　　　　　　　　　　　韩树伟　238

英藏敦煌西域古藏文文献中的法律文书概述　　　　　　　　　　　盛　洁　259

日本《令集解》所引"本令"初探　　　　　　　　　　　　　　　　张　雨　271

阿斯塔那墓出土的唐代废弃官文书与纸质随葬品　　　　　　　　　杨晓宜　296

中国西北地区新发现的法律史料与汉唐经济法制

郑显文　王　蕾[*]

19世纪末20世纪初，中国西北地区出土了大量的汉唐时期的古代文书，它们包括1900年在甘肃敦煌藏经洞发现的古代遗书，1901年瑞典人斯文·赫定在新疆汉代遗址中发现的简牍，20世纪60至70年代在新疆阿斯塔那发现的吐鲁番文书，1973年在内蒙古额济纳旗居延发现的2万多枚竹简，1981年在甘肃武威出土的汉简《王杖诏令》，1983年12月在湖北江陵张家山汉墓出土的汉代竹简，1991年在敦煌悬泉发现的汉代诏书律令，1993年在江苏连云港的尹湾汉墓出土了24枚木牍和133枚汉简，2003年在内蒙古额济纳旗发现的王莽登基诏书残简和律令，以及大量的尚未公布的出土法律文献等，这些古代简牍和纸质文书的发现，不仅弥补了历史学研究的空白，也为法律史学研究提供了珍贵的原始材料。

我国著名学者陈寅恪先生在为陈垣教授《敦煌劫余录》一书所作的序言指出："一代之学术，必有其新材料与新问题。取用此新材料，以研求问题，则为此时代学术之新潮流。"自秦汉竹简和敦煌吐鲁番文书发现以来，学术界对这一时期的政治、经济、文化等方面的研究取得了长足进展。由于这些新出土的文书所涉及的内容广泛，发现的时间前后相差甚远，加之分散于全国各地，为学术研究带来了诸多不便。本文将根据现已发表的汉代简帛和敦煌吐鲁番文书，对汉唐时期的经济法律制度略作分析，不妥之处，敬请指正。

---

[*] 郑显文，上海师范大学哲学与法政学院教授；王蕾，山东政法学院讲师。

一、中国西北地区新发现的汉代经济法制史料

20世纪的中国考古学取得了巨大成就，其中汉简的发现最为引人关注。自20世纪初以来，斯坦因、斯文·赫定等人相继在尼雅、楼兰、敦煌等地发现了许多汉晋时期的木简和文书，王国维、罗振玉著《流沙坠简》，对其中发现的竹简作了详细的考证。1930年，中瑞"西北科学考察团"在居延发掘出了很多汉简，劳干撰写了《居延汉简考释》，成为研究居延汉简重要的著作。

中华人民共和国成立以后，新发现的汉简数量越来越多。1959年，在甘肃武威磨咀子六号东汉墓中出土了514枚竹简，主要内容为甲、乙、丙三种《仪礼》九篇。第十八号墓出土汉简10枚，即著名的"王杖十简"。1981年，又出土了"王杖诏书令"26枚，对汉代尊老养老制度的研究具有重要的参考价值。1972年，在山东临沂银雀山西汉武帝初年的墓葬中，发现了大批汉代竹简，其中一号墓出土4942枚竹简，二号墓出土32枚竹简，银雀山汉简的发现不仅对古代军事史的研究起到了巨大推动作用，也推动了法史学研究的深入展开。1972年，在甘肃武威旱滩坡东汉墓中出土了92枚木简，1973年，在河北定县八角廊四十号汉墓出土了100余枚汉简，其内容多为医学和儒家的著作。1972—1974年，在内蒙古额济纳旗居延地区的汉代烽塞发现了2万余枚汉简，内容极为丰富，包括诏书、律令、科别、品约、爰书、劾状等内容，为研究汉代社会提供了珍贵的资料。1973—1975年，在湖北江陵凤凰山汉墓中也出土了竹简、木简622枚，内容主要涉及契约、徭役、田租等内容。1973年，在长沙马王堆出土了一批汉代帛书，共26件，以道家、阴阳家和医学著作为主。1977年在安徽阜阳双古堆出土了6000余枚汉简，1979年，在青海省大通县上孙家寨第115号汉墓也出土了大批汉简，内容多为文学、军事等方面的著作。1983年，在湖北江陵张家山第二四七号汉墓出土竹简2787枚，其中大部分为法律竹简。1987年，在湖南张家界古人堤出土简牍90片，内容包括法律、医方、官府文书等内容。1990—1992年，在甘肃敦煌与安西交界的悬泉遗址出土2万余枚汉简，内容包括诏书、律令、爰书等内容。1993年，在江苏连云港东海县尹湾村出土木牍24方和竹简133枚，约四万字。1999年，在湖南长沙走马楼发现10万余枚三国时期的吴简，内容极为丰富。1999年，在湖南沅陵虎溪山西汉墓中，出土了1336枚汉简，内

容涉及田土、赋税、人口等经济方面的内容。2004年，在湖北荆州纪南镇松柏村发现了63块木牍。此外，零星发现的汉简还有很多，在此就不一一枚列。

除了上述这些新发现的汉代竹简、木简文书外，从20世纪初以来还发现了许多碑刻法律文书，如现存于日本中村氏书道博物馆的汉建元元年的土地买卖契约文书，1973年在河南偃师县缑氏公社发现的汉《侍廷里父老僤》买田约束石券等。汉建元元年的土地买卖契约文书是一件土地买卖的法律文书，建元元年（公元前140年）是汉武帝的年号，关于书写的内容，引之如下：

建元元年夏五月朔廿二日乙巳，武阳太守大邑荥阳邑朱忠，有田在黑石滩，田二百町，卖于本邑王兴圭为有。众人李文信，贾钱二万五千五百，其当日交评（毕），东比王忠交，西比朱文忠，北比王之祥，南比大道。亦后无各言其田。王兴圭业田，内有男死者为奴者，有女死者为妣，其日同共人沽酒各半。[1]

上述新发现的汉代简牍史料所涉及的领域十分广泛，包括天文、历法、诸子百家、田租赋税、文学作品等等，其中也有很多材料是关于汉代法律方面的内容。长期以来，国内外许多学者对新出土的汉简中的法律资料进行了认真细致的研究，发表了众多的研究成果。笔者在借鉴上述研究成果的基础上，试图对其进行分析，以期对新出土的汉代经济法律资料有较为清楚的认识。

（一）居延汉简新发现的经济法律资料

居延汉简是汉代张掖郡居延和肩水两都尉的文书档案，为研究汉代政治、经济、军事和法律制度提供了珍贵的一手资料。1930年至1931年，前西北科学考察团在居延地区获简1万余枚，这一发现受到了学术界的广泛关注。1972年至1974年，甘肃省文化厅文物处、甘肃省博物馆文物队又发掘了肩水金关、甲渠候官（破城子）、甲渠塞第四燧三处遗址，出土汉简19400枚，这些汉简的发

---

[1] 该文书现存于日本中村氏书道博物馆，转引自［日］仁井田陞：《汉魏六朝的土地买卖文书》，载《东方学报》东京第8册，昭和十三年一月。

现大大推动了汉代经济法律制度研究的深入展开。在居延汉简中，涉及的汉代经济的法律资料很多，概而言之，包括如下几方面内容：

其一，关于自然资源合理利用和保护的法律资料。两汉时期，人们已经认识到了森林与人类的密切关系，从新出土的文献来看，汉代法律对于林木、草场的保护十分重视，对林木的砍伐已不仅限制在春夏之交，一年四季都严禁乱砍林木。据《居延新简》编号为EPF5·100号记载："□山林，燔草为灰，县乡所□□□。"在《居延新简》EPF22·49号竹简中，记载了汉代对于林木的保护规定："吏民不得伐树木。"《居延新简》EPF22·48~53号对此规定记载的更为详细："甲渠言：部吏毋犯四时禁者。""建武六年七月戊戌朔乙卯甲渠鄣候：'敢言之府书曰吏民毋得伐树木有无四时言'●谨案：部吏毋伐树木。"[1] 两汉时期，政府除了保护已有的林木外，还多次下令民间百姓种植树木，如汉文帝十二年，下诏："吾诏书数下，岁劝民种树，而功未兴，是吏奉吾诏不勤，而劝民不明也。"[2] 汉景帝时，也在后元三年颁布诏令："令郡国务劝农桑，益种树，可得衣食物。"[3] 在汉朝最高统治者的大力倡导下，许多地方官吏都十分重视林业的种植。如西汉宣帝时，黄霸出任地方太守，他"节用殖财，种树畜养，去食谷马"，民众殷富。[4] 由于汉朝统治者加强对自然资源保护的立法，重视对林木草场的保护，两汉时期的生态环境得到了明显的改变。

其二，关于商品买卖的法律资料。居延出土的汉简中有许多关于商品买卖的法律史料，例如："吞远隧卒夏收：自言责代胡隧长张赦之，赦之买收缣一丈值钱三百六十。"[5] 另据肩水金关汉简73EJ10：214记载："籍奉亲野自言为家卖车居延案。"[6] 不过，由于汉代的商品经济还不很发达，贳买和贳卖的现象十分普遍，在居延汉简中这方面的事例很多。贳买贳卖和买卖都是商品交换关系，但两者之间有很大的差别，据《汉书·汲黯传》载："县官亡钱，从民贳马。"颜

---

[1] 甘肃省文物考古研究所等编：《居延新简》，文物出版社1990年版，第479—480页。
[2] 《汉书》卷4《文帝纪》。
[3] 《汉书》卷5《景帝纪》。
[4] 《汉书》卷90《黄霸传》。
[5] 谢桂华等：《居延汉简释文合校》，文物出版社1987年版，第348页。
[6] 姚磊：《肩水金关汉简释文合校》，中国社会科学出版社2021年版，第144页。

师古注曰:"贳,赊买也。"可见,由于民众手中的货币匮乏,购物延期付款,进行赊买的现象严重。买主不能立即付款,贳买就需要一定的法律程序,买卖双方须制定契约文书来约束债务人,这也直接促进了汉代契约制度的发展。据居延汉简记述:"七月十日鄣卒张世功贳买皂布章单衣一领直三百五十三,堠史张君长所钱约至十二月尽毕已。旁人临桐史解子房知券□□。"[1] 从该契约文书我们看到,汉代关于商品买卖的法律文书已具备了如下几方面的要件:买卖双方的姓名、买卖商品的标的物的名称、数量、价格、总价值、交易地点、证人姓名、履行约定的期限等项条款。

对于双方发生的债务纠纷,当事人可向官府告诉,请求官府给予处置。地方官府接到告诉后,要对债务人移书验问,例汉简记述:"贷甲渠候史张广德钱二千,责不得,书到验问,审如猛言,为收责。言谨验问。广德对曰:酒元康四年四月中,广德从西河虎猛都里赵武取谷钱千九百五十,约至秋予。"[2] 很明显,这是一件地方官府处理债务纠纷的法律文书,该文书的发现为研究汉代的民事经济诉讼提供了珍贵资料。

其三,关于汉代经济纠纷的诉讼文书资料。在居延汉简中,还有关于经济纠纷的法律文书,兹列举如下:

(1)□书曰:大昌里男子张宗,责居延甲渠收虏燧长赵宣马钱,凡(少)四千九百二十将(钱)。召宣诣官。□(先)以□(证)财物故不实,臧二百五十以上,□(辞)已□□□□□(定,满三日,而不更)辟。

(2)□赵氏故为收虏燧长,属士吏张禹,宣与禹同治。乃永始二年正月中,禹病,禹弟宗自将驿(?)牝胡马一匹来视禹。禹死。其月不审日。宗见塞外有野橐佗□□□□。

(3)□宗马出塞逐橐佗,行可卅余里,得橐佗一匹还。未到燧,宗马萃僵死。宣以死马更(及?)所得橐佗归宗,宗不肯受。宣谓宗曰:"强使宣行马幸萃死,不以偿宗马也。"

(4)□□共平。宗马直七千,令宣偿宗,宣立以□钱千六百付宗。其三年

---

[1] 谢桂华等:《居延汉简释文合校》,文物出版社1987年版,第436页。
[2] 甘肃省文物考古研究所等编:《居延新简》,文物出版社1990年版,第359页。

四月中，宗使（偿？）肩水府功曹受子渊责宣，子渊从故甲渠候杨君取直（宣？）三年二月尽六。[1]

在破城子房屋二二出土了一件关于汉代经济纠纷的诉讼文书，即《候粟君所责寇恩事》，这是一件较为完整地记录当地官府审理粟君与寇恩因雇佣经营而发生的债务纠纷案文书，中外许多学者曾对此进行整理并撰专文研究，[2] 笔者根据前人研究成果，将其内容概述如下：甲渠候粟君要到觻得经营长途贩运，做卖鱼的买卖，不知道由于何种原因，粟君的属吏令史华商、尉史周育都因庶务缠身不能前往，于是二人分别出牛及谷总数相当于175石的价值，作为粟君重新雇人的费用。粟君从华商、周育二人所出的两头牛和67石谷中，拿出牛一头，谷27石作为雇资，雇用66岁的寇恩去完成这项贩运，并与寇恩约定所卖的鱼5000条，要卖到40万钱。寇恩到觻得后没卖上好价钱，只卖了32万钱。寇恩在觻得将32万钱交给粟君的妻子业，并将车上的其他物品价值24600钱抵给了业，又将其子钦以前为粟君雇工的工钱折合谷20石中的13.58石按时价抵给了所剩下的55400钱，还清了最初约定的40万钱。至此，寇恩不欠粟君分文，反倒是粟君尚欠寇恩子钦的部分工钱，合谷6.15石。在此案的其他简文中得知，粟君不承认寇恩的说法，反说寇恩去觻得时向自己借了牛一头，并由此引发了诉讼。最后法官审理的结果是"须以政不直者法"，候粟君败诉。

（二）敦煌悬泉汉简中的经济法律史料

1990年至1992年，甘肃省文物考古研究所连续三次在敦煌甜水井东南三公里的汉代悬泉遗址进行了发掘，共发掘带有文字的简牍23000余枚，帛书、纸文书等万余件，其部分内容后经过文物工作者的整理发表于《敦煌悬泉汉简释

---

[1] 张伯元：《张宗、赵宣赔偿纠纷案解说》，收入《出土法律文献研究》，商务印书馆2005年版，第215页。
[2] 甘肃省文物考古研究所等编：《居延新简》，文物出版社1990年版，第475—478页；[日]大庭脩：《秦汉法制史研究》第五篇《居延新出〈候粟君所责寇恩事〉册书》，创文社昭和五十七年版等。

粹》之中。悬泉汉简有许多关于经济法律方面的资料，内容弥足珍贵，兹列举如下：

其一，关于畜牧业管理方面的资料。在新出土的悬泉汉简中，有一件是关于汉代畜牧业的诏令，据令文记载："制曰：下大司徒、大司空，臣谨案：令曰：未央厩、骑马、大厩马日食粟斗一升、叔（菽）一升。置传马粟斗一升，叔（菽）一升。其当空道日益粟，粟斗一升。长安、新丰、郑、华阴、渭成（城）、扶风厩传马加食，匹日粟斗一升。车骑马，匹日用粟、叔（菽）各一升。"[1] 如果官府的牲畜死亡，相关负责人员须作出牲畜死亡的检验报告，据新出土的《敦煌悬泉汉简释粹》记载：建昭元年八月，悬泉县厩佐欣所作的爰书称："传马一匹马者驳，牡，左剽，齿九岁，高五尺九寸，名曰骝鸿。病中肺，欬涕出睾，饮食不尽度。即与啬夫遂成、建杂诊：马病中肺，欬涕出睾，审证之。它如爰书。"如果"傅马死二匹，负一匹，直（值）万五千，长、丞、掾、啬夫负二，佐负一"。张德芳等学者认为该条文"似为关于传马死亡责任的法令或规定"。[2]

其二，关于税收的法律规定。悬泉汉简引《兵令十三》规定："当占缗钱，匿不自占，【占】不以实，罚及家长戍边一岁。"[3] 在张家山出土的汉简《□市律》中也有类似的规定："市贩匿不自占租，坐所匿租赃为盗，没入其所贩卖及贾钱县官，夺之列。列长、伍人弗告，罚金各一斤。"《兵令》的这项规定证明了汉代律和令的条文有相互转化关系。

其三，关于自然资源和环境保护方面的法律资料。在敦煌悬泉出土的272号《西汉元始五年〈四时月令诏条〉》中，保存了许多有关自然资源及环境保护方面的资料，其中有"禁止伐木，谓大小之木皆不得伐也，尽八月。草本零落，乃得伐其当伐者"，"毋焚山林，谓烧山林田猎，伤害禽兽□蟲草木"，"毋弹射蜚（飞）鸟，及张罗、为它巧以捕取之"，"毋杀孡，谓禽兽、六畜怀任（妊）有胎者也，尽十二月常禁"。上述这些规定与新发现的西汉初年《二年律令》的法律精神是一脉相承的。

---

[1] 胡平生、张德芳编撰：《敦煌悬泉汉简释粹》，上海古籍出版社2001年版，第5页。
[2] 胡平生、张德芳编撰：《敦煌悬泉汉简释粹》，上海古籍出版社2001年版，第24页。
[3] 胡平生、张德芳编撰：《敦煌悬泉汉简释粹》，上海古籍出版社2001年版，第11页。

（三）疏勒河流域出土的汉代经济法律史料

20世纪初，英国考古学家斯坦因（Mark Aurel Stein）前后三次到中亚地区进行考察，其中第二次、第三次在甘肃西部疏勒河流域发掘了汉代长城遗址，获得汉文书1000余件，这些汉文书经过法国汉学家沙畹（douard Chavannes）及沙畹的学生马伯乐（Henri Maspero）的整理公布。1944年，中瑞西北科学考察团历史考古组在西北考察时，又发现了40余枚汉简。1984年，林梅村和李均明两位教授对此进行了编辑，出版了《疏勒河出土汉简》一书，方便了学者研究查阅。

在疏勒河出土的汉简中，有几件商品买卖的契约文书，其中一件是"神爵二年十月廿六日陵胡队长陆仲□买卒宽惠布袍一领，价□千□"。[1] 另一件是"神爵二年十月廿六日广汉县"动产买卖的文书，虽然文字残缺和文书记载简略，但仍可看到汉代对于大宗商品买卖要制定契约文书的规定，这与传世文献的记载完全吻合。据《周礼·天官·小宰》曰："听卖买以质剂。"贾公彦疏："质剂谓券书，有人争市事者，则以质剂听之。"汉代的买卖契约称为券书，《周礼·秋官·士师》引东汉郑玄注云："今时市买，为券书以别之，各得其一，讼则按券以正之。"

在《疏勒河出土汉简》一书中，收录了一份汉代关于河渠管理的文书，文书对于了解汉代民众的结社情况颇有参考价值，兹引之如下：

永平七年正月甲申朔十八日辛丑□
春秋治渠各一通，出块粪三百弃□
谷十石文华出块粪少，一弃以上□
亩以上折胡谷十石。文华田六□□
平人功日一石，若文华□□□□□
沽酒旁二斗。

笔者认为，这是一份当地民众自发组织的水利设施的管理组织——渠社的

---

[1] 林梅村、李均明编：《疏勒河出土汉简》，文物出版社1984年版，第37页。

处罚文书。两汉时期，民间自发形成的经济组织很多，如在河南偃师县的汉侍廷里父老僤等民间组织。两汉时期，西北地区民众自发组成的民间互助性组织渠社还是得到了地方政府的认可的，属于合法的民间组织。渠社所制定的社约文书到后来发展成为当地官府制定的关于水利管理的地方性规章，如在敦煌藏经洞新发现的敦煌文书伯3560号《沙州敦煌现行用水细则》就是源于当地渠社的社约章程。

（四）其他地区新发现的汉代经济法律史料

1983年，在湖北江陵张家山发现的汉简是目前为止我们见到的有关汉代法律资料最多的一次考古发掘。张家山汉简包括27篇律文（有些内容残缺），一篇《津关令》的令文，此外还有关于司法审判方面的材料《奏谳书》、数学方面的著作《算术书》等内容。张家山汉简中出土的律令条文，许多是涉及汉代经济法律的内容，调整的领域也十分广泛，概而言之，可分为如下几个方面。

其一，关于自然资源合理利用和保护的法律规定。

中国古代自先秦时期起就注重合理利用自然资源为人类服务。如在1975年湖北云梦睡虎地出土的秦简中，就有关于自然资源保护的规定，据《云梦秦简·田律》规定："春二月，毋敢伐林木山林及雍（壅）隄水。不夏月，毋敢夜草为灰，取生荔……到七月而纵之。唯不幸死而伐绾（棺）享（椁）者，是不用时。邑之紤（近）皂及它禁苑者，麛时毋敢将犬以之田。百姓犬入禁苑中而不追兽及捕兽者，毋敢杀；其追兽及捕兽者，杀之。河（呵）禁所杀犬，皆完入公；其它禁苑杀者，食其肉而入皮。"[1] 汉朝建立后，汉承秦制，也沿用了秦代对于自然资源合理利用和保护的法令。如西汉有四时之禁，据《汉书·元帝纪》初元三年（公元前46年）诏书记载："有司免之，毋犯四时之禁。"这里的"四时之禁"就包括禁止在春夏之交燔草取灰，在河中毒杀鱼鳖，在山中砍伐林木，在林中捕捉幼鸟和幼兽等规定。1983年在湖北江陵张家山出土的汉简《田律》中的规定与《汉书》的记载相同，规定："禁诸民吏徒隶，春夏毋敢伐材木山林，及进

---

[1]《睡虎地秦墓竹简》，文物出版社1978年版，第26页。

（壅）隄水泉，燔草为灰。"[1]

其二，关于土地管理的法律规定。

张家山汉简《田律》中，有关于田亩制度的规定："田广一步，袤二百四十步，为畛，亩二畛，一佰（陌）道；百亩为顷，十顷一千（阡）道，道广二丈。"《田律》中还有关于国有土地分配的规定："田不可田者，毋行；当受田者欲受，许之。""田不可狠（垦）而欲归，毋受偿者，许之。"汉代允许民间开垦土地，但要由县级地方政府向上级汇报，"县道已狠（垦）田，上其数二千石官，以户数婴之，毋出五月望"。汉律对于侵占公共用地的行为，规定了具体的处罚措施："道侵巷术、谷巷、树巷及狠（垦）食之，罚金二两。"为了保护农作物，汉律还对牲畜毁坏田间庄稼的情况作了处罚规定："马、牛、羊、□、彘食人稼穑，罚主金马、牛各一两，四豭彘若十羊、彘当一牛，而令橋（？）稼偿主。县官马、牛、羊，罚吏徒主者。贫弗能赏（偿）者，令居县官；□□城旦舂、鬼薪、白粲也，笞百，县官皆为赏（偿）主，禁毋牧彘。"[2]在《户律》中，还有对买卖田宅的规定，"欲益买宅，不比其宅者，勿许。为吏及宦皇帝，得买舍室。"

其三，关于赋税方面的法律规定。

汉代关于赋税方面的立法十分完善，它包括户籍制度、赋税征收制度等多项内容。在张家山汉简中，有许多这方面的条款。

户籍制度是保障赋税合理征收的前提，汉代政府十分重视对户籍的管理，据张家山汉简《户律》规定："民皆自占年，小未能自占，而毋父母、同产为占者，吏以□比定其年，自占、占子、同产年，不以实三岁以上，皆耐。产子者恒以户时占其□□罚金四两。"地方官府对于户籍的管理方式是："民宅园户籍、年细籍、田地比籍、田命籍、田租籍，谨副上县廷，皆以筐若匣匮盛，缄闭，以令若丞、官啬夫印封。独别为府，封府户，节（即）有当治为者，令史、吏主者完封奏（凑）令若丞印，啬夫发，即杂治为；臧（藏）□已，辄复缄闭封臧（藏），不从律者罚金各四两。"如若民众变更户籍，汉律规定："恒以八月令乡部啬夫、吏、令史相杂案户籍，副臧（藏）其廷。有移徙者，辄移户及年籍爵细徙所，并封。

---

[1]《张家山汉墓竹简（释文修订本）》，文物出版社2006年版，第42页。
[2]《张家山汉墓竹简（释文修订本）》，文物出版社2006年版，第43页。

留弗移，移不并封，及实不徙数盈十日，皆罚金四两；数在所正、典弗告，与同罪。乡部啬夫、吏主及案户者弗得，罚金各一两。"[1] 从这两条法律条文看，汉代法律对民众虚报年龄的行为给予耐刑的处罚，对于地方官吏管理户籍违法的行为则处以罚金刑。

汉代的赋税名目很多，如在《田律》中，有对土地征收的刍稾税："入顷刍稾，顷入刍三石；上郡地恶，顷入二石；稾皆二石。令各入其岁所有，毋入陈，不从令者罚黄金四两。收入刍稾，县各度一岁用刍稾，足其县用，其余令顷入五十五钱以当刍稾。刍一石当十五钱，稾一石当五钱。"汉律还有对户征收的户赋："卿以下，五月户出赋十六钱，十月户出刍一石，足其县用，余以入顷刍律入钱。"还有供养官府马、牛等牲畜的刍稾税，征收的办法是："官各以二尺牒疏书一岁马、牛它物用稾数，余见刍稾数，上内史，恒会八月望。"

在张家山汉简《杂律》中，对于擅自赋敛的行为作了严厉的处罚："擅赋敛者，罚金四两。"所谓"擅赋敛"，根据《晋书·刑法志》引张斐《律表》的解释："敛人钱财，积藏于官，为擅赋。"该条法律条文的意思是：凡各级地方官吏擅自敛人钱财，不仅要科以罚金的刑罚，还要返还赋敛之物。

其四，关于商业管理的法律规定。

张家山汉简中关于商业立法的内容十分丰富。首先是关于货币的立法，《钱律》共有 8 条法律条文，其中有关于货币的规格和质量的规定："钱径十分寸八以上，虽缺铄，文章颇可智（知），而非殊折及铅钱也，皆为行钱。金不青赤者，为行金。敢择不取行钱、金者，罚金四两。"凡"为伪金者，黥为城旦舂"。汉律对于盗铸钱的行为处罚尤重，汉简中有 5 条条文是关于盗铸钱的内容。《钱律》中规定："盗铸钱及佐者，弃市。同居不告，赎耐。正典、田典、伍人不告，罚金四两。或颇告，皆相除。"对"智（知）人盗铸钱，为买铜、炭，及为行其新钱，若为通之，与同罪"。

《□市律》是关于市场管理的法律规定。汉律禁止不合格的商品流入市场，"贩卖缯布幅不盈二尺二寸者，没入之。能捕告者，以畀之。"汉代法律规定商人应主动向官府缴纳税金，凡逃避商税的行为要追究其法律责任。《□市律》规

---

[1]《张家山汉墓竹简（释文修订本）》，文物出版社 2006 年版，第 53—54 页。

定:"市贩匿不自占租,坐所匿租臧(赃)为盗,没入其所贩卖及贾钱县官,夺之列。列长、伍人弗告,罚金各一斤。"在《杂律》中,有关于禁止放高利贷的法律规定:"吏六百石以上及宦皇帝,而敢字贷钱财者,免之。"

其五,关于畜牧业管理的规定。

张家山汉简《金布律》对牲畜每天食用的饲料作了详细的规定:"马牛当食县官者,惨以上牛日匀二钧八斤;马日二钧囗斤,食一石十六斤,囗囗槀囗。乘舆马匀二槀一。……仆牛日匀三钧六斤,犊半之。以冬十一月禀之,尽三月止。其有县官事不得匀牧者,夏禀之如冬,各半之。"[1]

1972年4月,在山东临沂银雀山汉墓出土了《孙子兵法》《孙膑兵法》《尉缭子》等珍贵的文献,另外还有《守法守令十三篇》,属于另类的文献资料。其中《田法》是十三篇中的第九篇,属于汉代经济方面的法律文献。由于竹简严重残损,对此研究者不多,发表的成果有张伯元教授的《银雀山汉简〈田法〉二题》等论文。[2]

在《田法》中,有这样一段文字,兹引之如下:"赋,余食不入于上,皆藏于民也。卒岁田入少入五十斗者,囗之。卒岁少入百斗者,罚为公人一岁。卒岁少入二百斗者,罚为公人二岁。出之=岁囗囗囗囗囗者,以为公人终身。卒岁少入三百斗者,黥刑以为公人。叔(菽)其民得用之槀(豪)民得用其十一,人匀一斗皆藏于民。上家畜一豕、一狗、鸡一雄雌,诸以令畜者,皆藏其本,赍其息,得用之。中家以下不能……"[3]该条法律条文是对完不成田赋的农户的处罚规定,若"卒岁少入百斗者,罚为公人一岁。卒岁少入二百斗者,罚为公人二岁",这里的公人,与秦律中的被收孥者类似,两者的差别是:前者是处罚完不成赋税的农户,后者收孥的对象是被处以"完城旦、鬼薪以上"等罪人的妻子儿女。从该条法律条文看,汉代对于完不成封建国家赋税的农民处罚是非常严厉的,同时也使我们对汉代法律的本质有了更加清楚的认识。

在银雀山汉简《田法》中,还有多处涉及"作务"的字样。如"囗示民明(萌)

---

[1] 《张家山汉墓竹简(释文修订本)》,文物出版社2006年版,第66页。
[2] 张伯元:《出土法律文献研究》,商务印书馆2005年版,第298—306页。
[3] 银雀山汉墓竹简整理小组:《银雀山竹书〈守法〉〈守令〉等十三篇》,载《文物》1985年第4期。

以作务□□□"（第2374简），"民之作务固□□□之。民之作务之器皆□"（第2554、1383简）等。根据《汉书·尹赏传》记载："无市籍商贩作务"，王先谦《补注》引周寿昌云："作务，作业工技之流"，说明作务是关于从事手工业的劳作。遗憾的是，出土的竹简破损严重，对于其法律规定的内容已不详。

1973年，在湖北江陵凤凰山汉墓中出土了竹简、木简622枚，其内容主要涉及契约、徭役、田租等方面的内容。江陵凤凰山汉简的数量虽然不多，但对于研究汉代经济法律制度颇有参考价值，如其中的《汉景帝初年南郡将领先当利里算钱录》《汉景帝初年南郡江陵县市阳里·郑里算钱录》是研究汉朝初年人头税征收办法最重要的资料。从简文内容看，汉朝初年人头税的征收是按月征收的，每月有定额，如"当利正月，定算百一十五"；"当利二月，定算百"即是例证。[1] 十号汉墓还出土了《汉景帝初年南郡江陵县平里刍槀录》和《南郡江陵县市阳里田租录》以及《汉景帝二年南郡江陵县郑里廪簿》等有关经济法的资料。这些资料与张家山出土的汉朝初年的法律竹简相互印证，是研究汉初法律制度最直接的资料。

1973年，在河南偃师县缑氏公社出土了《汉侍廷里父老僤买田约束石券》，从该石券的内容看，这是东汉时期一种经济互助性的民间组织。石券的内容如下：[2]

建初二年正月十五日，侍廷里父老僤祭尊（1）
于季主疏，左巨等廿五人，共为约束石券里治中（2）
迺以永平十五年六月中造起僤，敛钱共有六万（3）
一千五百，买田八十二亩。僤中其有訾次（4）
当给为里父老者，共以客田借与，得收田（5）
上毛物谷实自给。即訾下不中，还田（6）
转与当为父老者，传后子孙以为常（7）

---

[1] ［日］池田温：《中国古代籍帐研究》之《概观·录文》，东京大学东洋文化研究所报告1979年版，第294页。

[2] 宁可：《关于〈汉侍廷里父老僤买田约束石券〉》，载《文物》1982年第12期。

其有物故，得传后代户者一人。即僤（8）

中皆訾下不中父老，季、巨等共假赁（9）

田，它如约束。单侯、单子阳、尹伯通、锜中都、周平、周兰（10）

〔父？〕〔老？〕周伟、于中山、于中程、于季、于孝卿、于程、于伯先、于孝（11）

左巨、单力、于稚、锜初卿、左中、〔文〕□、王思、锜季卿、尹太孙、于伯和、尹明功（12）

该石券反映的内容是：侍廷里的居民25人，在东汉永平十五年（72年）六月组织了一个名为"父老僤"的团体，敛钱61500，买田82亩。僤的成员如有按家产数量当轮次充任里父老的，即借与此田，以其收获供充任里父老的用度。如果家产不够充任里父老的规定，即将此田退还，转给僤中继充任里父老的成员。如果僤中所有成员家占产数量都不够充任里父老的规定，此田即假赁给僤中成员经营。僤中成员的这些权利，死后可由其后代继承。

1993年，在江苏连云港市东海县尹湾村的汉墓中出土了24枚木牍和133枚汉简，这些简牍记录了汉代东海郡内的户口数、田亩数，其中记载："□国邑居园田廿一万一千六百五十二□□十九万卅二……卅五（？）万九千六……种宿麦十万七千三百□十□顷，多前十九百廿顷八十二亩。"[1]

从1996年起，长沙市文物考古研究所先后在长沙市的走马楼巷发现了近10万枚三国时期的吴简，此后于1998年、2002年、2004年、2010年又先后多次发现了东汉时期的简牍，这些东汉时期的简牍统称为长沙五一广场东汉简牍。在长沙五一广场出土的汉简中，有关经济法律的史料很多，如其中记载："民自言，辞如牒。教属曹分别白。案：惠前遣姊子毒、小自言，易永元十七年中，以由从惠质钱八百，由去，易当还惠钱。"[2]

2004年，在荆州市纪南镇松柏村西汉墓葬发现的木牍中，木牍内容包括户

---

[1] 连云港市博物馆、中国社会科学院简帛研究中心等编：《尹湾汉墓简牍》，中华书局1997年版，第78页。

[2] 长沙市文物考古研究所、清华大学出土文献中心等编：《长沙五一广场东汉简牍选粹》，中西书局2015年版，第157页。

口簿、里正簿、免老簿、复事算簿等内容。如其中的 53 号木牍记载："宜成，使大男四千六百七十二人，大女七千六百九十五人，小男六千四百五十四人，小女三千九百卅八人。凡口二万二千七百五十九人，其廿九人复。"[1]

2018 年，在荆州胡家草场发现了大量的西汉简牍，这些简牍包括岁纪、律令、日书、医杂方等内容。在《田律》《户律》《仓律》《金布律》等篇目中，收录了许多经济法律的内容。如其中规定："未受田宅者，乡部以其为户先后次编之，久为右。久等，以爵先后。"[2]

除上述这些新发现的汉代简牍外，还有许多汉代简牍与当时社会的经济法制没有多大的联系，如 1959 年在甘肃武威磨咀子六号东汉墓中出土的甲、乙、丙三种《仪礼》九篇，就与汉代的经济法制没有联系，在此我们就不加讨论了。

二、敦煌吐鲁番文书中的唐代经济法律史料

1900 年，在中国西北甘肃敦煌的藏经洞，发现了大量的古代文书，这就是著名的敦煌文书。敦煌文书发现之后，命运多舛，先后流散于世界各地，目前主要集中于英国大英图书馆，法国国立图书馆的东方写本部，俄罗斯圣比得堡东方研究所，日本龙谷大学图书馆，以及中国国家图书馆等地。到了 20 世纪六七十年代，在中国新疆的吐鲁番等地，又发现了大量的古代文书，这些文书经过我国学者整理，出版了《吐鲁番出土文书（图录版）》（1—4 册）。敦煌吐鲁番文书的发现，为学术界研究中古时期的政治、经济、宗教、法律制度提供了珍贵的文献资料。近些年来，国内外许多学者对这些新发现的资料进行了整理和研究，发表了许多开创性的研究成果，因篇幅所限，此不赘述。在此，笔者仅就学术界很少论及的有关唐代经济法律史料进行研究分析。

---

[1] 彭浩：《读松柏出土的四枚西汉木牍》，收入武汉大学简帛中心主办《简帛》第四辑，上海古籍出版社 2009 年版，第 339 页。
[2] 荆州博物馆、武汉大学简帛研究中心：《荆州胡家草场西汉简牍选粹》，文物出版社 2021 年版，第 194 页。

（一）敦煌吐鲁番发现的唐代土地法律资料

在以农业为主的古代东方社会里，土地是最重要的生产资料。中国古代历代政府为了把农民束缚在土地上，都制定了不同的土地法律制度，以期从农民身上榨取更多的赋税收入。唐朝建立后，颁布了关于土地分配的法令《均田令》，把无主土地分配给农民耕种。关于唐代土地分配的办法，据开元七年的《田令》规定："诸给田之制有差，丁男、中男以一顷（中男年十八已上者，亦依丁男给），老男、笃疾、废疾以四十亩，寡妻妾以三十亩，若为户者则减丁之半。田分为二等，一曰永有业，一曰口分。丁之田，二为永业，八为口分。"[1]

但长期以来，历史学界对于唐代《均田令》是否像古代正史文献所记载的那样实行，其实施情况如何，一直持怀疑的态度，敦煌吐鲁番文书的发现解开了这一疑团。从唐开元年间的户籍残卷来看，唐代的《均田令》完全是按照国家法律的规定进行的。下面是一件唐开元年间的户籍残卷，引之如下：[2]

> 户主杨法子，年三十九岁，卫士，下中户，课户，见不输。
> 妻阴，年三十六岁，卫士妻
> 男乾昱，年八岁，小男
> 女娘子，年一十二岁，小女
> 廿十亩永业，一十九亩口分，
> 三十九亩已受；六十二亩未受。

在日本龙谷大学所藏的大谷文书2834号保存了武周《圣历二年（699年）前后敦煌县受田簿》的籍帐，上盖敦煌县官衙之印，其中记录了当地百姓受田的情况：[3]

---

[1] ［日］仁井田陞：《唐令拾遗》，长春出版社1989年版，第542页。
[2] 《敦煌资料》（第一辑），中华书局出版社1961年版，第24—25页。
[3] ［日］小田义久主编：《大谷文书集成》（第一卷），法藏馆昭和五十八年版，第104页。

（前欠）
1 一段十一亩　城北卅里宜谷渠　东道　西渠　南渠　北渠
2 户主石海进　见受田七十四亩
3 廿七亩麦
4 一段廿一亩　城北卅里宜谷渠　东王山林　西渠　南贺达　北自田六亩
5 一段六亩　城北卅里宜谷渠　东渠　西石庆达　南庆达　北渠
6 廿九亩粟
7 一段一亩　城北卅里宜谷渠　东王林　西自田　南自田　北王林
（后缺）

从现存的敦煌户籍残卷看，唐朝前期国家分配给农民的土地虽然明显不足，但地方政府确实是按照国家所颁布的《均田令》来分配土地，新出土的文献证明了均田制的存在。

有学者认为，从唐玄宗天宝年间爆发"安史之乱"以后，唐朝前期颁布的《均田令》也就名存实亡了。但新出土的敦煌吐鲁番文书证明均田制在唐后期的西北某些地方仍然贯彻实施。《敦煌资料》第一辑收录了唐大历四年（769年）沙州敦煌县悬泉乡宜禾里的手实，兹引之如下：[1]

户主赵大本年七十一岁，老男下下户，课户，见输。
妻孟，年六十九岁，老男妻
女光明年二十岁，中女
男明鹤，年岁三十六岁，会州黄石府别将，乾元二年十月□日授甲头张为言，曾德，祖多，父本。
男，思祚，年二十七岁，白丁
男明奉，年二十六岁，白丁，转前籍年廿，大历二年帐后貌加就实。
男，如玉，年二十四岁，中男，宝应元年帐后，漏，附。
合应受田四顷五十三亩，九十亩已受，八十九亩永业，一亩居住园宅，三顷六十三亩未受。

---

[1]《敦煌资料》（第一辑），中华书局出版社1961年版，第61页。

即使在唐朝灭亡之前，均田制在西北地区仍加以推行，敦煌文书《唐戊戌年正月沙州洪闰乡百姓令狐安定状案》证实了笔者的推论，该文书内容如下：[1]

洪闰乡百姓令狐安定
右安定一户兄弟二人，总受田拾伍亩，非常田少
窄窘，今又同乡女户阴（？）什伍地壹拾伍亩（后略）

上述这两则资料证明：唐朝后期，政府颁布的《均田令》仍在某些地方贯彻执行，并没有退出历史舞台。

根据唐代《均田令》规定："世业之田，身死则承户者便受之，口分则收入官，更以给人。"这说明口分田在农民死后必须退还国家，现存的日本大谷文书2855号记载了均田农民退田给政府的情况：[2]

（前略）
和静敏死退二亩常田城东二里七顷渠
（中略）
一段三亩部田城北廿里新兴屯亭
（后略）

唐代法律严格禁止盗种公私土地的行为，据《唐律疏议》卷13规定："诸盗耕种公私田者，一亩以下笞三十，五亩加一等；过杖一百，十亩加一等，罪止徒一年半。荒田，减一等。"1972年，在新疆吐鲁番阿斯塔那230号墓中，发现了一件记载地方官吏盗种公田的案例，该文书经陈国灿先生整理后发表。[3] 从文书的内容来看，被告人高昌县主簿高元祯利用职务便利将公田、逃户田、死绝

---

[1] ［日］池田温：《中国古代籍帐研究·概说、录文》，东京大学东洋文化研究所报告1979年版，第583页。
[2] ［日］小田义久主编：《大谷文书集成》（第一卷），法藏馆昭和五十八年版，第116页。
[3] 陈国灿：《对唐西州都督勘检天山县主簿高元祯职田案卷的考察》，载《敦煌吐鲁番文书初探》，武汉大学出版社1983年版。

户田或租与他人，或"回换粟麦"，被唐建进告发，时间是天授二年（691年）。被告自称是"自家职田"，当地的主管机关西州都督府审理了此案。经过认真细致地调查，司法机关"既经再审确，请一依元状堪当，据此明知告皆是实"。该法律文书严重残损，最后的审判结果已不得而知，但就整个案件的调查情况看，作为西州天山县主簿的高元祯盗耕种公私田的犯罪事实是清楚的，从而证明唐律的规定与现实社会并未脱节。

在斯1344号《开元户部格残卷》中，也有两条关于土地制度的法律条文。其中规定："畿内逃绝户宅地，王公百官等及外州人不得辄请射。"对于从均田制上逃亡的农民土地，唐格也有具体规定："逃人田宅，不得辄容卖买，其地任依乡原价租充课役，有剩官收。若逃人三年内归者，还其剩物。其无田宅，逃经三年以上不还者，不得更令邻保代出课租。"

（二）敦煌吐鲁番文书中关于唐代自然资源管理的法律史料

水利是农业的命脉，在以农耕为主的古代东方社会，如何合理分配使用水资源，调整人类与自然的关系，加强水资源管理的立法是古代农业国家的头等大事。根据现有的文献资料，古代的埃及、两河流域、印度等国家都有关于水资源管理方面的法律规定，在我国，从先秦以来就出现了水利方面的立法，其中唐代对于水利资源管理的立法尤为完善。

20世纪初，在中国西北地区敦煌的莫高窟藏经洞，发现了一件唐代开元年间的《水部式》残卷，现存于法国国立图书馆，编号为伯2507号。该文书共存7纸，144行，每行字数16至20字之间。敦煌文书伯2507号《开元水部式》残卷也是目前为止保存唐式法律条文最多的古代法律文献。伯2507号《开元水部式》残卷的编纂体例并不是很成熟，但涉及的内容却十分广泛，其中既有对水利资源使用原则的规定，对各河流水利工程管理的实施细则，也有对都水监所管辖的渔师挑选和训练等方面的内容。

《水部式》残卷伯2507号文书第3至7行是关于营造河堰、在水渠上安置斗门，以及如何节约利用水资源的规定。条文内容云："诸溉灌大渠有水下地高者，不得当渠（造）堰，听于上流势高之处为斗门引取。其斗门皆须州县司检行安置，不得私造。其傍支渠有地高水下，须临时暂堰溉灌者，听之。凡浇田，皆仰预知顷亩，依次取用，水遍即令闭塞，务使均普，不得偏并。"从该条法律条文可以看出，唐代在河渠上安置斗门必须经过县司检行后才能设置，不得私人随意安装。在使用渠水灌溉时，要先统计好田亩数，按先后顺序取水，灌溉完即令关闭水门，严禁浪费水资源。

伯 2507 号《水部式残卷》有两条法条是关于在河渠上营造碾硙的管理规定。碾硙是以水作动力的机械设备，主要用于磨制稻谷、小麦和加工油类。碾硙通常建造在水流量较大的河渠之上，靠水流推动碾硙运行。如果河水枯竭时，须截断渠水。而截断渠水又会影响下游地区的农业灌溉。因此，《水部式》中对此作了专门的规定。其中第 81 至 85 行规定了碾硙使用的时间："诸溉灌小渠上先有碾硙，其水以下即弃者，每年八月卅日以后，正月一日以前，听动用。自余之月，仰所管官司于用硙斗门下着鏁封印，仍去却硙石，先尽百姓溉灌。若天雨水足，不须溉田，任听动用。其傍渠疑偷水之硙，亦准此断塞。"

伯 2507 号《水部式》残卷第 36 至 38 行是关于河西诸州修造水渠的规定，内容如下："河西诸州用水溉田，其州县府镇官人公廨及职田，计营顷亩，共百姓均出人功，同修渠堰。若田多水少，亦准百姓量减少营。"

唐代开元年间的《水部式》是关于全国各地水利设施和水资源分配管理的法律规范，但由于各地区的自然情况千差万别，作为全国性的水利法规《水部式》不可能对全国各地所有的水利资源一一作出规定。从已发现的敦煌文书来看，唐代地方政府在贯彻执行国家水行政管理法规《水部式》的同时，各地方政府还制定了一些具体的行政规章，以保障合理使用和分配水资源。由于年代久远，许多古代的地方行政规章已不存于世。值得庆幸的是，现存于法国国立图书馆伯 3560 号敦煌文书《沙州敦煌县行用水细则》残卷在沉寂了一千余年后被人们发现，为法史学界探讨唐代当地政府制定的水利行政管理规章提供了珍贵的文献资料。

伯 3560 号敦煌文书《沙州敦煌县行用水细则》，有些学者又称为《唐沙州敦煌县灌溉用水章程》，是目前为止我国发现最早的地方性行政规章。该文书前、后两部分已经残损，现仅存中间部分条款。文书共 102 行，每行字数约 12 至 25 字，内容是关于沙州敦煌县所辖水渠水资源如何分配使用的规章制度。伯 3560

号敦煌文书《沙州敦煌县行用水细则》具有极高的学术价值，其不仅有助于了解中国古代地方政府是如何从法律的角度对当地水资源进行调整的，更有助于我们探讨中国古代的行政立法体系。关于伯 3560 号《沙州敦煌县行用水细则》的性质，因在后面还有专文讨论，此不多赘。

（三）敦煌吐鲁番出土的唐代市场管理和税收方面的法律史料

在日本学者仁井田陞复原的唐《关市令》中，有两条令文是关于市场物价管理的规定；"诸市，每肆立标，题行名。依令，每月旬别三等估"；"诸官与私交关，以物为价者，准中估价，即悬平赃物者亦如之"。根据上述两条法律条文，我们知道唐代对市场物价管理的政策是：首先，将同类商品归诸同市出卖，如绢市、布市等。其次，市司根据货物的好坏按时价分为三等，即上、中、下三等，每月一估价，"十日为一簿，在市案记，季别各申本司"，[1] 官府对物价进行宏观控制。再次，凡有官私交易之事，为了防止该官员从中抽取回扣，准中估价，《唐六典》卷 20 记载："凡与官交易及悬平赃物，并用中贾。"

市估法在唐代社会中是如何执行的呢？现存古代文献没有明确记载，日本大谷探险队从中国西北所获的唐代法律文书为人们提供了直接线索。文书格式如下：[2]

1　市司　牒上郡仓曹为报酱事
2　酱叁硕陆斛贰升　准次估，贰升直银钱壹文
3　右被仓曹牒称，得北馆厨典周建智等牒□□
4　□□□检未有市估，牒至□□□

在日本学者池田温所著的《中国古代籍帐研究·概说、录文》收录了《唐天宝二年（743 年）交河郡市估案》，这是一份当地官府对物价进行控制的文献

---

[1] ［日］黑板胜美主编：《令义解》卷 9，吉川弘文馆平城八年版，第 299 页。
[2] ［日］内藤乾吉：《西域发现唐代官文书之研究》，载《中国法制史考证》，有斐阁昭和三十八年版，第 287 页。

材料，从中可以看到唐代政府对有关国计民生的用品进行管理的情况，文书内容如下：

（前略）

29　帛练行

30　大练壹匹　上直钱肆佰柒拾文　次肆佰陆拾文　下肆佰伍拾文

31　梓州小练壹匹　上直钱叁佰玖拾文　次叁佰捌拾文　下叁佰柒拾文

32　河南府生絁壹匹　上直钱陆佰伍拾文　次陆佰肆拾文　下陆佰叁拾文

33　蒲陕州絁壹匹　上直钱陆佰叁拾文　次陆佰贰拾文　下陆佰壹拾文

34　生绢壹匹　上直钱肆佰柒拾文　次肆佰陆拾文　下肆佰伍拾文

（后略）

从上述交河郡市司所规定的商品价格看，政府根据不同商品的质量，可有拾文左右的差价。市估法的制定，解决了商品交换的许多难题，其主要作用有如下三个方面：其一，国家根据市场行情对不同的商品采取了灵活多变的物价调控政策，避免了不法商人随意哄抬物价的可能，也顺应了商品经济发展的需要，可以说是国家宏观调控物价的成功范式。其二，市估法成为官方买卖的价格依据。《唐大诏令集》卷82仪凤二年十一月十三日《申理冤屈制》对市估法的优点作了明确表述："境内市买，无所畏惮，虚立贱价，抑取贵物，实贪利以侵人，乃据估以防罪。"长期以来，官私交易容易引发两种后果，一种情况是地方官吏倚仗权势贱买民众的商品，另一种情况是地方官吏以高价购买质次的商品，然后收取回扣，而市估法恰好弥补了上述立法上的缺陷。其三，市估法也为官方平赃定罪提供了法律依据。正如卢向前教授指出的那样："市估法在一部唐律中占有极重要的地位。由于计赃定罪，以赃入罪都用绢帛估计，因而就有一个如何计算赃物的问题。于是，估法便成了官方平赃定罪的法律依据。"[1]

赋税是封建国家的主要财政来源。而赋税的征收离不开户籍制度。《唐律疏议》卷12对百姓脱户、逃避赋役的的行为给予规定："诸脱户者，家长徒三年；

---

[1] 卢向前：《唐代前期市估法研究》，载中国敦煌吐鲁番学会主编：《敦煌吐鲁番学研究论文集》，汉语大词典出版社1990年版。

无课役者,减二等;女户,又减三等。(注谓一户俱不附贯。若不由家长,罪其所由。即见在役任者,虽脱户及计口多者,各从漏口法。)脱口及增减年状,以免课役者,一口徒一年,二口加一等,罪止徒三年。其增减非免课役及漏无课役口者,四口为一口,罪止徒一年半;即不满四口,杖六十。"

从现存的敦煌吐鲁番文书看,唐代的户籍管理十分规范,在每户户籍上都详细记载了该户人口的年龄、土地分配的亩数、是否为课户,以及交纳地租的数额等情况。据法国国立图书馆所藏敦煌文书伯3877号《唐开元九年(721年)帐后户籍残卷》记载:[1]

户主余善意,年捌拾壹岁,老男,下中户,课户,见输。
孙男伏宝,年贰拾壹岁,白丁
宝妻,杨,年壹拾捌岁,妻,开元三年帐后,娶里内户主王妙智女杨王王为妻。
计租二石 廿亩永业
贰拾捌亩已受,七亩口分
合应受田壹顷陆拾壹亩,一亩居住园宅
一顷卅三亩未受
一段壹亩永业 城东廿里第一渠 东孟具 西道 南道 北自田
一段捌亩永业 城东廿里第一渠 东孟须如 西道 南孟具 北孟道
一段一亩居住园宅

1965年,在新疆阿斯塔那出土了一件《65TAM42:103(a)贞观中高昌县勘问某里正记账不实事案卷》,该案卷虽残损严重,但从该案卷中仍可看到唐朝政府对于隐匿、漏报户籍行为的处罚是十分严厉的。

关于唐代前期的赋税征收,唐令《赋役令》有明确规定。据《唐六典·尚书户部》记载:"凡赋役之制有四:一曰租,二曰调,三曰役,四曰杂徭。课户每丁租粟二石。其调随乡土所产绫绢䌷各二丈,布加五分之一(《唐律疏议·户

---

[1] 《敦煌资料》(第一辑),中华书局1961年版,第25—26页。

婚律》《通典·赋税下》都记载输布二丈五尺），输绫绢絁者锦三两，输布者麻三斤，皆书印焉。凡丁岁役二旬（闰年加二日），无事则收其庸，每日三尺。有事而加役者，旬有五日免其调，三旬则租调俱免。"唐律中对于拒不缴纳赋税的行为，给予了严厉惩罚，据《唐律疏议》卷13规定："诸部内输课税之物，违期不充者，以十分论，一分笞四十，一分加一等。（注：州、县皆以长官为首，佐职以下节级连坐。）户主不充者，笞四十。"

在新发现的敦煌吐鲁番文书中，保存了许多唐代赋税征收方面的法律资料，为了解当时税收征收的情况提供了珍贵的史料。法国国立图书馆所藏敦煌文书伯3557号《周大足元年（701年）沙州敦煌县效谷乡籍》详细地记录了唐代租庸调税的征收情况：

（前缺）

1 □□□□□□渠　东渠　西张贵通南渠　北□□□□
2 户主邯寿寿年伍拾陆岁　白丁　课户见输
3 女娘子年　拾叁岁　小女
4 亡弟妻孙年　叁拾陆岁　寡
5 计　布二丈五尺
6 计　麻三斤
7 计　租二石

（后略）

从该文书的内容看，当地官府向均田制下的农民征收的赋税与租庸调法所规定的数额是完全相同的，同时也说明唐代的赋税立法并非一纸空文，而是在现实社会中实实在在发挥着作用。

在敦煌发现的唐代法律残卷斯1344号《开元户部格残卷》中，记载了对官人制衣、白直课役的规定。该法律条文制定于武则天万岁通天元年五月，法律条文内容是："官人执衣、白直，若不纳课，须役正身。采取及造物者，计所纳物，不得多于本课，亦不得追家人车牛马驴杂畜等折功役使，及雇人代役。其市史、壁师之徒，听于当州县供官人市买。里正、佐史、坊正等随近驱使，不妨公事者，亦听。"[1]《户部格》中的法律条文，主要是对手工业者以及地方官府的办公人员服课役的规定，以此来弥补唐令规定的不足。

1972年，新疆阿斯塔那第230号墓葬中出土了《仪凤度支式残卷》，该残卷共有两片，编号为72TAM230：46（1）、（2）号。关于度支的职责，据《唐六典》卷3记载："度支郎中、员外郎，掌支度国用，租赋多少之数，物产丰约之宜，水路道路之利，每岁计其所出而支其所用。"《度支式》的内容主要是关于国家税收方面的法律规定。

《仪凤度支式残卷》共有六条法律条文，主要内容包括：其一，关于庸调的征收办法："诸州庸调，先是布乡兼有丝绵者，有□□情愿输绵绢絁者听，不得官人、州县公廨典及富强之家僦勾代输。"其二，对唐朝周边地区征用财物的处理办法："拟报诸蕃等物，并依色数送□。其交州都督府报蕃物，于当府折□□□用，所有破除、见在，每年申度支、□部。其安北都护府诸驿赐物，于灵州都督府给。单于大都护府诸驿赐物，于朔州给。并请准往例相知给付。"其三，关于在外诸州向两京（长安、洛阳）交纳调麻的处理办法："诸州调麻，纳两京数内，六分取一分□□□送者，不在折酬之限。"其四，对于诸州折纳米粟的缴纳办法："诸州庸调折纳米粟者，若当州应须官物给用，约准一年须数，先以庸物支留，然后折□米粟。无米粟处，任取□□以堪久贮之物。庸调送纳扬府转运，□□□□纲典部领，以官船（下缺）还，并请递（下缺）扬府库物。若杂用不足，请府司准一年应须用数，量留诸州折租市充，讫申所司。（候缺）"[2]

对于赋税征收中的不合理现象，唐代社会没有形成类似于现代行政法中的复议制度，但对于地方官吏征税不合理的现象，民众仍有救济的渠道，即向上级主管机关申请裁决或向中央的监察机关御史台控告。法国国立图书馆所藏敦煌文书伯2979号《唐开元廿四年岐州郿县县尉判集》为我们了解唐代有关税收纠纷的解决途径提供了珍贵的资料，下面兹引一例：[3]

---

[1] 唐耕耦、陆宏基主编：《敦煌社会经济文献真迹释录》（第二辑），全国图书馆文献缩微复制中心1990年版，第572—573页。

[2] 刘俊文：《敦煌吐鲁番唐代法制文书考释》，中华书局1989年版，第310—313页。

[3] 薄小莹、马小红：《唐开元廿四年岐州郿县县尉判集研究——兼论唐代勾征制》，载北京大学中国中古史研究中心编：《敦煌吐鲁番文献研究论集》，中华书局1982年版。

开元廿三年地税草，里正众款，皆言据实合蠲，使司勾推，亦云据实合剥。里正则按见逃见死，以此不征，使司则执未削未除，由是却览。为使司则不得不尔，处里正又不得不然。而今见存之人，合征者犹羁岁月，将死之鬼取辨者，何有得期。若专征所由，弊邑甚惧。今尽以里正等状录，上州司户请裁垂下。

（四）敦煌吐鲁番出土的唐代借贷、雇佣和商品买卖的法律史料

在商品经济不发达的小农社会里，民间的借贷是不可避免的现象。如何以法律的手段加强民间借贷的管理，保障正常的生产和生活秩序，唐代政府从保护债权人的利益出发，同时也考虑到了债务人的权利，制定了较为完善的债法。

据《唐令拾遗·杂令第三十三》"公私以财物出举"条规定："诸公私以财物出举者，任依私契，官不为理。每月取利，不得过六分。积日虽多，不得过一倍。若官物及公廨，本利停讫，每计过五十日不送尽者，余本生利如初，不得更过一倍。家资尽者，役身折酬。……若违法积利，契外掣夺及非出息之债者，官为理。收质者，非对物主不得辄卖。若计利过本不赎，听告市司对卖，有剩还之。如负债者逃，保人代偿。"

唐代有关借贷方面的法律制度在现实生活中如何实施，新发现的敦煌吐鲁番文书记述了该项法律制度的执行情况。法国国立图书馆所藏文书伯 2964 号《己年二月十日令狐善奴便割麦价契稿》就是一件借贷文书，内容如下：[1]

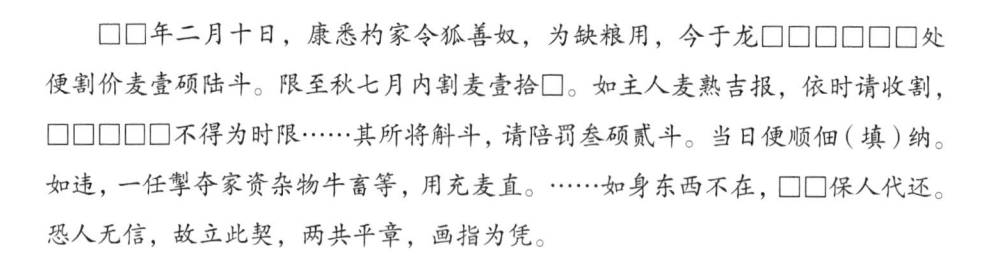

□□年二月十日，康悉杓家令狐善奴，为缺粮用，今于龙□□□□□□处便割价麦壹硕陆斗。限至秋七月内割麦壹拾□。如主人麦熟吉报，依时请收割，□□□□□不得为时限……其所将斛斗，请陪罚叁硕贰斗。当日便顺佃（填）纳。如违，一任掣夺家资杂物牛畜等，用充麦直。……如身东西不在，□□保人代还。恐人无信，故立此契，两共平章，画指为凭。

在英国伦敦博物馆所藏敦煌文书斯 4192 号《未年（803 年）四月五日张国

---

[1]《敦煌资料》（第一辑），中华书局 1961 年版，第 382 页。

清便麦契约》中，明确规定了保人代偿的连带责任：[1]

> 未年四月五日，张国清遂于某处便麦叁蕃驮。其麦并限至秋八月末还。如违不还，其麦请陪（倍）。……如中间身不在，一仰保人代还。恐人不信，故立私契。两共平章，画指为记。
> 　麦主
> 　便麦人　张国清　年四十三
> 　保人　　罗抱玉　年五十五
> 　见人　　李胜
> 　见人　　高子丰
> 　见人　　画允振

在法国国家图书馆所藏文书伯2688号《巳年二月六日普光寺人户李和和便麦契》中，也有保人代偿的条款："巳年二月六日普光寺人户李和和为少种子及粮用，遂于灵图寺常住便麦肆汉硕、粟捌汉硕，典贰斗铛壹口。其麦粟并限至秋八月内纳足。……如身不在，一仰□（保）人代还。恐人无信，故立此契。"

上述三件敦煌契约文书中所记录的对于违约者的惩罚措施"牵掣财物""保人代偿"，与唐令所规定的内容是完全吻合的。

接下来再分析一下唐代的雇佣制度。现存的《唐律疏议》和日本学者仁井田陞复原的《唐令拾遗》中，没有记述唐代的雇佣制度，但在新出土的敦煌吐鲁番文书中，却有关于雇佣制度的规定。据国家图书馆所藏文书"北图生字二十五号"《甲戌年窦跛蹄雇工契》记载：[2]

> 甲戌年正月一日立契，慈惠乡百姓窦跛蹄，伏缘家中欠少人力，龙勒乡邓纳儿钵面上雇男延寿，造作□□。从正月到九月末，断作雇价，每月壹驮，春衣一对，汗衫一领，……自雇如后，便须兢兢造作，不得抛工一月……若作儿

---

[1] 唐耕耦、陆宏基主编：《敦煌社会经济文献真迹释录》（第二辑），全国图书馆文献缩微复制中心1990年版，第79页。
[2] 《敦煌资料》（第一辑），中华书局1961年出版，第336页。

病者，算日勒价。作儿贼打将去壹看大。两共对面平章，准格不许番（翻）悔者已已；若先悔者，罚青麦拾䭾，充入不悔人，恐人无信，故立私契，用为凭。

在英国伦敦博物馆所藏敦煌文书斯1897号《后梁龙德四年（924年）张厶甲雇工契》中，也记载了双方当事人一旦制定雇佣契约，严禁翻悔："龙德四年甲申岁二月一日敦煌郡乡百姓张厶甲，为家内缺少人力……官中书罚，仰自祗当。亦不得侵损他□田亩，针草须守本分。大例贼打输身却者，无亲表论说之分。两共对面平章为定，准法不许翻悔。"

唐代是中国古代经济兴盛的时代，农业和手工业的发展直接促进了商业繁荣。为了保障正常的商品买卖，唐代法律对于不动产、动产的买卖都有严格的规定。据《唐令拾遗·田令第二十二》"买卖田须经所部官司申牒"条规定："诸卖买田，皆须经所部官司申牒，年终彼此除附。若无文牒辄卖买，财没不追，地还本主。"[1] 很明显，不经过官府认可的土地买卖是得不到法律保障的。对于动产的买卖，《唐令拾遗·关市令》"卖买奴婢等立券"条规定："诸卖买奴婢、牛、马、驼、骡、驴等，用本司、本部公验以立券。"可见，唐代的商品买卖也要经过官府的公验，制定市券才算符合法定的程序。

敦煌吐鲁番出土了许多不动产、动产买卖的法律文书，为了解唐代商品买卖的法律制度提供了珍贵资料。从敦煌吐鲁番出土的法律文书看，唐代不动产买卖要制定规范的契约文本，法国国立图书馆所藏的敦煌文书伯3394号《僧张月光易地契》就和唐令中的规定相同。兹引之如下：[2]

（上缺）都南枝渠上界舍地壹畦壹亩，并墙及井水，门前（都）张日兴两家合同共出入，至大道……大中年壬申十月廿七日，官有处分，许回博田地，各取稳便。僧张月光子父将上件宜秋平都南枝渠园舍地道池井水，计贰拾五亩，博僧吕智通孟授总同渠地五畦，共拾壹亩两段，东至闫家及子渠，西至□□，南至子渠及张文秀，北至闫家。又一段，东至闫家及麻黄，西至张文秀，南至荒，

---

[1] ［日］仁井田陞：《唐令拾遗》，长春出版社1989年版，第561页。
[2] 《敦煌资料》（第一辑），中华书局1961年版，第286页。

北至闫家。壹博以后，各自收地，入官措案为定，永为主己。

这里的"入官措案为定"，显然是"经所部官司申牒，年终彼此除附"的程序。关于唐代牛马、奴婢买卖文书的形式，在英国大英图书馆藏有《未年（803年）尼明相卖牛契》文书，该文书由斯5820、斯5826拼合而成，内容如下：[1]

黑牸牛一头，三岁，并无印记。
未年润十月廿五日，尼无相为无粮食及
有债负，今将前件牛出卖与张抱玉。准
作汉斗麦壹拾贰硕、粟贰硕。其牛及麦，
即日交相分付了。如后有人称是寒道（盗）
识认者，一仰本主卖（买）上好牛充替。立契后
有人先悔者，罚麦三石入不悔人。恐人无
信，故立此契为记。
　麦主
　牛主尼僧明相年五十五
　保人尼僧净情（？）年十八
　保人僧寅照
　保人王忠敬年二十八
　见人尼明兼（？）

在敦煌文书中，还保存了许多牛、马等牲畜买卖的文书，如斯1475号6V寅年（822年）《令狐宠宠卖牛契》，丁巳年（897年）《唐清奴买牛契》等，皆属于动产买卖的法律文书。

从上述这些动产买卖文书的内容、格式看，笔者认为具有如下几方面的特点：首先，文书的制定十分规范，包括契约文书制定的时间、买卖双方的姓名、

---

[1] 唐耕耦、陆宏基主编：《敦煌社会经济文献真迹释录》（第二辑），全国图书馆文献缩微复制中心1990年版，第33页。

买卖标的物、价格、违约责任、担保责任、保人、见证人等项内容。其次，买卖契约文书的内容与国家法典的规定相一致。据《唐律疏议》卷26记载："诸买奴婢、马、牛、驼、骡、驴，已过价，不立市券，过三日笞三十；卖者，减一等。立券之后，有旧病者，三日内听悔，无病欺者，市如法。"在敦煌文书斯1475号6V《寅年（823年）令狐宠宠卖牛契》中，就有相应的条款："如立契后，在三日内，牛有宿疹，不食水草，一任却还本主。三日已外，依契为定，不许休悔。"[1] 由此可见，唐代民间制定的契约文书与唐代的法律精神是完全一致的。

以上对近年来新发现的汉代法律简牍和敦煌吐鲁番出土唐代的经济法律史料进行了简单分析。由于新发现的汉唐经济法律史料过于散乱，加之笔者所搜集的范围有限，因而本文所讨论的内容不可能面面俱到，只能就其重要的史料略作分析。根据新发现的汉简和敦煌吐鲁番文书，我们可以得出如下几点认识：第一，汉唐时期是中国古代社会的盛世，也是经济立法非常完善的时期，汉唐两代的统治者在重视经济发展的同时，也注重自然环境的协调发展。如新出土的汉代《田律》规定，"禁诸民吏徒隶，春夏毋敢伐材木山林，及进（壅）隄水泉，燔草为灰，取产麛卵鷇；毋杀其繩重者，毋毒鱼"，表明中国古代政府已不仅是单纯地强调农业发展，而是考虑到人类与自然的和谐。限制人们随意砍伐林木，严禁民众破坏草场，禁止百姓在动植物繁育季节捕杀等措施，对于目前我国环境保护的立法具有重要参考价值。第二，汉唐时期的统治者注重以法律手段保障农民的经济利益。中国古代是一个以农耕为主的国家，土地是农业的根本。汉唐两代的统治者都十分重视土地立法。从新出土的张家山汉简看，汉代制定了较为完善的土地管理法《田律》，唐代制定并颁布了《均田令》。汉唐两代的土地立法有一个共同的特点，即尽可能使处于社会下层的广大农民有田可耕，有地耕种，以此来保障农民最低的生活需求。第三，赋税征收是保障国家正常的经济开支，维系国家机构正常运转的头等大事。古今中外对赋税的征收不外两种结果，若对民众征税过重，势必会加重农民的负担，引起民众的反抗，影响社会稳定定；若赋税征收过轻，就会使国家财政出现赤字，影响国家机构

---

[1] 唐耕耦、陆宏基主编：《敦煌社会经济文献真迹释录》（第二辑），全国图书馆文献缩微复制中心1990年版，第34页。

的运转。汉唐两代的统治者十分重视赋税立法，在张家山出土的汉简中，有关于赋税徭役方面的法律《户律》等篇目，在唐令中也有《赋役令》等篇目。赋税立法的完善为地方机关依法征税提供了保障，同时也缓和了纳税人与征税者之间的矛盾。而一旦农民和政府之间的矛盾得到缓和，就会出现一个国家富强、百姓安居乐业的景象。

汉代边塞军吏职位变动的换补途径探析

邬文玲[*]

汉简中保存了不少关于汉代西北边塞基层军吏除授、迁转与罢黜等职位变动的资料，有助于从一个侧面观察和了解汉代边疆统治与边疆社会的实态。以往学者们对此做了较为充分的研究，比如邢义田、李迎春、赵宠亮等诸位先生。[1] 从汉简资料来看，边塞军吏的除授途径包括由平民除为吏、以修行除为吏、以故吏除为吏等；军吏的职位变动，包括升迁、平调、降职等；升迁的原因有伉健、久次、文毋害、功次等。[2] 其中关于平调的职位变动途径，以往由于资料相对较少且部分简牍释文不够准确，未能得到充分的认识，比如关于平调的原因就揭示得不够全面。新近公布的《玉门关汉简》[3]，虽然与其他西北简相比，数量并不算多，但却包含了不少珍贵的新资料，比如关于玉门都尉[4]以及玉门都尉府之诸曹[5]、

---

[*] 邬文玲，古文字与中华文明传承发展工程协同攻关创新平台、中国社会科学院古代史研究所研究员。

[1] 邢义田：《从居延汉简看汉代军队的若干人事制度——读〈居延新简〉札记之一》，载《治国安邦：法制、行政与军事》，中华书局2011年版，第542—545页；李迎春：《汉代的"故吏"》，载《历史教学（高校版）》2008年第18期；李迎春：《汉代后备吏制度初探——以对"故吏"、"修行"、"学事"等称谓的考察为中心》，载《石家庄学院学报》2011年第2期；赵宠亮：《行役戍备：河西汉塞吏卒的屯戍生活》第三章《吏卒的功过与奖惩》，科学出版社2012年版，第144—152页。

[2] 赵宠亮：《行役戍备：河西汉塞吏卒的屯戍生活》第三章《吏卒的功过与奖惩》，科学出版社2012年版，第144—152页。

[3] 张德芳、石明秀主编，敦煌市博物馆、甘肃简牍博物馆、陕西师范大学人文社会科学高等研究院编：《玉门关汉简》，中西书局2019年版。

[4] 张德芳：《汉简中的玉门都尉》，载《首届中日韩出土简牍研究国际论坛暨第四届简帛学的理论与实践学术研讨会论文集》（北京，2019年）。

[5] 郭小青：《从"某曹言"简看汉代玉门都尉府下的"分曹治事"》，载《"居延遗址学术研讨会"会议论文》（内蒙古自治区额济纳，2019年）。

属官设置[1]等情况,皆能藉此获得若干新认识。尤为难得的是,其中有一枚简涉及军吏之妻主动为丈夫请求调换岗位的内容。不过,这枚简整理者原来的释文不够准确,未能充分体现其价值。本文拟在订补原释文的基础上,对相关问题做一点讨论。

为了方便起见,先移录整理者释文,再详述浅见。

简1. 守府移大煎都候史高仁妻自言贫急毋絫马愿与庄熹護　会七月七日□巳九月己卯发　(玉门关汉简 II98DYT4：39)[2]

从图版来看,"護"字释读未安,其字形作"▆"。虽然略有漫漶,但墨迹尚清晰可辨,左从"扌",右从"奂",故该字当改释作"换"。"熹"字,从图版来看,应释作"憙"。"日"下未释之"□",其后为"巳"字,从前后文来看,应是天干之一,不过墨迹漫漶,仅余下部残笔,其字形作"▆"。上部墨迹磨灭殆尽,下部残存两横笔和一竖笔,仅有"辛"字的字形与之相合。故该字可补释作"辛","辛巳"应为七月七日的干支。校订后的整段简文当如下读:

守府移大煎都候史高仁妻自言:贫急毋絫马,愿与庄憙换。会七月七日辛巳。九月己卯发。(玉门关汉简 II98DYT4：39)

从内容来看,这应是敦煌太守府移送给玉门都尉府的文书,大意是大煎都候官下属的一位候史名叫高仁,他的妻子主动向官府陈请,说家中贫困窘迫,无力备置鞍马,希望和一位名叫庄憙的人交换工作岗位。

秦汉时期,不仅为官有家訾的要求,为吏也同样如此。尤其军吏更是需自置服装、武器、鞍马等军事装备。西北汉简中有众多关于军吏卒物品的登记簿籍,

---

[1] 邬文玲:《简牍所见玉门都尉府属官》,载《"玉门与玉门关历史文化"学术研讨会会议论文》(甘肃省玉门市,2019年9月12—14日)。
[2] 张德芳、石明秀主编,敦煌市博物馆、甘肃简牍博物馆、陕西师范大学人文社会科学高等研究院编:《玉门关汉简》,中西书局2019年版。

对于私人物品一般会特别注明"私"的字样，以与"官"相对。比如肩水金关汉简 73EJF1：96 对吏卒物品统计的结计，明确分为两大类：一为"·右县官所给"，一为"·右卒私装"。[1] 这些标记为"私"的物品，应为军吏卒自置的装备。常见的吏卒的私人物品主要包括以下几大类：

一是衣物。比如居延新简 E.P.T52：84 "■右南阳私衣物橐百一十一"；E.P.T57：104 "私衣财物"；E.P.T59：361 "□□□隧定陵岸里乐宽私衣橐"；E.P.T65：139 "济阴吕都开阳里徐利私橐"。[2] 居延汉简 32.7 "戍卒颍川郡郑翟里成适年卅二，为部卒取私橐"；264.11 "甲渠候官：吏奉钱十五万九百，卒阁钱六万四千，官橐二百卌七[3]，私橐二百廿二，八月见谷"；180.23 "辞：贫急毋余财，独有私故练袭"；217.30 "官章单衣一领，官布复绔一两，官布橐一，官枲履二两，私韦单绔一两，私布橐一"。[4]

二是兵器。比如居延汉简 10.37 "第廿五车父平陵里辛盈川：官具弩七，承弩二，有方三，槀矢三百五十，槀虿千五十，绀胡一，由皮一，靳干十，靳幡十，弩幅九，兰七，兰冠七，服七，承弦十四，私剑八"；288.21 "私剑一"。肩水金关汉简 73EJT22：134 "缇绀胡二，私剑十，靳幡十五"；73EJT25：56 "官弩八、矢三百廿；官弓十二、矢二百卌，私弓五、矢百五十；官剑七"；73EJF3：268 "察接私弩黍石者"。

三是金钱。比如居延汉简 412.2 "私泉三百"；敦煌汉简 41 "以私泉独为籴谷"；居延新简 EPT52：99 "甲渠候谊……以私钱偿"。[5]

---

[1] 甘肃简牍保护研究中心/甘肃简牍博物馆、甘肃省文物考古研究所、甘肃省博物馆、中国文化遗产研究院古文献研究室、中国社会科学院简帛研究中心编：《肩水金关汉简（壹—伍）》，中西书局 2012—2016 年出版。本文所引肩水金关汉简，如未特别说明，皆出自此书，不另注。

[2] 甘肃省文物考古研究所、甘肃省博物馆、中国文物研究所、中国社会科学院历史研究所编：《居延新简——甲渠候官》，中华书局 1994 年版。本文所引居延新简，如未特别说明，皆出自此书，不另注。

[3] "官橐二百卌七"，原释为"卒吏钱已发"，今从简牍整理小组《居延汉简（叁）》（"中研院"历史语言研究所专刊之一〇九，2016 年）改。

[4] 谢桂华、李均明、朱国炤：《居延汉简释文合校》，文物出版社 1987 年版。本文所引居延汉简，如未特别说明，皆出自此书，不另注。

[5] 甘肃省文物考古研究所：《敦煌汉简》，中华书局 1990 年版。本文所引敦煌汉简，如未特别说明，皆出自此书，不另注。

四是奴婢、从者。居延新简 E.P.T59：440 "候长刑凤：二斗樵见，私奴在□"；肩水金关汉简 73EJT24：896A "橐候长李定昌私从者□□"；敦煌汉简 295 "外塞吏子私从者、奴大男十五人"；298 "出外塞吏子私从者大男廿四人"；526 "大煎都候长王习私从者持牛车一两。三月戊申出东门"；998 "五凤三年三月丁丑朔癸卯，士吏带敢言之：候官隧和吏妻子私从者三月名籍一编敢言之"。

五是马匹。简牍资料中有不少关于边塞军吏尤其是候长、候史拥有私马的记录，比如：

简 2. 出粟二百一十一石二斗，食候长、候史私马廿匹，积千七百六十匹。（居延新简 EPT4：78）

简 3. □斗，给候长、候史私马。（居延新简 EPT59：674）

简 4. 出廿一石六斗，食[1]候长、候史私马六匹十一月食。（居延汉简 46.7）

简 5. 第四候长夏侯放私马一匹，十□（居延汉简 122.14）

简 6. □以候为职，自给私马□（居延汉简 214.115）

简 7. 贺私马一匹，六月食麦五石二斗二升。（敦煌汉简 351）

简 8. 承私马一匹，十一月食麦五石二斗二升。已。官□（敦煌汉简 353）

简 9. 临私马一匹，十五日食二石七斗，十二月癸未日出；十一月食麦五石二斗二升；十四日食二石五斗二升，未出。（敦煌汉简 355）

简 10. 后曲士田翕私马一匹，一月□（敦煌汉简 357）

简 11. 候长董贤私马一匹□（敦煌汉简 1045）

这些候长、候史的马，特别注明为私马，当是自行备置的。同时公家给食，表明其用途与官马相类，从事的应是公务。如果家境贫寒无力置办必需的装备，即便在任上的军吏，也常常会被罢免或者换至别的岗位。简牍资料中也有很多相关的记录。比如居延新简中有残存的关于贫寒隧长虞恭等人被罢休的文书资料：

---

[1] "食"字，原释作"合"，今从简牍整理小组《居延汉简（壹）》（"中研院"历史语言研究所专刊之一〇九，2014 年）改。

简 12. 贫寒隧长虞恭[1]等罢休，当还入十五日食石五斗，各如牒，檄到□付（居延新简 E.P.F22：294）

简 13. 遣[2] □□官，会月廿五日，毋以它为解，须当言府，遣还作，如律令。（居延新简 E.P.F22：295）

简 14. ☒虞[3]恭，贫寒罢休，当还九月十五☒（居延新简：E.P.F22：303）

简 15. 第十隧长田宏，贫寒罢休，当还九月十五日食。（居延新简 E.P.F22：296）

简 16. 第十一隧长张岑，贫寒罢休，当还九月十五日食。（居延新简 E.P.F22：297）

简 17. 乘第十二、卅井隧长桃丐，贫寒罢休，当还九月十五日食。（居延新简 E.P.F22：298）

简 18. 乘第廿、卅井隧长张翕，贫寒罢休，当还九月十五日食。（居延新简 E.P.F22：301A）掾谭。（居延新简 E.P.F22：301B）[4]

简 19. 第廿泰隧长薛隆，贫寒罢休，当还九月十五日食。（居延新简 E.P.F22：302）

简 20. 第十三隧长武习……☒（居延新简 E.P.F22：300）

从内容和字迹来看，上述诸简应为同一简册，涉及因贫寒被罢休的多名隧长需交还"九月十五日食"的事务。根据这件文书简册的内容来看，贫寒的军吏自被罢休之日起，即不能再享用公家的粮食，如有罢休之后享用的情况，需计日归还公家。上述因"贫寒罢休"的隧长，每人皆需归还九月份十五天的粮食，

---

[1] "虞"，原作"夏"，《居延新简集释》（张德芳主编，甘肃文化出版社 2017 年版）改为"虞"，可从；"恭"，诸家皆未释，此据图版及简 E.P.F22：303 中"恭"字形体改；与之相应，E.P.F22：303 中的起首残字也可补作"虞"。两简中的"虞恭"应为同一人。E.P.F22：294 简应为主文书呈文，其余为附件"牒"。根据主文书"虞恭等"的表述方式，所附之牒的首枚简应为"虞恭"，因此，如要复原简册的话，E.P.F22：303 简应为第一简。

[2] "遣"，原作"□"，今据图版补。

[3] "虞"，原作"□"，今据图版补。

[4] E.P.F22：298、E.P.F22：301A 开头的"乘"字，其字形分别为" "" "，的确与"乘"字相类，不过从前后文意来看，应该是"兼"字。比如 E.P.T65：198："兼第四、第七隧长庄建，召诣官。五月己卯下铺入。"

可能他们是同时被罢休,且都多享用了十五天的公家粮食。

有一些隧长,会因为贫急等原因,被其直属上级长官动议斥免。比如:

简21.河平元年九月戊戌朔丙辰,不侵守候长、士吏猛敢言之:将军行塞举驷望隧长杜未央所带剑刃生、狗少一。未央贫急软[1]弱,毋以塞举,请斥免,谒言官。敢言之。(居延新简 E.P.T59: 3+E.P.T59: 34)

将军在例行巡视边塞时,发现驷望隧的隧长杜未央所带之剑的刃没有磨砺、狗少了一只,于是进行了举劾。其直属长官不侵部的代理候长、士吏猛向候官报告说,杜未央贫急软弱,对于将军举劾的错失,无法弥补,建议将其斥免,特此向候官请示。

有些可能因贫寒被罢休的军吏,在家境好转殷实之后,可以申请恢复原来的职位。如:

简22.☐年廿八,富及[2]有鞍马弓楗,愿复为候史,☐(居延汉简 214.57)

这枚简虽然残断,但大意尚可明了,应是一位原来担任过候史的人,可能因贫困被斥免,后来他的经济状况有所改善,被认定为"富",且拥有鞍马和弓楗,因此提出申请,希望能重新担任候史职务。该简也表明,"富""有鞍马弓楗",当是担任候史的基本条件。

有些军吏,因贫困、生病等原因,自动申请调换职务。比如:

简23.·甲渠言:尉史阳贫困,不田,数病,欲补隧长,宜可听。(居延新简 E.P.F22: 327)

尉史阳因贫困,不田作,且多次生病,希望把职位调换为隧长,甲渠候官

---

[1] "软"字,简文原写作"輭",今改为通行字体。
[2] "及",原作"史",今从简牍整理小组《居延汉简(叁)》("中研院"历史语言研究所专刊之一〇九,2016年)改。

表示可以遵从尉史阳的申请。尉史为候官属吏，其秩级与候史、隧长相当，月俸皆为六百钱。

简24.五凤四年八月奉禄簿：候一人六千，尉一人二千，士吏三人三千六百，令史三人二千七百，尉史四人二千四百，候史九人，其一人候史拓有劾，五千四百……（居延新简 EPT5：47）

简25.出六月奉钱四千二百：候长胡霸千二百，候史刑延寿六百，诚北隧长范胜六百，武强隧长宋竟六【百】，俱南隧长王胜之六百，执胡隧李敞六百，·凡四千二百。永光五年五月甲辰朔壬申候君付【候】长霸、候史延寿、执胡隧长李敞。贯四未还，就钱廿一。厂（居延新简 EPT51：239）[1]

简24为五凤四年八月的俸禄簿，其中记载，尉史四人二千四百钱，候史九人五千四百钱，则每人的月俸皆为六百钱。简25为永光五年六月俸钱的支出记录，其中候史和各隧隧长的月俸钱皆为六百。从居延汉简文书中的叙次来看，尉史低于令史，高于候史，其职掌多与司法、治安有关。虽然尉史与隧长的秩级相同，但从简23来看，对尉史任职人选的要求，不论家訾还是身体素质方面，都要高于隧长。候史亦为候官属吏，通常派驻各部，负责协助候长督促烽火战备、日迹候望、巡行部界。从前引简2至简11私马的拥有者多为候长、候史，以及简22拥有鞍马弓矢可以申请担任候史来看，担任候史及以上职位，能够自备鞍马，应该是最起码的要求。

前述简1，即玉门关汉简 II98DYT4：39号简文中的大煎都候史高仁，因家中贫困，没有鞍马，所以提出来跟庄意交换职位。参照简23尉史阳的职位调换情况，庄意的职位很可能是秩级相当而位次略低于候史的隧长。该简比较有意思的是，提出交换职位请求的不是高仁本人，而是由其妻子代言的。不过，简文中并未交待高仁之妻的姓名，因此不能完全排除简文中的"妻"字为衍文的可能性。如果简文书写无误，交换职位的请求的确是由高仁之妻代为提出，那么，这一方面反映出当时女性的社会活动参与度，另一方面也表明高仁之妻可能并

---

[1] 【】号中的"百""候"二字，原简脱漏，此据文意拟补。

没有随军，而是向当地的地方官府提出申请，层层上报至太守府，最后由太守府将其申请文书转发至玉门都尉府。据此也可推测，高仁最初是拥有鞍马的，家境不算贫困，因此才能担任候史，后来可能需要继续补给鞍马，而家中境况不复从前，无力承担，所以其妻到官府陈请，希望丈夫与庄意交换职位。可以想见，高仁之妻必定对庄意其人及其职位也是比较了解的。从西北汉简中可以检索到几则涉及"高仁"的资料：

简26. 高仁叩头白记
　　　甲渠候曹君门下　　（居延新简 E.P.T40：7）

简27. 当曲隧卒高[1]仁☐（居延新简 E.N：2）

简28. 不侵隧长高仁，叁月禄帛三丈三尺。八月甲寅自取，隧长孙昌取。（居延汉简95.7）

不过，并不能确定这些简文中记载的"高仁"为同一人。如果大胆假设简文中的"高仁"是同一个人的话，则他最初为张掖郡居延都尉府甲渠候官不侵部当曲隧的隧卒，后升任不侵隧的隧长，并且给一位姓曹的甲渠候写过一封书信，后又迁任敦煌郡玉门都尉府大煎都候官的候史。关于"庄意"，在肩水金关汉简中有一则资料：

简29. 骍北亭戍卒䚕得定国里公乘庄意，年廿七，行书橐他界中。（肩水金关汉简 73EJT37：631）

不过，也不能确定两个庄意是否为同一人。

有关机构对于军吏的贫富情况，时常进行评估和鉴定，对贫急者进行专门的处理和登记，一方面便于及时根据军吏的家訾情况调整其职位，另一方面严格防范资格条件不够的人作假冒充。

---

[1] "高"字，整理者原作"☐"，今据图版改。

简 30.·甲渠候官建武柒年柒月贫隧长及一家二人为寒吏。(居延新简 E.P.F22：651)

简 31. 贫急软弱不任职，请斥免、可补者名，如牒书。(居延汉简 231.29)

简 32. 因毋袭衣粮食，疑客等阿为强健，听奸请[1]私，以贫弱相冒代。(肩水金关汉简 73EJT23：910)

简 33. 皁单衣，毋鞍马，不文史，诘责骏，对曰：前为县校弟子，未尝为吏，贫困，毋以具皁单衣冠、鞍马。谨案：尉史给官曹治簿书，府官徭使乘边候望，为百姓潘蔽，县不肯除。(居延新简 E.P.T59：58)

简 30 应为甲渠候官建武七年七月统计贫困隧长以及一家有二人为寒吏的标题简。简 31 为文书残简，应是关于向上级请示斥免贫急软弱不任职者和建议拟补者的文书呈文，附件牒书当会一一注明斥免者和替补者的详细信息，惜未能留存下来。简 32 应为调查文书残简，根据内容可以推测，有关机构审查发现某个军吏既无袭衣粮食，也不强健，怀疑是客等人阿谀作假，谎称其强健，徇私舞弊，用贫弱者来冒代。简 33 亦为文书残简，该文书前半部分内容缺失，据存文可推知大意：有关官吏在例行检查时，发现一位名叫骏的人（可能承担着文吏的工作），既没有单衣和鞍马，也不善于从事文书工作，于是责问他。骏回应说，他先前为县校弟子，从来没有做过吏，家中贫困，无力置办皁单衣冠和鞍马。经过查证核实，尉史让他在官曹当差负责簿书的工作，守府长官分派徭役，使之到边塞候望警备，以为百姓藩蔽，但县里不肯除授。据此可知，县里之所以不授予"骏"吏职，就是因为他贫困，不能自备衣冠、鞍马。

西北汉简中还有很多涉及职位调换的记录，谢桂华先生较早对相关简文做过专门研究，指出以往有不少"换"字被误释为"授"字，并作了纠正：

简 34.☐☐午朔辛酉，渠井隧长成敢言之：乃五凤四年五月中除为殄北☐☐
五年正月中换为甲渠诚北隧长，至甘露元年六月中换为殄北塞外渠井隧长，成去甲渠☐(居延汉简 3.14)

---

[1] "请"字，整理者原作"☐"，今据图版改。

简 35. ☐不宜其官，以令换为橐他石南亭长☐（居延汉简 118.5）

简 36. 右换补令史除视事☐（居延汉简 268.25）

简 37. ☐换为登[1]山隧长，代功之明☐（居延汉简 403.11）

简 38. 临故殄北清水[2]隧长，建平四年六月壬辰换补甲渠候官第十四（居延新简 EPT65：335）

简 39. ☐赐里公乘訾千秋，年卅五，伉健，可换为临之隧☐（居延新简 EPT65：430）

简 34 至简 39 中的"换"字，整理者原来都误释为"授"字，谢桂华先生根据图版逐一做了校订，原来的"授为"实为"换为"，"授补"实为"换补"。[3] 这极大地改变和提升了这些简文资料的价值，为汉代西北边塞吏卒职位变动的另一种途径——"换补"，提供了丰富的资料。

除了因贫急换易职位之外，能力与职位不相匹配者，也时常会被换代职位：

简 40. 居延甲渠士吏辚得广穷[4]里公乘窦敞，能不宜其官，今换补靡谷候长，代吕循。（居延汉简 203.33）

简 41. 甲渠当曲隧长☐里公乘张札，年卅七，能不宜其官，换为殄北宿苏第六隧长，代徐延寿。（居延新简 E.P.T51：63）

简 42. 牒书吏能不宜其官换徙十二人，人一牒。

初元二年六月己丑朔癸巳☐☐☐……听书牒署从事，如律令，敢言之。

---

[1] 此简"登山"之"登"字，简牍整理小组《居延汉简（四）》（"中研院"历史语言研究所专刊之一〇九，2017 年）改释作"益"，未安。从图版来看，其字写作"![]"，与 124.23"益寿"之"益"写作"![]"、118.6"益寿"之"益"写作"![]"不同，而与 515.49"登山"之"登"写作"![]"，288.18"登山"之"登"写作"![]"相似，故仍应释作"登"为是。

[2] "清水"，整理者原作"第八"，《居延新简集释》根据红外图版改为"清水"，可从。

[3] 谢桂华：《汉简札记三则》，原载湖南省博物馆编《湖南省博物馆文集》（第 4 辑），1998 年。后收入其著《汉晋简牍论丛》，广西师范大学出版社 2014 年版。

[4] "穷"字，整理者原作"宛"，简牍整理小组《居延汉简（二）》（"中研院"历史语言研究所专刊之一〇九，2015 年）据红外图版改为"穷"，并指出敦煌悬泉置汉简 73EJT30：20 有辚得广穷里，可从。

六月癸巳居延令□丞□□告尉、谓乡：移甲渠候官，听书从事，如律令。/掾忠、令史寿、佐贺。（居延新简 E.P.T51：236）

简43.□三泉里公乘召俻，年卅三，能不宜其官，换为候史□。（居延新简 E.P.T51：520）

简44.□今换为居延临道亭长，代张陵。（居延新简 E.P.T52：7）

简45.·俱起隧长程偃等，皆能不宜其官，换如牒。告尉、谓诚北候长辅。·一事二封。八月丁亥士吏猛奏封。（居延新简 E.P.T52：18）

简46.隧长儿奴换补察虏隧长，即日遣奴之官，书到。（居延新简 E.P.T65：9）

其中简42第1行"牒书吏能不宜其官换徙十二人人一牒"，整理者原作"□诸吏能不宜其官换为……"，部分文字未释出，"诸""为"二字释读不准确。从图版来看，该简墨迹较为漫漶，不易识别，不过参照相关文例，仍可校补如是。第3行"告尉谓乡"，整理者原未释出，今据图版及文例补。该简是移送换徙官吏简册文书中的呈文部分，其与出自同一探方的简41、简43等，很可能属于同一简册，简41、简43为附件十二牒中的两牒，记载换徙官吏的个人信息，包括原有职位、籍贯、爵位、姓名、年龄、换徙原因、拟换职位等。

居延新简中有一件较为完整的迁补文书简册，可以作为参照：

简47.牒书吏迁斥免给事补者四人，人一牒。
建武五年八月甲辰朔丙午，居延令　丞审告尉、谓乡：移甲渠候官，听书从事，如律令。（居延新简 E.P.F22：56A）

甲渠·此书已发传致官亭间相付前。掾党、令史循。（居延新简 E.P.F22：56B）

简48.甲渠候官尉史郑骏，迁缺。（居延新简 E.P.F22：57）

简49.故吏阳里上造梁普，年五十，今除补甲渠候官尉史，代郑骏。（居延新简 E.P.F22：58）

简50.甲渠候官斗食令史孙良，迁缺。（居延新简 E.P.F22：59）

简51.宜谷亭长孤山里大夫孙况，年五十七，薰（勤）事，今除补甲渠候官斗令史，代孙良。（居延新简 E.P.F22：60）

这五枚简笔迹相同，内容相关，应属同一件册书。简 47 为移送迁补斥免四名官吏的呈文，简 48、49、50、51 为附件牒书，正好四牒，与呈文中所言"牒书吏迁斥免给事补者四人，人一牒"相合：甲渠候官尉史郑骏迁缺，由故吏阳里上造梁普接替，甲渠候令史孙良迁缺，由宜谷亭长孤山里大夫孙况接替。另外，肩水金关汉简中有一枚涉及移送因"能不宜其官"而换徙职位的文书呈文：

简 52. 牒书与能不宜其官换徙十三人。
始建国五年二月庚戌朔乙亥，张掖延城试守骑司马匃以近秩次行大尉文书事、
丞　谓三十井：听书从事，如律令。（肩水金关汉简 72EBS7C：2A）
掾宏、兼史谌、书吏隆。（肩水金关汉简 72EBS7C：2B）[1]

从这件呈文来看，有十四人因为"能不宜其官"需要换易职位。不过遗憾的是，文书附件十四牒没有保存下来，因此无法获知需要换徙职位的十四人的详细情况。

关于这些简文中"能不宜其官"的含义，邢义田先生做过专门的研究，他指出，"能"是汉代官吏考课的重要术语，用以肯定官吏在职务上的表现，绝不是说其能力不称其职。"能"和"不宜其官"断读后，"不宜其官"只是调换职务的公文套语。[2]

肩水金关汉简中有如下一件木牍书信：

宣伏地言
稚万足下：善毋恙，劳道决府，甚善！愿伏前，会身小不快，更河梁难，以故不至门下拜谒，幸财罪，请少偷（愈）伏前。因言：累以所市物，谨使使再拜受，幸愿稚万以遣使，天寒已至，须而以补，愿斗食遣之，钱少不足，请知数推奏，

---

[1] 甘肃简牍博物馆、甘肃省文物考古研究所、甘肃省博物馆、中国文化遗产研究院古文献研究室、中国社会科学院简帛研究中心编：《肩水金关汉简（伍）》，中西书局 2016 年版。
[2] 邢义田：《从居延汉简看汉代军队的若干人事制度——读〈居延新简〉札记之一》，载《治国安邦：法制、行政与军事》，中华书局 2011 年版，第 546 页。

叩头幸甚！谨持使奉书。宣再拜

  稚万【足下】[1]　　　　张宣（肩水金关汉简73EJT30：28A）

  前寄书……言必代赣取，报言：都尉府九月十六日召禹对，以表火数[2]□□□责，致八日乃出，毋它缓急。禹叩头多问功如稚公、少负圣君、幼阑、子赣、邮君、莫旦、庞物诸儿，宜马昆弟君都，得之何齐·负赣春王子明君、子卿长君、子恩政君、回昆弟子文都君·见朱赣中君、子实、少平诸嫂请之。孔次卿平君、赏稠卿春君、禹公幼阑，得换为令史，去置，甚善！辱幸使肩水卒史徐游君、薛子真存请，甚厚！禹叩头叩头。今幼阑见署何所，居何官？未曾肯教告。其所不及，子赣射罢未？[3]（肩水金关汉简73EJT30：28B）

  从内容来看，这件木牍的A面和B面是两封不同的书信。A面为张宣致稚万的书信，B面为禹致稚公等人的书信。后一封书信中说，孔次卿平君、赏稠卿春君、禹公幼阑三人都得以"换为令史，去置，甚善！"从语气上来看，似乎对职位成功换为令史，能够离开驿置，在时人看来，是一件令人高兴的事。通常"换为""换补"，都意味着平调，秩级相同，在俸钱待遇方面与原来应该没有什么大的差别，而人们之所以会感到高兴，可能在现实中，令史、尉史、候史等的地位高于隧长，任职资格条件包括家訾也高于隧长，相应地，可能继续升迁的机会也更多。

---

[1] "稚万"，整理者原作"□□"，未释出，今据图版及文意补；其后木牍残断，据文例可补"足下"二字。

[2] "数"，整理者原作"□"，未释出，今据图版及文意补。

[3] "未"，整理者原作"未□"，以为"未"下有一字，今据图版，"未"下墨迹实为"未"字竖笔的延伸，故删去"□"。

从敦煌西域出土的法律文书看唐代的军事管理制度

郑显文　张媛媛[*]

军队是阶级社会中统治阶级赖以存在的基础。自从人类脱离原始社会的群居生活以来，历朝历代的统治者无不把加强军队建设放到治理国家的首要位置。唐朝是我国封建社会的强盛时期，唐朝建立后，为了巩固和维护封建国家的安全和镇压人民的反抗斗争，十分重视军队建设。唐朝政府不仅在军队管理、后勤保障、士兵选拔等方面有所创新和突破，而且还从立法的角度对军事国防制度作了明确的规定。唐代的国家法典《唐律疏议·擅兴律》、唐令《军防令》、以及唐代的《兵部格》《兵部式》等法典体系，都有关于国家军事和国防管理的法律规定。

学术界对于唐代军事制度的研究由来已久，发表了许多相关的著作。1957年，岑仲勉先生发表了《府兵制度研究》，对中古时期的府兵制度作了详细论述。1962年，唐长孺先生发表了《唐书兵志笺正》一书，对唐代兵制史料作了精细的考证，从而奠定了唐代军事史研究的基础。1962年，谷霁光先生出版了《府兵制度考释》一书，推动了学术界对这一问题研究的深入展开。此后，学术界关于唐代兵制研究的论文如雨后春笋般发表，主要有：王永兴《唐代前期西北军事研究》，孙继民《敦煌吐鲁番文书所出唐代军事文书初探》，孟彦弘《唐前期的兵制与边防》，张国刚《唐代监军制度考论》，王援朝《唐代兵法形成新探》，于汝波、杨希义《唐代军事论略》，程喜霖《汉唐烽堠制度研究》，

---

[*] 郑显文，上海师范大学哲法学院教授；张媛媛，中央司法警官学院讲师。

等等。[1] 与此同时，海外学者对于该问题的研究也非常重视，发表的论著有：日本学者滨口重国的《从府兵制到新兵制》，日野开三郎的《大唐兵制时代的团结兵》，菊池英夫的《唐代府兵制成立过程与北衙禁军的起源》，谷川道雄的《府兵制国家论》，以及韩国学者卞麟锡的《从唐宿卫制度看罗唐关系》等论文。[2]

我们认为，上述研究成果大多是对唐代兵制的起源和具体的军事制度进行的探讨，从法律的层面对唐代军事和国防制度加以论述的不是很多，仅见的有日本学者仁井田陞的《唐代军防令与烽燧制度》，泷川政次郎的《唐兵部式与日本军防令》，石尾芳久《日唐军防令的比较研究》，张少瑜《唐前期军事法执行状况及其主要影响因素》，廖祖威的《唐代军法与案例探讨》等。[3] 笔者近年来一直致力于唐代律令格式法律体系的研究，从现存的唐代法典内容来看，唐朝政府十分重视从立法的角度对国家军事和国防制度进行管理。

一、关于唐代的军事行政管理体系

唐代的军事管理体制可分为三大系统：其一是军事行政系统，即中央六部之一的兵部；其二是军事指挥系统，包括十二卫、东宫六率府管辖的各地府兵以及

---

[1] 参见王永兴：《唐代前期西北军事研究》，中国社会科学出版社1994年版；孙继民：《敦煌吐鲁番文书所出唐代军事文书初探》，中国社会科学出版社2000年版；孟彦弘：《唐前期的兵制与边防》，北京大学《唐研究》第1辑，1995年版；张国刚：《唐代监军制度考论》，载《中国史研究》1982年第2期；王援朝：《唐代兵法形成新探》，载《中国史研究》1996年第4期；于汝波、杨希义：《唐代军事论略》，载《军事历史研究》1997年第2期；程喜霖：《汉唐烽堠制度研究》，三秦出版社1990年版等。

[2] 参见［日］滨口重国：《从府兵制到新兵制》，载《秦汉隋唐史研究·上》，东京大学出版会1996年版；日野开三郎：《大唐兵制时代的团结兵》，载《法制史研究》1955年第5期；菊池英夫：《唐代府兵制成立过程与北衙禁军的起源》，载《史学研究》之58，1955年版；谷川道雄：《府兵制国家论》，载《龙谷大学论集》1993年版；卞麟锡：《从唐宿卫制度看罗唐关系》，载《史丛》之11，1966年版。

[3] ［日］仁井田陞：《唐代军防令与烽燧制度》，载《法制史研究》1953年第4期；《唐兵部式与日本军防令》，载《律令格式之研究》，第1册，角川书店昭和四十二年版；石尾芳久：《日唐军防令的比较研究》，载《岩崎教授在职35年纪念文集》1958年版；张少瑜：《唐前期军事法执行状况及其主要影响因素》，载《法律评论》2001年；廖祖威：《唐代军法与案例探讨》，台湾中正大学研究生学位论文。

地方军队；其三是军事后勤保障系统，包括军器监、卫尉寺、太仆寺等后勤管理机构。

(一) 唐代的军事行政管理系统

兵部是唐代国家最高军事行政管理机构，是中央的六部之一。关于其职掌，《唐六典》卷5作了明确的记述："兵部尚书一人，正三品；侍郎二人，正四品下。兵部尚书、侍郎之职，掌天下军卫武官选授之政令。凡军师卒戍之籍，山川要害之图，厩牧甲仗之数，悉以咨之。"从该条史料看，兵部管辖的范围很广，包括军衔品级的管理、武官和士兵的选拔、军事器械营造的数目等方面的事务。

兵部下辖四个具体的职能机构，即四司，包括兵部司、职方司、驾部司和库部司。兵部司设兵部郎中二人，从五品上；员外郎二人，从六品上；主事四人，从八品下。兵部司的职责在四司之中最重，其中一名郎中"掌考武官之勋禄品命，以二十有九阶承而叙焉"。另一郎中"掌判簿，以总军戎差遣之名数"。郎中下设员外郎二人，一人掌贡举及诸杂请之事，另一人掌选院，谓之南曹。

职方司是兵部下辖的另一重要机构。职方司的最高长官职方郎中，一人，从五品上；员外郎一人，从六品上；主事三人，从九品上。"职方郎中掌天下之地图及城隍、镇戍、烽堠之数，辨其邦国、都鄙之远迩及四夷之归化者。"由此看见，职方司的职能主要是为军事和外交提供咨询和信息服务。

驾部司负责全国交通通讯业和畜牧业的管理。军事活动离不开通讯和马匹，故唐代在兵部之下设驾部司。驾部司郎中一人，从五品上；员外郎一人，从六品上；主事三人，从九品上。驾部司的职责是"掌邦国之舆辇、车乘，及天下之传、驿，厩牧官私马、牛、杂畜之簿籍，辨其出入阑逸之政令，司其名数"。

库部司是全国军事物资的管理机构。库部司设郎中一人，从五品上；员外郎一人，从六品上；主事二人，从九品上。库部郎中、员外郎"掌邦国军州之戎器、仪仗，及冬至、元正之陈设，并祠祀、丧葬之羽仪，诸军州之甲仗，皆辨其出入之数，量其缮造之功，以分给焉"。[1]

---

[1]《唐六典》卷5。

根据上述材料，我们看到唐代兵部的职权主要是军事行政管理，具体涉及如下几个方面：其一是对军队官兵的选拔和考核；其二是对国内国外地形地势的调查以及对周边国家归附人员的安置；其三是对军事通讯设施的管理以及军事战争中所需马匹的掌管；其四是关于全国军用物资（马匹除外）数量的管理。可见，兵部的职责仅限于军事管理，如果出现战争情况，则由军事指挥系统负责。

（二）唐代的军事指挥系统

除中央的兵部之外，唐代还有单独的军事指挥系统，有些学者称之为实行全国军事政令的机构。[1] 这些军事指挥系统由武官构成，唐代武官自上而下品级共有二十九阶，分别是：从一品骠骑大将军，正二品辅国大将军，从二品镇军大将军，正三品冠军大将军和怀化大将军，从三品云麾将军和归德将军，正四品上忠武将军，正四品下壮武将军，从四品上宣威将军，从四品下明威将军，正五品上定远将军，正五品下宁远将军，从五品上游骑将军，从五品下游击将军，正六品上昭武校尉，下昭武副尉，从六品上振威校尉，下振威副尉，正七品上致果校尉，下致果副尉，从七品上翊麾校尉，下翊麾副尉，正八品宣节校尉，下宣节副尉，从八品上御武校尉，下御武副尉，正九品上仁勇校尉，下仁勇副尉，从九品上陪戎校尉，下陪戎副尉。

唐代的军队编制系统较为复杂，有唐一代有很大变化。如唐高祖太原起兵之初，"开大将军府，以建成为左领军大都督，领左三军，敦煌公为右领军大都督，领右三军，元吉统中军"。武德初，始置军府，以骠骑、车骑两将军府领之。武德六年以后，复置十二军，"军置将军一人，军有坊，置主一人，以检查户口，劝课农桑"。[2]

唐代中央的军事指挥系统有十六卫和东宫六率府等。唐朝初年曾设立十二军，即所谓的十二卫是指左右卫、左右骁卫、左右武卫、左右威卫、左右领军卫、左右金吾卫。关于十二卫的职掌，《唐六典》卷24作了介绍。"左、右卫，大将

---

[1] 参见王永兴：《唐代前期军事史略论稿》，昆仑出版社2003年版，第9页。
[2] 《新唐书》卷50《兵志》。

军各一人，正三品；左、右卫大将军之职，掌统领宫廷警卫之法令，以督其属之队仗，而总诸曹之职务；凡亲、勋、翊五中郎将府及折冲府所隶者，皆总制焉。"

左、右骁卫，左、右武卫，左、右威卫，左、右领军卫各设大将军一人，正三品，其职掌与左、右卫大体相同，只是在分工方面略有区别。

左右金吾卫的职掌与前十卫有所不同，据《唐六典》卷25记载："左、右金吾卫，大将军各一人，正三品；将军各二人，从三品。左、右金吾卫之职，掌宫中及京城昼夜巡警之法，以御非违，凡翊府及同轨等五十府皆属焉。"

唐代亲、勋、翊三卫的兵士，在挑选时有严格的要求。"凡左、右卫亲卫、勋卫、翊卫，及左、右率府亲、勋、翊卫，及诸卫之翊卫，通谓之三卫。择其资荫高者为亲卫（取三品已上子），其次者为勋卫及率府之亲卫（四品子、三品孙、二品已上曾孙为之），又次者为翊卫及率府之勋卫（四品孙、职事五品子、孙、三品曾孙、若勋官三品有封者及国公之子为之），又次者为诸卫及翊卫（五品已上并柱国若有封爵兼带职事官子孙为之），又次者为王府执仗、执乘（散官五品已上子孙为之）。凡三卫皆限年二十一已上，每岁十一月已后，本州申兵部团甲、进甲，尽正月毕，量远迩以定其番第。"

亲、勋、翊三卫的士兵皆以出身入仕，据《旧唐书》卷42《职官志》记载："有唐已来，出身入仕者，著令有秀才、明经、进士、明法、书算。其次以流外入流。若以门资入仕，则先授亲、勋、翊，六番随文武简入选例。"根据考课令的规定，三卫之士的考核属流外官，"其流外官，本司量其行能功过，立四等考第而勉进之。凡亲、勋、翊卫，皆有考第。考第之中，略有三等。卫主帅，如三卫之考"。[1]

除上述机构外，唐代还有东宫六率府，左、右监门卫，左、右千牛卫，左、羽林军卫等军事指挥和护卫机构。东宫六率府指太子左、右卫率府，太子左、右司御率府、太子左、右清道率府。《唐六典》卷28云：

太子左、右卫率府，率各一人，正四品上；副率各二人，从四品上。左、右卫率掌东宫兵仗羽卫之政令，以总诸曹之事，凡亲、勋、翊府及广济等五府属

---

[1]《旧唐书》卷43《职官志》。

焉；副率为之贰。……每月，亲、勋、翊三府之卫及广济等五府之超乘应番上者，配于所职。

左、右监门卫各设大将军一人，正三品，其职责是"掌诸门禁卫门籍之法"。左、右千牛卫，正三品，各设大将军一人，"掌宫殿侍卫及供御之仪仗，而总其曹务"。左、右羽林军卫，大将军各一人，正三品，"掌统领北衙禁兵之法令，而督摄左、右厢飞骑之仪仗，以统诸曹之职"。

每逢重大的军事行动，唐朝政府经常会组成临时性的军事指挥机构，负责指挥士兵作战。"凡亲王总戎则曰元帅，文、武官总统者则曰总管。以奉使言之，则曰节度使，有大使焉，有副大使焉，有副使焉。若大使加旌节以统军，置木契以行动。"[1] 将帅出征，士兵满一万人，置长史、司马、仓曹、胄曹、兵曹参军各一人。若五千人以上，减司马。诸军各置使一人，五千人已上置副使一人，一万人已上置营田副使一人。每军皆有仓曹、兵曹、胄曹参军各一人。

唐代军将的选拔由主帅负责，兵部监督。《白居易集》卷66记载了这样一个事例："得军帅选将，多用文儒之士。兵部诘其无武艺。帅云：取其谋也。"

唐代的士兵隶属于各卫，且各有其名。如右卫曰骁骑，左、右骁卫曰豹骑，左、右武卫曰熊渠，左、右威卫曰羽林，左、右领军卫曰射声，左、右金吾卫曰佽飞，东宫左、右卫率府曰超乘，左、右司御率府曰旅贲，左、右清道率府曰直荡，总名为卫士。关于卫士的选拔，"皆取六品已下子孙及白丁无职役者点充"。每三年一简点，成丁而入，六十而免。《唐律疏议》卷16对于府兵的简点作了明确规定："诸拣点卫士，取舍不平者，一人杖七十，三人加一等，罪止徒三年。不平，谓舍富取贫，舍强取弱，舍多丁而取少丁之类。"对于挑选出的士兵，按其特长进行分类，能骑而射者为越骑，其余为步兵、武骑、排𥎊手、步射。

关于唐代士兵的编制，唐朝建国后，继续沿用西魏、北周和隋代的府兵制度。据《唐会要》卷72"府兵"条记载："武德元年五月，改隋鹰扬郎将为军头。六月十九日改军头为骠骑将军，副为车骑将军。六年五月十六日，车骑将军府隶

---

[1]《唐六典》卷5。

骠骑府。七年三月六日，改骠骑将军为统军。至贞观十年，改统军为折充都尉，副为果毅都尉。凡府以卫士一千二百人为上府，一千人为中府，八百人为下府。在赤县为赤府，在畿为畿府。卫士以三百人为团，有校尉；五十人为队，三十人为火，有长备六驮马驴，米粮介胄，戎器锅幕，贮之府库，以备武事。"唐代折冲府分布于各地，因地命名。如云阳县有甘泉山，汉甘泉宫所在，即名曰甘泉府，长安城永乐坊内也设有折冲府，因此命名永乐府。全国折冲府的数量，文献记载不一，根据谷霁光先生考证，以 633 至 634 之数较为可靠。[1]

唐代折冲府的分布很不均匀，有的州设有军府，有的州没有军府。其中大多数军府分布于京城附近，如关内、河东、河南三道据粗略估计就有 526 府，约占折冲府总数的 80% 以上。府兵数量的如此分布也奠定了有唐一代的军事格局，即内重外轻，"举关中之众，以临四方"。

唐代府兵的训练十分严格，据《新唐书·兵志》记载："每岁冬季，折冲府都尉率五校兵马之在府者，置左右二校尉，位相距百步。每校为步队十，骑队一，皆卷稍幡，展刃旗，散立以俟。角手吹大角一通，诸校尉皆敛人骑为队；二通，偃旗稍，解幡；三通，旗稍举。左右校击鼓，二校之人合噪而进。右校击钲，队少却，左校进逐至右校立所；左校击钲，少却，右校进逐至左校立所；右校复击钲，队还，左校复薄战；皆击钲，队各还。大角复鸣一通，皆卷幡、摄矢、弛弓、匣刃；二通，旗稍举，队皆进；三通，左右校皆引还。是日也，因纵猎，获各入其人。"

府兵除在家习武、上番前课试、征战中教战、冬季集府教阅外，宿卫京师时尚有平时教射与冬春讲武之举。如唐太宗时，引卫士亲自教于殿廷，又尝"自临治兵"。[2] 府兵士兵的服役年龄从二十岁至六十岁，长期的训练使府兵养成了很好的作战素养。据李筌《神机制敌太白阴经》卷 2《选士篇》记载，当时力士的标准，头等的力士是身负六百三十斤、行五十步。而《新唐书》卷 50《兵志》记述的合格卫士是引弓二百四十斤；弩射如臂张弩射及二百三十步，四发而二中；单弓弩射及一百六十步，四发而二中。

---

[1] 参见谷霁光：《府兵制度考释》，上海人民出版社 1962 年版，第 142 页。
[2] 《资治通鉴》卷 192。

最后,谈谈唐代府兵的装备。府兵出征时,除重兵器与战马由国家供给外,其他物品均应自筹。在吐鲁番出土文书中,出土了许多关于购买府兵驮马的文书,其中一件为《武周军牒为请处分买十驮马欠钱事》:[1]

(前缺)

1　□件人□□□□□□□□
2　足送讫
3　□买奴隶氾定海　张小□□□□
4　□(张)胡智　张守多　范永□□□□
5　已上十人买十驮马一足送八百行□□□
6　□父师一分付刘校尉团赵□□□□□
7　右同前上件人□□□□□□发有限奉处
8　分,令十驮马六□□□□□□有换者孝通
9　临时□□□□□□□□□发日为欠
10　马钱遂□□□□□□□□马领得银钱
11　伍十文讫,今孝通差行征得者,即请分
12　□□不得者,请于后征付保达,数有欠少

(后略)

关于折冲府自备的物资,《新唐书·兵志》有详细的记述:"火备六驮马。凡火具乌布幕、铁马盂、布槽、锸、䦆、凿、碓、筐、斧、钳、锯皆一,甲床二,镰三;队具火钻一,胸马绳二,首羁、足绊皆三;人具弓一,矢三十,胡禄、横刀、砺石、大觿、毡帽、毡装、行縢皆一,麦饭九斗,米二斗:皆自备,并其介胄、戎具藏于库。有所征行,则视其出入而给之。其番上宿卫者,唯给弓矢、横刀而已。"新疆阿斯塔那35号墓《唐永淳二年(683年)田未欢领器仗抄》记载了田未欢购买武器的情况:[2]

---

[1]《吐鲁番出土文书》第3册,文物出版社1981年版,第436页。
[2]《吐鲁番出土文书》第7册,文物出版社1986年版,第402页。

1. 董彪彪付田未欢胡禄、弓、箭一具,横刀一口。其钱
2. 并付了。永淳二年三月四日付田未欢
3. 见符人史海子

孙继民先生认为府兵自备的武器似乎是交纳货币从指定的官库购买的。[1]

以上叙述了唐代中央的军事指挥系统府兵体系。接下来再看一下唐代地方的军事指挥机构。

唐代府兵虽散处于各州府,但隶属于中央十二卫与东宫六率府,属于中央军。为了维护国家的安全,唐政府还在全国边境地区或战略要地派驻地方军队。《唐六典》卷5记载了开元时期全国军队的驻防情况:"凡天下之节度使有八:其一曰关内朔方节度使,其统有单于、安北、东受降城、中受降城、西受降城,丰安军、定远城皆属焉。其二曰河东节度使,其统有大同、横野、岢岚三军,云州守捉使属焉。其三曰河北幽州节度使,其统有经略、平卢、静塞、威武、清夷、横海、高阳、唐兴、恒阳、北平十军,安东镇守、渝关守捉、北平守捉三使属焉。其四曰河西节度使,其统有赤水、大斗、建康、玉门、墨离、豆卢六军,新泉守捉、甘州守捉、肃州镇守属焉。其五曰陇右节度使,其统有临洮、河源、白水、安人、积石、莫门、振武七军,平夷、五门、富耳、兰州、平戎、绥和五守捉使皆属焉。其六曰剑南节度使,其统有昆明军、松州、当州防御、邛郲守捉、姚、嶲州经略四使属焉。其七曰碛西节度使,其统有安西、疏勒、于阗、焉耆,为四镇经略使,又有伊吾、瀚海二军,西州镇守使属焉。其八曰岭南节度使,其统有广、桂、邕、容、安南五府经略使。若诸州在节度内,皆受节度焉。其福州经略使、登州平海军则不在节度焉。"这些地方节度使、经略使等组织系统,只是唐代向地方派出的军事指挥机构,负责对士兵日常训练等事务的管理。至于调动军队,须服从中央兵部的统一指挥和调遣。

---

[1] 参见孙继民:《敦煌吐鲁番所出唐代军事法律文书初探》,中国社会科学出版社2000年版,第16页。

（三）唐代的后勤保障系统

为了保障国家军队的正常运转，唐代建立了完整的后勤保障体系。

卫尉寺是唐代武器的管理部门，据《唐六典》卷 16 卫尉寺条云："卫尉寺：卿一人，从三品；少卿二人，从四品上。卫尉卿之卿，掌邦国器械文物之政令，总武库、武器、守宫三署之官属；少卿为之贰。凡天下兵器入京师者，皆籍其名而藏之。"卫尉寺设丞二人，从六品上；主簿二人，从七品上；录事一人，从九品上。丞掌判寺事。凡器械出纳之数，大事则承制敕，小事则由省司。

卫尉寺下设三个具体的职能部门，即武库署、武器署和守宫署。武库署的最高长官是武库令，两京各一人，"掌藏天下之兵仗器械，辨其名数，以备国用"。武器署设令一人，"掌在外戎器，辨其名物，会其出入。凡大祭祀、大朝会、大驾巡幸，则纳于武库，供其卤簿。若王公、百官拜命及婚、葬、之礼应给卤簿，及三品已上官合列棨戟者，并给焉"。[1] 守宫署设令一人，凡大祭祀、大朝会、大驾巡幸，则设王公、百官位与正殿南门外。

军器监是唐代另一重要的后勤保障机构，是甲、弩等军事武器的制造部门。根据《通典》卷 27《职官九》记载，武德初年，置军器监，贞观元年，罢军器大监，置少监，后省之，以其地隶少府监，为甲弩坊。开元初年，复以其地置军器使。三年，以使为监。关于军器监的职责，《新唐书》卷 48 "军器监"条云："监一人，正四品上；丞一人，正七品上。掌缮甲弩，以时输武库。总署二：一曰弩坊，二曰甲坊。"由此可见，唐代军器监是军队甲弩的制造机构。弩坊署设令一人，正八品下；丞一人，正九品下。掌出纳矛矟、弓矢、排弩、刃簇、杂作及工匠。监作二人。甲坊署令一人，正八品下；丞一人，正九品下。掌出纳甲胄、绶绳、筋角、杂作及工匠。监作二人。

太仆寺是唐代战马的供给部门。据《唐六典》卷 17 "太仆寺"条记载："太仆寺，卿一人，从三品；少卿一人，从四品上。太仆卿之职，掌邦国厩牧、车舆之政令，总乘黄、典厩、典牧、车府四署及诸监、牧之官属；少卿贰焉。"关于唐代监牧的规模，据《通典》卷 25 记载："天下监牧置八使、五十六监。"诸

---

[1] 《唐六典》卷 16。

牧监"掌群牧孳课之事。凡马五千匹为上监,三千匹已上为中监,已下为下监。凡马牛之群以百二十,驼、骡、驴之群以七十。群有牧长、牧尉"。[1] 唐代前期,陇右监牧之马,主要供军供驿。据《资治通鉴》卷215记载,唐玄宗天宝元年,"凡镇兵四十九万人,马八万匹"。这些战马主要由太仆寺管辖的诸牧监供给。如战马出现疾病,主管官吏须积极治疗。在阿斯塔那325号墓《唐西州某府主帅阴海牒为六驮马死事》就说明了这一点:[2]

1 六驮马一匹□□□□□□
2 营司:进洛前件马比来□□(在群)牧放,被木刺破,近人
3 □后脚筋断,将就此医疗,不损。去五月廿八日□
4 □□(致死)。既□□□

以上对唐代的军事管理体系作了简单的分析。由于唐代军事管理系统复杂,加之有些部门的管理职能、编制也不断变化,故而在此只能作粗浅的概述了。

二、唐律中关于军事方面的法律规定

《唐律疏议》是我国现存最早的刑法典,其中许多条款是关于军事方面的法律规定。唐律中关于军事方面的法律规定主要散见于《卫禁律》《职制律》《擅兴律》《贼盗律》《杂律》《捕亡律》各篇之中。

(一)《卫禁律》中有关军事犯罪的法律规定

《卫禁律》是关于违反都城、武库、关津和烽堠管理的处罚规定。由于京城和皇宫是最高统治者皇帝居住的地方,为了维护皇帝的人身安全,《卫禁律》中有许多条款是针对京城内宿卫人员的规定。宿卫士兵是唐中央控制的十二卫之

---

[1] 《唐六典》卷17。
[2] 中国文物研究所等编:《吐鲁番出土文书(图录版)》第3册,文物出版社1996年版,第104页。

一，是唐代最重要的军队，唐律曾对"宿卫人"作了单独的解释："宿卫者，谓大将军以下、卫士以上"。《唐律疏议》卷7"宿卫冒名相代"条对非宿卫的士兵而代人宿卫的行为作了规定："诸宿卫者，以非应宿卫人冒名自代及代之者，入宫内，流三千里；殿内，绞。若以应宿卫人（谓已下直者）自代及代之者，各以阑入论。主司不觉，减二等；知而听行，与同罪。"如于宫城门外皇城门守卫，处罚略轻，"以非应守卫人冒名自代及代之者，各徒一年"。在"宿卫人被奏劾不收仗"条中，又规定如宿卫人员被奏劾，"本司先收其仗，违者徒一年"。

《唐律疏议》卷7"宿卫应上番不到"条对于宿卫人员不及时上番作了明确规定："诸宿卫人，应上番不到及因假而违者，一日笞四十，三日加一等；过杖一百，五日加一等，罪止徒二年。"在卷8"宿卫兵仗远身"条规定："诸宿卫者，兵仗不得远身，违者杖六十；若辄离职掌，加一等；别处宿者，又加一等。主帅以上，各加二等。"

对于国家的重要军事重地武库，法律亦作了明确规定，禁止无故进入。凡偷越武库垣者，徒一年。若武库掌管的官吏应闭禁门，"其忘误不下键，若应开毁管键而开者，各得杖八十"。如"擅开闭者，各加越罪二等"。[1]

对于主司将领率人兵度关而不察，唐律规定："诸领人兵度关，而别人妄随度者，将领主司以关司论，关司不觉减将领者罪一等；知情者，各依故纵法。有过所者，关司自依常律；将领主司知情减关司故纵罪一等，不知情者不坐。"

唐代法律禁止将兵器等战略物资运出关塞。凡赍禁兵器度关者，"坐赃论"。如"越度缘边关塞，将禁兵器私与化外人者，绞"。[2]

《卫禁律》中也规定了边境警卫人员的法律责任："诸缘边城戍，有外奸内入，内奸外出，而候望者不觉，徒一年半；主司徒一年。"唐朝从边境至内地京城，沿途设众多烽火台，"诸烽候不警，令寇贼犯边；及应举烽燧而不举，应放多烽而放少者，各徒三年；若放烽已讫，而前烽不举，不即往告者，罪亦如之。以故陷败户口、军人、城戍者，绞"。如不应举烽燧而举，应放少烽而放多烽，及逸烽二里内辄放烟火者，造成的后果不甚严重，处罚也相对较轻，"各徒一年"。

---

[1]《唐律疏议》卷8。
[2]《唐律疏议》卷8。

（二）《职制律》中有关军事犯罪的法律规定

《职制律》是关于职官犯罪的规定，其中也有2条是关于传递军事信息方面的法律规定。《唐律疏议》卷10"驿使稽程"条云："诸驿使稽程者，一日杖八十，二日加一等，罪止徒二年。若军务要速，加三等；有所废阙者，违一日，加役流；以故陷败户口、军人、城戍者，绞。"长孙无忌等在疏议中解释曰："'军务要速'，谓是征讨、掩袭、报告外境消息及告贼之类，稽一日徒一年，十一日流二千里，是为'加三等'。'有所废阙者'，谓稽迟废阙经略、掩袭、搞抱之类。'违一日加役流'，称日者，须满百刻。为由驿使稽迟，遂陷败户口、军人、卫士、募人、防人一人以上及诸城戍者，绞。"

对于稽留军事文书的行为，《唐律疏议》卷10"驿使以书寄人"条规定："诸驿使无故，以书寄人行之及受寄者，徒一年。若致稽程，以行者为首，驿使为从；即为军事警急而稽留者，以驿使为首，行者为从。其非专使之书，而便寄者，勿论。"

（三）《擅兴律》中有关军事犯罪的规定

《擅兴律》是一篇关于军队差遣和征调方面法律文献，长孙无忌在该篇篇首写道："大事在于军戎，设法须为重防。厩库足讫，须备不虞，故此论兵次于《厩库》之下。"《擅兴律》共24条，除5条涉及非法进行工程营造的条款外，其余皆为关于军事犯罪的法律规定。

《擅兴律》中有3条是关于非法调动军队或调动军队稽废的惩罚规定。据《唐律疏议》卷16"擅发兵"条记载："诸擅发兵，十人以上徒一年，百人徒一年半，百人加一等，千人绞；文书施行即坐。给与者，随所给人数，减擅发一等。其寇贼卒来，欲有攻袭，即城屯反叛，若贼有内应，急须兵者，得便调发。虽非所属，比部官司亦得调发给与，并即言上。若不即调发及不即给与者，准所须人数，并与擅发罪同；其不即言上者，亦准所发人数，减罪一等。若有逃亡盗贼，权差人夫，足以追捕者，不用此律。"《全唐文》卷978"对擅发兵判"有这样一个案例：

甲奉使副讨罪擅发兵，杀康国王执事，加赏，或非之。临变有谋，始闻胜敌；兴师无律，终以贼凶。甲受命以行，观衅而动，轺轩始发，将还使于四方。临冲载驰，遂收功于万里，殊傅介之秘旨，因取楼兰。若陈汤之矫制，更夷康国。况今偃革鸣马，绥戎纠华，奚贪一夕之勋，遂偾三军之事。虽掠美以自满，终胄祸而难封。执事念彼武功以为勇爵，或人思我王度方循政典，苟示化以循物，无忘纪以败常，将为后图，是亦为政。

在此，我们看到，唐律中对于征调军队时的多种意外情况都认真作了设想，避免了在法律实施过程中可能出现的漏洞。《唐律疏议》卷16"应给发兵符不给"条对于征调军事的兵符管理作了规定："诸应给发兵符而并不给，应下发兵符而不下，若下符违式，及不以符合从事，或符不合不速以闻，各徒二年；其违限不即还符者，徒一年。余符，各减二等。"

《唐律疏议》卷16"乏军兴"条是关于调发军队稽期的法律规定："诸乏军兴者，故、失等（谓临军征讨，有所调发，而稽废者）。"长孙无忌在疏议中对此作的解释是："兴军征讨，国之大事。调发征行，有所稽废者，名'乏军兴'。犯者合斩，故、失罪等：为其事大，虽失不减。""不忧军事者，杖一百（谓临军征讨，阙乏细小之物）。"长孙无忌的解释是："谓随身七事及火幕、行具细小之物，临军征讨，有所阙乏，一事不充，即杖一百。"

《擅兴律》中有4条是关于军队士兵的简点、延期应征、违期不到以及逃亡的惩罚规定。如《擅兴律》"拣点卫士"条记载："诸拣点卫士（征人亦同），取舍不平者，一人杖七十，三人加一等，罪止徒三年（不平，谓舍富取贫，舍强取弱，舍多丁而取少丁之类）。若军名先定而差遣不平，减二等；即应差主帅而差卫士者，加一等。其有欠剩者，各加一等。"

对于应征的征人，如冒名替代，唐律亦作了规定："诸征人冒名相代者，徒二年；同居亲属代者，减二等。若部内有冒名相代者，里正笞五十，一人加一等；县内一人，典笞三十，二人加一等；州随所管县多少，通计为罪。各罪止徒二年。主司知情，与冒名者同罪。其在军冒名者，队正里正；旅帅、校尉，减队正一等；果毅、折冲，随所管校尉多少，通计为罪。"

如军人被征调，延误稽期，唐律规定："诸征人稽留者，一日杖一百，二日加一等，二十日绞。即临军征讨而稽期者，流三千里；三日，斩。若用舍从权，不拘此律（或应期赴难，违期即斩；或舍罪求功，虽愆不戮：如此之类，各随临时处断，故不用常律）。"[1]

唐朝军队每年冬季都要定期集训，如军队大集校阅，士兵违期不到者，杖一百，三日加一等；主帅犯者，加二等。即差发从行而违期者，各减一等。唐代在农隙时节举行大集校阅，若集合时不到，即杖一百，每更三日，加一等。

对于逃避兵役的行为，《唐律疏议》卷16"临军征讨"条记载："诸临军征讨，而巧诈以避兵役（巧诈百端，谓若诬告人，故犯轻罪之类），若有校试，以能为不能，以故有所稽乏者，以'乏军兴'论；未废事者，减一等。主司不加穷核而承诈者，减罪二等；知情者与同罪，至死者加役流。"在1973年阿斯塔那193号墓出土了《武周智通拟判为康随风诈病避军役》残卷，孙继民先生认为该案中的康随风不像真实姓名，将其定为拟判。[2]文书中被告康随风"妄作患由，臂肘蹉跌，遂非真病，挛拳手腕"，被发现属欺诈行为。由于文书残损，案件处分的结果不详。但透过该案卷，我们看到唐代对逃避兵役的惩罚还是非常严厉的。

《擅兴律》中有1条是关于泄露军情及间谍的惩罚规定。唐律中对于间谍罪的划分是非常细致的，有在战争期间通报军情的，"诸密有征讨，而告贼消息者，斩；妻、子流二千里"。有在和平时期为敌方提供情报的，"其非征讨，而作间谍"，处以绞刑。还有一款是关于化外人潜入唐朝境内刺探情报的，"若化外人来为间谍；或传书信与化外人，并受及知情容止者，并绞"。可见，唐代对于间谍罪的处罚是很严厉的。

《擅兴律》中有两条是对战争期间将帅、士兵临阵弃城投降的惩罚规定。《唐律疏议》卷16对主帅丢弃城池的种种行为都作了规定，包括弃城不守、不做守备、巡警不严、烽堠失职等。该条规定："诸主将守城，为贼所攻，不固守而弃去；及守备不设，为贼所掩覆者：斩。若连接寇贼，被遣斥堠，不觉贼来者，徒三年；以故致有覆败者，亦斩。"对于主帅在作战时临战退缩的行为，唐律"主将临阵先退"条规定："诸主将以下，临阵先退；若寇贼对阵，舍仗投军及弃贼

---

[1] 《唐律疏议》卷16。
[2] 参见孙继民：《敦煌吐鲁番所出唐代军事文书初探》，中国社会科学出版社2000年版，第53页。

来降，而辄杀者：斩。"

唐律中还有两条是关于军、镇、戍等守卫官员对征、防人管理和征调不合法的惩罚规定。《唐律疏议》卷 16 "镇所私放征、防人还"条是对于守将私放防卫兵士外出的惩罚规定："诸在军所及在镇戍，私放征、防人还者，各以征、镇人逃亡罪论；即私放辄离军、镇者，各减二等。若放人多者，一人准一日；放日多者，一日准一人（谓放三人各五日，放五人各三日，累成十五日之类。并经宿乃坐）。临军征讨而放者，斩。被放者，各减二等。"

为了保护征遣士兵及杂役人员的利益不受损害，唐律还特设条款对此作了规定。《唐律疏议》卷 16 "遣番代违限"条规定了军队长官对防卫人员违背期限不遣返或役使兵士不当的惩罚措施："诸镇、戍应遣番代，而违限不遣者，一日杖一百，三日加一等，罪止徒二年；即代到而不放者，减一等。若镇、戍官司役使防人不以理，致令逃走者，一人杖六十，五人加一等，罪止徒一年半。"在"丁夫杂匠稽留"条中，进一步明确了将领的法律责任："诸被差充丁夫、杂匠，而稽留不赴者，一日笞三十，三日加一等，罪止杖一百；将领主司加一等。防人稽留者，各加三等。即由将领者，将领独坐（余条将领稽留者，准此）。"

唐代对于军用物资的管理十分严格，唐代法律不仅禁止私人拥有兵器等军用设备，对于官府掌管的兵器等战略物资也作了明确的规定。《唐律疏议》卷 16 "非公文出而给戎仗"条是关于国家武库出纳管理的规定："诸戎仗，非公文出给而辄出纳者，主司徒二年。虽有符牒合给，未判而出给者，杖一百。依仗，各减三等。"长孙无忌等在疏议中对此又作了进一步的解释："出给戎仗兵器，非得公文而辄出给者，'主司徒二年'，主司谓当判署者。""'虽有符牒合给，未判而出给'，谓有符牒到司，仍未行判，即准符牒出给者，杖一百。其余留守所及诸州、府差发，或应用鱼符、敕书而不用者，亦徒二年。"

《擅兴律》"私有禁兵器"条是对私人拥有兵器的规定："诸私有禁兵器者，徒一年半（谓非弓、箭、刀、楯、短矛者），弩一张，加二等；甲一领及弩三张，流二千里；甲三领及弩五张，绞。私造者，各加一等（甲，谓皮、铁等。具装与甲同。即得阑遗，过三十日不送官者，同私有法）；造未成者，减二等。即私有甲、弩，非全成者，杖一百；余非全成者，勿论。"疏议首先对禁兵器作了明确的界定："'私有禁兵器'，谓甲、弩、矛、矟、具装等，依令私家不合有。若有矛、稍者,各徒一年半。注云'谓非弓、箭、刀、楯、短矛者',此上五件事,私家听有。其旌旗、幡帜及仪仗,并私家不得辄有,违者从'不应为重',杖八十。"另外,疏议还对律文中没有规定而可能出现的情况作了说明:"问曰:私有甲三领及弩五张,准依律文,各合处绞。有人私有甲二领并弩四张,欲处何罪?答曰:畜甲、畜弩,各立罪名,既非一事,不合并满。依《名例律》:'其应入罪者,举轻以明重。'有甲罪重,有弩坐轻;既有弩四张已合流罪,加一满五,即至死刑,况加甲二领,明合处绞。私有弩四张,甲一领者,亦合死刑。"

(四)《贼盗律》中有关军事犯罪的法律规定

《贼盗律》中有1条是关于盗窃兵器的处罚规定,据《唐律疏议》卷19 "盗禁兵器"条记载:"诸盗禁兵器者,徒二年;甲、弩者,流二千里。若盗罪轻,从私有法。盗余兵器及旌旗、幡帜者,杖九十。若盗守卫宫殿兵器者,各加一等。即在军及宿卫相盗,还充官用者,各减二等。"在此,唐律把偷盗禁兵器分成三种情况:其一是把对偷盗禁兵器的罪行与私有禁兵器两条法条结合起来,当盗窃禁兵器定罪量刑轻于私有时,由于偷盗罪的性质比私有禁兵器罪严重,故为了使法典定罪更加合理,规定"从私有法"。其二是对于偷盗守卫宫殿士兵兵器的处罚规定。由于兵士守卫宫殿是为了维护皇帝的人身安全,凡偷盗卫士的兵器罪行尤为严重,故法律规定"各加一等"。其三是在军中发生的"宿卫相盗,还充官用"的行为,由于此种情况犯罪情节较轻,故法律规定"各减二等"。

(五)《杂律》中有关军事犯罪的法律规定

为了保护士兵的生命及身体健康,对于军人在服役期间出现疾病的情况,主管官员要给予积极的治疗。如对于患病在防的士兵不给予救疗,《唐律疏议》卷26 "丁防官奴婢病不救疗"条作了明确规定:"诸丁匠在役及防人在防,若官户、奴婢疾病,主司不为请给医药救疗者,笞四十;以故致死者,徒一年。"

对于士兵在战争中死亡或负伤如何安置,唐律亦规定了主管官员的法律责任:"诸从征及从行、公使于所在身死,依令应送还本乡,违而并不送者,杖一百。若伤病而衣食有阙者，杖六十；因而致死者，徒一年。"[1]

（六）《捕亡律》中有关军事方面的法律规定

《捕亡律》中有4条是与军事犯罪有关的法律规定。其一是关于军队士兵逃亡，主管将领不及时追捕的惩罚措施："诸罪人逃亡，将吏已受使追捕，而不行及逗留；虽行，与亡者相遇，人仗足敌，不斗而退者：各减罪人一等；斗而退者，减二等。即人仗不敌，不斗而退者，减三等；斗而退者，不坐。"疏议对该条作了如下解释："依《捕亡令》：'因及征人、防人、流人、移乡人逃亡，及欲入寇贼，若有贼盗及被伤杀，并须追捕。'""将吏已受使追捕者，谓见任武官为将，文官为吏，已受使追捕罪人。"[2] 可见，唐律把兵士逃亡看成是一种严重的犯罪，主管将领应立即追捕，如逗留或相遇不缉捕者，视不同情节分别给予处罚。

其二是对从军名单已定，而卫士、募人逃亡的惩罚规定。《唐律疏议》卷28"从军征讨亡"条规定："诸征名已定及从军征讨而亡者，一日徒一年，一日加一等，十五日绞；临对寇贼而亡者，斩。主司故纵，与同罪。军还而先归者，各减五等；其逃亡者，同在家逃亡法。"疏议对此的解释是："征名已定"，指卫士及募人名单已定，应从军征讨，如中途逃亡，唐律的处罚是"一日徒一年，一日加一等，八日流三千里，十五日绞"。如两军对垒，兵戈相交而逃亡，处罚更重，斩。军队凯旋，须依部伍，如有不随团队先归者，各减军亡罪伍等；如有逃亡者，同在家逃亡之法，一日笞四十，十日加一等，罪止流二千里。

其三是对于防人在防期限未满而逃亡的规定。《唐律疏议》卷28"防人向防及在防亡"条规定："诸防人向防及在防未满而亡者（镇人亦同），一日杖八十，三日加一等。"疏议对该条作了解释："上道讫逃走，及在防年限未满而亡者，镇人亦同，一日杖八十，三日加一等。既无罪止之文，加至流三千里。亡日未到罪止，镇防日已满者，计应还之日，同在家亡法，累并为罪。"本条中由于没有规定量刑的最高期限，故疏议作了补充，"加至流三千里"作为最高刑期。

---

[1]《唐律疏议》卷26。
[2]《唐律疏议》卷28。

如逃亡的刑期未达到法定最高刑期流三千里,"镇防日已满",则适用"在家亡法",累并量刑。

其四是对于宿卫人员当值期间逃亡的惩罚规定。《唐律疏议》卷28"宿卫人亡"条规定:"诸宿卫人在值而亡者,一日杖一百,二日加一等。即从驾行而亡者,加一等。"所谓"宿卫人",系指"诸卫大将军以下、当番卫士以上"。如其"在直番限内,而有逃亡者,一日杖一百,二日加一等,计一十七日流三千里。直满以后,即同在家逃亡法"。如果是随从皇帝出行,处罚更重,"以其陪从事重,故加宿卫一等之罪坐,亡者一日徒一年,二日加一等,十五日流三千里"。如果卫士于宫城外守卫,后于京城诸司守当,或被配于王府上番,如此之徒而有逃亡,应如何科罪?疏议对此作了解释:"宫城之外,兼及皇城、京城,若有逃亡,罪亦与宿卫不别。若其准减三等之例,即太轻于在家而亡。是知守当杂犯,有减三等之科,逃亡之辜,得罪与宿卫不异。"

以上对唐律中有关军事犯罪的法律规定进行了简单的概述。通过上述分析,我们看到唐律中对于军事犯罪规定得非常广泛,从行军打仗、巡边守卫、武器管理、士兵调遣、伤亡士兵的待遇、日常的军事训练等都有明确的处罚规定。唐律中有关军事犯罪的规定分布也比较广泛,《唐律疏议》总计有502条,其中有关军事犯罪的处罚规定就有36条之多,约占全部条文的7%,反映了唐代统治者对军队管理的高度重视。

三、唐令中关于军事管理方面的法律规定

《唐六典》卷6云:"令以设范立制",一语道出了唐代另一种法律形式令的法律内容和法律效力。令是唐代关于国家制度的法典,是维系国家机构正常运转的行政法律。唐令的制定由来已久,早在唐高祖武德年间,就以隋代《开皇令》为基础两次修订《武德令》,篇名体例大部分沿用了隋代的《开皇令》,只是新增了《乐》《营缮》《医疾》《捕亡》四篇。唐太宗贞观时期,命中书令房玄龄等重新删定律令,于贞观十一年正月完成,颁布天下,共30卷,1547条。此后,唐高宗永徽、武则天垂拱、唐中宗神龙以及唐玄宗开元七年、开元二十五年又多次删定唐令,所以,有唐一代,唐令的篇目、内容也在不断地发生变化。关

于唐令的篇名，《唐六典》卷6记载了开元七年的篇目："凡令二十有七：一曰官品，二曰三师三公台省职员，三曰寺监职员，四曰卫府职员，五曰东宫王府职员，六曰州县镇戍岳渎关津职员，七曰内外命妇职员，八曰祠，九曰户，十曰选举，十一曰考课，十二曰宫卫，十三月军防，十四曰衣服，十五曰仪制，十六曰卤簿（分上、下），十七曰公式（分上、下），十八曰田，十九曰赋役，二十曰仓库，二十一曰厩牧，二十二曰关市，二十三曰医疾，二十四曰狱官，二十五曰营缮，二十六曰丧葬，二十七曰杂令，而大凡一千五百四十有六条焉。"

唐令迄今已经佚失，日本学者仁井田陞和池田温等人曾对唐令作了复原工作，其研究成果收录于《唐令拾遗》和《唐令拾遗补》之中。根据日本学者复原的研究成果，唐令中关于军事方面的法律规定主要集中在《寺监职员令》《卫府职员令》《州县镇戍乐渎关津职员令》《选举令》《封爵令》《考课令》《宫卫令》《军防令》《仪制令》《公式令》《田令》《赋役令》《关市令》《捕亡令》《医疾令》《假宁令》《营缮令》《丧葬令》之中。

（一）《军防令》中所见的军事法规

《军防令》是关于军事国防方面的法律规定，日本学者仁井田陞复原的法律条文有30条。继此之后，池田温等人又作了补充，现在我们所见到的《军防令》的条文有47条。这47条条文所涉及的内容包括军队的编制、士兵的装备、卫士的宿番、对军队将士的考核、出征之前的仪式、对军队内部的管理、军衔品级的评定、对军用物资的管理、对烽堠的管理、对后勤保障的规定等。

关于唐代军队的编制，以一千二百人为上府，千人为中府，八百人为下府。"诸每一旅帅，管二队正；每一校尉，管二旅帅。卫士以二百人（《通典·职官十一》作三百人）为团，团有校尉；五十人为队，队有正。"诸卫士以十人为火，火有六驮马。[1]

《军防令》中对于士兵的名籍也作了规定，据《唐六典》卷5"兵部郎中"条记载："凡卫士各立名簿，具三年已来征防若差遣，仍定优劣为三等。每年正

---

[1]《唐令拾遗·军防令第十六》，长春出版社1989年版，第278—279页。

月十日，送本府印讫，仍录一通送本卫。若有差行，折冲府据簿而发之。"

对于府兵的番防，唐令规定："诸卫士上番者，五百里内五番，五百里外七番，一千里外八番，各一月上；二千里外九番，倍其月上。若征行之镇守者，免番而遣之。"若"征行及使，经两番已上者，免两番；两番已上者，并二番；其不免，还日即当番折，免上番"。唐令中还规定了几种特殊情况可以免番："诸若父兄子弟，不并遣之。若祖父母、父母老疾，家无兼丁，免征行及番上。"

关于士兵的调遣，《军防令》规定："诸差兵十人以上，并须铜鱼、敕书勘同，始合差发。若急需兵处，准程不得奏闻者，听便差发。"

军队出征前后所举行的仪式，唐《军防令》规定："诸大将出征，皆告庙，授斧钺、辞齐太公庙，辞讫，不反宿于家。元帅凯旋之日，天子遣使郊劳，有司先献捷于太庙，又告齐太公庙。"

关于军营的布置，唐令规定："诸纛，大将六口，中营建，出引军；门旗两口，色红八幅出前列；门枪二银，以豹尾为刃柣，出居红旗后，止居帐门前左右。五方旗五口，中营建，出随六纛后，在营亦列六纛后，随方而建，严警鼓十二面，营前左右行对列各六面，在六纛后，角十二具，于鼓左右各列六县，以代金。队旗二百五十口，尚色图禽兽，与本陈同，五幅。认旗二百五十口，尚色图禽兽，与诸队不同，各自为志认，出居队后。恐士卒交杂，阵将门旗，各任所色，不得以红，恐乱大将阵将。鼓百二十五面，恐设疑警敌用。"

对于兵器和盔甲的管理，唐令规定："诸军器在库，皆造棚阁安置，色别异所，以时曝凉。"对于行军打仗，"甲仗不经战阵损失者，三分理（日本令作征）二分，经战阵而损失者不偿，损者官修"。如普通士兵或百姓拾得键仗，"皆即输官"。

对于征防士兵生活的安排，《军防令》中亦有规定。据《通典》卷3"仓部郎中员外郎"条："卫士防人以上征行若在镇，及番还，并在外诸监关津番官（上番日给），土人任者，若尉吏，并给身粮。"将领对防人士兵不能随意差遣，开元二十五年《军防令》规定："防人在防，守固之外，唯得修理军器城隍公廨屋宇。"为了改善士兵的待遇，唐《军防令》还规定："诸防人在防，守固之外，各量防人多少，于当处侧近给空闲地，逐水陆所宜，斟酌营种，并杂蔬菜，以充粮贮及充防人等食。"

唐《军防令》还对军队祭祀等项内容作了规定。据池田温等《唐令拾遗补·军防令第十六》记载，唐代"常以已丑日祭马牛，马者兵之首，牛者军农之用，谨洁牲黍稷旨酒，而敬荐之，豚一头，米酒各五升"。至于"金鼓幢麾降衡者，皆以立秋日祠（鼓幢麾降衡，所以征不义，为民除害也），用屠羊各一头，黍稷酒各五升（守以为随时甚酌）"。若出征有所斩获，亦"候还报祠"。在行军途中，"凡行军渡河，主者以碧沉河，曰：某君臣敢告于河伯神，征讨丑类，敬以碧沉。苟徼有功，不逢灾害"。

《军防令》中有一条是关于阵亡将士尸体处置的规定："诸征行卫士，以上身死，行军具录随身资财及尸，付本府人将还。无本府人者，付随近州县递送。"

《军防令》中有2条是关于士兵军纪处罚的规定。据《唐六典》卷5"兵部郎中"条记载："凡大将出征，……临军对敌，士卒不用命，并得专行其罚。"对于"军不从令，大将专决，还日，具上其罪"。[1]

为鼓励军队将士积极进取，唐《军防令》特设了军衔条款，施行有功者奖，有过者罚。唐代的勋官有十二等，"十二转为上柱国，比正二品；十一转为柱国，比从二品；十转为上护军，比正三品；九转为护军，比从三品；八转为上轻车都尉；比正四品；七转为轻车都尉，比从四品；六转为上骑都尉，比正五品；五转为骑都尉，比从五品；四转为骁骑尉，比正六品；三转为飞骑尉，比从六品；二转为云骑尉，比正七品；一转为武骑尉，比从七品"。《军防令》对将士的惩罚规定："凡勋官犯除名，限满应除者，二品于骁骑尉叙，四品于云骑尉叙，五品于武骑尉叙。"而对于"诸三卫考满，兵部校试，有文勘时务，则送吏部；无文则加其年阶，以本色迁授。若有才用，考内得补主帅及监门校尉、直长"。

为了维护国家机关的正常运转，保护官僚贵族的人身安全，唐政府对各级衙门、官吏特设侍卫随从制度。诸王公以下及文武职事三品以上带勋官者，则给亲事、帐内。三师、三公、开府仪同三司一百三十人，嗣王、郡王一百八人；上柱国带二品以上职事九十五人，带三品职事六十九人；柱国带二品以上职事七十九人，带三品职事六十二人；上护军带二品以上职事七十三人，带三品职

---

[1]《唐令拾遗补·军防令第十六》，东京大学出版会1997年版，第1156页。

事五十五人；护军带二品以上职事六十二人，带三品职事三十六人。诸州县官，皆有白直。二品四十人，三品三十二人，四品二十四人，五品十六人，六品十人，七品七人（七品佐官六人），八品五人，九品四人。另，州县官及在外监，皆有执衣（随身驱使，典执笔砚，其监官，于随近州县取充）。二品十八人，三品十五人，四品十二人，五品九人，六品、七品各六人，八品、九品各三人（关津乐渎官，并不给），分为三番，每周而代（不愿代者听之。执衣并以中男充）。

在《军防令》中，还有一条是关于烽子的规定，据日本《令集解》"杂徭"条引《唐令》"取中男配烽子，无杂徭故也"。法国国立图书馆藏敦煌文书伯2754号记载了当地县令以残疾中男充烽子，被主管官员斥责之事："闻烽夫差遣是残疾中男，远必望阙机宜，闻者即可寒心，所部何能不惧。略检本州兵士，尚有二石余人，分捉城隍，虽言要重，校量烽调度，无阙所须。觇候用心，随机驰报。若处分明了，众事尅条岁候，于事即轻。望抽一伯余兵，兼助诸烽守备。"[1]

（二）《田令》《赋役令》《医疾令》《假宁令》中有关将士待遇的规定

为了保证军队将士衣食无忧，唐代《田令》规定了军队各级官员受田的具体措施："上柱国三十顷，柱国二十五顷，上护军二十顷，护军十五顷，上轻车都尉十顷，轻车都尉七顷，上骑都尉六顷，骑都尉四顷，骁骑尉、飞骑尉各八十亩，云骑尉、武骑尉各六十亩。"唐代的府兵制度是通过均田制来维持的，自隋文帝时，"凡是军人，可悉属州县，垦田籍帐，一与民同"以来，[2] 到唐朝时已形成了兵农合一的体制。均田制下的成丁男子，实际上也就是国家的府兵，因此，对于府兵制下普通士兵的受田，也就是对均田制下农民的授田。唐令规定："凡给田之制有差：丁男中男以一顷。……凡田分为二等，一曰永业，一曰口分。丁之田二为永业，八为口分。"[3]

---

[1] 参见《敦煌吐鲁番唐代法制文书考释》，中华书局1989年版，第465页。
[2] 《隋书》卷2《高祖纪》。
[3] 《唐六典》卷3"户部尚书"。

从敦煌吐鲁番出土的文书来看，唐代各级军官和士兵受田普遍不足。杨际平教授曾根据出土的文献对唐代武将受田的情况列了图表，兹引之如下：[1]

编号	户主姓名	应受田口	职任	应受田亩（亩）	已受田亩		
					永业	口分	数（亩）
9	张楚琛	1丁	果毅	不详	不详	不详	不详
50	曹思礼	2丁1寡	队副	364	60	1	62
51	曹怀瑀	1老男当户	朔卫	不详	不详	不详	不详
58	程什住	老男当户、1丁	朔卫	155	40	15	64
59	程仁贞	老男当户	朔卫	53	17	（14亩勋田）	31
68	赵大本	老男当户、3丁、1中	别将	453	89	/	90
74	索思礼	老男当户、1丁	折冲都尉、1别将	153	40	169亩口分（19亩勋田、14亩买田）	243
82	索仁亮	3丁1寡	别将	332	60	43	103
83	索如玉	1丁	别将	101	20	2	22

从上述这组数字我们可以看到，唐代无论是府兵的将领，还是府兵的兵丁都普遍受田不足。

对于死于战场或在战场上负伤的将士，唐《田令》中也有相应的规定："诸因王事，没落外藩不还，有亲属同居者，其身份之地六年乃追，身还之日随便先给。即身死王事者，子孙虽未成丁，身分之地勿追。其因战伤入笃疾、废疾者，亦不追减，听终其身。"[2]

另外，唐代还对各级军事机构授予公廨田和职分田。先看一下对公廨田的授予情况。唐代兵部受公廨田十四顷，左右骁卫、左右武卫、左右威卫、左右领军卫、左右金吾卫、左右监门卫、太子左右卫率府、左右千牛卫等各受田三顷。至于在外驻扎的各级军事机构，唐令规定授予的公廨田是：大都督府四十顷，中都督府三十五顷，下都督、都护府各三十顷，上镇五顷，中镇、诸军折冲府各

---

[1] 《均田制新探》，厦门大学出版社1991年版，第211页。
[2] 《唐令拾遗·田令第二十二》，长春出版社1989年版，第563页。

四顷，上戍二顷，中戍、下戍各一顷。

关于各级军事官员的职分田，中央京官文武职事官自一品至九品，授职分田从十二顷至二顷不等。三卫中郎将、上府折冲都尉各六顷，中府五顷五十亩，下府及郎将各五顷。上府果毅都尉四顷，中府三顷五十亩，下府三顷。上府长史、别将各三顷，中府、下府各二顷五十亩。亲王府典军五顷五十亩，副典军四顷，千牛备身、备身左右、太子千牛备身各三顷。诸军上折冲府兵曹二顷，中府、下府各一顷五十亩。其外军校尉一顷二十亩，旅帅一顷，队正、副各八十亩，皆于领所州县界内给。其校尉以下在本县及去家百里内领者，不给。

唐朝前期，为了解决边境地区的粮草问题，曾在沿边之处实行屯田制。据《通典·食货二·屯田》引大唐开元二十五年令："诸屯，隶司农寺者，每三十顷以下、二十顷以上为一屯。隶州、镇、诸军者，每五十顷为一屯。"说明唐代沿边镇、戍驻军之所也控制着许多土地。另据《唐大诏令集》卷59《王晙朔方道行军总管制》记载："其丰安、定远、三（受降）城等军及侧近军、州，宜并受晙节度。其安北都护府移于中受降城安置。兵须足食，理藉加屯，今正农时，足务耕种。"

为保证士兵行军打仗时身体健康，唐代在军队中特设了军医制度。据《唐令拾遗补·医疾令第二十八》记载："诸行军及作役之处，五百人以上，太常给医师一人。"

关于赋税方面，唐代也对军人给予了优厚的待遇。据《唐令拾遗补·赋役令第二十三》记载："诸诸色杂有职掌人、及卫士并免课役。"对于武官三品以上，勋官三品以上有封者，同样免除课役。

在休假方面，唐《假宁令》中规定凡武官若流外官已上者，父母在三千里外，三年一给定省假三十日，五百里五年一给拜墓假十五日，并除程。对于遭父母丧者，"诸军校尉以下，卫士防人以上，及亲、勋、翊卫、备身，假给一百日。父卒母嫁，及出妻之子，为父后者，虽不服，亦申心丧。其继母改嫁，及父为长子，夫为妻，并不解官，假同齐衰"。[1]

另外，在唐《假宁令》中，还规定了国家法定假日的休假的时间。诸元日、

---

[1]《唐令拾遗补·假宁令第二十九》，东京大学出版会1997年版。

冬至，并休假七日，前三日，后三日。玄元皇帝降诞二月十五日，今上降诞日，各休假三日。寒食通清明，休假七日。腊、夏至各休假三日，前后各一日。正月七日，十五日，二月一日，春、秋二社，二月八日，三月三日，四月八日，五月五日，六月三伏日，七月七日、十五日，九月九日，十月一日，立春，春分，立秋，秋分，立夏，立冬，每旬，并给休假一日。

（三）《宫卫令》关于将士防卫的有关规定

唐《宫卫令》是关于宫城防卫方面的法律规定。由于宫城属国家重地，因此对于兵将的管理和要求也极为严格。如对于守备卫士的要求是："诸院内常四面，持仗为之防守，夜则击柝，分更以巡警。"对于出入宫门的物品，《宫卫令》规定："凡财物器用，应入宫者，所由籍傍取左监门将军判，门司检以入之。应出宫者，所由以籍傍取右监门将军判，门司检以出之。其籍月一换。"对于卫士随身携带的防卫兵器，凡出入宫门，主管人员"皆籍其名数"。[1]

（四）《考课令》中关于将士考核的法律规定

唐代不仅对文官每年定期进行考核，对于武官九品以上者，也由主管官员进行考核，对考核的结果"对众读"，并议其优劣，定为九等。对于驻守在外的镇、戍军官，由所在州官进行考核，每年十月二十五日送至京城。

唐代文武官员考核的标准是"四善二十七最"。对于军队管理人员的考核办法是，凡"部统有方，警备无失，为宿卫之最"；"士兵调集，戎装充备，为督领之最"；"赏罚严明，攻战必胜，为将帅之最"；"边境肃清，城隍修理，为镇防之最"。对于诸卫军官的考核，分为三级："诸诸卫主帅，如三卫之考：统领有方，部伍整肃，清平谨恪，武艺可称者为上；居官无犯，统领得济，虽有武艺，不是优长者为中；在公不勤，数有愆失，至于用武，复无可纪者为下。"[2]

---

[1]《唐令拾遗补·官卫令第十六》，东京大学出版会1997年版，第1418页。
[2]《唐令拾遗·考课令第十四》，长春出版社1989年版，第262页，第1136页。

对于诸卫的卫士，《考课令》中也有相应的规定："诸亲勋翊卫，皆有考第，考第之中，略有三等。专勤谨慎，宿卫如法，便习弓马者为上；番期不违，职掌无失，虽解弓马，非是灼然者为中；番为不上，数有犯失，好请私假，不习弓马者为下。"

（五）唐《公式令》中有关军事方面的法律规定

在唐《公式令》中，规定了露布的书写格式。露布，为军队破敌之后，向尚书省兵部呈写的捷报。据《唐令拾遗补·公式令第二十一》引唐露布式：

露布式
某道行军元帅府
　　　　为申破某贼露布事
　　具官行军司马封臣姓名
　　具官行军长史封臣姓名
　　具官某道行军元帅封臣姓名　等言

尚书省兵部：臣闻云云，谨遣某官臣姓名奏露布以闻，军资器械，别簿申上。谨上。
　　年月日　具官行军兵曹参军臣姓名上。
尚书兵部谨奏：某道行军破贼露布事。
左仆射具官封臣名
右仆射具官封臣名
兵部尚书具官封臣名
兵部侍郎具官封臣名
兵部侍郎具官封臣名　等言，臣闻云云，不胜庆快之至，谨以申闻，谨奏。
　　年月日　兵部郎中具官封臣姓名上。
　　给事中具官封臣姓名读
　　门下侍郎具官封臣姓名省
　　侍中具官封臣姓名审

闻御画

其行军无元帅者,载当时军名,余官无帅者,具行军见在官,宣制讫,送尚书省颁布

（六）《关市令》《营缮令》《丧葬令》《捕亡令》中有关军事管理的规定

唐《关市令》中，有1条关于军事方面的法律规定："诸兵马出关者，依本司连写敕符勘度。入关者据部领兵将文帐检入。"

在《营缮令》中，有1条对兵器制造管理的规定："诸营军器，皆镌题年月，及工人姓名，辨其名物，而阅其虚实。"

唐《丧葬令》中，有1条是对士兵死亡安置的规定。按唐令的规定，凡死于任上士兵，国家给予一定数额的安葬费，"诸从征及从行，使人所在身丧，皆给殡殓调度，递送至家"。

最后谈谈《捕亡令》中关于兵士管理的规定。唐代军人有缉捕盗贼的义务，据开元二十五年的《捕亡令》规定："诸有盗贼及被伤杀者，即告随近官司、村坊、屯驿。闻告之处，率随近军人及夫，从发处追捕。"

对于征人、防人等逃亡，及欲投靠敌寇之事，《捕亡令》中规定："经随近官司申牒，即移亡者之家居所属，及亡处比州、比县追捕。承告之处，下其乡里、村保，令加访捉。若未即擒获者，仰本属录亡者年纪、形貌可验之状，更移比部切访捉。得之日，移送本司科断。其失处、得处，并申尚书省。若追捕经三年不获者，停。"[1]

以上对唐令中有关军事方面的法律规定进行了简单的分析。在唐《寺监职员令》《东宫王府职员令》《选叙令》《封爵令》等篇目中，还有一些零散的规定，在此就不一一罗列了。

---

[1]《唐令拾遗·捕亡令第二十八》，长春出版社1989年版，第657页。

四、敦煌吐鲁番新发现的唐格残卷与唐代军事管理

格是唐代律、令、式之外的另一种重要的法律形式。关于格的起源，最早应追溯到汉代的故事，据《唐六典》卷六"尚书刑部卷"记载，汉建武时期有《律令故事》上、中、下、三篇，皆刑法制度。晋贾充等撰律、令，兼删定当时制、诏之条，为《故事》三十卷，与律、令并行。梁易《故事》为《梁科》，三十卷，皆蔡法度所删定。陈依梁。后魏时期，以格代科，于麟趾殿删定，名为《麟趾格》。北齐因魏立格，撰《权格》，与律、令并行。唐朝贞观年间，撰《贞观格》十八卷，由房玄龄等删定。高宗永徽年间，经长孙无忌等删定，有《永徽留司格》十八卷，《散颁格》七卷；后又有《永徽留司格后本》，刘仁轨等删定。武则天时期，又命裴居道等删定格、式，最终完成《垂拱留司格》六卷，《散颁格》二卷。唐中宗神龙元年六月，"诏尚书右仆射唐休璟、中书令韦安石、左散骑常侍李怀远、礼部尚书祝钦明、尚书右丞苏瑰等，定垂拱格及格后至神龙元年正月二十五日已前制敕，为散颁七卷"。[1] 唐睿宗即位，又令户部尚书岑羲等著《太极格》十卷。唐玄宗开元时期，又命姚崇、宋璟等制定《开元前格》《开元后格》，唐宪宗时，刑部侍郎许孟容等删天宝以后敕为《格后敕》三十卷，唐文宗大和年间，又命人撰《新编格后敕》六十卷，后又去繁举要，列司分门，都为五十卷。到了开成四年，又详定了《刑法格》十卷。宣宗大中五年，刑部侍郎刘琢等又奉敕修《大中刑法总要格后敕》六十卷。

格在律、令、格、式法律体系下究竟发挥着怎样的作用，《唐六典》卷6是这样论述的："凡律以正刑定罪，令以设范立制，格以禁违正邪，式以轨物程事。"《新唐书·刑法志》也有如下的记载："唐之刑书有四，曰：律、令、格、式。令者，尊卑贵贱之等数，国家之制度也；格者百官有司之所常行之事也；式者，其所常守之法也。凡邦国之政，必从事于此三者。其有所违及人之为恶而入于罪戾者，一断以律。"由此可知，格是关于唐代国家机关处理日常事务的行为准则。

唐代的格通常以国家六部二十四司来进行分类，因此，唐代有关军事方面的法律规范主要收录在《兵部格》中。唐代格迄今已经佚失，《兵部格》中有

---

[1]《册府元龟》卷612。

关军事方面的法律规范也已不存。值得庆幸的是，在二十世纪以来发现的敦煌吐鲁番文书中存有部分残卷，另外，在现存的唐代文献典籍中也存有部分条款，为我们了解唐代《兵部格》中的有关规定提供了线索。

在现存的敦煌文书中，有两件是唐代《兵部格》的残卷。其一是现藏于中国国家图书馆，编号为"周字五十一号"的《开元职方格》残卷。原件首尾残缺，仅存有七行字，每行在十三字至二十一字之间。

职方司是唐代兵部的四个职能部门之一，关于其职责，《唐六典》卷5记载："职方郎中、员外郎掌天下之地图及城隍、镇戍、烽候之数，辨其邦国、都鄙之远迩及四夷之归化者。"可见，唐代职方司的具体职责是边境守备、了解邻近诸国的情况等。

"周字五十一号"残卷共有两条法律条款。其一是关于烽燧方面的规定，兹引之如下：

（前缺）

1　竟不来，遂使军周停望消息。于今后，仰放火之处约
2　述逗留，放火后续状递报，勿稽事
3　意，致失权宜。辄违□刻，捉官别追决卅；所由知烽健儿
4　决六十棒。

该条主要记述了烽堠人员候望敌情和随时燃放烽火的规定。如燃放违时，"捉官别追决卅"，具体负责此事的健儿决棒六十下。关于烽堠人员的法律责任，在《唐律疏议》卷16《卫禁律》中有所规定："诸缘边城戍，有外奸内入，内奸外出，而候望者不觉，徒一年半；主司徒一年。"唐朝从边境至内地京城，沿途设众多烽火台，"诸烽候不警，令寇贼犯边；及应举烽燧而不举，应放多烽而放少者，各徒三年；若放烽已讫，而前烽不举，不即往告者，罪亦如之。以故陷败户口、军人、城戍者，绞"。如不应举烽燧而举，应放少烽而放多烽，及逸烽二里内辄放烟火者，"各徒一年"。唐律中对于放火后续状递报并没有明确的规定，从《职方格》中的处罚看，很显然是对唐律的补充。

《职方格》中另一条是有关缉捕方面的法律规定："法令滋彰，盗贼多矣。

堤防不设，奸□□兴，欲存纪纲，须加捉搦。仰□□□捉，相知捉搦，务令禁断。"由于该条有缺字现象，加之内容所指不明，所以该法条的意思也不甚明朗。

在法国国立图书馆内，现藏有一件编号为伯4978号唐《开元兵部选格》的断片。该文书首尾皆以残缺，书写在一张纸上。全部内容共有十八行，每行字数约十六至十八字。该文书经唐耕耦、刘俊文先生整理，兹抄录如下：

（前缺）

1. 节度管内诸军健儿，其中所有勋官□□
2. 诸色有资劳人及前资常选□□□□□
3. 劳考，每年为申牒所田（由），并先在军经□□
4. 已上，有柱国、上柱国勋者，准勋官□满□
5. 听简试。十五年已上者，授武散官。两个上柱
6. 国已上者，放选。各于当色量次上定留放。
7. 其中有先立战功，得上柱国勋，长征□□□
8. 军由分明者，免简听选。余依本条。
9. 一准兵部格后敕：同、□□□□等州，简充□（团）
10. 结二万人数者，其中有得劳番考人□□
11. 免，并申所司，准式合承，选日任依常例。
12. 一准兵部格：诸色有番考资□人，身供□□
13. 者，初至年及去军年经三个月已上，
14. 折成一年劳。中间每年与一年，不得累折。
15. 一准开元七年十月二十六日敕：上柱国及柱国子
16. 年廿一已上，每年征资一千五百文，准本色宿
17. 人，至八年满听简。其及第者，随文武□

（后缺）

从本件法律文书的内容来看，可分为四条法律条文，其中第一条法律条文的内容已经残缺，从文中的字里行间可以看出，这是一条关于武官挑选及武官散官任用的规定。第二条法律条文的内容相对完整，中间个别字迹模糊，难以

辨认。这是一条关于京师附近地区简点团结兵的法律条文。据《唐六典》卷5云："凡关内团结兵，京兆府六千三百二十七人，同州六千七百三十六人，华州五千二百二十三人，蒲州二千七百三十五人。"第三条是对诸色番武官的考核办法。第四条是关于上柱国及柱国之子年二十一岁已上，每年先征资一千五百文，"准本色宿卫"，至年满八年后再听简点。

由于唐代前期大多是在和平年代度过的，唐朝统治者对有关军事方面的法规—格的修订也不多，因而在现存的唐代文献中，保存唐代军事方面格的条文也不多。

《唐会要》是关于唐代制度的政书，其中保存了一些格的条文，现抄录如下：

1. 据《唐会要》卷59记载："长安二年正月十七日敕：天下诸州，宜教武艺，每年准明经、进士、贡举例送。"

2. 据《唐会要》卷59记载："开元十七年正月二十日敕：兵部两铨，令史各与一第一人，簿帐共与一人，准吏部铨史第一人官资注拟。"

3. 据《唐会要》卷59记载："开元十九年四月二十六日敕：吏部选人请武选者，宜取强壮身材六尺以上，籍年四十以下，堪统领。其兵部选人，请文选者，宜取材堪治民，工于书判，并无负犯，十二月内定品奏闻。一送以后，并不在却关之限。"

4. 据《唐会要》卷72记载："永徽元年四月敕：卫士掌闲，募士遭丧，合期年上者，宜听终制三年。"

5. 《唐会要》卷81引吏部《司勋格》："开元十七年十月，诸叙勋应加转者，皆于勋官上加。若无勋官，一转骁骑尉，叙三品于飞骑尉，叙四品于云骑尉，叙五品以下于武骑尉。……《司勋格》：加累勋，须其小勋难衔送中书省及门下省勘会，并注毁小勋甲，然许累加。"

6. 《唐会要》卷78："景云二年真二十九日敕：诸节度除缘兵马外，不得别理百姓诉讼事。"

《唐大诏令集》是唐朝皇帝诏敕的汇编，而诏敕又是唐格最重要的法律渊源，因此，《唐大诏令集》中也保留了许多有关军事方面的格文。笔者认为属于唐格的条文如卷107收录的唐玄宗时发布的《遣荣王琬往陇右巡按处置敕》，内容如下："敕：遏寇防贼，在于有备；兴师训卒，用戒不虞。陇右诸军，地当戎羌，尤资振旅，以壮边威。宜令陇右节度经略支度营田大使、开府仪同三司、兼京兆牧、上柱国荣王琬，自往陇右，巡按处置。庶宏庙略，因达诚怀。宜于关内及河东纳资飞骑，并诸人中间，召取健儿三万五千人赴陇右防捍，至秋末无事防还。仍于当道军将内铨选一人，与所由简召，应给粮赐，所司速作条例处分。"

在清人编纂的《全唐文》中，也收录了一些唐格的条文，其中关于军事方面的格有：

1.《全唐文》卷26收录了唐玄宗时的《禁私役兵士诏》，从诏书的内容来看，属"禁违正邪"的条款，笔者推断为唐格的条文："古者名将在乎养兵，故疾病则吮癰，渴不先饮，抚循慰籍，恩义感激，所以奋不顾身，战无完阵。如闻诸将总管已下，不遵师律，多役兵士，帐中厌粱肉之娱，麾下罹勤瘁之色。人既劳力，军亦挫气，岂孙、吴养士之方韬？钤用兵之法，春秋贵帅，典宪斯在。自今已后，总管以下私使兵士，计庸以受所监临财物论。颁下诸军，咸使知悉。"

2.《全唐文》卷31唐玄宗《饬诸军不得辄赏借绯紫诏》也属于"禁违正邪"的条款："绯紫之服，班命所崇，以赏有功，不得踰滥。如闻诸军赏借人数甚多，曾无甄别，是何道理？自今已后，除灼然有战功，余不得辄赏。"

3.《全唐文》卷31唐玄宗《禁取同、华人充兵防诏》："同、华两州，精兵所出，地资辇毂，不合外支。自今已后，更不得取同华人充兵防。"

《通典》是唐代杜佑撰写的一部典章制度方面的文献，书中卷第149《兵二·杂教令》援引《大唐卫公李靖兵法》中也收录了一些唐代的军事法规。李靖是唐朝初年的名将，书中关于军事方面的规定很多被收入贞观时期的律令格式之中。笔者认为属于唐格的条款有：

1. 诸应请甲数叶行数，于甲襻上钞记；其袍，秤知斤两，于袍背上具注斤两；并枪，量长短尺寸：军司并立为文案。如事了却纳，取按堪数，长短斤两同即纳；如有欠少，随即科决征备。其军器，常须磨砺修补，亦不得毁弃。

2. 诸有人拾得阑物，隐不送虞候，旁人能纠告者，赏物二十段。知而不纠告者，杖六十。其隐物人斩。

3. 诸军中有樗蒲博戏，赌一钱以上同坐，所赌之物没官。

《文苑英华》卷463"神龙开创制"亦引一条唐《兵部格》："其应支兵，先取当土及侧近人，仍随地配割，分州定数，年满差替，各出本州，末（永）为格例，不得逾越。"

在《册府元龟》卷63引开元九年诏，笔者认为其为唐代格的条文："如闻诸道兵募，丁防年满应还，或征役处分及在路死者，不得所繇牒报，本贯无凭破除，仍有差科，亲邻受弊。宜令今年团日，堪责同行火队，的知实死，即与破除。"

《白氏六帖事类集》等文献中，也保存了个别唐代格的条款，在此就不一一列举了。从唐代律、令、格、式四种法律形式中有关的军事方面的法规来看，现存古代文献收录格的条文最少。随着唐代法律史研究的深入，或许还会发现一些新的条文。我们期待着学术界有志之士对唐代《兵部格》的法律条文进行复原，还历史以本来面目。

五、敦煌吐鲁番发现的唐式残卷与唐代军事管理

唐代式的职能是"轨物程式"，式是国家各级行政机关的办事细则，类似于现代的部门规章。关于唐代式的篇目，据《唐六典》卷6记载，"凡式三十有三篇。亦以尚书省列曹及秘书、太常、司农、光禄、太仆、太府、少府及监门、宿卫、计帐为其篇目，凡三十三篇，为二十卷。"唐代式中关于军事方面的法律规定主要收录在《兵部式》《宿卫式》等篇目之中。

现存的古代文献中，保存了许多关于唐代军事方面的法律规定——式的条文，笔者根据前人的研究成果，认为属于式的条文有二十四条。

韩国磐先生曾根据传世文献对唐式进行了辑存，其中关于军事方面的法律条文有6条，现转引如下：[1]

1.《唐律疏议》卷26"诸从征及从行身死"条："准《兵部式》：从行身死，折冲赗物三十段，果毅二十段，别将十段，并造灵轝，递送还府。队副以上，各给绢两疋，充敛衣，仍并给棺，令递送还家。"

2.《白氏六帖事类集》卷14《功》引《兵部式》："叙功计杀获及输失数。若输多，除跳荡及斩将外，自余节级酬勋，不在与官放选限也。"

---

[1] 参见韩国磐：《传世文献中所见的唐式辑存》，载《厦门大学学报》1994年第1期。

3.《白氏六帖事类集》卷16《军资粮》引《兵部式》："给赐者，用所在官库，丝布相兼。其军每年得赐者，不在别给时服限。其赐，每年随庸调预支者，应有知发军处所司，与兵部计会量支，当年庸调及脚价留本州，便充兵赐。"

4.《唐律疏议》卷8"诸烽候不警"条引《职方式》："放烽讫而前烽不举者，即差脚力往告之。""依式望见烟尘，即举烽燧。"

5.《唐律疏议》卷10"诸增乘驿马"条："准《驾部式》：六品以下前官、散官、卫官、省司差使急速者，给马。使回及余使，并给驴。"

6.《唐律疏议》卷16"诸私有禁兵器"条引唐《库部式》："其甲非皮、铁者，依《库部式》，亦有听畜之处，其限外剩畜及不应畜而有者，亦准禁兵器论。"[1]

除了上述辑录的唐代《兵部式》条文外，在宋人曾公亮、丁度的《武经总要》、唐李筌的《太白阴经》中，也收录了部分唐代《烽式》的条款。日本学者泷川政次郎在《唐兵部式和日本军防令》，中国学者王永兴在《唐代前期军事史略论稿》、程喜霖《汉唐烽堠制度研究》中，都对唐代《兵部式》中的《烽式》作了详细的论述。[2] 笔者根据上述的研究成果进行整理，有关唐代《烽式》的法律条文共有10条，现抄录如下：

1.凡边城堠望，每三十里置一烽，须在山岭高峻处。若有山冈隔绝，地形不便，则不限一数。要在烽烽相望。若临边界，则烽火外周筑城障。

2.凡寇贼入境，马步兵五十人以上，不满五百人，放烽一炬。得蕃界事宜，又有烟尘，欲知南入，放烽两炬；若余寇贼，则五百人以上，不满三千人，亦放两炬。蕃贼五百骑以上，不满千骑，放烽三炬；若余寇贼，三千骑以上，亦放三炬。若蕃贼千人以上，不知头数，放烽四炬；若余寇贼，一万人以上，亦放四炬。其放烽一炬者，至所管州县镇止；两炬以上者，并至京，原放烟火处州县镇，即录状驰驿奏闻。若依式放烽至京，讫贼回者，放烽一炬报平安。凡放烽告贼者，三应三灭；报平安者，两应两灭。

3.凡掌烽火，置帅一人，副一人。每烽置烽子六人，并取谨信有家口者充。

---

[1] 此条恐非唐《库部式》之原文，《唐律疏议》该条所引只是略述其意而已。

[2] 参见［日］泷川政次郎：《唐兵部式和日本军防令》，收入《律令格式之研究》一书，角川书店昭和四十二年版；王永兴：《唐代前期军事史略论稿》之《烽堠制》，昆仑出版社2003年版；程喜霖：《汉唐烽堠制度研究》，三秦出版社1990年版等。

副帅往来检校。烽子五人，分更刻望视；一人掌送符牒；并二年一代。代且须教新人通解，始得代去。如边境用兵时，更加卫兵五人兼收。烽城无卫兵，则选乡丁武健者给仗充。

4. 凡置烽之法，每烽别有土筒四口，筒间火台器具。台上插橛，拟安火炬。各相去二十五步。若山险地狭，下及二十五步。但取应火分明，不须限远近。其烟筒各高一丈五尺。自半已下，四面各阔一丈二尺，向上则渐锐狭。造筒，先泥里，后泥表，使不漏烟。筒上著无底瓦盆盖之，勿令烟出。下有鸟炉，灶口去地三尺，纵横各一尺五寸，著门开闭。其鸟炉灶门，用木为骨，厚泥之，勿令火焰烧及。其烽筒之外，皆作深堑环绕。在烽贮备之物，要柴藁木材。每岁秋前，别采艾蒿茎叶苇条草节，皆要相杂为放烟之薪，及置麻蕴火钻狼粪之属，所委积处，以掘堑环之，防野烧延燎近边者，亦量给弓弩。

5. 凡用烽之法，应火炬长八尺，橛上火炬长五尺，并二尺，围干苇作薪。苇上用干草节缚，缚处周回插肥木。其次炬橛等。在烽每道当蓄二千（或作十），具以上于舍下作架积贮，不得雨湿。其土筒里，常须预着羊粪，郁新火使暖。

6. 凡应火土筒，若向东应，筒口西开；若向西应，筒口东开。南北准此。诸烽烟相对时，于土筒旁，级上立开盆放烟，合盆灭其烟。其烟着放时，若无事尽一时，有事尽一日。若昼放烟，至夜即放火，无事尽一夜。若夜放火，至天晓还续放烟。后烽放讫，前烽下应。烟尽一时，火尽一炬，即差脚力人，走问探知。失堠，或被贼掩捉，其脚力人问者，即亦须防虑；且至烽侧遥听。如无消息，唤烽师姓名，若无人应接，先径过向前烽。依式放火，仍录被捉失堠之状，告所在州县堪当。

7. 凡白日放烟，夜放火，先须看筒里，至实不错，然后相应。时将火炬，就鸟炉灶口里，焚热成焰，即出为应。一炬火，一人应；二炬火，二人应；三炬火，三人应；四炬火，四人应。若应灭时，将应火炬，插鸟炉灶口里，不得火焰出外应，灭讫，别捉五尺火炬，安着土台橛上。烟相应时，一炉筒烟，一人开闭；二筒烟，二人开闭；三筒烟，三人开闭；四筒烟，四人开闭。若昼日阴晦雾起，望烟不见，原放之所，即差脚力人，速告前烽。雾开之处，依式放烟。如有一烽承两道已上烽者，用骑一人，拟告州县，发驿告烽来之处。若烽与驿相连者，只差驿马。

8. 凡告贼烽起处，即须传告随近州镇县城堡村坊等人，令当处警固，不得浪行递牒。

9. 凡烽号隐秘，不令人解者，惟烽帅烽副自执，烽子亦不得知委。

10. 凡烽帅烽副当番者，常须在烽台检视。若将家口听于堑内安泊。烽子则昼分为五番，夜分持五更。昼候烟，夜望火。凡烟火，一昼夜须行二千里。

现存的其他古代文献也保留了一些唐代《兵部式》的法律条文。《唐六典》是唐代的官制政书，其中收录了许多唐式的条文。关于《兵部式》的条文有：

1.《唐六典》卷5记载了选拔武官的具体措施，笔者认为该条应是唐《兵部式》的条款："凡应举之人有谋略、才艺、平射、筒射，皆待命以举，非有常也。若州府岁贡，皆孟冬随朝集使以至省，勘责文状而引试焉；亦与计科偕。有二科：一曰平射，二曰武举。其试用有七：一曰射长垛（入中院为上，入次院为次上，入外院为次）；二曰骑射（发而并中为上，或中或不中为次上，总不中为次）；三曰马枪（三板、四板为上，二板为次上，一板及不中为次）；四曰步射，射草人（中者为次上，虽中而不法、虽法而不中者为次）；五曰材貌（以身长六尺已上者为次上，已下为次）；六曰言语（有神彩，堪统领者为次上，无者为次）；七曰举重（谓翘关，率以五次上为第）。皆试其高第者以奏闻。"

2.《唐六典》卷5记载了兵部对科第优劣的考试办法："其科第之优劣，谓平射、筒射之上第者，前资、见任见选，听减一次上，与官；勋、散、卫官、五品已上官子孙，帖仗二年而选。次第者，其应选则据资优与处分，应帖仗则三年而选。庶人之上第亦帖仗，其年比次第；庶人次第，又加二年。武贡之第者，勋官五品已上并三卫执仗、乘，若品子年考已满者，并放选；勋官六品已上并应宿卫人及及品子五考已上者，并授散官，谓'军士战官'；余并帖仗然后授散官。"

3.《唐六典》卷5还记载了对勋、获等级的授予办法：勋、获，谓军士战功之等级。"若劳城苦战第一等，酬勋三转，第二、三等差减一转。凡破城、阵，以少击多为'上阵'，数略相当为'中阵'，以多击少为'下阵'，转倍以上为'多少'。常据贼数以十分率之，杀获四分已上为'上获'，二分已上为'中获'，一分已上为'下获'。凡上阵上获第一等酬勋五转；上阵中获、中阵上获第一等酬勋四转；上阵下获、中阵中获、下阵上获第一等酬勋三转；其第二、第三等各递降一转。中阵下获、下阵中获第一等酬勋两转，第二、第三等并下阵下获各酬勋一转。其虽破城、阵，杀获不成分者，三等阵各酬勋一转。其跳荡、降功不在限。凡临阵对寇，矢雨未交，先锋挺入，贼徒因而破者为跳荡；其次先锋受降者为降功。凡酬功者，见任、前资、常选为上资；文、武散官、卫官、勋官五品已上为次资；五品子、孙、上柱国、柱国子，勋官六品已下，诸色有番考人为下资；白丁、卫士、杂色人为无资。凡跳荡人，上资加两阶，即优与处分，应入三品、五品，不限官考；次资优与处分；下资优与处分；无资稍优与处分。其殊功第一等，上资加一阶，优与处分，应入三品、五品，减四考；次资优与处分；下资稍优与处分；无资放选。殊功第二等，上资优与处分，次资稍优与处分，下资放选，无资常勋外加三转。殊功三等，上资稍优与处分，次资放选，下资应简日放选，无资常勋外加两转。"

4.《唐六典》卷5记载了对州县、仓库门守卫的规定："凡州、县城门及仓库门须守当者，取中男及残疾人均为番第以充，而免其徭赋焉。"

5.《唐六典》卷5"驾部郎中"条收录了唐《驾部式》的条款："凡三十里一驿，天下凡一千六百三十有九所。二百六十所水驿，一千二百九十七所陆驿，八十六所水陆相兼。若地势险阻及须依水草，不必三十里。每驿皆置驿长一人，量驿之闲要以定其马数：都亭七十五疋，诸道之第一等减都亭之十五，第二、第三皆以十五为差，第四减十二，第五减六，第六减四，其马官给。有山陂险峻之处及江南、岭南暑湿不宜大马处，兼置蜀马。凡水驿亦量事闲要以置船，事繁者每驿四只，闲者每驿三只，更闲者每驿二只。凡马三名给丁一人，船一给丁三人。凡驿皆给钱以资之，什物并皆为市。"

6.《唐六典》卷5引唐《驾部式》："凡诸卫有承直之马，诸卫每日置承直马八十疋，以备杂使。"

在《新唐书·兵志》中，也收录了唐代《兵部式》的条文，笔者认为属《兵部式》的条文有：

1.据《新唐书》卷50《兵志》载："凡征伐而发牧马，先尽强壮，不足则取其次。录色、岁、肤第印记、主名送军，以帐驮之，数上于省。"该条主要是关于战马挑选的规定。

2.据《新唐书》卷50《兵志》记载："凡当宿卫者，番上兵部以远近给番。五百里内为五番，千里七番，一千五百里八番，二千里十番，外为十二番，皆一月上。若简留直卫者，五百里为七番，千里八番，二千里十番，外为十二番，亦月上。"该条主要是关于唐代的府兵分番宿卫的规定。

以上是笔者根据现存的古代文献对律令格式中有关军事管理的法律规定进行的简单分类。从上面的论述可以看出，唐代律、令、格、式四种法律形式都有关于军事管理的规定。其中律和格是关于法律惩戒方面的内容，格是对律文内容进行扩展和补充；令是关于军事制度方面的规定，式是国家军事管理机关的日常办事细则，整个体系结构严谨，涉及的范围广泛，律令格式四种法律形式共同构成了唐代的部门法——军事法律。遗憾的是，由于年代的久远，许多军事方面的法规已经佚失，律的条文以疏议的形式保存下来；令中关于军事方面的法律条文虽由日本学者进行了复原，但与原有的法律规定相差甚远，仍有许多工作要做；现存的文献中保留唐代军事方面的法规—格的条文最少，对唐代《兵部格》复原是一项艰巨而复杂的任务，期待着学术界有志之士共同参与这项工作；在现存的古代典籍中，保存了许多《兵部式》的条文，笔者复原的条文有24条。而这24条法律条文只不过是唐代式中有关军事管理法规的一部分，对唐代式的复原也是刻不容缓的事情。

从敦煌吐鲁番文书看唐代的民事诉讼制度

郑显文[*]

在诸法合体，以刑为主的中国古代农耕社会里，刑事法律极为发达，而民事方面的法律规定却很少。中国古代没有独立的民法典，关于民事诉讼方面的资料流传下来的也不多，这为研究我国古代的民事诉讼制度带来了很多不便。唐代是我国古代法律制度颇为成熟的时期，唐代的民事诉讼制度上承秦汉魏晋南北朝之制，下启宋元明清之先河，对于中国古代的诉讼法产生了重要影响。因此，研究和了解唐代的民事诉讼制度可以更加清楚地认识到中国古代民事诉讼制度的特征。

学术界对于唐代诉讼制度的研究起步较早。早在二十世纪三十年代，日本学者中田薰在《日本公法法制史》一书中，就将律令制下的审判制度作了刑事和民事上的划分。其从《狱令》和《公式令》着手，探讨了刑事诉讼和民事诉讼的区别。此后，仁井田陞在其《中国法制史》一书中沿用了上述观点，指出："关于唐代刑事审判之大要，以《狱官令》所规定的审判程序，民事上（即田宅、婚姻、债负）诉讼，依据《杂令》所规定的审判程序规定。继此之后，日本另一位著名的法制史专家泷川政次郎教授在《律令制下的民事诉讼法》一文中指出："律令关于临时诉讼法之规定，大多收录于《狱令》，关于定季诉讼之规定收录于《公式令》，所以临时诉讼法、定季诉讼法之名又可称为狱令诉讼法和公式令诉讼法。""临时诉讼的程序即刑事诉讼，定季诉讼的程序即民事诉讼。"[1] 此后，日本学者奥村郁三在《唐代审判程序法》一文中，进一步将唐代的审判程

---

[*] 郑显文，上海师范大学哲学与法政学院教授。
[1] 该文收录于《中村宗雄教授还历祝贺论集》，载《早稻田法学》1954年版，第4—8页。

序分为由《狱官令》所规定刑事审判程序和由《公式令》《杂令》所规定的民事审判程序两大系统，[1]

在我国法史学界，由于资料的限制，学者们大多侧重于对唐代刑事诉讼的研究，而对于唐代民事诉讼制度的研究，成果很少。近年来，也发表了一些相关的论著，如1996年汪世荣在《法律科学》第4期上发表了《汉唐民事诉讼制度》一文，认为："汉唐民事诉讼制度，是一种独特的诉讼制度，可称之为民事诉讼依附于刑事诉讼制度。"此后，在张晋藩教授主编的《中国民事诉讼制度史》《中国法制通史》第四卷等著作中，也对唐代的民事诉讼制度进行了探讨。[2]2002年，张中秋教授在其《唐代经济民事法律述论》一书中，更是专列章节，对唐代民事诉讼的司法机关、诉讼程序、法律适用等问题进行了分析。[3]上述研究成果，都直接推动了对该问题研究的深入展开。但是，由于年代久远和古代文献资料的匮乏，目前学术界对唐代民事诉讼制度的许多问题研究还很不够，如唐代是否实行刑事、民事诉讼相分离的体制？唐代的民事诉讼的司法管辖如何？"农忙止讼"制度是何时出现的？唐代民事诉讼都有哪些种类，其审判依据如何等。笔者一直以来对这些问题都十分关注，现撰写此文，略陈己见，不妥之处祈求教正。

一、关于唐代民事诉讼的司法管辖

唐代没有独立的民法典，因此关于民事法律的规定散见于律、令、格、式等各种法律形式之中。至于民事诉讼的管辖，并不像刑事诉讼那样具有完整的体系，而是呈现出复杂多变的特点。

众所周知，县是唐代地方基层的行政管理机构。因此，无论是刑事诉讼还是民事诉讼首先从县这一审级开始。

关于唐代刑事诉讼的法律程序，唐《狱官令》中规定："诸有犯罪者，皆从

---

[1] 该文发表于日本法制史学会主编的《法制史研究》第10期，1959年版。
[2] 参见《中国民事诉讼制度史》，巴蜀书社1999年版；《中国法制通史》第四卷，法律出版社1999年版等。
[3] 张中秋：《唐代经济民事法律述论》，法律出版社2002年版，第253—262页。

所发州县推而断之。在京诸司，则徒以上送大理，杖以下当司断之。"关于民事诉讼的法律程序，在日本学者仁井田陞复原的唐开元七年、二十五年《公式令》和《杂令》中，为我们提供了线索。据《唐令拾遗·公式令第二十一》"辞诉皆从下始"条记载："诸辞诉皆从下始，先由本司本贯，或路远而蹟碍者，随近官司断之。即不伏，当请给不理状，至尚书省，左右丞为申详之。又不伏，复给不理状，经三司陈诉。又不伏者，上表。受表者又不达，听挝登闻鼓，若茕独老幼不能自申者，乃立肺石之下。"

据《旧唐书·地理志一》记载，唐太宗贞观十三年，全国共有1551个县，及至平定了高昌，又新增六县，计1557个县。关于唐代县令之职掌，文献记载："京畿及天下诸县令之职，皆掌导扬风化，抚字黎氓，敦四人之业，崇五土之利，养鳏寡，恤孤穷，审察冤屈，躬亲狱讼，务知百姓之疾苦。所管之户，量其资产，类其强弱，定为九等。其户皆三年一定，以入籍帐。若五九、三疾、及中、丁多少，贫富强弱，虫霜旱涝，年收耗实，过貌形状及差科簿，皆亲自注定，务均齐焉。若应收授之田，皆起十月，里正勘造簿历；十一月，县令亲自给授，十二月内毕。至于课役之先后，诉讼之曲直，必尽其情理。……若籍帐、传驿、仓库、盗贼、河堤、道路，虽有专当官，皆县令兼综焉。"[1] 从上述的这则资料我们看到，县令是本县的最高长官，其负责本县的经济、政治和司法等各方面事务，虽手下"有专当官"，设专职人员各统其事，但县令仍有权过问本县的全部事务。

县丞是县令之副职，协助县令处理本县日常事务。县令、县丞之下，县尉也是司法官吏，其职责是"亲理庶务，分判众曹，割断追催，收率课调"。关于县尉的品级及人数设置，上县二人，从九品上；中县一人，从九品下；中下县一人，从九品下；下县一人，从九品下。很明显，县尉也是国家的司法官员。

既然唐代地方县尉的职责"分判众曹，割断追催"事，那么地方县里的土地、债负、婚姻、交易、盗贼等方面的事务也是由其专门负责。县尉"分判众曹"，说明唐代民事、刑事等方面的诉讼管辖还是有所区分的。其中司户佐负责民事诉讼方面的事务，司法佐负责刑事诉讼方面的事务，县尉是司户佐和司法佐的主管官员。

---

[1]《唐六典》卷30。

唐代县尉也有权审理民事刑事案件，这在敦煌吐鲁番出土的文书中可以得到验证。据敦煌文书伯 2979 号《唐开元廿四年歧州郿县县尉判集》"宋智咆悖第廿九"云："初资助防丁，议而复举，不是专擅，不涉私求。因人之辞，遂其遗俗。务济公使，或慰远心。有宋智，众口之凶，惟下之蠹，资其亲近，独越他人，且妄指麾，是以留问。判曰：百姓彫残，强人侵食，今发丁防，其弊公私。昨以借便衣资，长官不许。中得众人印诉，再三方可。如宋智阇门，尽为老吏，吞剥田地，其数甚多，昨乃兼一户人，共一氈装，助其贫防，不着百钱，乃投此状来。且欲阻止也。议，既善言不率，亦法语不恭，怒气高于县官，指麾似于长吏。悉为职守，谁复许然。宋智帖狱留问，氈装别求人助。"[1]

县尉之下，设立司户佐，协助县尉处理民事诉讼方面的事务。关于司户佐的具体职责，《唐六典》未有明确记述，但若从其上级对应机构户曹和司户参军的权限看，司户佐有调解民事纠纷的职责。据《唐六典》卷 30 记载："户曹司户参军掌户籍、道路、逆旅、田畴、六畜、过所、蠲符之事，而剖断人之诉竞。凡男女婚姻之合，必辨其族姓，以举其违。凡井田利害之宜，必止其争讼，以从其顺。"

唐代的民事诉讼实行自诉的原则，诉讼自下而上逐级进行，县是第一审级。有关民事方面的诉讼，大多由县尉先审，最后经县丞、县令决断。据 1967 年在新疆阿斯塔那出土的文书《TAM91：28（a）、27（a）、29（a）、30（a）贞观十七年八月高昌县勘问来丰患病致死案卷残卷》的记述，该案件就是先由县尉审理的。

在敦煌文书伯 3813 号文书所载的长安妇女阿刘新妇赵产子一案，竟出现了县尉、县丞、县令三种不同的判决结果。对于这样的审判分歧，最终只能上报上级主管机关"更请覆断"。

县的上级主管机构是府（京兆、河南、太原）、都督府（唐朝初年在缘边地区设立都督府）和州。其最高长官为牧（开元初复为尹）、都督和刺史，属职有少尹、别驾、长史、司马等。关于京兆府、河南府、太原府以及天下各州、都

---

[1] 参见薄小莹、马小红：《唐开元廿四年歧州郿县县尉判集（敦煌文书伯二九七九号）研究——兼论唐代勾征制》，北京大学中国中古史研究中心编：《敦煌吐鲁番文献研究论集》，中华书局 1982 年版。

督府的职责,《唐六典》卷 30 记述:"京兆、河南、太原牧及都督、刺史掌清肃邦畿,考覈官吏,宣布德化,抚和济人,劝课农桑,敦谕五教。每岁一巡属县,观风俗,录囚徒,恤鳏寡,阅丁口,务知百姓之疾苦。部内有笃学异能闻于乡闾者,举而进之;有不孝悌,悖礼乱常,不率法令者,纠而绳之。其吏在官公廉正己清直守节者,必察之;其贪秽谄谀求名徇私者,亦谨而察之,……若狱讼之枉疑,兵甲之征遣,兴造之便宜,符瑞之尤异,亦以上闻。"从这则史料可以看到,唐代地方机构府、都督、州的最高长官除了监督下属县的诉讼审判外,还要将本地"枉疑"的案件上报给上级主管部门。

州、府、都督这三个职能部门内部分工很细。如户曹司户参军"掌户籍、计帐、道路、逆旅、田畴、六畜、过所、蠲符之事,而剖断人之诉竞。凡男女婚姻之合,必辨其族姓,以举其违。凡井田利害之宜,必止其争讼,以从其顺"。[1] 很明显,户曹、司户参军主要负责婚姻、田土等方面的诉讼审理事务,类似于现代的民事诉讼管辖。关于唐代司户审理案件的情况,在唐代文献中有明确的记述。据《旧唐书》卷 98《李元纮传》记载,李元纮任雍州司户时,太平公主与寺院僧人因争夺碾硙纠纷发生了诉讼。"公主方承恩用事,百司皆希其旨意,元纮遂断还僧寺。"元纮的上级主管惧怕太平公主的势力,"促令元纮改断"。李元纮大署判后曰:"南山或可改移,此判终无摇动!"维持了原判。

唐代的州一级的民事诉讼管辖十分复杂,有时发生起诉国家官吏的民事诉讼,如民告官这类案件,先由异地官府司录来审理。在敦煌文书伯 2593 号《开元判集残卷》就记载了这样一个案例:"隰州刺(剌)史王乙妻育子,令坊正雇妳(奶)母,月酬一缣。经百日卒,不与缣。"由于这一案件的被告是州刺史,所以该案件的管辖实行异地审理,先由该州的司录参军审理,最后由刺史判决如下:"王乙门传钟鼎,地列子男。化偃百城,风高千里。妖妻舞雪,翠欝(郁)望山之眉;诞育仙娥,庆苻悬帨之兆。雇兹奶母,石席明言,酬给缣庸,脂膏乳哺。辍深恩于褓褓,未变庭兰;碎瓦砾于掌中,俄归蒿里。不酬奶母之直,诚是无知;既论孩子之亡,嗟乎抚育。司录论举,情状可知,足请酬还,勿令喧讼。"司录,据《新唐书》卷 49《百官志》记载:"武德初,改州主簿曰录事参军事。

---

[1] 《唐六典》卷 30。

开元元年,改曰司录。"本案奶母诉刺史王乙一案就是先由州司录预先审理的。

与民事诉讼审判相对应的刑事诉讼的管辖,在唐代州刺史、府尹和都督之下,专门管理刑事诉讼案件的部门是法曹、司法参军,其职责是"掌律、令、格、式,鞫狱定刑,督捕盗贼,纠逖奸非之事,以究其情伪,而制其文法。赦从重而罚从轻,使人知所避而迁善远罪"。[1]

唐代州一级行政长官审理民事案件的例证很多。如五代后晋时,张希崇任邠州节度使,"有民与郭氏为义子,自孩提以至成人,因乖戾不受训,遣之。郭氏夫妇相次俱死。郭氏有嫡子,已长,时郭氏诸亲与义子相约,云是亲子,欲分其财产,助而讼之,前后数政不能理,遂成疑狱。希崇览其诉,判云:'父母已离,母死不全。止称假子,孤二十年抚养之恩;傥曰亲儿,犯三千条悖逆之罪。颇为伤害名教,安敢理认田园!'"[2] 将所有财产尽付亲子。

除此之外,唐代州、府、都督还对下级所属的县衙所作出的审判进行巡查和复核。在白居易的判集中有这样一个案例:丁为郡守,下行属县视察,"见昆弟相讼者,乃闭阁思过,或告其矫辞,云:欲使以田相让也"。[3] 又如在敦煌文书伯2979号《歧州郿县县尉判集》中,就多次出现"具状重上州司户""依前具状录申州司户。请乞审慎,无重所由"等字样。

在敦煌文书中,还记载了州的长官郡守把越级诉讼案件发给下级县审理的事例。据伯3813号《文明判集残卷》记录的田智未经父母同意私自休妻一案,最后州作出的批示是"下县付推,并自科上上"。

唐代中央三省之一的尚书省户部司是州一级的民事诉讼的上诉机构。户部司掌户口籍帐,婚姻继嗣,百官众庶园宅口分永业之事。大历十四年七月,理匦使崔造奏云:"亡官失职,婚田两竞,追理财物等,拜合先本司,本司不理,然后省司,省司不理,然后三司,三司不理,然后合抱投匦进状,如进状人未经三司处理,及事非冤轵妄进状者,不在进限。"[4] 我国学者刘陆民根据上述材料认为:"其省司当系指户部司言也,则户部司之性质,自俨然与今日民事上诉机

---

[1] 《唐六典》卷30。
[2] 《旧五代史》卷88《晋书·张希崇传》。
[3] 《全唐文》卷672。
[4] 《唐会要》卷55。

关等。"[1] 如关于拾遗钱物等方面的诉讼其终审权归刑部的司门郎中，据《唐六典》卷6记载，司门郎中"掌门关出入之籍及阑遗之物"。户部是唐代中央民事诉讼的上诉机构，其职责颇重，据《新唐书》卷46《百官志》云："户部郎中、员外郎，掌户口、土田、赋役、蠲免、优复、婚姻、祭祀之事。"在敦煌文书伯3813号《文明判集残卷》有这样的记述："宋里仁兄弟三人，随日乱离，各在一所：里仁属甘州，弟为贯属鄠县，美弟处智属幽州，母姜元贯扬州不改。今三处兄弟，并是边贯之人，俱悉入军，母又老疾，不堪运致，申省户部听裁。"在《文明判集残卷》中还记载这样一个案例："前陈王府亲事王文达，奉敕改配充越王亲事，令相州审。未上之间，王改任安州。"对于上述做法，当事人不服判决，王文达"遂诣京披诉不伏"。这里的"诣京披诉"，显然是到尚书省申诉。另，敦煌文书伯2942号《唐永泰元年—大历十年河西巡抚使判集》中，也出现了"尚书判"的字样，[2] 说明唐代中央尚书省某些部门也具有一定的审断职能。

唐开元十年闰三月，唐玄宗又亲自颁布诏书，再次重申了所有诉讼必须先经州县最后至尚书省的程序，《唐大诏令集》卷82《诉事人先经州县敕》记录了此事："自今以后，诉事人等，先经县及府州并尚书省披理，若所由延滞，不为断决，委御史采访奏闻，长官以下，节级量贬。"

中书省、门下省是唐代中央的三省之一，中书省的中书舍人、门下省的给事中对刑事民事案件也具有一定的审判权。据《唐六典》卷8记载："凡天下冤滞未申及官吏刻害者，必听其讼，与御史及中书舍人同计其事宜而申理之。每日令御史一人共给事中。中书舍人受辞讼。"

为了防止地方官吏贪赃枉法，恣意断案，唐代法律赋予御史台以监察之权。关于御史台的职掌，《唐六典》卷13记载："御史大夫之职，掌邦国刑宪、典章之政令，以肃正朝列，中丞为之贰。凡天下之人有称冤而无告者，与三司诘之。"在御史大夫之下，设有殿中侍御史和监察御史之职。殿中侍御史的职责是"凡两京城内则分知左、右巡，各察其所巡之内有不法之事。谓左降、流移停匿不去，及妖讹、宿宵、蒲博、盗窃、狱讼、诸州纲典、贸易、隐盗、赋敛不如法式，

---

[1] 刘陆民：《唐代司法组织系统考》，《法学月刊》第3卷第4期，1947年10月出版。
[2] 安家瑶：《唐永泰元年—大历元年河西巡抚使判集（伯2942）研究》，收入《敦煌吐鲁番文献研究论集》，中华书局1982年版。

诸此之类，咸举按而奏之"。监察御史的职责是"分察百僚，巡按郡县，纠视刑狱。肃整朝仪"。[1] 监察御史十五人，职位正八品下，"巡按诸州县，狱讼、戎、祭祀、营作、太府出纳皆莅焉"。[2] 全国共十道巡按，以判官为佐，务繁则有支使，其职责有六："其一，察官人善恶；其二，察户口流散，籍帐隐没，赋役不均；其三，察农桑不勤，仓库耗减；其四，察妖猾盗贼，不事生业，为私蠹害；其五，察德行孝悌，茂才异等，藏器晦跡，应时用者；其六，察黠吏豪宗，兼并纵暴，贫弱冤苦不能自申者。"在现存的敦煌文书中，保存了许多地方案件上诉至御史台的情况。如敦煌文书伯2979号《唐开元廿四年歧州郿县县尉判集》"朱本被诬牒上台使"条云："初，里正朱本据户通齐舜着幽州行，舜负恨，至京诣台，讼朱本隐强取弱，并或乞敛乡村。台使推研……"另据《全唐文》卷673"得甲为郡守，部下渔色，御史将责之，辞云：未授官以前纳采"条记述，也证明唐代御史台对于民事方面的事务也具有一定的监管权。

唐高宗仪凤二年，在中央成立了一个临时受理诉讼的机构。针对民间"财物相侵、婚田交争"，地方官员互相推委的案件，唐高宗召集"见在京诉讼人，宜令朝散大夫、守御史中丞崔谧，朝散大夫、守给事中刘景先，朝请郎、守中书舍人裴敬彝等，于南衙门下外省，共理冤屈。所有诉讼，随状为其勘当，有理者速即奏闻，无理者示语发遣"。[3]

对于那些特殊的民事诉讼，有时皇帝也参与审理。《册府元龟》卷999《外臣部》中就记录了一件唐朝皇帝亲自审理的案件，案情是这样的：唐文宗大和五年（831）六月，右龙武大将军李甚之子贷回纥钱一万一千四百贯不偿，为回纥所诉。由于其父位高权重，地方官员不敢得罪李甚。回纥商人没有办法，只好诣阙上诉。唐文宗了解此事后，亲下诏书，曰："如闻顷来京城内衣冠子弟及诸军使并商人百姓等多有举诸蕃客本钱，岁月稍深，征索不得，致蕃客停滞市易，不获及时，方务抚安，须除旧弊，免令受屈，要与改更。自今以后，应诸色人宜除准敕：互市外并不得辄与蕃客钱物交关，委御史台及京兆府切加捉搦，仍即

---

[1]《唐六典》卷13。
[2]《新唐书》卷48《百官志》。
[3]《唐大诏令集》卷82《申理冤屈制》。

作条件闻奏。其今日已前所欠负，委府县速与征理处分。"还将纵子为恶的李甚贬为宣州别驾。

在公元九世纪阿拉伯商人的游记中，也记录了一件唐朝皇帝受理上诉民事案件的情况。有一个原籍是呼罗珊（Khurasan）的人，来伊拉克采购了大批货物，运到唐朝去卖。当他来到广州之后，因在一些货品价格的交易上，与前来选购舶来品的宫廷宦官发生了争执，最后外商拒不出卖自己的货物。宦官依仗自己深得唐朝皇帝的宠幸，竟采取强制手段，把外商带来的好货全部拿走。这个外商为了讨回自己的物品，千里迢迢来到都城告御状。在皇宫里，唐朝皇帝接见了他。翻译向他询问案情，他就把同宦官怎样发生争执，宦官又怎样强行夺走他货物的事情一一报告了。皇帝当即派人调查此事，证明外商所述属实。于是皇帝召回了这个宦官，并对宦官说到："你简直该当死罪。你教我落到召见一个商人的地步。他从我国边境的呼罗珊，到阿拉伯，然后从那里经过印度各国，来到中国。他是来我国寻求恩惠的。可是，你却希望他回去的时候，向各地的人说：我在中国遭到无情的虐待，财产也给强占去了。"最后，唐朝皇帝为了维护帝国的声誉，下令没收了宦官的财产，并将其发配到了皇帝陵去做看守。[1] 从上述案件中我们看到，唐朝政府为了维护国家的声誉，对于外国商人的财产给予了积极的保护。

最后，再谈一谈唐代民事诉讼中的异地诉讼管辖的问题。根据现存文献的记载，凡发生在本地区的民事诉讼皆由所属州、县管辖，相邻州县无权过问，否则属越权管辖。在宋人的《折狱龟鉴·钩慝》中，记载了两件特殊的案件，其一是张允济断牛案，其二是赵和断钱案。两案的主审官武阳县令张允济和江阴县令赵和虽越权审理案件，但二人都是先以缉捕盗贼，调查刑事案件为由插手此事的，说明唐代刑事诉讼的管辖优先于民事诉讼管辖的原则。不过从张允济"尔自有令，何至此也"一语中又可以看出，政府是不允许其他州县的官员随意过问本地以外的民事诉讼事务。

对于跨地区的民事诉讼案件，则由上级官府指定的机构管辖。在新疆阿斯塔那61号墓出土的《唐西州高昌县上安西都护府牒稿为录上讯问曹禄山诉李绍

---

[1] 穆根来等译：《中国印度见闻录》卷2，中华书局1983年版，第115—117页。

谨两造辩辞事》中，就是一件跨地区的诉讼。[1] 本案的原告曹禄山是西域胡商，"客京师"长安，有家口；被告李绍谨（本案又名李三）为"京师汉"，也居住在长安。案情的过程是这样的：李三在弓月城向其兄即曹炎延借绢二百七十五匹，两人同行向龟兹。途中李三与曹炎延"相逐"，可能发生冲突，其兄不知去向。原告曹禄山向西州都护府提出诉讼，要求被告偿还所借财物及孳息，并追查兄长的下落。西州都护府把此案交由高昌县管辖，最后高昌县把审判的结果上报给主管机构。整个诉讼程序周密而严谨，从中我们可以看到唐代民事诉讼制度也是非常完善的。

二、从敦煌吐鲁番文书看唐代民事诉讼的原则

唐代的民事诉讼制度与刑事诉讼相比，具有很大的差异，其具体原则体现在以下几方面：

其一，唐代的民事诉讼必须由当事人亲自起诉，其他无干碍者无权提起诉讼请求。在唐代诗人白居易的判集中有这样一个案例：某甲居家被妻子殴笞，邻人至官府控告妻子违法。县府断其妻三年徒刑。甲妻不服判决，请求上诉，理由是"非夫告不伏"。[2] 根据《唐律疏议》卷22 "妻殴詈夫"条记载："诸妻殴夫，徒一年；若殴伤重者，加凡斗伤三等。"但该条注下云："须夫告，乃坐。"对于妻、妾詈夫之祖父母、父母；丈夫殴伤妻、妻殴伤妾等行为，同样须本人向官府提出诉讼请求，官府才予受理。其他人无权向官府起诉。从这一案件中我们可以看到，唐代民事法律对起诉权作了严格的限制。

对于债权债务纠纷、结婚离婚等方面的诉讼，也必须由当事人或近亲属直接向官府提出诉讼请求，严格禁止其他人等向官府起诉。从现存的唐代文献看，关于婚姻、债负等方面的纠纷皆由当事人提起。如1972年在阿斯塔那出土的编号为TAM209：88、89、90号《贞观中高昌县勘问梁延台雷陇贵婚娶纠纷事案残

---

[1] 参见黄惠贤：《〈唐西州高昌县上安西都护府牒稿为录上讯问曹禄山诉李绍谨两造辩辞事〉释》，该文书经黄惠贤先生整理后发表于《敦煌吐鲁番文书初探》一书，武汉大学出版社1983年版。
[2]《全唐文》卷673。

卷》即证明了这一点。

其二，唐代的民事诉讼审判实行调解和审判相结合的形式。据英国社会学家西比尔·范德斯普伦格尔（Sybille van der Sprenkel）研究，中国古代百姓为了避免打官司，大多数纠纷都通过调解在法庭外解决。[1] 如在东汉时期，吴祐任胶东侯相时，"民有争诉者，辄闭阁自责，然后断其讼，以道譬之。或身到闾里，重相和解"。[2] 唐代也有许多这方面的事例。如韩思彦巡查剑南，益州高赀兄弟相讼，累年不决，"思彦敕厨宰饮以乳。二人寐，齿肩相泣曰：'吾乃夷獠，不识孝义，公将以兄弟共乳而生邪！'乃请辍讼"。[3] 又据《旧唐书》卷185《韦机传附韦景骏传》记载："韦景骏为贵乡令。有母子相讼者。景骏谓之曰：'吾少孤，每见人养亲，自恨终天无分。汝在温清之地，何得如此？锡类不行，令之罪也。'垂泣呜咽，取《孝经》付令习读之。于是母子感悟，各请改悔，遂称慈孝。"元朝时，又将该调节程序写入法典之中，据《大元通制条格》卷16"理民"条云："诸论诉婚姻、家财、田宅、债负，若不系违法重事，并听社长以理谕解，免使妨废农务，烦扰官司。"

唐代的民事纠纷主要靠民间基层官吏的调解，调解不成，才向官府提起诉讼。对于这类案件，官府大多采用简易程序，作出批示处理。如现藏于中国科学院图书馆《开元中西州都督府处分阿梁诉卜安宝违契事案卷断片》就证明了这一点。兹引该文书如下：

府司：阿梁前件葡，为男先安西镇，家无手力，去春租
与彼城人卜安宝佃，准契合依时覆盖如法。其人至今
不共覆盖，今见寒冻。妇人既被下脱，情将不伏，请将不伏，请乞商
量处分。谨词。
　　付职□□勒藏
　　盖，勿□重□。

---

[1] Sybille van der Sprenkel, Legal Institutions in china: a Sociological Analysis (Llondon: Athlone Press, 1962).
[2]《后汉书》卷94《吴祐传》。
[3]《新唐书》卷112《韩思彦传》。

诸如小事，便即
与夺讫申。济
　　　示
　　十三日[1]

此案件属于一件民事诉讼的案例，原告是阿梁，控告城人卜安宝租佃其葡萄园，违契不依时覆盖，造成葡萄树冻伤，请求官府令被告覆盖。济为当地官府的主管官员，他批示令被告藏盖，并指示下属，如以后有"诸如小事，便即与夺讫申"，下属可直接处理，不必实行诉讼程序。

其三，对于民事诉讼中的违法行为大多给予刑事惩罚。由于中国古代没有专门的民法典，所以对于民事诉讼的违法行为大多适用刑事法律给予处罚，这也是古代民事诉讼与现代民事诉讼制度最根本区别之一。

众所周知，现代民事法学包括物权、债权、婚姻、继承等方面内容。因此，民事诉讼也主要是围绕着婚姻、继承、所有权的归属以及债权债务纠纷等方面展开的。从唐代法典《唐律疏议》的规定看，无论是民事法律中的违约行为还是侵权行为，只要违背了法律的规定，双方发生诉讼，都加以刑事惩罚。

先看一下有关债权债务纠纷诉讼的规定。《唐律疏议》卷26"负债违契不偿"条云："诸负债违契不偿，一疋以上，违二十日笞二十，二十日加一等，罪止杖六十；三十疋，加二等；百疋，又加三等。更令备偿。疏议曰：负债者，谓非出举之物，依令合理者，或欠负公私财物，乃违约乖期不偿者，一疋以上，违二十日笞二十，二十日加一等，罪止杖六十。'三十疋加二等'，谓负三十疋物，违二十日，笞四十；百日不偿，合杖八十。'百疋又加三等'，谓负百疋之物，违契满二十日，杖七十；百日不偿，合徒一年。各令备偿。若更延日，及经恩不偿者，皆依判断及恩后之日，科罪如初。"这则史料说明，在唐代，债务人所欠的债务数额越大，违约期限越长，遭到的刑事处罚越重；处罚之后并不免除债务人所欠的债负，债务人仍要赔偿所欠的债务。唐代文献中对于负债不偿的刑事惩罚的记录极少，据《旧唐书·许孟容传》记载："神策吏李昱假贷长安富人钱

---

[1] 参见刘俊文：《敦煌吐鲁番唐代法制文书考释》，中华书局1989年版，第562—563页。

八千贯，满三岁不偿。孟容遣吏收捕枷系，剋日命还之。曰：'不及期当死'。"对于负债不偿的行为在唐代可以判处死刑，这与现代民事诉讼相比是难以理解的。

唐代对于财产继承方面的诉讼亦是如此。据唐《户令》规定："应分田宅及财物者，兄弟均分。妻家所得之财，不在分限。兄弟亡者，子承父分。"对于"不均分"的行为，本来是家庭内部的纷争，但长孙无忌在《唐律疏议》卷12"同居卑幼私辄用财"条也对此作了疏议："违此令文者，是为'不均平'。谓兄弟二人，均分百疋之绢，一取六十疋，计所侵十疋，合杖八十之类，是名'坐赃论减三等'。"家庭内部分割财产，如果有不平分的情况，也可比照坐赃罪，处以"坐赃论减三等"的刑罚。

结婚离婚本是男女双方家庭内部的民事行为，若青年男女自相结合而违背尊长的意志，唐代法律也给予刑事方面的惩罚。据《唐律疏议》卷14"卑幼自娶妻"条规定："诸卑幼在外，尊长后为定婚，而卑幼自娶妻，已成者，婚如法；未成者，从尊长。违者，杖一百。"在离婚方面，《唐律疏议》卷14"妻无七出而出之"条规定："诸妻无七出及义绝之状，而出之者，徒一年半；虽犯七出，有三不去，而出之者，杖一百。追还合。"

唐代对于财产所有权方面的诉讼，也多适用刑事法律给予惩罚。对于不当得利的宿藏物，《唐律疏议》卷27"得宿藏物隐而不送"条记载："诸于他人地内得宿藏物，隐而不送者，计合还主之分，坐赃论减三等。"长孙无忌等在疏议中解释曰："凡人于他人地内得宿藏物者，依令合与地主中分"，即发现人与土地所有人各得一半。"若有隐而不送，计应合还主之分"，处以"坐赃论减三等"的处罚，最高刑期为徒一年半。

其四，民事诉讼注重证据的原则。在唐代的民事诉讼活动中，法官审理案件主要是依据当事人、见证人法庭上的陈述和原、被告提供的书证材料。

法庭陈述是民事诉讼中重要的证据材料。1972年，新疆吐鲁番阿斯塔那出土了一件唐太宗贞观年间高昌县县尉审理婚姻纠纷的案件。该案件的卷宗虽已残缺不全，但里面仍较详细地记录了当时法官审问的情况，以及原、被告双方在法庭上的辩词。为方便阅读，兹引之如下：

(一)

（前缺）

1 寔不是□压者，又□□□□

2 媒度物，即应□□□□□□

3 细审。答得欵称：□□□□□

4 前辩所问，只遣辩□□□□□

5 以直答，今既更问，乞从□□

6 台母既欵伏嫁女与□□□□

7 得何财聘，仰具□□□□□

8 嫁女与张干作妾，□□□□□

9 并已领讫，寻即婚了者。□□

10 夫□在何处，仰实答。得欵称：延台□□□

11 □法义比为与□□□□□

（后缺）

(二)

1 雷陇贵年四十□□□□

2 陇辩：被问娶阿赵□□□

3 款称妻，二状从何为□□□□

4 是□都虞侯府史杨玉□妻，雷媒媾娶□□□

5 作妾。陇时用绢五尺，将充聘财，然赵□□□

6 更无亲眷，其绢无人领受。对雷□□□□

7 □于时卖绢得钱，赵自回买衣物，□□□□

8 □是妾，娶来一十四年。前妻阿马□□□□

9 □□□见自理，后娶阿常之日，阿赵不是不□□□

10 □□□口挂言，今日因何顿讳？□□□□□

11 □□□□系因。赵及阿常俱在□□□□

12 □□□□□量各□□□□□□□

（中缺）

13 □□□□□远□□□□甘冒□□□□

14 下款,浪称是妇,准如□□□□□□
15 妾名,陇岂能□□□□□□□
16 不敢妄陈,依实□□□□□□□
17 　　　　贞□□□□□□□

（三）

（前缺）

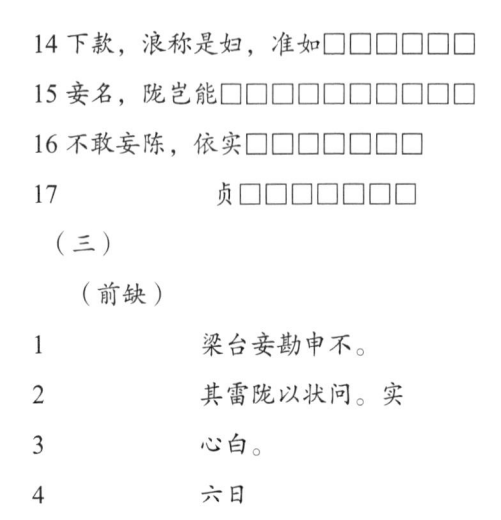

1　　　　梁台妾勘申不。
2　　　　其雷陇以状问。实
3　　　　心白。
4　　　　六日

在该案卷末尾,盖有高昌县之印,说明这是一件唐代官府审理民事案件的实判文书。文书中既有县官的问案记录,也有原、被告双方在法庭上的陈述,遗憾的是该文书没有记录对本案的判决结果。但仅从这一案件中我们可以看到唐代民事诉讼是十分重视双方当事人的法庭陈述的。

由于民事诉讼中的双方当事人在法庭陈述中难免会有虚假的证词,为了弄清事实真相,唐代地方官吏在审判时有时也会采用非常规的手段调查取证。在《太平广记》卷171"裴子云"条记载了这样一个案例：唐裴子云任卫州新乡县县令。县内有位青年王敬因戍边服役,临行前将自家六头母牛寄养舅父李进家中。李进饲养五年,母牛产犊三十头,价值十贯以上。王敬戍边回来,到舅父家要牛,舅父声称两头母牛已死,只剩下四头。王敬从邻居处听到自家母牛已产犊三十头,十分生气,便一纸诉状将舅父告上了法庭。由于取证困难,县令裴子云便使出一计。他命人先将王敬囚于狱中,接着又派人捕捉李进。李进被带到县衙,裴子云厉声问到："有贼与你共盗三十头牛,藏于你家,现令贼与你当堂对质。"云密令人以布衫套在王敬头上,领到大堂。李进又急又怕,赶紧辩解,云三十头母牛系外甥王敬家母牛所生,非盗赃物。裴子云听后立刻下令去掉王敬的布衫。李进见是外甥王敬,羞愧万分,当廷同意将母牛返还给原主。

书证也是民事诉讼审判中的重要证据。所谓书证,是以书面文字、图案等内容来证明民事案件的证据。唐代是一个注重法制的社会,人们从事商品买卖、土地转让、民间借贷、财产分割、婚姻缔结等各种活动大多制定法律文书，以维护自己的权利。如果发生民事纠纷，皆以契约文书为凭证，并国家的法典律、令等形式予以规定。

先看一下对土地、房屋等不动产商品买卖的规定。《唐令拾遗·田令第二十二》"卖买田须经所部官司申牒"条云："诸卖买田，皆须经所部官司申牒，年终彼此除附。若无文牒辄卖买，财没不追，地还本主。"从这项法律规定看，为了避免不必要的民事纠纷，唐朝政府强迫买卖双方（尤其是买方）要制定契约文书，否则其权利得不到法律保障。从已发现的敦煌文书来看，民间进行不动产买卖皆制定契约文书。如英国人斯坦因所盗敦煌文书斯3877号《唐乾宁四年张义全卖宅舍契》就是一件典型的不动产买卖文书，内容如下：

永宁坊巷东壁上舍内东房子壹口并屋木，东西一丈叁尺五寸基，南北贰丈贰尺五寸并基。（东至张加闰，西至张义全，南至汜文君，北至吴支。）又房门外院落地并詹□柱东西肆尺，南北一丈一尺叁寸，又门道地南北二尺，东西三丈陆尺五寸，其大门道三家共合出入。从乾宁四年丁巳岁正月二十九日平康乡百姓张义全为阙少粮用，遂将上件祖父舍兼屋木出卖与洪润乡百姓令狐信通兄弟，都断作价直伍拾硕，内斛斗干货各半。其上件舍价立契，当日交相分付讫，一无悬欠。其舍一买已后，中间若有姻亲兄弟兼及别人称为主己者，一仰旧舍主张义全及男粉子、支子祇当还替，不干买舍人之事。或有恩救书行下，亦不在论理之限。一定已后，两不休悔；如有先悔者，罚麦叁拾馱，充入不悔人。恐人无信，两共对面平章，故勒此契，各愿自押署，用后凭验。

这里的"用后凭验"，即如果将来发生纠纷，会成为官府审判的重要的证据。

对于大宗的商品买卖，唐代法律也要求买卖双方制定法律文书。《唐六典》卷20"两京诸市署"条载："凡卖买奴婢牛马，用本司本部公验，以立券。"《唐律疏议》卷26"买奴婢牛马不立券"条更明确记载：

诸买奴婢、马牛驼骡驴，已过价，不立市券，过三日笞三十；卖者，减一等。立券之后，有旧病者三日内听悔，无病欺者市如法，违者笞四十。

疏议曰：买奴婢、马牛驼骡驴等，依令并立市券。两和买卖，已过价讫，若不立券，过三日，买者笞三十，卖者减一等。若立券之后，有旧病，而买时不知，立券后始知者，三日内听悔。三日外无疾病，故相欺罔而欲悔者，市如法，违者笞四十；若有病欺，不受悔者，亦笞四十。令无私契之文，不准私券之限。

在《唐大诏令集》卷 5《改元天复敕》中也记载了唐代买卖奴婢的程序，"旧格：买卖奴婢，皆须两市署出公券，仍经本县长吏，引验正身，谓之过贱。及问父母见在处分，明立文券，并关牒太府寺"。文券的作用主要是为了防止以后发生民事纠纷，而成为重要的凭证。

唐代民间借贷通常也要制定契约文书，以备将来发生纠纷而作诉讼证据。文书的内容包括契约制定的时间、借贷者的姓名、借贷的原因、保人姓名、双方的违约责任，最后是债权人和债务人的署名等。在敦煌吐鲁番文书中保存了许多唐代借贷的法律文书，其中 64TAM19：36 号文书是一起债权人起诉债务人的例子。由于文书尾部严重残损，这件事诉讼的结果已不得而知。《吐鲁番文书》第六册收录了该文书的残卷，据文书记载：唐咸亨四年正月，债权人王文欢借钱给别人，后多次到酒泉要债，每次都是空手而归。状中明确写着"准乡法和立私契，拾文后生利钱贰文"，应该是一件有偿借贷。从"债权人把这一起诉存入自己档案的事实，足以说明这件诉状曾被用于判决"。[1]

为了防止家庭内部因财产分割而出现不必要的纠纷，在唐代，许多人在生前便立下遗嘱，作为遗产继承人继承遗产的法律依据。如敦煌文书斯 2199 号《唐咸通六年（865 年）尼灵惠唯书》就是一件典型的遗嘱文书。兹现将该文书引之如下：

尼灵惠唯书

咸通六年十月二十三日，尼灵惠忽染疾病，日日渐加，恐
身无常，遂告诸亲，一一分析，不是昏沉之语，并是醒

---

[1] 童丕（法国）著：《敦煌的借贷——中国中古时代的物质生活与社会》，余欣等译，中华书局 2003 年版，第 142 页。

苏之言。灵惠只有家生婢子一名威娘,留与侄女潘娘,
更无房资。灵惠迁变之后日,一仰潘娘葬送营办,
已后更不许诸亲各护。恐后无凭,并对诸亲,遂作唯
书,押署为验。

> 弟　金刚
> 索家小娘子
> 外甥尼灵皈
> 外甥十二娘
> 侄男康毛　外甥索计计
> 侄男福晟
> 侄男胜贤
> 索郎水官
> 左都督成真　（下残）

从这份遗嘱中可以看出,尼灵惠并没有以其弟金刚、侄康毛等为财产继承人,剥夺了他们先于侄女潘娘继承财产的权利,而是将自己仅有的财产奴婢威娘留与侄女潘娘,并委托其办理自己的丧事。如果发生财产纠纷,该文书则成为遗产继承人最重要的诉讼证据。

在敦煌文书斯6417号《（年代不详）孔员信三子为遗产纠纷上司徒状（稿）》中,保留了一件因财产纠纷而向官府递呈的诉状。原告的诉讼内容是:财产所有人孔员信生前三子年少,"不识东西",临终前将财产交由阿姊三娘子代管。后三子长大成人,三娘子仍占有财产不予归还。在这种情况下,孔氏三子将遗产代管人三娘子告上了法庭,要求归还其应继承的份额。在文书中,原告还罗列了其父生前遗嘱留下的物品,有"银钗子一双,牙梳壹,碧绫裙壹,白练壹丈五尺"等。

根据唐代文献的记载,唐代结婚和离婚都要制作法律文书,甚至娶妾也不例外。凡发生婚姻方面的纠纷,皆以婚书为凭。据《唐令拾遗·户令第九》"娶妾立婚契"条规定:"娶妾仍立婚契,即验妻妾,俱名为婚。依准礼令,得罪无别。"在现存的敦煌文书中,保存了唐人结婚和离婚的法律文书样式,凡出现婚

姻方面的纠纷，以文书为凭。在唐代的法典《唐律疏议》中，明确地规定了婚约对男女双方的约束力："诸许嫁女，已报婚书及有私约，约，谓先知夫身老、幼、疾、残、养、庶之类。而辄悔者，杖六十。男家自悔者，不坐，不追聘财。"[1]如果夫妻双方离婚，也要制作离婚文书，离婚文书是男女双方再婚的法律依据，否则便构成"有妻再娶""违法改嫁"的重婚罪。在唐人范摅的笔记《云溪友议》中，记述了一位女性向丈夫讨要离婚文书的诉讼：颜真卿任临川内史时，当地有一书生名叫杨志坚，"嗜学居贫"，其妻因不堪忍受困苦生活，"索书求离"，坚无奈赋诗一首，内含允许再婚之意，"其妻持诗诣州，请公牒以求他适"。颜真卿怒其"侮辱乡闾，伤败风教"，将其笞二十，但仍"任其自嫁"。说明离婚文书是男女双方再婚的重要依据。

唐代的诉讼制度还有许多重要的原则，如民事诉讼不得妨碍农业生产的原则，民事诉讼不得违背礼教的原则，原告与被告均有为自己辩护的权利等。因有些问题后面还要专门论及，在此就不多加赘述了。

三、敦煌吐鲁番文书中所见的唐代民事诉讼的类型模式

现代民事诉讼法学根据请求的目的和内容的不同，把诉讼分为确认之诉、给付之诉和变更之诉三种类型。这三种诉讼形式在现存的唐代文献中都有相应的案例，其中数量最多的还是给付之诉。

首先看一下确认之诉。所谓确认之诉，是指原告请求司法机关确认其与被告方之间是否存在某种法律关系的诉讼。这类诉讼的特点是不直接要求司法机关判令某种给付，只要求对某种法律关系的事实予以承认。

在白居易的判集中记载了一个夫妻离婚后母子关系是否存续的案例，案情是这样的：某甲将妻休弃，子女归自己收养，丈夫将儿子培养成材，入仕为官。后妻子犯罪，请求用子荫赎罪，甲不许，并请求司法机关确认夫妻离婚后母子关系解除。根据唐代法律规定："诸七品以上之官及官爵得请者之祖父母、父母、

---

[1]《唐律疏议》卷13。

兄弟、姊妹、妻、子孙，犯流罪已下，各从减一等之例。"[1] 也就是说，如果法律承认离婚后甲之前妻与儿子仍存在母子关系，则甲的前妻就享有减等或赎刑的特权。最后法官的判决是："二姓好合，义有时绝，三年生育，恩不可遗。凤虽阻于和鸣，乌岂忘于反哺？旋观怨偶，遽抵明刑，王吉去妻，断弦未续，孔氏出母，疎纲将加，诚鞠育之可思，何患难之不救！"[2] 最后司法机关驳回了甲的诉讼请求，承认离婚后的母子关系有效，甲之前妻享有用子荫赎罪的特权。

在《全唐文》卷673还收录了一件确认婚约是否有效的案例：景与某女订婚三年，迟迟不举行迎娶大礼。某女之父盛怒之下将女改嫁他人，且不返还男方家的聘财。景遂将女家告上法庭。双方争论的焦点是婚约是否有效的问题。如果婚约有效，依据唐律的规定："诸许嫁女，已报婚书及有私约，而辄悔者，杖六十。若更许他人者，杖一百；已成者，徒一年半。后娶者知情，减一等。"[3] 如果男方与女方订立婚约，男方迟迟不予迎娶，女方有没有救济手段呢？最后法官的判决是："义敦好合，礼重亲迎。苟定婚而不成，虽改嫁而无罪。景谋将著代，礼及问名，二姓有行，已卜和鸣之兆；三年无故，竟愆燕婉之期。桃李恐失于当年，榛栗遂移于他族。既闻改适，乃诉纳征。揆情而嘉礼自亏，在法而聘财不返。女兮不爽，未乖九十之仪；夫也无良，可谓二三其德。去礼逾远，责人斯难。"依据法律规定，凡男女双方订立婚约三年，男方无故不娶者，婚约无效，女方不承担法律责任，且不返还聘财。这件案例就是一个典型的确认之诉。

在敦煌文书伯3813号文书还记载了一件确认婚姻关系是否存续的诉讼。该文书虽已残损，但诉讼内容大体清楚："田智先聘孔平妹为妻，去贞观十七年大归。至二十一年，智乃诈大疾，县儿依定。至二十二年，智乃送归还平家，对村人作离书放弃。至永徽二年，智父身亡，遂不来赴哀。智母令唤新妇赴哀，平云久已分别，见有手书，不肯来赴。其平妹仍有妻名，在智籍下。其两家父母亦断绝。其妇未知离若为？"这是一件儿子未经过父母同意即写休书休弃妻子的案件。对于这一案件，官府的判决是："一纸离书，不载舅姑，私放岂成公验？"最后判决"追妇还智"，田智未经父母同意私自休弃妻子的行为无效。

---

[1] 《唐律疏议》卷2。
[2] 《全唐文》卷672。
[3] 《唐律疏议》卷13。

在现存的唐代文献中，最常见的民事诉讼案件民事诉讼形式还是给付之诉。所谓给付之诉，是指原告请求司法机关判决被告方履行一定义务的诉讼。这种诉讼通常以给付财物或义务等形式体现出来。根据诉讼的内容和理由，给付之诉可分为返还财物、支付租金或赔偿金，请求拆除违章建筑或维持财物原状等等。

在敦煌文书伯2593号《开元判集残卷》中记录了王乙家奶母诉王乙不支付佣金一案，即是典型的给付之诉。另据1969年在新疆阿斯塔那134号墓葬出土的《69TAM134：9麟德二年十二月高昌县追讯樊蕫墥不还牛定相地子事案件断片》的记载，这是一件请求给付政府退田土地的诉讼，内容如下：[1]

```
1  麟德二年十二月    日，武城乡牛定相辞。
2  宁昌乡樊蕫墥父死退田一亩。
3  县司：定相给得前件人口分部一亩，迄今五年
4  有余，从嗔地子，延引不还。请付宁昌县本
5  里追身，勘当不还地子所由。谨辞。
6          付坊追蕫墥过县
7          对当。果  示。
8                  十九日。
```

在中国科学院图书馆还藏有一件要求被告给付一定义务的案件：阿梁因丈夫在安西镇戍守，家中无劳动人手，在去年春天将葡萄园租与卜安宝佃种，"准契合依时覆盖如法"。今天气寒冻，而承租人卜安宝仍"不共覆盖"，于是阿梁将被告告上了法庭，请求覆盖。司法官员济作出的批示是："付识□□勒藏盖，勿□重□。诸如小事，即便与夺讫申。"

敦煌文书伯3813号纸背《唐（公元七世纪后期？）判集》记录了一件损害赔偿方面的给付之诉。案件的起因是这样的：某一书生赴尚书省考试，因道路泥泞，遂赁马前往。途中"泥深马瘦，因倒致殂"。马的主人要求书生加倍赔偿，

---

[1] 中国文物研究所等编：《吐鲁番出土文书（图录版）》第2册，文物出版社1994年版，第216页。

书生不服，双方便诉至公堂。法官根据双方的陈述，最后判决："马既因倒致殂，人亦无由自制。人乃了无损伤，马倒即是乘闲。计马既倒子亡，人亦故无非理。死乃抑惟天命，陪则窃未弘通。……马不合倍，理无在惑。"[1]

最后谈谈唐代的变更之诉。所谓变更之诉，是指原告要求变更或消灭他与被告之间一定法律关系的诉讼。在具体的司法实践中，离婚诉讼、分割共有财产诉讼、解除合同诉讼等都属于变更之诉。

在敦煌文书伯3813号《文明判集残卷》中记载了一件变更子女监护关系的诉讼案件："黄门缪贤，先聘毛君女为妇，娶经三载，便诞一男。后五年，即逢恩赦。乃有西邻宋玉，追理其男，云与阿毛私通，遂生此子。依追毛问，乃承相许未奸。验儿酷似缪贤，论状似奸宋玉。未知儿合归谁族？"这是一件确认儿童归属的诉讼。最后法官的判决是："今若相似者例许为见，不似者即同行路，便恐家家有父，人人是男，诉父竞儿，此喧何已。宋玉承奸事实，毛亦奸状分明，奸罪并从赦原，生子理须归父。儿还宋玉，妇付缪贤。毛、宋往来，即宜断绝。"

《册府元龟》卷616、《唐会要》卷83、《通典》卷60还记载了这样一个案例：永徽元年（650年），郑州人郑道宣，先聘少府监主簿李玄义妹为妻，玄义妹即道宣堂姨。玄义虽先许其婚媾，后以法无此禁，判许成亲。此事在朝堂上展开了激烈的争论，以左卫大将军纪王慎等人提出："父之姨及堂姨，母之姑姨、及堂姑姨，父母之姑舅姊妹、女婿姊妹，堂外甥服，请不为婚。"唐高宗本人也认为外服亲属异辈之间通婚不符伦常，下令改判，变更这桩婚姻，并"仍令著于律令"。后来长孙无忌等人在《永徽律疏》中对该条的解释就是依据这次争论而作出的。

接下来再讨论一下唐代民事审判的法律依据。

关于唐代刑事审判的法律根据，《唐律疏议》卷30"断罪不具引律令格式"条云："诸断罪皆须具引律、令、格、式正文，违者笞三十。若数事共条，止引所犯罪者，听。"唐代没有单独制定民法典和民事诉讼法典，那么对于民事诉讼又依据何种法律审理呢？文献没有明确记载。从现存的民事诉讼审判案例来分析，唐代律、令、格、式四种法律形式皆可作为民事诉讼的审判依据。

---

[1] 唐耕耦、陆宏基主编：《敦煌社会经济文献真迹释录》（第二辑），全国图书馆文献缩微复制中心1990年版，第606页。

唐律是国家的根本法典，其不仅是刑事诉讼审判最重要的法律依据，同时也是民事审判的重要依据。在《白居易集》卷67中有这样一个案例：

得甲牛觝乙马死，请偿马价。甲云：在放牧处相觝，请备半价，乙不伏。

马牛于牧，蹄角难防，苟死伤之可征，在故误而宜别。况日中出入，郊外寝讹，既谷量以齐躯，或风逸之相及。两牛孔阜，奋骍角而莫当，我马用伤，踠骏足而致毙。情非故纵，理当合误论。在阜栈以来，思罚宜惟重。就桃林而招损，偿则从轻，将息讼端，请征律典，当赔半价，勿听过求。

甲某的牛将乙某的马觝死，这是一桩民事侵权案件，原告乙要求甲赔偿马的全价，甲只赔偿半价，乙不同意，遂将甲告上了法庭。在法庭审判中，司法官员援引唐律《厩牧律》"犬伤杀畜产"条："诸犬自杀伤他人畜产者，犬主偿其减价；余畜自相杀伤者，偿减价之半。即故放令杀伤他人畜产者，各以故杀伤论。"[1] 法官最终根据唐律中的规定，判决甲赔偿乙某马的半价。

令是关于国家各项制度的法典，也是民事审判最重要的法律依据。唐人凡是进行土地、房屋、借贷、买卖等方面的民事交易，皆制定契约文书，而制定这些契约的法律依据就是唐令的规定。以借贷契约为例，《唐令拾遗·杂令十七》"诸公私以财物出举者，任从私契官不为理。每月取利，不得过六分。积日虽多，不得过一倍。若官物及公廨，本利停讫，每计过五十日不送尽者，余本生利如初，不得更过一倍。家资尽者，役身折酬。役通取户内男口，又不得回利为本。若违法积利，契外掣夺及非出息之债者，官为理。收质者，非对物主不得辄卖。若计利过本不赎，听告市司对卖，有剩还之。如负债者逃，保人代偿"。在新出土的敦煌吐鲁番借贷文书中，唐人所制定的契约皆以唐令为依据。如法国国立图书馆所藏文书伯2964号《已年二月十日令狐善奴便割麦价契稿》便是一件借贷文书，契约内容是："已年二月十日，康悉杓家令狐善奴为粮用，今于龙□□□□□处便割价麦壹硕陆斗，限至秋七月内割麦壹拾亩。如主人麦熟吉报，依时请收割，如法策縸了，……其所将斛斗请陪罚叁硕贰斗，当日

---

[1]《唐律疏议》卷15。

便须佃（填）纳。如违，一任掣夺家资杂物牛畜等，用充麦直。"[1] 在敦煌文书斯4192号《未年（803年？）四月五日张国清便麦契约》中，明确规定了保人的连带责任[2]：

未年四月五日，张国清于某处便麦叁蕃驮。其麦并限至秋八月末还。如违不还，其麦请陪（倍）。……如中间身不在，一仰保人代还。恐人不信，故立私契。两共平章，画指为记。

麦主

便麦人　张国清　年四十三

保人　罗抱玉　年五十五

见人　李胜

见人　高子丰

见人　画允振

在《吐鲁番出土文书》第4册收录的《贞观廿二年河南县张元隆等索钱契》中，有"如其违限不还，任元隆宅与卖宅，取钱还足，余剩任还桓琮"的记载。契约文书中的条款，与唐令的规定完全相同。如果有人违约，司法机关则按唐令的规定予以判决。

格是唐代另一种法律形式，格的性质是"禁违正邪"。唐格早已佚失，现仅存部分残卷。唐代民事审判中援引唐格的例证目前笔者尚未见到，不过在敦煌文书斯1344号《开元户部格残卷》中，有关于对少数民族地区民事诉讼方面的规定。天授二年七月廿七日，武则天颁布敕令："岭南土人任都督、刺史者，所有辞讼别立案判官，省司补人，竟无几案；百姓市易，俗既用银，村洞之中卖买无秤，乃将石大小，类银轻重；所有忿争，不经州县……并委州县长官渐加劝导，令其变革。"

---

[1] 唐耕耦、陆宏基主编：《敦煌社会经济文献真迹释录》（第二辑），全国图书馆文献缩微复制中心1990年版，第94页。

[2] 唐耕耦、陆宏基主编：《敦煌社会经济文献真迹释录》（第二辑），全国图书馆文献缩微复制中心1990年版，第79页。

式是唐代百司"所常守之法",[1] 更是唐代民事、刑事诉讼审判的依据。在日本《令集解》卷10"嫁女"条引唐《法例》记载了这样一个案例:"法例:崔门州申牒称:郭当、苏卿皆娶阿庞为妇,郭当于庞叔静边而娶,苏卿又于庞弟戚处娶之,两家有交竞者。叔之与侄俱是期亲,依令:婚先由伯叔,伯叔若无,始及兄弟。州司据状判,妇还郭当。苏卿不服,请定何亲令为婚主。司刑判:嫁女节制,略载令文。叔若与戚同居,资产无别,须禀叔命,戚不合主婚;如其分析异财,虽弟得为婚主也。检《刑部式》,以弟为定,成婚已讫。"从本案来看,这原本是一件婚姻方面的诉讼案件,由于在主婚人的问题上发生分歧,最后法官援引《刑部式》作出了判决。

另据《吐鲁番出土文书》第7册 73TAM518:2/7号《唐史李□牒为大女阿欢奴春德首附事》记载:

1　大女　阿欢奴春德年十八
2　　右检案内前件奴首附不□□□□
3　　已判下乡准式讫

这里的"已判下乡准式讫",应该是依据唐式作出的判决。因此,我们说式也是唐代民事诉讼审判的重要依据。

由于唐代令和式这两种法律形式都没有处罚具体规定,如果诉讼双方当事人拒不执行司法机关依令、式作出的判决,又如何处罚呢?《唐律疏议》卷27"违令"条对令、式的法律效力作了明确规定:"诸违令者,笞五十;别式,减一等",即处笞四十。从而以国家根本法的形式对令、式的法律效力给予了积极的维护。

四、从伯3257号敦煌文书看唐代民事诉讼的审判程序

众所周知,唐代民事诉讼实行的是不告不理的原则,因此民事诉讼的开始

---

[1]《新唐书》卷56《刑法志》。

首先须由诉讼当事人（即原告）向官府提供诉状。唐代的民事诉讼也与刑事诉讼一样，先由基层的审判机构受理，"凡诸辞诉，皆从下始"。如原告越级起诉，追究当事人的法律责任，"诸越诉及受者，各笞四十"。[1] 唐代法律对诉状的内容作了严格的规定，所有诉状需要写明诉讼的理由，诉讼当事人的姓名等项内容。对于为他人书写诉状者，必须按照当事人的意思书写，禁止增减诉讼内容，《唐律疏议》卷24"为人作辞牒加状"条规定："诸为人作辞牒，加增其状，不如所告者，笞五十；若加增罪重，减诬告一等。"

唐代民事诉讼的诉状多称为牒，如《后晋开运二年（945年）十二月河西归义军左马步押衙王文通牒及有关文书》中的民事诉状既属于此。学术界对于该案卷作了较为详细的探讨，发表了许多研究成果，主要有：池田温《开运二年十二月河西节度使押衙王文通牒——十世纪敦煌土地一例》，陈永胜《〈后晋开运二年（945年）寡妇阿龙地产诉讼案〉若干法律问题析论》，李正宇《敦煌遗书一宗后晋时期敦煌民事诉讼档案》等。[2] 该残卷共分七个部分，其中第一部分内容为案件的诉状，其内容如下：[3]

寡妇阿龙

右阿龙前缘业薄，夫主早丧。有男义成，先蒙大王世上身着瓜州。所有少多屋舍，先向出买（卖）与人，只残宜秋口分地贰拾贰亩已来，恐男义成一朝却得上州之日，母及男要其济命。义成瓜州去时，地水分料分付兄怀义佃种。更恰遇□□□□□□（索进君回沙州就）居，索佛奴兄弟言说：其义成地空闲，更弟佛奴房有南山兄弟一人投来，无得地水居业，当便义成地分贰拾亩割与南山为主。其地，南山经得三两月余，见沙州辛苦难活，却投南山部族。义成分地，佛奴收掌为主，针草阿龙不取。阿龙自从将地，衣食极难。艮（恳）求得处，安存贫命。今阿龙男义成身死，更无丞忘（承望）处男女恩亲。缘（愿）得本

---

[1]《唐律疏议》卷25。

[2] 参见《铃木先生古稀纪念·东洋史论丛》，日本山川出版社1975年版；《兰州大学学报》2003年第2期；《敦煌研究》2003年第2期等。

[3] 唐耕耦、陆宏基主编：《敦煌社会经济文献真迹释录》（第二辑），全国图书馆文献缩微复制中心1990年版，第295—298页。

居地水与老身接济性命。伏乞司徒阿郎仁慈祥照，特赐孤寡老身，念见苦累。伏听公裁判处（分）。

牒件状如前，谨牒。

开运二年十二月　日寡妇阿龙牒

从这份诉状的内容来看，首先介绍了原告的姓名、家庭状况，随后便叙述了案情的缘由：寡妇阿龙丈夫早逝，与一子义成生活。后义成因犯罪去瓜州，将父亲留下的土地二十二亩分付本家兄怀义佃种。"经得一秋"，怀义没有继续佃耕，导致土地荒芜。此时本村索佛奴有兄弟索进君从南山来投，便佃种了这荒闲之地。索进君经营两三月余，见"见沙州辛苦难活"，便很快离开。义成的土地由索佛奴耕种。寡妇阿龙在儿子义成死后，生活困难，请求将土地收回。诉状最后记述了原告起诉的日期。

文书的第二部分是当地最高长官归义军节度使曹元忠受理案件的批示："付都押衙王文通细与寻问申上者"，另有批示作出的时间是"十七日"，以及"曹元忠"的签字。

文书的第三部分是原告官府提供的证据，本案是书证一件，内容如下：

甲午年三月十九日。索义成身着瓜州，所有父祖口分地叁拾贰亩，分付与兄索怀义佃种。比至义成到沙州得来日，所着官司诸杂、烽子、官柴草等大小税役，并总兄怀义应科，一任施工佃种。若收得麦粟，任自兄收，颗粒亦不论说。义成若得沙州来者，却收本地，渠河口作税役，不（干）自兄之事。两共（对）面平章，更不许休悔。如先悔者，罚壮羊壹口。恐人无信，（故）立文凭，用为后验。

佃地人　兄索怀义（押）

种地人　索富子（押）

见人　索流住（押）

见人、手书　判官张盈润　知

从原告所提供的证据来看，这是一份土地所有人索义成将自己土地出租给其兄索怀义的契约文书，该证据主要是想证明土地所有人索义成拥有对该土地占有、使用、收益和处分的权利。

文书第四部分是当地官员都押衙王文通对原、被告的问案记录。首先是对被告的审问情况：

都押衙王文通

右奉　判付文通勘寻。陈□□□□□（状寡妇阿龙及）取地侄索佛奴，
据状词理，细与寻问申上者。
问得侄索佛奴称，先有亲叔索进君幼小落贼，已经年
载，并不承忘，地水屋舍，并总支分已讫。其叔进君贼
中偷马两疋，忽遇至府。官中纳马壹疋。当时
恩赐马贾（价），得麦粟壹拾硕，立机牒伍疋，官布伍疋。
又请得索义成口分地贰拾贰□（亩），进君作户生（主）名，佃
种得一两秋来。其叔久居部族，不乐苦地，却向南
山为活。其地佛奴承受，今经一十余年，更无别人论
说。其义成瓜州致死，今男幸通及阿婆论此地者，
不知何理。伏请处分。
　　取地人索佛奴　左手中旨（指）节

根据被告索佛奴向官府的陈述，其地是先由索怀义佃种，后索怀义"着防马群不在"，由索进君请射。索进君因不乐苦地，经三两月余，由佛奴收掌，前后经十余年的时间。

接下来是原告寡妇阿龙的陈述：

问得陈状阿龙称：有男□□□，□□（索义成，干犯）公条，遣着瓜
州，只残阿龙有口分地叁拾贰亩。其义成去时，出
买（卖）地拾亩与索流住，余贰拾贰亩与伯父索怀
义佃种，济养老命。其他（地），佛奴叔贼中投来，分居
父业，总被兄弟支分已讫，便射阿龙地水将去。
其时欲拟谘申，缘义成犯格，意中怕怖，因兹不

敢词说。况且承地叔在，□□（不合）论诤。今地水主叔却
投南山去，阿龙口分别人受用。阿龙及孙幸通无路存
济，始过（是故）陈状者，有实。

陈状寡妇阿龙右手中旨（指）节

从原告阿龙的陈述看，阿龙之子有口分地三十二亩，其中十亩已卖给本村索流住，另二十二亩转卖给索佛奴叔索进君。后索进君不愿意从事农业耕种，便由其侄索佛奴承受。阿龙之子索义成出卖口分地本属违法行为，据《唐律疏议》卷12记载："诸卖口分田者，一亩笞十，二十亩加一等，罪止杖一百。"本案中因卖主已死，无法追究其法律责任。

案卷第五部分是证人的证词：

问得佃种伯父索怀义称：先侄义成犯罪遣瓜州，地
水立立契仰怀义作主佃种，经得一秋，怀义着防马群不
在。比至到来，此地被索进君射将。怀义元（原）不是口分
地水，不敢论说者，有实。

左手中旨（指）节

立契佃种人索怀义

从怀义的陈述中我们可以看到，证人索怀义主要证明该土地是从先侄义成处佃种，土地属于先侄索义成所有。后经过一秋，因自己被官府"着防马群不在"，佃种土地被索进君"射将"，即私下暗地收购。

案卷第六部分是归义军节度使左马步都押衙王文通在审问结束后上呈给节度使曹元忠的问案记录：

右谨奉　付文通勘寻陈状寡妇阿龙　及侄索佛奴、怀义
词理，一一分析如前，谨录状上。

牒件状如前，谨牒。

开运二年十二月　日左马步都押衙王文通牒

第七部分是当地最高司法行政长官对于本案的判决,即将土地返还给寡妇阿龙:

其义成地分,缘进
君更不回戈(过),其地
便任阿龙及义成男女为主者。
　　廿二日　曹元忠(签名)

关于本案卷的书写年代,因文书末尾有"后晋开运二年(945年)十二月"的字样,故属于五代后晋统治时期。此时唐朝已经灭亡。在本案中寡妇阿龙多次提到被被告所侵占的土地属口分田,主要是说明其土地来源的合法性。据《旧唐书·食货志》所引唐令:"丁男中男,给一顷,笃疾、废疾给四十亩,寡妻妾三十亩,若为户者加二十亩。所授之田,十分之二为世业,八为口分。世业之田,身死则承户者便授之,口分在则收入为官,更以给人。"唐代口分田是禁止买卖的,而对于永业田等私人土地,唐令也规定了严格的买卖程序:"诸庶人徙乡及贫无以葬者,得卖世业田。自狭乡而徙宽乡者,得并卖口分田。"另外,唐令对于买卖土地的程序也作了明确的规定:"诸卖买田,皆须经所部官司申牒,年终彼此除附。若无文牒辄卖买,财没不追,地还本主。"[1] 可见唐代法律是禁止非法买卖土地的。

从本诉讼案件来看,沙州百姓索义成的口分田被索佛奴叔索进君非法交易收购,后索进君不乐此地,土地便为其侄索佛奴"承受"。那么最后司法机关为何又判索佛奴败诉了呢？我们认为,这是一桩买卖双方规避法律的案件。原告出卖口分田属违法行为,唐代口分田严禁买卖,对于出卖口分田者,追究其法律责任,即一亩笞十,二十亩加一等,罪止杖一百。如果买卖双方进行土地交易,也必须按照法定程序进行,即"诸卖买田,皆须经所部官司申牒,年终彼此除附"。否则,法律将不保护购买人的权利,"若无文牒辄卖买,财没不追,地还本主"。由于本案买卖双方属私下交易,未经过官府的认可,故当地司法官员曹元忠判索佛奴败诉,土地归还寡妇阿龙与唐律的规定并不矛盾。

---

[1] [日]仁井田陞:《唐令拾遗补·田令第二十二》,栗劲等译,长春出版社1989年版,第560—561页。

从敦煌西域文书看吐蕃时期的农牧业法制

魏明孔[*]

青藏高原很早就有人类生息。至迟在战国时期以后，西北地区的部分羌人陆续迁徙到今青藏高原的广大地区，逐渐与土著居民融合。7世纪初，出现了实力强盛的吐蕃王朝，并形成吐蕃族，即今天藏族的先民。吐蕃王朝对中国历史作出过重大贡献。

早在旧石器时代，西藏高原就有原始人类居住。在藏南定日县的苏热，藏北的申扎、双湖，都发现了旧石器。在聂拉木县发现过细石器。西藏的原始文化主要是土著居民创造的，其定居西藏的时代至少是在旧石器时代的晚期，他们是游牧和狩猎的部落。在林芝县还发现了新石器以及新石器时期的陶片和人类遗骸，遗骸属于蒙古人种现代人类型，其头骨较接近西藏人A组头骨。在昌都卡诺村附近曾发现大量新石器、骨器、陶器等，此遗址距今4600余年，当时的居民过着以农业为主的定居生活。卡诺文化显示出强烈的地方特点，显然是从本土的旧石器时代一脉相承下来的。

西藏古代居民很早就与居住在黄河上游的居民存在联系。早在原始社会后期，西北的氐羌等部族就不断向西藏高原东端的雅砻江、岷江流域迁徙。战国初年，羌族酋长卬为避秦国兵锋，率部众向南迁徙，遂与青海诸羌隔绝。后来卬的子孙逐渐繁衍，自立部落，散居于各地，其中有牦牛（越巂）羌、白马（广汉）羌、发羌、唐旄等部。这些部落迁徙活动于今四川、青海、甘肃、西藏一带。东汉时，青海烧当羌首领迷唐为汉军所败，率余众向西投奔了发羌。从河湟南下的西羌，是吐蕃祖先的一部分。

---

[*] 魏明孔，中国社会科学院资深研究员，中国社会科学院大学特聘教授，中国经济史学会会长。

下面只是以敦煌资料为主，结合其他史料，对吐蕃时期的畜牧业经济和农业经济方面的情况，略作叙述，乞请方家批评指正。

一、吐蕃时期的畜牧业法律制度

吐蕃幅员辽阔，土地资源丰富。农业生产受到光、热、水、土等条件的严格限制，这些条件以及它们之间的不同组合决定了一地区农业的资源禀赋。受自然环境的限制，青藏高原人口稀少，土地利用方面以畜牧业为主、农林业次之。就吐蕃本土的土地来说，大部分地区气候高寒，长冬无夏，无霜期短，昼夜温差大，系适合放牧的牧地，畜牧业是吐蕃最基本的经济基础。牧场是吐蕃社会生产中最重要的生产资料，藏语中称"vbrog"，它与土地"bog"对称，称为"bog-vbrog"，即农牧业。因此，"bod"作为藏民的自称，可能与农牧业生产的发展演变有关。[1]

吐蕃时期对于牧地资源的管理已经比较明确，除了对牧地定期进行清查外，还有进行重新登记的制度。吐蕃时期的农业生产有一套比较完整的土地登记、管理制度，是人人皆知的史实，而牧地与土地清查和登记往往同时进行[2]，因此土地登记和管理往往与牧地登记和管理联系在一起。

由于畜牧业是吐蕃时期的经济基础，同时也对其军事、交通等影响深远，故吐蕃决策者对畜牧业非常重视，不遗余力地采取措施发展畜牧业经济。猪年（唐玄宗天宝六载，747年）"宣布划分农牧区之各项制度"。[3] 虽然我们今天已经难能知道其中的具体内容，而宣布农牧区的各项制度本身就是非常重要的事件，将畜牧业纳入了奴隶制经济的轨道。尽管我们今天难能知道吐蕃当时划分农牧区的各项政策的具体内容，但是其中的一项内容却是比较明确的，这就是清查

---

[1] 参阅王尧：《吐蕃金石录》收录《恩兰·达札路恭纪功碑·考释》，文物出版社1982年版，第88页。按《吐蕃金石录》作者认为，"bod"作为藏民的自称，可能与农业生产的发展演变有关，诚然是没有疑问的，但根据碑文上下文及有关资料，再加上逻辑判断是不全面的，应该与农牧业生产发展有关，甚至畜牧业的成分大于农业才比较符合吐蕃的实际，即使今天的藏区依然如此。

[2] 黄布凡、马德：《敦煌藏文吐蕃史文献译注·编年史》，甘肃教育出版社2000年版，第54、55页。

[3] 黄布凡、马德：《敦煌藏文吐蕃史文献译注·编年史》，甘肃教育出版社2000年版，第54页。

农牧区的土地或牧地数量，并进行登记造册，只有这样才能保证奴隶制政权的赋税来源。这就是史书记载的猪年（唐玄宗天宝六载，747年）"清查农牧区之事结束，现场登记田地"[1] 的意义之所在。

吐蕃地方七种官吏中包括"牧官"，其职责是"管理牦牛、犏牛之放牧部落"，[2] 可见畜牧业经济在吐蕃社会中举足轻重的地位。牧马官（mchibs-dpon）作为吐蕃时期所设的主要官员之一，除了见于《敦煌本吐蕃历史文书》"大事纪年"篇外，也频见于其他吐蕃简牍中。[3] 如蛇年（唐玄宗开元五年，717年）"罢尚赤聂年禄牧马官之职，命尚郑赞乞布接任"。[4] 牧马官员在吐蕃时期的地位比较高，其任免事项往往作为一件大事而要通过高规格级别的会议，这从一个侧面反映出畜牧业经济在吐蕃时期的重要性。

吐蕃时期的畜牧业经济比较活跃，其畜牧主要包括"犀牛、名马、犬、羱"和骆驼[5] 以及驴[6] 等。特别值得一提的是，牦牛作为第四纪冰期中冰缘环境下发展起来的种类，是高原特有的动物[7]，因其力气大，耐高寒，足趾宽厚，自古是青藏高原重要的畜牧种类，是畜牧业经济的基本内容之一，甚至史书上将吐蕃称为"牦牛国"，牦牛与吐蕃的社会经济和生活息息相关。因为牛是吐蕃时期无可替代的重要生产工具和生活资料，所以当时"牛即财富"是深入人心的观念。藏语的"nor-phyugs"是牲畜的专称，尤其指青藏高原的牦牛、黄牛及其这两种牛的杂种——犏牛。"nor"一词的原意是"财富"，又作"牛"，[8] 就足以说明这一点。

吐蕃因地制宜，在发展畜牧业经济实际中发挥当地的自然条件优势，其中

---

[1] 黄布凡、马德：《敦煌藏文吐蕃史文献译注·编年史》，甘肃教育出版社2000年版，第55页。
[2] 黄布凡、马德：《敦煌藏文吐蕃史文献译注》附录四《〈贤者喜宴〉节录及译文》，甘肃教育出版社2000年版，第383页。
[3] 王尧、陈践编著：《吐蕃简牍综录·吐蕃简牍综录本文·汉文译文及考释·军事》，文物出版社1986年版，第50页。
[4] 黄布凡、马德：《敦煌藏文吐蕃史文献译注·编年史》，甘肃教育出版社2000年版，第49页。
[5] 《新唐书》卷216上《吐蕃传》上。
[6] 王尧、陈践编著：《吐蕃简牍综录·吐蕃简牍综录本文·汉文译文及考释·文书》，文物出版社1986年版，第65页。
[7] 郑度等：《中国的青藏高原》，科学出版社1985年版，第8页。
[8] 王尧：《吐蕃金石录》，《恩兰·达札路恭纪功碑·考释》，文物出版社1986年版，第87—88页。

一个很重要的做法就是根据季节逐水草而居。吐蕃时期"其畜牧，逐水草无常所"[1]是其基本特点。如"每岁盛夏，吐蕃畜牧青海，去塞甚远"。[2]逐水草而牧，是吐蕃等游牧民族在长期的生产实践中逐渐认识到合理利用高原不同季节水草资源，实际上也就是以生物气候的垂直差异为依据的季节牧场的划分和利用。[3]学术界盛行的一种说法，即逐水草而居便意味着落后，实是对于畜牧业生产活动的无知与偏见。

扩大畜牧业场地，是吐蕃决策者自始至终奉行的一项基本国策。吐蕃在金城公主下嫁时，曾经不遗余力地争取黄河九曲地，主要原因在于这里水甘草美，是发展畜牧业的天然场所。吐蕃获得九曲之地后便在这里畜养牛羊马匹，使这里成为吐蕃的重要畜牧业基地之一。[4]陇西地区在吐蕃占领的百余年间，虽然还有若干农业，但主要已经成为牧业地区，农业所占比例较畜牧业要小得多。唐宣宗大中（847—860年）以后随着吐蕃势力的削弱，这种局面发生了一定的变化，这里变成了半农半牧地区。[5]吐蕃统辖河西地区时，"放羊""请羊""放""贴马群"等[6]，是这里的基本劳动工种之一，反映了当时畜牧业经济状况。即使如此，我们也应该知道当时河西地区的农业生产依然保持着一定的规模。《资治通鉴》卷201唐高宗麟德二年（665年）正月条记载："吐蕃遣使入见，请复与吐谷浑和亲，仍求赤水[7]地畜牧。上不许。"尽管吐蕃的要求没有得到唐代中央政府的批准，但却透漏出扩大畜牧场地是吐蕃统治者自始至终奉行的一项基本国策的信息。

吐蕃作为奴隶制民族政权，在当时发展畜牧业经济的途径之一便是通过掠夺来完成。唐太宗贞观十二年（638年），吐蕃曾经"发兵击吐谷浑。吐谷浑不

---

[1] 《新唐书》卷216上《吐蕃传》上。
[2] 《通鉴》卷224唐代宗大历八年（773年）十月条。
[3] 参见郑度等：《中国的青藏高原》，科学出版社1985年版，第210—211页。
[4] 《旧唐书》卷196上《吐蕃传》上。
[5] 史念海：《黄土高原历史地理研究》，黄河水利出版社2001年版，第573页。
[6] 唐耕耦、陆宏基编：《敦煌社会经济文献真迹释录》（第二辑），斯542号背《戌年（公元八一八年）六月沙州诸寺丁口车牛役簿》，全国图书馆文献缩微复制中心1990年版，第381—393页。
[7] 胡三省原注云："即河源之赤水也，本吐谷浑地。"

能支，遁于青海之北，民畜多为吐蕃所掠"。[1] 唐高宗上元三年（676年），吐蕃"攻鄯、廓、河、芳四州，杀略吏及马牛万计"。[2] 唐玄宗开元二年（714年）八月，"吐蕃将坌达延、乞力徐帅众十万寇临洮，军兰州，至于渭源，掠取牧马……初，鄯州都督杨矩以九曲之地与吐蕃，其地肥饶，吐蕃就之畜牧，因以为寇"。[3] 吐蕃在唐代宗时期曾经"略党项杂畜"。[4] 唐德宗贞元二年（786年），吐蕃"犯泾、陇、邠、宁，掠人畜，败田稼，内州界闭壁"。[5] 这样的记载在史书中是比较普遍的。正如《旧唐书》卷196《吐蕃传》下总结的："西戎之地，吐蕃是强，蚕食邻国，鹰扬汉疆。"

畜牧业经济不仅仅只是吐蕃时期的经济支撑，同时畜牧业还是吐蕃军事力量强大的基本经济和运输能力的保证。唐高宗时太学生魏元忠的一席话可谓一语中的，不妨引用在此。唐高宗"以吐蕃为忧，悉召侍臣谋之"，其中太学生魏元忠上封事，"言御吐蕃之策"，其中认为："出师之要，全资马力。臣请开畜马之禁，使百姓皆得畜马，若官军大举，委州县长吏以官钱增价市之，则皆为官有。彼胡虏恃马力以为强，若听人间市而畜之，乃是损彼之强为中国之利也。"据说"先是，禁百姓畜马，故元忠言之。上善其言，召见，令直中书省，仗内供奉"。[6] 马匹是当时军队装备的重要内容，往往决定着军队的战斗力的强弱。

在发展畜牧业经济中，对于吐蕃来说保持相对的安定环境是非常重要的，在吐蕃和唐政府的共同努力下，从整体上讲唐玄宗开元（713—741年）时期双方保持着比较友好的关系，从而出现了"吐蕃畜牧被野"[7] 的盛况。也正是这一时期，使得吐蕃辖区的生态环境和畜牧业得到了长足发展。史称鼠年（唐玄宗开元十二年，724年）"夏，赞普驻于贝地，后出巡北方，于柯聂都茹猎

---

[1]《通鉴》卷195唐太宗贞观十二年（638年）八月条。
[2]《新唐书》卷216上《吐蕃传》上。
[3]《通鉴》卷211唐玄宗开元二年（714年）八月条。对此《新唐书》卷216上《吐蕃传》上是如此记载的：唐玄宗开元二年（714年）吐蕃曾经10万大军寇临洮，"入攻兰、渭，掠监马"。
[4]《通鉴》卷224唐代宗大历十三年（778年）八月条。
[5]《新唐书》卷216下《吐蕃传》下。
[6]《通鉴》卷202唐高宗仪凤三年（678年）九月条。
[7]《通鉴》卷214唐玄宗开元二十五年（737年）二月条。

野牦牛取乐，以绳套捕获野牦牛"。[1] 以绳索捕获野牦牛，说明当时这里的自然环境适合这类动物的生存，野牦牛之类成为当时吐蕃居民猎取的食品来源之一。

吐蕃畜牧业经济是一种典型的自然经济，受自然环境的影响和制约比较明显。如猴年（唐中宗嗣圣元年，684年）"牛瘟大发，于赤波木清除死于瘟疫之牲畜尸肉"。[2] 在自然灾害面前，吐蕃当时的畜牧业经济显得比较脆弱。

畜牧业经济的另一作用在于作为运输工具的功能的发挥，"驮畜驮运粮食"[3] 就是其中所发挥的作用之一。正因如此，在吐蕃时期的简牍中就出现了"驮子"[4] 这样的专门对运输物品牲畜的专称。这是我们论述吐蕃畜牧业经济时不可忽略的一个方面。尤其应该强调的是，牦牛是吐蕃时期牧区的重要运输工具，在高原上的作用与在沙漠戈壁上的骆驼可媲美，是真正的高原之舟。另外，吐蕃曾经雄踞西南且控辖着唐代的大片土地和中亚部分地区，畜牧业发达为其进行战争提供足够的武器及运输能力，是不可忽略的因素之一。

至于畜牧业经济中包括畜牧加工等，我们将在下面专门进行论述，这里从略。

二、吐蕃时期的农业法律制度

吐蕃本土内除了畜牧业比较发达外，农业生产也有一定的规模，尤其在雅鲁藏布江及其支流拉萨河谷地，海拔约3500米，属于温暖半干旱气候[5]，是水土条件比较好的农业区，这里成为吐蕃本土内粮食的主产区。另外，在吐蕃统辖范围内，有相当的土地属于宜农宜牧地区，农业区与牧区犬牙交错是其一个显著特点。

---

[1] 黄布凡、马德：《敦煌藏文吐蕃史文献译注·编年史》，甘肃教育出版社2000年版，第50页。
[2] 黄布凡、马德：《敦煌藏文吐蕃史文献译注·编年史》，甘肃教育出版社2000年版，第43页。
[3] 王尧、陈践编著：《吐蕃简牍综录·吐蕃简牍综录本文·汉文译文及考释·文书》，文物出版社1986年版，第63页。
[4] 王尧、陈践编著：《吐蕃简牍综录·吐蕃简牍综录本文·汉文译文及考释·文书》，文物出版社1986年版，第63、68页。
[5] 郑度等：《中国的青藏高原》，科学出版社1985年版，第53页。

吐蕃时期农业生产的粮食主要有青稞、小麦、荞麦、[1] 稻 [2] 等。这反映出吐蕃的农作物品种在不断增加，以及其与内地农业生产的相互交流与影响在不断加强的事实。我们知道，唐代前期继承北魏以来的均田制 [3]，均田制中均田户的土地有口分田和永业田之分，而这也在吐蕃占领区尤其在农耕地区内也有反映："……分后，有权者和有永业田者诸人……分配去开荒地。一次，将城中住户迁出……大罗布范围王田之上方地，长满青草（无人耕种），迁出小罗布之住户……"[4] 作为"小罗布之长官"，其职责是"管辖该地房屋、田地"，据他自己陈述，其辖区内居民"董·程岛贡答应给我送三克青稞之'户税'，命令上盖有印章"。[5] 由此可以大体断定，吐蕃在占领瓜沙河湟等农耕生产已比较成熟的地区后，依然保留着唐代在这里实行的均田制，这对于我们理解吐蕃占领时期的农业生产状况是非常重要的资料。当然，吐蕃占领瓜沙河湟等地区后，也使得这里的农牧比例发生了比较大的变化，这就是农业比例减少而畜牧业经济的比例在提高。[6]

与牧地一样，吐蕃时期的农业生产有一套比较完整的土地登记、管理和纳税制度。猪年（唐玄宗天宝六载，747年）"宣布划分农牧区之各项制度"。[7] 同年，"清查农牧区之事结束，现场登记田地"。[8] 前面已经提到，在吐蕃地区农牧区犬牙交错，划分农业区或牧业区，是吐蕃政府协调生产、管理经济生活职能的具体体现。在吐蕃文献中，土地的单位面积是"突"（dor），作为二牛抬杠耕作方式一农夫一天平均耕地的面积，约等于唐制5亩。从敦煌汉文文书中可以

---

[1]《旧唐书》卷196上《吐蕃传》上。

[2] 黄布凡、马德：《敦煌藏文吐蕃史文献译注·钦陵赞婆与王孝杰之论战》，甘肃教育出版社2000年版，第272页。

[3]《魏书》卷110《食货志》；《隋书》卷24《食货志》；《旧唐书》卷48《食货志》上；《新唐书》卷51《食货志一》。

[4] 王尧、陈践编著：《吐蕃简牍综录·吐蕃简牍综录本文·汉文译文及考释·文书》，文物出版社1986年版，第66页。

[5] 王尧、陈践编著：《吐蕃简牍综录·吐蕃简牍综录本文·汉文译文及考释·文书》，文物出版社1986年版，第67页。

[6] 史念海：《黄土高原历史地理研究》，黄河水利出版社2001年版，第573页。

[7] 黄布凡、马德：《敦煌藏文吐蕃史文献译注·编年史》，甘肃教育出版社2000年版，第54页。

[8] 黄布凡、马德：《敦煌藏文吐蕃史文献译注·编年史》，甘肃教育出版社2000年版，第55页。

看出，从吐蕃"突"中还派生出一系列与土地有关的语词，其中"突田"，就是已经丈量并清查登记的土地；"突税"，就是丈量后按照地亩征收的税赋；"突田仓"，是专门储运突税的仓廪；"纳突"，是指交纳突税的负担；"突田历"，指清查丈量土地的登记表；"突课"，是私家奴户所交纳的田课。这是因为这里指的均是公田，经过丈量的突田交私人耕种所纳。[1] 这种经营方式，实际上就是在当时内地已经比较流行的租佃关系，而租佃制经营是一种相对效率较高的生产形式。

农作物种植方面，适合吐蕃地区的青稞已经成为这里的主要粮食品种，在当时的粮食中占有比较重要的比例，其次是小麦和荞麦等。史称吐蕃时期"其稼有小麦、青稞麦、荞麦"等及其豆类。[2] 不仅如此，地域辽阔的吐蕃在一些地区还种植着稻米。[3] 与此同时，中原地区的其他粮食品种也通过不同途径在吐蕃地区流行过，如小米和芥子[4] 就是其中的品种，另外粟米[5] 等在吐蕃占领区也多有生产。唐代内地的农作物品种对吐蕃的影响是比较大的。

在吐蕃时期除了农作物作为农业区的基本生产外，在一些被吐蕃占领的地区，也有从事蔬菜生产[6] 的史实，"青菜""醃菜"等是居民当时的重要副食[7]，以适应当地对其需求以及适合当地的风俗习惯。在敦煌文书中就有"看园"[8] 这样的农活，这里的经济作物，对于改善吐蕃的生活结构产生了比较直接和

---

[1] 王尧、陈践编著：《吐蕃简牍综录·吐蕃简牍综录本文·汉文译文及考释·经济》，文物出版社1986年版，第24—25页。

[2] 《新唐书》卷216上《吐蕃传》上。

[3] 黄布凡、马德：《敦煌藏文吐蕃史文献译注·钦陵赞婆与王孝杰之论战》，甘肃教育出版社2000年版，第272页。吐蕃在占领河湟陇右地区后，据《全唐文》卷716刘元鼎《使吐蕃经见记略》记载，在兰州等地就耕种着稻米。

[4] 黄布凡、马德：《敦煌藏文吐蕃史文献译注·钦陵赞婆与王孝杰之论战》记载：唐朝王孝杰曾经"捎来一皮囊小米和一皮囊芥子"，甘肃教育出版社2000年版，第272页。

[5] 王尧、陈践编著：《吐蕃简牍综录·吐蕃简牍综录本文·汉文译文及考释·文书》，文物出版社1986年版，第68页。

[6] 王尧、陈践编著：《吐蕃简牍综录·吐蕃简牍综录本文·汉文译文及考释·文书》，文物出版社1986年版，第66页，有"在小罗布有八畦菜园子"的简牍记载。

[7] 王尧、陈践编著：《吐蕃简牍综录·吐蕃简牍综录本文·汉文译文及考释·宗教》，文物出版社1986年版，第73页。

[8] 唐耕耦、陆宏基编：《敦煌社会经济文献真迹释录》（第二辑），斯542号背《戌年（公元八一八年）六月沙州诸寺丁口车牛役簿》，全国图书馆文献缩微复制中心1990年版，第381—393页。

深远的影响。

吐蕃时期盛行奴隶制生产，且往往将奴隶作为土地的附属物而一同被赏赐或转让。著名的尚囊歌中就有"划割埃布山岗，封给雅姆作奴户"[1]的歌词。

吐蕃时期的《第穆萨摩崖刻石》，记载"奴婢如此之多"，赞普内府官员的职责之一是"广科赋敛"，负责"差役"。奴隶主有包括"奴隶、土地、牧场"在内的财富，生产者要摊派"官府差役""赋税""馈遗"等，而贵族则有豁免的各种特权，贵族的土地由奴隶生产"酿酒粮食、青稞、大米"等。[2]按刘元鼎于822年出使吐蕃时，看到的情况是"兰州地皆秔稻，桃李榆柳岑蔚"[3]，而当时的兰州已被吐蕃统治多年，"唐人"将秔稻种植于吐蕃其他适宜于种植的地区，如工布地区的气候有印度暖流的调剂，是今西藏林木最为繁盛的地区，可能在吐蕃时期种植了秔稻。总之，这是已知吐蕃史料中最早记载稻米的史例。

在吐蕃占领的农耕区，沿用唐制，设有诸如屯田、营田的官吏，即所谓"营田使"或"农田使"等。[4]在吐蕃占领地区，开垦荒地被多次记载，[5]说明吐蕃统治者对于当地农业生产比较重视，也正因如此，才保证了在占领区的社会稳定和对军事行动的保障。

在论述吐蕃农业生产时，还要对吐蕃在占领河西陇右地区后实行中原王朝长期实现的行之有效的屯垦进行简单交代。670年以后，吐蕃势力扩展到安西四镇，尤其是安史之乱后，则与河西、右地区连成一片，在这120年间，吐蕃奴隶主在其占领区广为驻军，设驿站，置巡逻斥候，常驻坐哨，组织当地居民耕种土地，经营畜牧经济，派遣尚论、节儿总管、将军等文武官员。所有这些，在出土的居延汉简、流沙坠简、吐蕃简牍等珍贵的考古文献中均有所反映。而吐蕃在云贵高原占领区域内实行历史上中原王朝行之有效的屯垦形式，以解决

---

[1] 黄布凡、马德：《敦煌藏文吐蕃史文献译注·囊日伦赞时代的兼并》，甘肃教育出版社2000年版，第197页。
[2] 参阅王尧：《吐蕃金石录》收录《第穆萨摩崖刻石·译文》，文物出版社1986年版，第101页。
[3] 《全唐文》卷716刘元鼎《使吐蕃经见记略》。
[4] 王尧、陈践编著：《吐蕃简牍综录·吐蕃简牍综录本文·汉文译文及考释·经济》，文物出版社1986年版，第24—25、29页。
[5] 王尧、陈践编著：《吐蕃简牍综录·吐蕃简牍综录本文·汉文译文及考释·经济》，文物出版社1986年版，第32页。

驻军的粮食资源及其运输问题，收到了比较明显的经济效益和社会效益。正如《新唐书》卷222上《南诏传》记载的，"吐蕃盛屯昆明、神川、纳川自守"，其规模是不小的。

另外，作为奴隶制政权，吐蕃有时对于周边地区的成熟庄稼进行武装掠夺，如唐玄宗天宝（742—756年）及其以前，"吐蕃每至麦熟时，即率部众至积石军获取之，共呼为'吐蕃麦庄'"，[1] 就是典型的例子。另外，农耕地区的农业生产，对于吐蕃的农业生产产生过直接影响。《通鉴》卷238唐宪宗元和六年（811年）五月庚子条："以金吾大将军李惟简为凤翔节度使。陇州地与吐蕃接，旧常朝夕相伺，更入攻抄，人不得息。惟简以为边将当谨守备，蓄财谷以待寇，不当睹小利，起事盗恩，禁不得妄入其地；益市耕牛，铸农器，以给农之不能自具者，增垦田数十万亩。属岁屡稔，公私有余，贩者流及他方。"在与吐蕃接壤的甘肃地区，李惟简作为集兵权、行政权于一身的节度使，为了使这里的农业生产比较稳定发展和直接生产者不至于流离失所，以政府行为购买耕牛、铸造农业生产工具，为缺少耕牛和农具的生产者无偿提供。这些措施收到了良好的经济效益和社会效益，稳定了个体小农业生产，增加耕地面积数十万亩，使得这里的粮食自给有余，成为粮食输出地区之一。

除此之外，唐代的农业技术对吐蕃的影响是比较大的，其中如文成公主带来了先进的农业生产技术，以及吐蕃和唐朝使节多次往来于吐蕃，对于吐蕃的农业生产技术的改进所起的积极推动作用，无论如何是不可低估的。

据专家研究表明，吐蕃占领瓜沙河湟地区后，在土地经营的政策原则上是维持原有的制度和所有权不变。[2] 在吐蕃占领的河西地区，在一定范围内实行着具有租佃关系的生产方式，其中吐蕃简牍中就有如下的大致记载[3]：

虎年，佣奴农户脱都……四十四克半，克……青稞四克……鲁囊交青稞

---

[1]《旧唐书》卷104《哥舒翰传》。

[2] 王尧、陈践编著：《吐蕃简牍综录·吐蕃简牍综录本文·汉文译文及考释·经济》，文物出版社1986年版，第27页。

[3] 王尧、陈践编著：《吐蕃简牍综录·吐蕃简牍综录本文·汉文译文及考释·经济》，文物出版社1986年版，第33页。

四十克，鲁登秋收青稞……二十一克，彭布靴钱青稞四克和……皮张之钱青稞一克。

文书中还出现了诸如专门从事税收的官吏——"税吏"[1]，有作为劳役地租形式报酬的"差地"[2]。在吐蕃占领下，尽管依然实行着租佃制中的分成制，而其剥削率则显得相当高。如"论努罗之奴仆已在婼羌……冬季田租之对半分成于兔年"，[3]这种冬季田租率高达50%。据简牍中"属民的年成不好，上等农户一（突）农田只交五克青稞、五克麦子"来看，[4]大概在当时盛行的是分成租。

三、结语

通过上述分析，我们可以得出如下三点结论：

其一，吐蕃时期的畜牧业经济和农业经济已经具备了相当的规模和繁荣程度，并且已经形成了相对完善的法律制度，这是支撑吐蕃在中古社会成为在西南地区乃至西北地区不断扩充势力，成为与唐宋中央政权抗衡的强大的民族政权的基础。传统的认为吐蕃社会经济尤其农业经济落后的观点，值得商榷。

其二，吐蕃社会的经济带有明显的掠夺性，主要从农耕民族掠夺农产品和畜牧业产品。

其三，吐蕃畜牧业经济和农业经济，与当时的农耕民族的经济相互影响，这种影响既有相互促进的一面，也有一定的负面影响的一面，甚至在农耕地区出现了一定时期内的退耕发展畜牧业的情况，将其生产者的身份降低为畜牧奴。

---

[1] 王尧、陈践编著：《吐蕃简牍综录·吐蕃简牍综录本文·汉文译文及考释·经济》，文物出版社1986年版，第32页。

[2] 王尧、陈践编著：《吐蕃简牍综录·吐蕃简牍综录本文·汉文译文及考释·经济》，文物出版社1986年版，第33页。

[3] 王尧、陈践编著：《吐蕃简牍综录·吐蕃简牍综录本文·汉文译文及考释·经济》，文物出版社1986年版，第37页。

[4] 王尧、陈践编著：《吐蕃简牍综录·吐蕃简牍综录本文·汉文译文及考释·经济》，文物出版社1986年版，第37页。

敦煌文书伯 3560 号唐《沙州敦煌县行用水细则》性质探析

王 蕾[*]

古代中国是一个以农业著称的文明古国，很早就重视对水资源的管理和利用，并以法律的形式加以规范和调整。在 1975 年湖北云梦睡虎地出土的秦简《田律》中，即有"春二月，毋敢伐材木山林及雍（壅）堤水"的规定。[1]西汉时期，对于河渠水利的法律管理已十分完善，据《汉书》卷 58《儿宽传》引唐颜师古注曰："为用水之次具立法，令皆得其所也。"在 1983 年湖北江陵张家山出土的西汉初年《二年律令》中，有关于水资源管理的规定："禁诸民吏徒隶，春夏毋敢伐材木山林，及进（壅）堤水泉，燔草为灰。"[2]在 2018 年荆州胡家草场发现的西汉简牍中，出土了西汉时期的《治水律》，其中有对水渠管理的规定："若坏人田舍、流道、桥、隄、它功，缮治之，用积徒五十人以上，匠、民葆（保）者，罚金各二两，啬夫、吏主者各一两，都水吏、匠不坐蛊渠。"[3]

唐代是中国古代法律制度十分成熟的时期，在律、令、格、式的法律形式中有许多河渠水利管理的法律规定。在西北地区一些水利资源匮乏的州县，地方政府为了保障正常的农业生产和生活，还制定了如何分配和使用水资源的行政规章，如法国国家图书馆所藏的敦煌文书伯 3560 号《沙州敦煌县行用水细则》就是由唐代敦煌县制定的用水细则。但是，长期以来无论是历史学界还是法学

---

[*] 王蕾，博士，山东政法学院讲师。
[1]《睡虎地秦墓竹简》，文物出版社 1978 年版，第 26 页。
[2] 张家山二四七号汉墓竹简整理小组：《张家山汉墓竹简》（释文修订本），文物出版社 2006 年版，第 42 页。
[3] 荆州博物馆、武汉大学简帛研究中心编：《荆州胡家草场西汉简牍选粹》，文物出版社 2021 年版，第 196 页。

界，对于该法律文本的形成、法律内容、法律性质等问题一直缺少全面的分析。基于此，本文将对该法律文书进行全面探讨，不妥之处，请求指正。

一、唐代全国河流水利管理的法律体系

古代中国是一个以农耕为主的社会，农作物的生长、普通民众的生活与水利资源的管理息息相关。为了加强对全国河流水渠的管理，合理利用水利资源，唐朝政府从中央到地方建立了一套颇为完备的管理体制，并以法律的形式加以规范。

（一）唐代全国河流水利的行政管理体制

唐代的河流水利管理系统可以分为中央和地方两个层面。唐代中央掌管河流水利的行政机构有两个重要部门，其一是工部所辖的水部司，另一个是中央的都水监。

水部司是唐代工部所辖的四个职能部门之一，也是全国河流水渠专门的行政管理机构。关于水部司的职责，据《唐六典》卷7"水部郎中"条记载："水部郎中、员外郎掌天下川渎、陂池之政令，以导达沟洫，堰决河渠。凡舟楫、灌溉之利，咸总而举之。凡天下水泉三亿三万三千五百五十有九，其在遐荒绝域，殆不可得而知矣。其江、河自西极达于东溟，中国之大川者也；其余百三十有五水，是为中川者也；其千二百五十有二水，斯为小川者也。若渭、洛、汾、济、漳、淇、淮、汉，皆亘达方域，通济舳舻，徒有之无，利于生人者矣。"从上述史料可以看出，水部郎中是全国河流、湖泊、水渠灌溉、交通运输等事务的综合管理者。水部司所管理的水利事务十分琐细："凡水有溉灌者，碾硙不得与争其利；自季夏及于仲春，皆闭斗门，有余乃得听用之。溉灌者又不得浸人庐舍，坏人坟隧。仲春乃命通沟渎，立堤防，孟冬而毕。若秋、夏霖潦，泛溢冲坏者，则不待其时而修葺。凡用水自下始。"[1]

都水监是唐代中央另一个重要的河流、桥梁等事务的管理机构，也是唐代

---

[1]《唐六典》卷7，中华书局1992年版，第226页。

水利工程的执行机构。关于都水监的职责，据《唐六典》卷23记载："都水监：使者二人，正五品上。都水使者掌川泽、津梁之政令，总舟楫、河渠二署之官署。辨其远近，而归其利害；凡渔捕之禁，衡虞之守，皆由其属而总制之……凡京畿之内渠堰陂池之坏决，则下于所由，而后修之。每渠及斗门置长一人，至溉田时，乃令节其水之多少，均其灌溉焉。每岁，府县差官一人以督察之；岁终，录其功以为考课。"都水监下设两个职能部门，即舟楫署和河渠署。舟楫署负责唐代漕运和水上交通的管理；河渠署是河流、水资源利用的管理机构，河渠署的长官为河渠令，河渠令"掌供川泽、鱼醢之事；丞为之贰。凡沟渠之开塞，渔捕之时禁，皆量其利害而节其多少"。

有唐一代，中央政府还经常向地方派出修渠堰使等官员，临时管理河渠水利事务。唐德宗贞元十三年七月，曾下诏："昆明池俯近都城，蒲鱼所产，宜令京兆尹韩皋充使修堰。"贞元十六年，"以东渭桥纳给使徐班，兼白渠、漕渠及升原、城国等渠堰使"。大和二年二月，"以诏应令刘仁师充修渠堰副使。初，仁师为高陵令，上言三白渠可利者远，而泾阳独有之。条理上闻，其弊遂革，关中大赖焉"。[1] 可见，唐朝中央派出的修渠堰使大多由地方官员兼任，方便对水利事务的管理。

（二）唐代全国河流水利管理的法律体系

据《新唐书·刑法志》记载："唐之刑书有四，曰：律、令、格、式。令者，尊卑贵贱之等数，国家之制度也；格者，百官有司之所常行之事也；式者，其所常守之法也。凡邦国之政，必从事于此三者。其有所违及人之为恶而入于罪戾者，一断以律。"《唐六典》卷6也说："凡律以正刑定罪，令以设范立制，格以禁违正邪，式以轨物程事。"由此可知，唐代的法律形式有律、令、格、式四种形式，律是专门的刑法典，令是关于国家各项制度的法典，格是关于国家官吏的禁止性规定，式是国家各级机构的办事细则。在上述四种法律形式中，皆设有关于河流水利的法律规定。

---

[1]《唐会要》卷89，中华书局1955年版，第1621页。

在现存的唐代法典《唐律疏议》中，有许多条文是关于河流水利管理的法律规范。唐律严禁私人霸占河流湖泊等水利资源，据《唐律疏议》卷26"占山野陂湖利"条规定："诸占山野陂湖之利者，杖六十。"长孙无忌在疏议中解释说："山泽陂湖，物产所植，所有利润，与众共之。其有占固者，杖六十。已施功取者，不追。"

在唐律中，还有对官员不及时修筑堤防，盗决河堤等犯罪的处罚办法。据《唐律疏议》卷27"失时不修堤防"条规定："诸不修堤防及修而失时者，主司杖七十；毁害人家、漂失财物者，坐赃论减五等；以故杀伤人者，减斗杀伤罪三等。即水雨过常，非人力所防者，勿论。"[1]对于盗决堤防的犯罪行为，唐律处罚很重，"诸盗决堤防者，杖一百；（注：谓盗水以供私用。若为官检校，虽供官用，亦是。）若毁害人家及漂失财物，赃重者，坐赃论；以故杀伤人者，减斗杀伤罪一等。若通水入人家者，致毁害者，亦如之。其故决堤防者，徒三年；漂失赃重者，准盗论；以故杀伤人者，以故杀伤论。"长孙无忌在疏议中解释云："有人盗决堤防，取水供用，无问公私，各杖一百。"若因盗水汎溢，以害人家，计赃罪重于杖一百，即计所失财物"坐赃论"，十疋徒一年，十疋加一等。因"故决堤防"或"通水入人家"而给他人造成的经济损失，唐律规定"各征偿"，即赔偿损失；由于地方官员"不修堤防而致损害"，法律规定"各不偿"。[2]

在唐代的法律形式唐令中，也有许多令文是关于河流水利设施管理的规定。有唐一代，为了减少水资源使用的纠纷，唐令《杂令》规定了农业灌溉的具体办法："诸以水溉田，皆从下始，依次而用。"为了防止中央和地方官员利用手中权力垄断水资源，唐开元七年的《杂令》还规定："凡官人不得于部内请射田地及造碾硙，与人争利。"[3]在唐令《营缮令》中，还规定了水堤的管理措施："诸侯水堤内不得造小堤及人居，其堤内外各五步并堤上种榆柳杂树。若堤内窄狭地种，拟充堤堰之用。"[4]

在唐代的法律形式唐格中，也有关于水利资源管理的规定。据《唐六典》

---

[1]《唐律疏议》卷27，刘俊文点校，法律出版社1999年版，第542—543页。
[2]《唐律疏议》卷27，刘俊文点校，法律出版社1999年版，第544页。
[3]《唐六典》卷30"户曹参军条"，中华书局1992年版，第749页。
[4][日]仁井田陞著，池田温编集代表：《唐令拾遗补》，东京大学出版会1997年版，第836页。

卷6记载，唐代格的性质是"禁违正邪"。唐格已经失传，目前仅存部分残卷。唐格可分为《散颁格》和《留司格》两种，《散颁格》下发州县，其编纂体例，依唐代尚书省六部分篇，关于水资源管理的规定应收录于《工部格》中。唐代格的另一种形式是留司格，据《唐六典》卷6记载："凡格二十有四篇，皆以尚书省二十四司为篇名"，留司格的篇名应为工部下辖的《水部司格》，关于水行政管理的法律规定应收录于其中。除此之外，条制是唐代一种特殊的格，即令中没有相应的篇目，故这种格称为"条制"。[1] 据《唐六典》卷23"都水监"条云："凡京畿诸水，禁人因灌溉而有费者，及引水不利而穿凿者；其应入内诸水，有余则任王公、公主、百官家节而用之。"该规定应属"禁违正邪"的内容，应是唐格的条款。

式是唐代一种重要的法律形式，《唐六典》卷6说："式以轨物程式"，说明唐式是关于国家机关的办事细则。唐代式共有33篇，关于其篇名，前后有所变化，主要以尚书省诸曹及秘书、太常、司农、光禄、太仆、太府、少府、监门、宿卫、计帐为其篇目。二十世纪初，在中国西北地区敦煌的藏经洞发现了大量的古代文书，其中现藏于法国国家图书馆的伯2507《开元水部式残卷》，是目前为止保存唐式条文最多的法律文献。唐开元年间的《水部式》残卷主要包括两方面的内容：其一是关于水利工程管理的法律规定，其二是关于河流渡津、桥梁管理的法律规定。

敦煌文书伯2507号开元年间的《水部式》残卷内容丰富，其中第3至7行是关于修造河堰、在水渠上安置斗门等方面的规定："诸溉灌大渠有水地下高者，不得当渠（造）堰，听于上流势高之处为斗门引取。其斗门皆须州县司检行安置，不得私造。其傍支渠有地高水下，须临时暂堰溉灌者，听之。凡溉田，皆仰须知顷亩，依次取用，水遍即另闭塞，务使均普，不得偏并。"《水部式》残卷第12至23行是关于都城长安附近高陵县清、白二渠水流分配、水量控制管理等方面的法律规定："泾水南白渠、中白渠、南渠水口初分，欲入中白渠、偶南渠处，各着斗门堰。南白渠水一尺以上二尺以下，入中白渠及偶南渠。若雨水过多，放还本渠。其南、北白渠，雨水汛涨，旧有洩水处，令水次州县相知检校疏决，

---

[1] ［日］黑板胜美主编：《令集解》卷8"准格律"条，吉川弘文馆1995年版，第246页。

勿使损田。"《水部式》残卷第 46 至 47 行是关于河渠维护的规定:"诸水碾硙,若拥水质泥塞渠,不自疏导,致令水溢渠坏,于公私有妨者,碾硙即令毁破。"

唐代律、令、格、式四种法律形式皆属于国家层面的立法,此外唐代地方各州县还根据本地的河流水利分布情况,制定了本地区水资源管理的规章制度,法国国家图书馆所藏敦煌文书伯 3560 号唐《沙州敦煌县行用水细则》,就是由唐代敦煌县制定的本地区的行政规章。

二、伯 3560 号唐《沙州敦煌县行用水细则》的性质

唐代《水部式》是关于全国各地水渠管理、水资源分配的法律规范,对全国各地规模较大的河渠管理具有指导作用。据《唐会要》卷 89 记载,贞元十年六月二十六日,在泾阳县三白渠限口,京兆尹郑叔则奏:"六县分水之处,实为要害。请准诸堰例,置监及丁夫守当。"[1] 但是,由于全国各地的自然状况千差万别,中央制定的《水部式》不可能对全国各地所有的水渠管理作出详细的规定。如何制定具体的规章制度,减少水利纠纷,成为地方政府的重要职责。从已发现的敦煌文书来看,唐代许多州县针对本地的实际情况,制定了具体的管理细则,以保障合理使用和分配水资源。

唐代许多地方州县都制定了本地区的水法,这在古代文献中皆有记述。据白居易的《钱唐湖石记》记载:"钱唐湖事,刺史要知者四条,具列如左:钱唐湖一名上湖,周回三十里……凡放水溉田,每减一寸,可溉十五余顷。每一复时,可溉五十余顷。先须别选公勤军吏二人,一人立于田次,一人立于湖次。与本所由田户据顷亩,定日时,量尺寸,节限而放之。若岁旱,百姓请水,须令经州陈状,刺史自便押帖,所由即日与水。"[2] 另据《唐会要》卷 89 "疏凿利人"条记载:"贞元四年六月二十六日,泾阳县三白渠限口,京兆尹郑叔则奏:六县分水之处,实为要害,请准诸堰例,置监及丁夫守当。敕旨:依。"这里的"请准诸堰例",应是关于水渠管理的具体章程。在《旧唐书》卷 164《王起传》

---

[1]《唐会要》卷 89,中华书局 1955 年版,第 1620 页。
[2]《白居易集》卷 69,顾学颉点校,中华书局 1979 年版,第 1431—1432 页。

中，也记述了唐文宗大和年间，王起担任襄州刺史、山南东道节度使，因"江、汉水田，前政挠法，堰塘缺坏。起下车，命从事李业行属郡，检视而补缮，特为水法，民无凶年"。这里的"特为水法"，应是地方政府制定的河渠水利法规，属于行政法的范畴。这些地方政府制定的水资源管理的地方规约，有学者认为这是唐代农业社会灌溉用水的法制建设与制度实施的延续与深化。[1]

伯 3560 号唐《沙州敦煌县行用水细则》是古代敦煌地区民间社会长期积累的民事习惯的经验总结，其中"故老相传，用为法则"，说明该地方法规由来已久。在唐代西北地区，还有一些地方的用水细则是由当地从事河渠水利事务的管理者提出的立法建议，经过地方官府认可后成为管理规章。1973 年，在新疆阿斯塔那第 509 号墓出土的《唐城南营小水田家牒稿为举老人董思举检校取水事》就是一件由当地老人董思举向地方官府提出的水渠管理的立法建议，内容如下：[2]

1　城南小水营小水田家　状上
2　　老人董思举
3　右件人等所营小水田，皆用当城四面豪（壕）
4　坑内水，中间亦有口分，亦有私种者。非是
5　三家五家。每欲浇溉之晨，漏并无准。
6　　只如家有三人两人者，重浇三回。
7　悍独之流，不蒙升合。富者因滋转赡，贫
8　者转复更穷。总缘无检校人，致使有
9　　强欺弱。前件老人
10　性直清平，谙识水利，望差检校，庶得无漏。立一牌牓，水次到
11　转牌看名用水，庶得无漏。如有不依次第取水用者，请罚车牛一道
12　远使，无车牛家罚单功一月日驱使。
13　即无漏并，长安稳，请处分。

---

[1] 牛来颖：《唐代水资源管理的制度与实践》，载《历史教学》2017 年第 7 期。
[2] 中国文物研究所等编：《吐鲁番出土文书（图录版）》第 4 册，文物出版社 1996 年版，第 339 页。

该立法建议提出把灌溉民户的姓名写在牌牓上，在浇灌之日按户名次序灌溉的做法，经过地方官府认可，成为当地管理河渠水利的行政规章。

唐代地方州县制定的水利资源管理的规约，由于年代久远绝大多数已经不存于世。幸运的是现存于法国国家图书馆的敦煌文书伯3560号唐《沙州敦煌县行用水细则》残卷却保存至今，为人们探讨中古时期地方政府对河渠的管理、水资源的分配提供了重要的史料。

敦煌文书伯3560号唐《沙州敦煌县行用水细则》，有学者又称为《唐沙州敦煌地区灌溉用水章程》，[1] 它是目前为止我们看到的最早、最全面的由地方官府制定的水资源管理的行政规章。该文书前、后两部分已经残损，现仅存中间部分内容。文书共有102行，每行字数约12至25字，内容涉及唐代敦煌县所管辖的水渠管理和水资源分配的制度。

关于法国国家图书馆所藏敦煌文书伯3560号唐《沙州敦煌县行用水细则》的性质，目前学术界尚未有专文讨论。笔者认为，从《沙州敦煌县行用水细则》的内容看，该文本是一个由唐代地方行政机关制定的法律文本，具有规范性和执行性，对于违反该法律规定的行为制定了相应的处罚措施，因而该文本具有行政法的性质。

首先，从伯3560号唐《沙州敦煌县行用水细则》的条文内容看，是以唐令、唐式的精神为指导制定而成的，因而具有法的性质。据唐令《杂令》规定："诸以水溉田，皆从下始，依次而用。其欲缘渠造碾硙，经国郡司，公私无防者听之。即须修治渠堰者，先役用水之家"。[2] 伯3560号唐《沙州敦煌县行用水细则》沿续了唐令的法律思想，规定："每年浇伤苗，立夏前十五日行用，先从东河、两支、乡东为始，依次轮转向上。"[3] 说明《沙州敦煌县行用水细则》是依照唐令的精神制定而成的。

其次，伯3560号唐《沙州敦煌县行用水细则》是由唐代敦煌县地方官府制

---

[1] 宁欣：《唐代敦煌第七农业水利问题初探》，载北京大学中国中古史中心：《敦煌吐鲁番文献研究论集》（第三辑），北京大学出版社1986年版，第467页。
[2] ［日］仁井田陞：《唐令拾遗》，栗劲、霍存福等译，长春出版社1989年版，第785页。
[3] 唐耕耦、陆宏基编：《敦煌社会经济文献真迹释录》（一），全国图书馆文献缩微复制中心1990年版，第397页。

定的法律文本，该法律文书对于当地河渠水利的使用具有拘束性。从伯3560号唐《沙州敦煌县行用水细则》所记述的内容看，该文本是由地方机关认可的法律规范，据文书第84至86行记载："往日，水得遍到城角。即水官得赏，专知官人即得上考，约勘，从永徽五年已来，至于今年，亦曾经水得过都乡一河了，亦有水过三聚口已上，随天寒暖，由水多少，亦无定准。"[1] 从该条史料的内容看，"水官得赏，专知官人即得赏考"，说明唐代敦煌县水官若严格执行该行用水规则，在年终的考课时将获得上考，否则将获得下考。

再次，分析伯3560号唐《沙州敦煌县行用水细则》的内容，我们看到该法律文本具有规范性和执行性。众所熟知，法律规范与其他社会规范相比，在结构上十分严谨，为人们的日常行为设定了一种标准或方向。据《沙州敦煌县行用水细则》第43至58行记载：

每年行水，春分前十五日行用。若都乡、宜秋不遍，其水即从都乡不遍处浇溉收用，以次轮转向上。承其已来，故老相传，用为法则。依问前代平水交（校）尉宋豬，前旅帅张诃、邓彦等。行用水法，承前已来，递代相承用。

分析上述法律内容，我们看到唐代沙州敦煌县地方水利管理的官吏是平水校尉、旅帅等人，由这些管理基层官吏监督"行用水法"；每年用水的时间是在春分前十五日，用水的顺序的"以次轮转"，这说明《沙州敦煌县行用水细则》已具备了法的规范性特征。

最后，在伯3560号唐《沙州敦煌县行用水细则》中，规定了对于违犯该用水细则应承担的法律责任。《沙州敦煌县行用水细则》第87行至95行文字已经严重残损，但从字里行间中还是可以看到其中对虚报农作物品种，浪费水资源或延误放水的处罚情况："诸恶□□（者），妄称种豆，咸欲浪浇，淹滞时日，多费水利，□□□□□□智之人，水迟不遍，但前后官处分，不同时□□□□地即与，秋水时，准丁均给，今（令）百姓丁别各给□□□□各

---

[1] 唐耕耦、陆宏基编：《敦煌社会经济文献真迹释录》（一），全国图书馆文献缩微复制中心1990年版，第398—399页。

遂时节早晚不同，只如豆麦二色□□□□□禾粟麻等，春浇溉者，春种请白□□□□□□□亩，余十五亩留来年春溉，宜□□□□□□□□前后省水，春秋二时俱□□□□□□□□□裨宜。"[1]

依据伯 3560 号唐《沙州敦煌县行用水细则》的上述特征，我们认为该法律文本是根据当地河渠水利资源的分布情况制定的；"故老相传，用为法则"，表明这些水利规范是长期延续下来的民间法律习惯。因此，伯 3560 号唐《沙州敦煌县行用水细则》是唐代地方官府制定的水资源管理的行政规章制度，已具有了法的性质。

三、从伯 3560 号文书看唐代敦煌地区水渠管理模式的变化

水是唐代敦煌地区最宝贵的自然资源，据英国大英图书馆所藏敦煌文书斯 5894 号记载："本地，水是人血脉。"为了维持必要的生产和生活，古代的民众很早就在敦煌绿洲修建了诸多水渠，建造了密集的水利设施。西汉元鼎六年（公元前 111 年），在敦煌西南二十五里修建了马圈口堰，据伯 2005《沙州都督府图经》记载："鸣沙流山，其山流动无定，峰岫不恒……马驰人践，其声若雷。其水西有石山，亦无草木。又东北流八十里，百姓造大堰号为马圈口。其堰南北一百五十步，阔廿步，高二丈，总开五门，分水以溉田园。"[2] 关于唐代敦煌地区河流水渠的分布情况，据李正宇先生统计，敦煌绿洲的水系共有六条河流，水渠 66 道，湖泊、泉驿、池水若干。[3] 宁欣教授根据伯 3560 号唐《沙州敦煌县行用水细则》的记述，认为第 1 至 42 行是七大水系及相互之间联络的规定，第 42 至 101 行是每年六遍灌溉用水的具体规定。[4]

---

[1] 唐耕耦、陆宏基编：《敦煌社会经济文献真迹释录》(一)，全国图书馆文献缩微复制中心 1990 年版，第 399 页。

[2] 唐耕耦、陆宏基编：《敦煌社会经济文献真迹释录》(一)，全国图书馆文献缩微复制中心 1990 年版，第 2 页。

[3] 李正宇：《唐宋时代敦煌县河渠泉泽简志（一）（二）——附唐宋时代敦煌县诸乡位置及渠系分布意图》，载《敦煌研究》1988 年第 4 期；1989 年第 1 期。

[4] 宁欣：《唐代敦煌第七农业水利问题初探》，载北京大学中国中古史中心编：《敦煌吐鲁番文献研究论集》(第三辑)，北京大学出版社 1986 年版，第 480—481 页。

前已述及，唐代的律、令、式是关于全国河流水利管理方面的法律规定。如唐开元年间制定的《水部式》有关中地区河流水量分配的规定，这些河渠流经地域广阔，水利工程浩大，跨越许多州县，因而在唐式中作了专门的规定。据《水部式》残卷第24至27行记载："龙首、泾堰、五门、六门、升原等堰，令随近县官专知检校，仍堰别各于州县差中男廿人，匠十二人分番看守，开闭节水。所有损坏，随即修理，如破多人少，任县申州，差夫相助。"[1]上述的龙首、泾堰等水利灌溉工程涉及了许多州县，故而在唐朝中央政府制定的《水部式》中作了专门规定。

在唐开元《水部式》残卷中，记录了河西诸州修造水渠和水资源分配的管理规定："河西诸州用水溉田，其州县府镇官人公廨及职田，计营顷亩，共百姓均出人功，同修渠堰。若田多水少，亦准百姓量减少营。"但笔者发现，在开元《水部式》中并没有河西各县水资源分配的详细规定，唐代敦煌县水资源分配的具体措施，在《沙州敦煌县行用水细则》中有详尽规定。

法国国家图书馆所藏敦煌文书伯3560号《沙州敦煌县行用水细则》是唐代敦煌县河渠水利管理的法律规范，其与唐朝中央政府制定的《水部式》所调整的范围有所不同。根据伯3560号文书第58行至79行记载："每年浇伤苗，立夏前十五日行用，先从东河、两支、乡东为始，依次轮转向上。其东河百姓恒即诉云，麦苗始出，小，未堪浇溉。如有此诉，必不得依信。如违日不浇，容一两日向后即迟挍十五日已上，即趁前期不及。神农、两罔、阳开、宜秋等，即不得早种禾粟，亦诸处苗稼，交即早干。"伯3560号敦煌文书第80行至86行亦载："每年秋分前三日，即正秋水同堪会，亦无古典可凭。环（还）依当乡古老相传之语，递代相承，将为节度。其水从东河、两支、乡东为始，轮转浇用，到都乡河当城西北角三聚口已下浇了，即名周遍。往日，水得遍到城角。即水官得赏，专知官人即得上考，约勘，从永徽五年已来，至于今年，亦曾经水得过都乡一河了，亦有水过三聚口已上，随天寒暖，由水多少，亦无定准。"[2]可见，

---

[1] 唐耕耦、陆宏基编：《敦煌社会经济文献真迹释录》（二），全国图书馆文献缩微复制中心1990年版，第578页。

[2] 唐耕耦、陆宏基编：《敦煌社会经济文献真迹释录》（一），全国图书馆文献缩微复制中心1990年版，第397—399页。

《沙州敦煌县行用水细则》主要是关于敦煌县各乡的河渠水利管理。

由于全国各地气候条件的差异，水资源的分布很不均衡。为了合理利用和分配水资源，唐代许多州县针对本地区的实际情况，制定了较为完善的管理办法。在河流水渠的管理层面，也制定了相应的制度。以沙州敦煌县为例，唐代对敦煌地区河渠水利的管理就采取了官民共治的管理模式。

我们先看一下唐代地方政府的河流水利管理体制。有唐一代，为了减少水利纠纷，唐朝政府在全国各州县建立较为完善的水利管理体制。唐代全国地方水渠管理的事务由各州县长官负责。据《唐六典》卷30记载："京畿及天下诸县令之职，皆掌导扬风化，抚字黎氓，敦四人之业，崇五土之利……。若籍帐、传驿、仓库、盗贼、河堤、道路，虽有专当官，皆县令兼综焉。"在唐令《营缮令》"刺史县令检校堤防"条中，详细规定了州县官员对河流堤防维护的职责："诸近河及大水有堤防之处，刺史、县令以时检校。若须修理，每秋收讫，量功多少，差人夫修理。若暴水泛溢，损坏堤防，交为人患者，先即修营，不拘时限。"[1]这里的"以时检校"，是指地方官员随时对河流堤坝进行检查，若需要维修，地方长官先计算所须人力、物力申报上级批准。在法国国家图书馆所藏的敦煌文书伯2507号《开元水部式残卷》中，明确规定了地方州县长官对水渠的管理："京兆府高陵县界清、白二渠交口，着斗门堰。清水恒准水为五分，三分入中白渠，二分入清渠。若雨水过多，即与上下用水处相知开放，还入清水。二月一日以前，八月卅日以后，亦任开放。泾、渭二水大白渠，每年京兆少尹一人检校。其二水口大斗门，至浇田之时，须有开下。放水多少，委当界县官共专当官司相知，量事开闭。"[2]

在唐代地方州县，还设有都水令、平水校尉等基层水利管理官吏，对当地河渠水利事务进行管理。关于都水令之职，有学者认为其上属于中央的都水监。[3]在法国国家图书馆所藏敦煌文书伯3265号《报恩寺开温室浴僧记》中记载："则有至孝孤子令狐义忠，奉谓（为）考君右骁卫隰州双池府左果毅都尉赐紫金鱼

---

[1] ［日］仁井田陞：《唐令拾遗》，栗劲、霍存福等译，长春出版社1989年版，第740页。
[2] 唐耕耦、陆宏基编：《敦煌社会经济文献真迹释录》（二），全国图书馆文献缩微复制中心1990年版，第577—578页。
[3] 冯培红：《唐五代敦煌的河渠水利与水司管理机构初探》，载《敦煌学辑刊》1997年第2期。

袋上柱国敦煌都水令太原令狐公之建矣。……厚参半次，统以千渠。海量山怀，松贞椿茂。"有学者指出，敦煌都水令"统以千渠"，无疑为唐代前期统管敦煌境内水利灌溉最高级别的长官。[1]

在唐代河西的敦煌、高昌等地，设有水官。据1973年阿斯塔那第509号墓出土的《唐开元二十二年（734年）西州都督府牒为差人夫修堤堰事》中，记有"右得知水官杨嘉恽、巩虔纯等状"之语，[2]说明唐代河西各县普遍设有水官，对河渠水利事务进行管理。

在唐《沙州敦煌县行用水细则》中，出现了平水校尉的官职，据其记载："承其已来，故老相传，用为法则。依问前代平水交（校）尉宋豬，前旅帅张诃、邓彦等。"平水交尉应是平水校尉之误。关于平水的来源及含义，王永兴教授指出，"平水"即均平用水之意，主其事者即以"平水"为其吏职的名称。[3]在法国国家图书馆所藏敦煌文书中伯3559（1）号《唐天宝年代（750年）敦煌郡敦煌县差科簿》中，记述了两名寿昌县平水官的身份："平怀逸载五十九，上骑都尉，寿昌平水；王弘策载五十六，飞骑尉，寿昌平水。"关于平水官的隶属，冯培红教授认为，"差科簿中出现的这两位平水官职皆在寿昌县任职，证一县之内平水官职的设置至少在两人"。[4]笔者认为，从平怀逸、王弘策两位平水官的身份看，是上骑都尉和飞骑尉，其应为唐代府兵制下的府兵，说明唐代各地的府兵也经常参与各地河渠水利事务的管理。

关于唐代军队军士参与各地的河渠水利事务的管理，在白居易的《钱唐湖石记》中也有明确记载："每一复时，可溉五十余顷。先须别选公勤军吏二人，一人立于田次，一人立于湖次。与本所由田户据顷亩，定日时，量尺寸，节限而放之。"[5]这里的"军吏二人"，显然包括唐代军队的士兵。

接下来再分析一下唐末五代敦煌地区河渠管理的官民共治模式。众所周知，中国古代修建了许多大型水利工程，一些大的河流水渠流经很多州县，唐朝政

---

[1] 李并成：《敦煌文献中所见唐五代时期的水利官吏》，载《历史地理研究》2020年第1期。
[2] 中国文物研究所等编：《吐鲁番出土文书（图录版）》第4册，文物出版社1996版，第317页。
[3] 王永兴：《唐天宝敦煌差科簿研究——兼论唐代色役制及其它问题》，载《敦煌吐鲁番文献研究论集》（第1辑），北京大学出版社1982年版。
[4] 冯培红：《唐五代敦煌的河渠水利与水司管理机构初探》，载《敦煌学辑刊》1997年第2期。
[5] 《白居易集》卷69，顾学颉点校，中华书局1979年版，第1432页。

府为了统一协调和分配水利资源，在每条河渠上设立渠长、斗门长，管理河渠和水量的分配等事务。据唐代《水部式》记载："诸渠长及斗门长至浇田之时，专知节水多少。其州县每年各差一官检校。长官及都水官司时加巡查。若用水得所，田畴丰殖，及用水不平并虚弃水利者，年终录为功过附考。"[1] 在《水部式残卷》第28至32行记述了蓝田新开渠设立斗门长的规定："蓝田新开渠每斗门置长一人，有水槽处置二人，恒令巡行。若渠堰破坏，即用随近人修理。公私材木并听运下。百姓须溉田处，令造斗门节用，勿令废运。其蓝田以东先有水硙者，仰硙主作节水斗门，使通水过。"[2]《水部式》中列举的河渠都是大型的水利工程，唐朝政府每年对这些河渠的渠长和斗门长进行考课，且有固定的员额，这些河渠的渠长和斗门长代表官方对水渠进行管理，应为唐代官方的管理机构。

唐代前期敦煌地区的水渠管理者渠长、社官等人，其身份与地方基层乡里的管理者大致相同，代表唐朝政府对基层社会进行管理。据日本京都龙谷大学图书馆所藏大谷文书2838号《长安三年（703年）前后敦煌县牒》记载："（前缺）乡，耕耘最少，此由社官村正，不存农务。即欲加决，正属农非，各决贰拾。敦煌、平康、龙勒、慈惠肆乡，兼及神沙，营田稍少，符令节级科决，各量决拾下。……其前官执祭，咨过长官，请量决罚讫。"[3] 在该条史料中，对于"社官村正，不存农务"，"符令节级科决，各量决拾下"，说明敦煌各渠的社官属于基层的官方管理机构。

唐代敦煌地区的水资源十分匮乏，水利灌溉又与民众的生产生活息息相关，为了保障正常的农业生产和生活，使用同一水渠的百姓大多结成渠社，担负起维护水渠的责任。渠社或称渠水社，是当地民众自发组织起来的民间管理水利的社团组织。郝春文教授认为，"渠人是按照渠组织起来的，一般是在每一支渠上，都由用此渠水的百姓中承'渠河口作'的人组成的一个渠人组织"。[4]

---

[1] 唐耕耦、陆宏基编：《敦煌社会经济文献真迹释录》（二），全国图书馆文献缩微复制中心1990年版，第577页。

[2] 唐耕耦、陆宏基编：《敦煌社会经济文献真迹释录》（二），全国图书馆文献缩微复制中心1990年版，第578页。

[3] 宁可、郝春文辑校：《敦煌社邑文书辑校》，江苏古籍出版社1997年版，第753—754页。

[4] 郝春文：《敦煌的渠人与渠社》，载《北京师范学院学报（社会科学版）》1990年第1期。

关于中国古代渠社出现的时间，大多数学者认为是在唐末五代，但也有学者认为在汉代已经出现。[1] 如在《疏勒河出土汉简》中，就出现了类似于水渠管理的民间组织：[2]

永平七年正月甲申朔十八日辛丑□
春秋治渠各一通，出块粪三百弃□
谷十石，文华出块粪少一弃以上□
亩以上折胡谷十石。文华田六□□
平人功日一石，若文华□□□□□
沽酒旁二斗。

该文书虽然残损严重，但透过字里行间我们仍可看到该文书反映了当地民间百姓对水渠治理的情况，类似于后世唐末五代的渠人组织。

在敦煌文书中，在唐代敦煌县的悬泉、慈惠等乡设有众多渠头，这些渠头应为民间百姓推举的河渠管理者和组织者。在法国国家图书馆所藏敦煌文书伯3559+伯3018+2803背+伯2657号《唐天宝年代（750年）敦煌郡敦煌县差科簿》中，记述了悬泉、慈惠各乡渠头的年龄和身份，其中记载：忠璟载卅五，三品子，渠头；阴思楚载十九，中男，渠头；安忠信载五十九，翊卫，渠头；景阳载一十七，小男，渠头；邓令先男庭光载十八，中男，渠头。这些渠头的年龄大小不一，最小者年仅十七岁，最大者五十九岁。根据这些渠头的年龄，我们认为唐前期敦煌县各乡的渠头应是由民间社会推举的河渠事务管理的召集人。

唐代中央制定的《水部式》和敦煌县政府制定的《沙州敦煌县行用水细则》并不能调整敦煌地区所有的水渠事务，对于敦煌县所管辖的各乡里规模较小的河渠，地方政府亦无暇顾及。尤其是到了唐末五代，因受安史之乱的影响，唐朝政府国力衰弱，李唐政府对河西地区的控制松弛，唐代官方的水利管理系统遭到了严重破坏，民间社会开始自发组织起来管理水利事务。在敦煌县下面的

---

[1] 郑显文：《出土文献与唐代法律史研究》，中国社会科学出版社2012年版，第302页。
[2] 林梅村、李均明：《疏勒河流域出土汉简》，文物出版社1984年版，第93页。

许多乡里，出现了民间百姓与地方政府对河渠管理的官民共治模式。日本学者那波利贞认为，唐末五代时期的渠人组织就源于自治性的民间组织，得到官府的指导，其性质是半官半民。[1]

在唐末五代，全国各地出现了许多民间组织，如敦煌地区的民间妇女结成了女人社，佛教徒之间结成的香火社，邻里街坊之间成立的坊巷社，土地相邻的民众为了灌溉便利结成的渠社等。这些民间组织是民间发起的，有些民间结社为了便于管理，大多制定了社约章程，民间结社所制定的章程经过官府的认可，就有一定的拘束力，因而也就具有习惯法的性质。如在法国国立图书馆藏敦煌文书伯3414号背《壬午年（982年）五月十五日渠人转帖》中，提到了"官有重责"的内容，现抄录如下：[2]

渠人转帖　索法律　张延住　吴富贵　龙长盈
已上渠人，今缘水次逼近，要通底河口，人各锹钁
壹事……。帖至，限今（月）十六日卯时，于皆（阶）和口头取齐。
捉二人后到，决丈（杖）十一。全不来，官有重责。

这里的"官有重责"，显然是该章程得到了地方官府的认可。在敦煌文书伯5032号文书《甲申年九月廿一日渠人转帖》中，也有"官中处分"和"准条科罚"的记载。

唐末五代敦煌地区的各类结社大多是民众自发成立的民间组织，如英国大英图书馆所藏敦煌文书斯527号《后周显德六年正月三日女人社社条》，曾详细记录了敦煌地区女人社成立的情况："社内荣凶逐吉，亲痛之名，便于社格。人各油壹合，白面壹斤，粟壹斗。便须驱驱，济造食饭及酒者。若本身死亡者，仰众社盖白耽拽，便送赠例，同前一般。其主人看待，不谏（拣）厚薄轻重，亦无罚责。"[3]

---

[1]　[日]那波利贞：《关于唐代农田水利的规定》（三），载《史学杂志》1943年第54卷第3号。
[2]　宁可、郝春文辑校：《敦煌社邑文书辑校》，江苏古籍出版社1997年版，第380页。
[3]　宁可、郝春文辑校：《敦煌社邑文书辑校》，江苏古籍出版社1997年版，第24页。

笔者认为，唐末五代敦煌地区的渠社与女人社、香火社略有不同，敦煌的渠社是由唐代地方基层管理机构逐渐演化成为半官半民的水利管理组织。唐末五代的渠社是地方民众自发成立的水渠组织，渠社成立后，通常要制定社约文书来约束本社的成员。渠社的社约文书经过地方官府的认可后，对违约者进行相应的惩罚，据敦煌文书伯5032号《甲申年（984）十月四日渠人转帖》记载："已上渠人，官中处分，田新桥，人各钁锹一事，枝一束。幸请诸公等，帖至，限今月廿五日卯时桥头取齐。捉二人后到，决仗（杖）七下；全不来者，官中处分。"[1] 在该转帖中，两次出现了"官中处分"的字样，表明唐末五代敦煌地区的渠社具有半官半民的性质。

综上所述，通过对法国国家图书馆所藏的敦煌文书伯3560号唐《沙州敦煌县行用水细则》的分析，我们对唐代河流水利管理的法律体系有了较为清楚的认识：首先，唐代的律、令是从宏观方面对全国河流水利的管理作了规定，新发现的敦煌文书伯2507号唐开元《水部式》残卷主要是对全国各地的河渠、桥梁等方面的管理作了规定，《水部式》中所罗列的河渠都是流经范围很广的大规模水利工程，而对于那些流经区域较小的各地河渠，唐代《水部式》中并没有明确的规定。敦煌文书伯3560号唐《沙州敦煌县行用水细则》恰恰弥补了唐代《水部式》立法上的空白。

其次，目前学术界对法国国家图书馆所藏敦煌文书伯3560号唐《沙州敦煌县行用水细则》的性质并没有专文进行探讨，通过笔者对该文本的分析，我们认为伯3560号唐《沙州敦煌县行用水细则》是唐代敦煌县制定的本地区的河渠水利管理的法规，这些法律规范是以唐令和唐式为依据，借鉴了此前一直行用的民间习惯法，经过唐朝地方政府的归纳总结，编成法律文本，指导当地的水利资源管理。

最后，长期以来由于文献资料的匮乏，学术界对中国古代地方河渠水利的管理一直未有宏观的认识和微观了解。随着敦煌文书《水部式》《沙州敦煌县行用水细则》和唐末五代敦煌地区渠人转帖的发现，我们可以清晰地看到唐代敦煌县各乡对河渠水利的管理十分琐细，采取半官半民的管理模式，以河渠为单

---

[1] 宁可、郝春文辑校：《敦煌社邑文书辑校》，江苏古籍出版社1997年版，第392页。

位，使用同一水渠的民众自发组成渠社，制定社约规章，经过地方官府的认可，成为约束渠人的法律规范。唐末五代敦煌地区的水渠管理模式，既能合理地利用和分配水资源，减少不必要的法律纠纷，同时也能最大程度地调动民众的积极性，保障当地的农业生产和农民生活。

从 P.2504Pièce3v《释道坚状》看中古时期敦煌僧尼的婚姻与家庭

冯培红[*]

法国国家图书馆藏敦煌文献 P.2504《唐天宝令式表》是一件著名的法律文书，学界对之研讨较多。[1]另外值得注意的是，该号文书还附有 4 件碎片，[2]从

---

[*] 冯培红，浙江大学历史学院教授。本文得到教育部哲学社会科学重大课题攻关项目"法藏敦煌汉文非佛教文献整理与研究"（12JZD009）的资助。

[1] ［日］仁井田陞：《敦煌出土の唐公式・假寧両令》，载《法学協会雑誌》第 50 卷第 6 号，1932 年，第 68—82 页；《唐令拾遺》，东京大学出版会 1964 年复刻版，第 85—87 页。大谷勝真：《敦煌遺文所見録（一）——唐代國忌諸令式職官表に就いて——》，载《青丘学叢》第 13 号，1933 年，第 171—176 页。金毓黻：《敦煌写本唐天宝官品令考释》，载《说文月刊》第 3 卷第 10 期，1943 年，第 107—117 页。赵吕甫：《读金毓黻〈敦煌写本唐天宝官品令考释〉书后》，载《西北史地》1985 年第 1 期，第 67—70 页。刘俊文：《天宝令式表与天宝法制——唐令格式写本残卷研究之一》，载北京大学中国中古史研究中心编：《敦煌吐鲁番文献研究论集》第 3 辑，北京大学出版社 1986 年版，第 176—220 页；《敦煌吐鲁番唐代法制文书考释》，中华书局 1989 年版，第 355—403 页。史延廷：《论伯氏第 2504 号文书的著作年代及其相关问题》，载《东疆学刊》1991 年第 1 期，第 12—20 页。池田温：《唐官品令管窥》，载《中国古代社会研究》编委会编：《中国古代社会研究——庆祝韩国磐先生八十华诞纪念论文集》，厦门大学出版社 1998 年版，第 12—26 页。马志立：《从三至五品官带勋者荫子孙看唐前期勋官制度的演变——读〈唐天宝年代国忌、诸令式等表〉之后》，载《魏晋南北朝隋唐史资料》第 23 辑，武汉大学文科学报编辑部编辑出版，2006 年，第 209—216 页。

[2] 上海古籍出版社、法国国家图书馆编：《法藏敦煌西域文献》第 14 卷，上海古籍出版社 2001 年版，第 364—365 页（未收 P.2504Pièce4）。对碎片文书的编号，学界常误以为是在文书的背面，如王重民《伯希和劫经录》在"2504 唐天宝官令品残卷"下面注云："背有借券二通，释子文一篇，藏文数行"，见商务印书馆编：《敦煌遗书总目索引》，中华书局 1983 年版，第 265 页；Éric Trombert, Le Crédit à Dunhuang. Vie Matérielle et Société en Chine Médiévale（Paris: Collège de France, Institut des Hautes Études Chinoises, 1995）第 114 页注 3 也误写作"P.2504V°"，但在第 129—130 页及书后第 239 页的"Table de Concordance des Contrats de Prêt"中则分别正确地写作"P.2504pièce2""P.2504pièce1: n° 356"。

其内容来看，时代均应属于五代曹氏归义军时期。[1] 其中，第 3 件碎片的正面为《某僧从敦煌往伊吾弘法向法门寺舍施斋粮、地水疏》，编号为 P.2504Pièce3；背面为《释道坚状》，编号为 P.2504Pièce3v。这两件疏、状对于考察曹氏归义军时期敦煌与伊吾之间的佛教交往、敦煌僧尼的婚姻与家庭生活等问题，具有较高的学术价值。本文仅就《释道坚状》略作考释，期望能对揭示中古敦煌僧尼的婚姻与家庭生活提供一个侧面的认识。

《释道坚状》共有 7 行文字，首部完整，后部未写完，字迹潦草，多有涂改，第 7 行与前 6 行之间有空白，且字迹较淡，未知是否为状文落款；左边有三行文字，上部空白，其余墨迹涂抹严重，不可辨识。状文的另一面为某僧所写疏文，虽然也是首全尾残，但满纸文字，抄写工整，显然属于正面。

为方便讨论，兹将《释道坚状》移录于下（难以识读的文字，用"□"表示；笔画不全但可推断的文字，在字外加框）：

1　释道坚。右道坚年始十柒【1】岁，收【2】妻带冠，养女生男，躬耕力作。
2　又忽遭凶讣，遂亡慈亲。母倾【3】之□，其父后娶张
3　阇梨。一从尼入，门坐治务，一似哀来。男女浑家，
4　㲉般除栲（拷）。况道坚耳闻舜子，守孝有行，况道坚亦受忍以顺
5　父心。其得阇梨弱言：无母后【4】，时常恃专，甚憎慊。非但打面磊头，衣粮俱断，
6　男女忍苦不□。
　　（中间有空白）
7　　　　十一月十五日，□□□【5】。

---

[1] 冯培红：《法藏敦煌文献 P.2504pièce1—4 考释》，载高田时雄主编：《敦煌写本研究年报》第 14 号，京都大学人文科学研究所中国中世写本研究会 2020 年版，第 19—38 页。

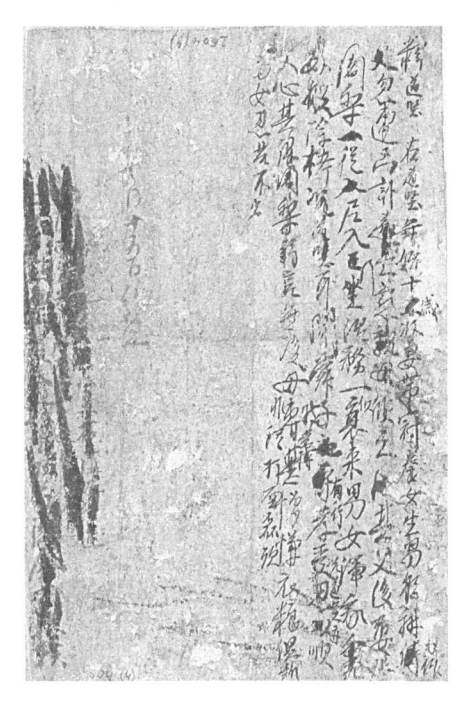

P.2504Pièce3v《释道坚状》

校释：

【1】"柒"：此字有涂抹，较难识读，右侧书一"岁"字。状文叙述释道坚娶妻成家，生男养女，从事农业耕作。此字上面为"十"字，古代虽然婚龄较早，但一般而言，不太可能10岁就娶妻成家。张国刚、蒋爱花在《唐代男女婚嫁年龄考略》一文曾对唐代男子的婚龄进行统计分析，列有"表1-5 41例唐代男子婚龄统计表"，其中婚龄最小的是11岁，因此状文中的"十"字下面所涂之字，当非删除，而应是某一数字，从字形辨识似为"柒"字，张、蒋所列表1-5中男子婚龄最集中的即为17岁。[1] "十""柒"两字分属汉文数字的小写、大写形式，通常不连用，但在实际生活中因书写疏误，也时有连用者，如敦煌文献P.3627v《莫高乡百姓龙钵略贷生绢契》记"壬寅年贰月十五日"，P.3805v《宋员进改补

---

[1] 张国刚、蒋爱花：《唐代男女婚嫁年龄考略》，载《中国史研究》2004年第2期，第65—75页；修订稿收入蒋爱花：《唐代家庭人口辑考——以墓志铭资料为中心》第一章《唐代男女婚嫁年龄考略》，中央民族大学出版社2013年版，第1—49页。

充节度押衙牒》记"同光叁年六月壹日牒",[1] 都是大、小写夹杂,特别是后者为落款行,在这一行上并排钤盖了5枚"沙州观察处置使之印",属于归义军节度使颁布的正式的任官文牒。因此,"十柒"连书也并不奇怪。

【2】"收":此字为"收","收妻"即娶妻,在敦煌文献中多写作"收新妇"。俄罗斯科学院东方文献研究所藏敦煌文献 Дx.1335《归义军都虞候司奉判令追勘押衙康文达牒》记载,押衙康文达之母收养康苟奴,"直至长大,便下财礼,与收新妇";[2] P.2032v《后晋时代净土寺诸色入破历算会稿》亦云:"面五斗、粗毹二丈二尺、官布一匹、白毡一领、粟七斗卧酒,润子收新妇用",[3] 即为润子娶妻所付的财礼。

【3】"倾":指死亡,通常称"倾逝""倾背"。Дx.1441《书仪》中列有"倾逝"一词,Дx.1458+Дx.1467+Дx.3814+Дx.3849+Дx.3870+Дx.3875+Дx.3902+Дx.3905+Дx.3917《书仪》中提到"汝父某月日倾背""翁婆倾背""母倾逝";[4]《唐王遴墓志铭并序》记载到"慈母倾背"。[5]

【4】"母后":原写作"后母",但"母""后"之间右侧有倒乙符号,故径乙正。

【5】"□□□":此三字颇难辨识,从残剩笔画推测,或有"僧道坚"之可能,然不能完全确定。

从释道坚的状文可知,他在17岁时娶妻成家,生男养女,从事农业劳动;他的母亲去世以后,父亲续弦,娶尼张阇梨为妻,但这位继母把持家政,经常对道坚一家进行家暴,除了拷打之外,还断绝衣粮,让他们挨饿受冻;道坚虽然孝顺父亲,但是实在忍无可忍,无奈之下写状告官。

释道坚何时出家不得而知,若其17岁结婚时尚未出家,仍为俗人,其娶妻成家比较符合现代人的理解。所谓"收妻带冠",系指男子成年加冠,娶妻成婚。

---

[1] 唐耕耦、陆宏基:《敦煌社会经济文献真迹释录》,全国图书馆文献缩微复制中心1990年版,第二辑,第121页;第四辑,第295页。

[2] 俄罗斯科学院东方研究所圣彼得堡分所、俄罗斯科学出版社东方文学部、上海古籍出版社编:《俄藏敦煌文献》第8卷,上海古籍出版社1997年版,第101页。

[3]《法藏敦煌西域文献》第2卷,上海古籍出版社1995年版,第34页。

[4]《俄藏敦煌文献》第8卷,上海古籍出版社1997年版,第174、185—186页。

[5] 周绍良主编:《唐代墓志汇编》大和〇二六,上海古籍出版社1992年版,第2115页。

《礼记·乐记》云："昏姻冠笄，所以别男女也。"[1]另一种可能是，他17岁以前已经出家为僧，但按照李正宇《晚唐至宋敦煌听许僧人娶妻生子》一文所持的观点，归义军时期的敦煌僧人可以娶妻生子，[2]则释道坚或许属于此类情况。

如果说对释道坚作为僧人而娶妻生子尚有怀疑的话，那么其父续娶尼张阇梨为妻，则是敦煌僧尼可以结婚成家的确切证据。状文中说到"一从尼入"，表明张阇梨是以尼僧的身份与可能是俗人的道坚之父结婚。所言"门坐治务"，是说她在婚后俨然为一家之主，在家中大发淫威，家暴子女，以至于让释道坚感到"一似哀来"。状文中言："男女浑家，数般除栲（拷）"，是说继母张阇梨经常虐待释道坚的子女，对他们数般拷打，屡施家暴。释道坚像舜一样对父尽孝，隐忍顺从，不与继母张阇梨计较，但仍然遭到继母的憎恶嫌弃。释道坚又称："非但打面磊头，衣粮俱断，男女忍苦不□"。由于张阇梨把持着家中的经济大权，不给释道坚及其子女吃穿，致使道坚一家的日子过得苦不堪言。

关于阇梨，义净《南海寄归内法传》卷3记载"阿遮利耶"，自注云："译为轨范师，是能教弟子法式之义，先云'阿阇梨'，讹也。"[3]其实，"阿阇梨"并非讹误，而是"阿遮利耶"之另译，简称为"阇梨"，是佛教中的轨范师，给弟子们教习佛教礼仪规范。《梁书》卷56《侯景传》记载一位"僧通道人者，意性若狂，饮酒啖肉，不异凡等，世间游行已数十载，姓名乡里，人莫能知。初言隐伏，久乃方验，人并呼为'阇梨'，景甚信敬之"。[4]这位不拘戒律、饮酒啖肉的僧通道人，行为举止异于普通僧人，是一位高僧大德，被人们称为阇梨，连侯景也很敬奉他。在敦煌文献中，也经常提到一些担任阇梨的尼僧，如P.2032v《后晋时代净土寺诸色入破历算会稿》云："面柒硕六斗五胜、油三斗七胜、苏二胜、粟六硕三斗、粗面叁斗，起钟楼时看官造盘及屈诸和尚、工匠、施主及当寺徒众等及荣食尼

---

[1] 阮元校刻：《十三经注疏（附校勘记）》之《礼记正义》卷37《乐记第十九》，中华书局1980年版，第1259页。
[2] 李正宇：《晚唐至宋敦煌听许僧人娶妻生子——敦煌世俗佛教系列研究之五（修订稿）》，载郑炳林、樊锦诗、杨富学主编：《敦煌佛教与禅宗学术讨论会文集》，三秦出版社2007年版，第26页。
[3] 义净著、王邦维校注：《南海寄归内法传校注》卷3，中华书局1995年版，第141页。
[4] 姚思廉：《梁书》卷56《侯景传》，中华书局1973年版，第863页。

阇梨及村方（坊）及当寺女人等用。"[1] P.3556《大周故大乘寺法律尼临坛赐紫大德沙门曹某乙邈真赞并序》云："法律阇梨者，即前河西一十州节度曹大王之侄女也。"[2] 前者是净土寺的尼阇梨，后者为曹氏归义军首任节度使曹议金的侄女，出家为尼，是大乘寺的尼阇梨，担任僧官法律。然而，释道坚的继母张阇梨在实际生活中行为恶劣，与佛教规定的作为轨范师的高僧大德形象难以符配。

释道坚的这则简短状文，告诉我们曹氏归义军时期敦煌地区民众家庭的实际生活状况，涉及僧尼婚姻、亡妻再娶、继母与家庭之间的复杂关系，特别是对于敦煌僧尼的婚姻和家庭，具有重要的学术价值。

已有一些学者关注到，中古时期西北地区的僧尼实际生活与传统佛教戒律之间存在看似矛盾的关系。比如，一些学者根据敦煌文献的记载指出，在8—11世纪的吐蕃及归义军统治下的敦煌，存在僧人普遍饮酒的现象，[3] 这一点得到了学界的广泛认可；也有人认为敦煌文献中所记载的"臛"指肉羹，认为敦煌僧尼可以食肉；[4] 此外，敦煌僧尼还存在住在俗家、承担赋役、参政从军等现象，甚至还可以结婚生子。[5] 而杨富学根据楼兰出土的佉卢文文献的记载，认为3—5

---

[1] 《法藏敦煌西域文献》第2卷，上海古籍出版社2002年版，第37页。
[2] 《法藏敦煌西域文献》第25卷，上海古籍出版社2002年版，第251页。
[3] 潘春辉：《晚唐五代敦煌僧尼饮酒原因考》，载《青海社会科学》2003年第4期，第81—83页；李正宇：《晚唐至北宋敦煌僧尼普听饮酒——敦煌世俗佛教系列研究之二》，载《敦煌研究》2005年第3期，第68—79页；郑炳林、魏迎春：《晚唐五代敦煌佛教教团僧尼违戒——以饮酒为中心的探讨》，载《敦煌学辑刊》2007年第4期，第25—40页；郑炳林：《晚唐五代敦煌佛教教团僧尼违戒——以饮酒为中心的探讨》，载郑炳林主编：《敦煌归义军史专题研究四编》，甘肃文化出版社2009年版，第473—499页；魏迎春：《晚唐五代敦煌佛教教团戒律清规研究》第一章《晚唐五代敦煌佛教教团僧尼违戒饮酒研究》，上海古籍出版社2015年版，第14—41页。
[4] 李正宇：《晚唐至宋敦煌僧人听食"净肉"》，载《敦煌学》第25辑《潘重规先生逝世周年纪念专辑》，2004年，第177—194页；高启安：《唐五代敦煌饮食文化研究》第九章《素食者——僧人饮食》第二节《僧人饮食戒律》，民族出版社2004年版，第360—371页。
[5] 郝春文：《唐后期五代宋初敦煌僧尼的社会生活》，中国社会科学出版社1998年版，第74—87、97—122页。关于这一方面的研究，李正宇发表了多篇论文，如《晚唐至宋敦煌听许僧人娶妻生子——敦煌世俗佛教系列研究之五（修订稿）》，郑炳林、樊锦诗、杨富学主编：《敦煌佛教与禅宗学术讨论会文集》，第12—36页；《重新认识八至十一世纪的敦煌佛教——敦煌世俗佛教系列研究之六》，载刘进宝、高田时雄主编：《转型期的敦煌学》，上海古籍出版社2007年版，第7—13页；《8至11世纪敦煌僧人从政从军——敦煌世俗佛教系列研究之七》，载《敦煌学辑刊》2007年第4期，第50—61页。另参见潘春辉：《唐宋敦煌僧人违戒原因述论》，载《西北师大学报》2005年第5期，第74—79页；《从戒律自身原因看唐宋敦煌僧人之违戒》，载《新疆社会科学》2006年第4期，第106—110页。

世纪鄯善国的僧尼可以娶妻生子、蓄奴、收养子女、买卖妇女、置办田产、饲养牲畜、敛财及饮酒食肉。[1]

归义军时期，敦煌佛教兴盛，出家者众，无法全都住在寺院中，当时许多僧尼住在父母俗家，是敦煌地区极为普遍的现象；[2] 至于僧人是否娶妻生子，拥有属于自己的小家庭，目前所见的资料还不是很多，但郝春文、李正宇、石小英三位学者依据敦煌文献的相关记载，均对这一问题先后作过探讨。

1991年，郝春文首先针对P.3394《唐大中六年（851年）十一月廿七日沙州僧张月光父子回博土地契》的记载，得出如下结论：

在这期间张月光娶了妻，又生了子。或者分家时有妻，分家后生了三个儿子。……不管是以上哪一种情况，僧人张月光的家都是实实在在的家，有房舍，有田地，有菜园，有子女家口，与俗人的家没有什么区别。

然后，他又根据P.2032v、P.2040v两件《后晋时代净土寺诸色入破历算会稿》及英国国家图书馆藏敦煌文献S.4120《癸亥至甲子年某寺布、褐等破历》所记张阇梨新妇、高僧政新妇、索僧统新妇丧亡等，进一步认为：

这起码说明寺院对僧人娶妻生子是不反对的，否则，在僧人新妇亡时，他们绝不会去吊孝，吊孝的费用也不会堂而皇之地记在账上。[3]

从上举土地契可知，僧人张月光确实有家、有子，但究竟是他出家前抑或出家后结婚生子，则难以完全确定，这跟释道坚的情况相类似；而入破历中的"张阇梨新妇""高僧政新妇""索僧统新妇"，从前后文的语境看，她们极可能

---

[1] 杨富学：《论鄯善国出家人的居家生活》，载《敦煌学》第27辑，南华大学敦煌学研究中心2008年版，第215—221页；《鄯善国佛教戒律问题研究》，载《吐鲁番学研究》2009年第1期，第59—76页。

[2] 郝春文：《唐后期五代宋初敦煌僧尼的社会生活》第二章第一节《住在寺外的僧尼——散众》，第74—87页。

[3] 郝春文：《唐后期五代宋初沙州僧尼的特点》，载姜亮夫、郭在贻编：《敦煌吐鲁番学研究论文集》，汉语大词典出版社1991年版，第825—836页。

是这些僧人所娶的妻子。

不过在七年之后，亦即 1998 年，郝氏出版的专著《唐后期五代宋初敦煌僧尼的社会生活》中却未收入上文的相关内容，甚至没有再提到此一观点。郝氏的这一做法，已经被李正宇注意到，他怀疑郝氏可能改变了原先的观点。李氏对晚唐至北宋敦煌僧人的世俗活动与佛教的世俗化进行了全面考察，其中的一个结论是：敦煌僧人可有妻室、可有子女、可收养义子义女，并且探讨了敦煌僧人婚娶的形成原因，认为是受到吐蕃佛教、禅宗思想的影响，以及吐蕃进攻敦煌造成人口锐减、世俗意志的觉醒。[1] 检阅李氏论文中引用的敦煌僧人娶妻生子的资料，基本上符合吐蕃及归义军时期敦煌地区的实际情况，换言之，僧人确有娶妻生子者，如前述敦煌文献 P.2032v、P.2040v、S.4120 所记张阇梨、高僧政、索僧统等人的新妇，即为僧人的妻子。他还引用 S.528v《沙州三界寺僧智德状》，云："慈母在日，阿舅家得婢一人，其母亡后，智德作主，产得儿女三人。"[2] 需要说明的是，李氏的录文有些错误，如"婢"字误录作"甥"，"作"字误录作"于"；李氏所言"氾和尚恐何至于夺人妻为己妻"，也有过度解释之嫌，智德说他到边界镇守雍归，家中"只残老父一人"，并未提到婢之丈夫（亦即三位子女之父），看来这位原来舅家之婢确实非智德之妻莫属，他俩生育了三位子女。此外，李氏把莫高窟第 12 窟东壁门上方对坐的男女供养人解释为窟主索义辩和尚夫妻像，则属失察，经范泉识读研究，此二人实为索义辩的祖父母，即索奉珍、阎氏夫妇，是俗人。[3]

李正宇在研究敦煌僧人娶妻生子时，没有提到《释道坚状》，称"未发现尼众婚嫁的实例"，并且得出"似乎尼众仍然禁婚"的推论。[4] 石小英专门从事敦

---

[1] 李正宇：《晚唐至宋敦煌听许僧人娶妻生子——敦煌世俗佛教系列研究之五（修订稿）》，载郑炳林、樊锦诗、杨富学主编：《敦煌佛教与禅宗学术讨论会文集》，第 12—36 页，特别是第 14 页注①。

[2] 中国社会科学院历史研究所、中国敦煌吐鲁番学会敦煌古文献编辑委员会、英国国家图书馆、伦敦大学亚非学院编，周绍良主编：《英藏敦煌文献（汉文佛经以外部份）》第 2 卷，四川人民出版社 1990 年版，第 7 页。

[3] 范泉：《莫高窟第 12 窟供养人题记、图像新探》，载《敦煌研究》2007 年第 4 期，第 87 页。

[4] 李正宇：《晚唐至宋敦煌听许僧人娶妻生子——敦煌世俗佛教系列研究之五（修订稿）》，载郑炳林、樊锦诗、杨富学主编：《敦煌佛教与禅宗学术讨论会文集》，第 26 页。

煌尼僧研究，出版了专著《八至十世纪敦煌尼僧研究》，其中第五章第一节《敦煌尼僧的生活方式》赞同李氏的观点，亦称"男性僧人的婚娶事例很多，而女性僧人即尼僧的婚嫁记载却没有"，并从五个方面对其原因作了推测，即"男主外，女主内"的传统、严格的尼戒、吐蕃及归义军政府的禁婚政策、女性对生命与宗教的严肃和虔诚的态度、当时政局迭变与干戈横起的社会大环境。[1]然而，这五个方面的解释均属臆测之词，《释道坚状》恰提供了一则反证资料，也填补了敦煌尼僧可以结婚的缺环空白。释道坚及其继母尼张阇梨两代人的僧俗婚姻，是中古时期敦煌地区僧尼的婚姻与家庭的最佳案例。

众所周知，中古时期的敦煌是个佛国世界，同时也是丝绸之路上的交通要冲。一方面，很多僧人经由敦煌东去西往，敦煌与外界的佛教文化交流十分频繁；另一方面，由于敦煌是块面积不大的绿洲，出家僧侣与其俗家之间保持着十分紧密的联系，使得敦煌佛教呈现出更多的世俗化与社会化特征。就后者而言，荣新江在论述归义军佛教时，强调了曹氏时期出现"敦煌庶民佛教"之特点；[2]李正宇把吐蕃及归义军时期的敦煌佛教称为"敦煌世俗佛教"，"既求来世、尤重今生；诸宗兼融、众派合流；诸《经》皆奉、无别真伪；戒律宽松、'入世合俗'的新型佛教"，他特别提到"僧尼多住俗家，少住寺院，可以广置庄田，聚敛钱财，放债取息，役奴使婢，饮酒食肉，娶妻生子，从政从军，经商贩利"等现象，[3]并对这些现象逐一撰文专门进行研究，揭示出敦煌佛教的实际情状与独特特征。在这样的背景下，归义军时期敦煌僧尼的现实生活与传统的佛教戒律并不完全吻合，有学者认为"中国僧尼的生活实况历来与戒律的规定出入甚大"，"不能仅仅依据戒律的规定研究古代的寺院生活，应当更加重视反映僧尼生活的具体材料"。[4]《释道坚状》就提供了关于敦煌僧尼的婚姻和家庭的珍贵例证。

---

[1] 石小英：《八至十世纪敦煌尼僧研究》第五章第一节《敦煌尼僧的生活方式》，人民出版社2013年版，第223—226页。

[2] 荣新江：《九、十世纪归义军时代的敦煌佛教》，原载《清华汉学研究》创刊号，1994年，第88—101页；此据其《归义军史研究——唐宋时代敦煌历史考索》，上海古籍出版社2015年版，第276—279页。

[3] 李正宇：《重新认识八至十一世纪的敦煌佛教——敦煌世俗佛教系列研究之六》，载刘进宝、高田时雄主编：《转型期的敦煌学》，第7—13页。

[4] 郝春文：《唐后期五代宋初敦煌僧尼的社会生活》"引言"，第3页。

从晚唐、五代、宋初全国的情况来看，在缘边地区也都不同程度地存在一些僧人娶妻生子的情况。《新唐书》卷180《李德裕传》记载，他于大和四年（830年）调任剑南西川节度使，"与属下毁浮屠私庐数千，以地予农。蜀先主祠旁有獠村，其民别发若浮屠者，畜妻子自如，德裕下令禁止。蜀风大变"。[1] 由此可见，当时剑南西川佛教盛行，而且有的僧人还娶妻生子，直到李德裕到任后进行改革，这一风气才发生了变化。这里只提到蜀先主祠旁的獠村，似乎表明西川其他地方并不如此，蜀地僧人娶妻生子只是个别现象；所谓"蜀风大变"主要是指佛教寺院兰若多，蜀地佛教十分兴盛。另据《投荒杂录》记载，唐代岭南不信佛教，"间有一二僧，喜拥妇食肉，但居其家，不能少解佛事，土人以女配僧，呼之为师郎。或有疾，以纸为圆钱，置佛像旁。或请僧设食。翌日，宰羊豕以啖之，目曰除斋"。[2] 与敦煌、蜀地佛教发达不同，岭南人则多不信奉佛教，以至于出现僧人结婚、拥妇食肉以及居家的现象。对比而言，敦煌、蜀地、岭南均位于唐、五代缘边地区，但后两地僧人娶妻生子的现象并不普遍，而敦煌的情况与之有所不同，上至僧官、下到百姓，都有结婚成家的例证，并且不像其他两地被视为殊俗之风；无论是男僧抑或女尼，都可以结婚，组成家庭，生儿育女。这跟敦煌地区佛教兴盛、佛教与世俗结合程度高是密切相关的。

---

[1] 欧阳修、宋祁：《新唐书》卷180《李德裕传》，中华书局1975年版，第5332页。
[2] 李昉等：《太平广记》卷483《蛮夷四》"南中僧"条引《投荒杂录》，中华书局1961年版，第10册，第3982页。

论唐代《道僧格》的性质及其形态

李勤通　周东平[*]

　　我国古代部分朝代不仅制定了专门针对佛教的法律规范，而且还在法律体系中设专门篇目加以汇编。其中，多数学者认为，唐代法律体系中存在专门法律篇目《道僧格》，以汇编与道、僧有关的法律条款。[1] 甚至，有学者提出："《道僧格》是中国古代第一部由国家制定的具有强制约束力的宗教法典，是唐代国家法律与佛、道教戒律相结合的产物。"[2] 不过，即便《道僧格》归于唐格体系中，那么其也只是作为法典的唐格的一部分，难以径称法典。关于《道僧格》的具体内容，前引郑显文文、赵晶文等已经作出深入探讨，完全可以参考。但《道僧格》究竟是何种形态？恐仍有待商榷。本文试对这一问题再行讨论。

一、《道僧格》源于《条制》辨

　　部分学者认为，《道僧格》与唐太宗时的《条制》有传承关系。[3] 这意味着《条制》可能是唐初专门规范佛教的法律篇目。问题是，《条制》所指代的究竟

---

[*] 李勤通，法学博士，湖南大学法学院副教授；周东平，历史学博士，厦门大学法学院教授。

[1] 参见郑显文：《唐代〈道僧格〉研究》，载《历史研究》2004年第4期，第38—54页；董春林：《论唐宋僧道法之演变》，载《江西社会科学》2010年第10期，第138—143页；张径真：《法律视角下的隋唐佛教管理研究》，中国社会科学院2012年博士学位论文，第39—114页；赵晶：《唐代〈道僧格〉再探——兼论〈天圣令·狱官令〉"僧道科法"条》，载《华东政法大学学报》2013年第6期，第127—149页。

[2] 郑显文：《唐代〈道僧格〉研究》，载《历史研究》2004年第4期，第54页。

[3] 郑显文：《唐代〈道僧格〉研究》，载《历史研究》2004年第4期，第45页；赵晶：《唐代〈道僧格〉再探——兼论〈天圣令·狱官令〉"僧道科法"条》，载《华东政法大学学报》2013年第6期，第130页。

是规范僧侣的一般法条还是法律篇目？解决这一问题需要讨论"条制"在唐代的法律性质。

唐高祖时期似乎并没有管理佛教的专门法律篇目。唐高祖曾下诏要求："诸僧、尼、道士、女冠等，有精勤练行、守戒律者，并令大寺观居住，给衣食，勿令乏短。其不能精进、戒行有阙、不堪供养者，并令罢遣，各还桑梓。所司明为条式，务依法教，违制之事，悉宜停断。"[1] 面对唐初僧道群体良莠不齐的现象，唐高祖颁布诏令进行沙汰，并且要求"所司明为条式"。虽然最终"事竟不行"，它仍然反映出有关僧道法律的制定过程。

那么，唐高祖诏书说的"条式"是否为一种法律篇目？首先，从规范层面来看，这份要求沙汰佛道的诏书只包含一条法律规范，即明令强制素质存在问题的僧侣还俗。所谓"所司明为条式，务依法教，违制之事，悉宜停断"，仅指唐高祖要求把沙汰僧尼的做法予以规范化，并命令有司严格执行。其次，条式在隋唐时期往往泛指法条。如《隋书·炀帝纪上》载："〔大业二年〕乙卯，诏曰：'旌表先哲，式存飨祀，所以优礼贤能，显彰遗爱。朕永鉴前修，尚想名德，何尝不兴叹九原，属怀千载。其自古已来贤人君子，有能树声立德、佐世匡时、博利殊功、有益于人者，并宜营立祠宇，以时致祭。坟垄之处，不得侵践。有司量为条式，称朕意焉。'"[2] 再如，《旧唐书·长孙无忌传》载，永徽二年，长孙无忌对唐高宗称："陛下即位，政化流行，条式律令，固无遗阙。"[3] 这两处条式显然是泛指法律。最后，因为玄武门之变，武德九年"至六月四日敕文，其僧、尼、道士、女冠，宜依旧定"。[4] 沙汰僧尼的规定很快被废止。[5] 如果国家不再强行沙汰僧尼，所谓旧定可能指是否被逐出僧团应该由戒律决定，当然也可能指根据之前的相关规定来处理。从条式到旧定，都说明这里只是对某些单一事项进行规定，不涉及篇目层面的处理。因此，不宜对"条式"等做过度解读。

其后，唐太宗《度僧于天下诏》称："戒行之本唯尚无为。多有僧徒，溺于流俗。或假托神通，妄传妖怪。或谬称医筮，左道求财。或造诣官曹，嘱致赃

---

[1] 刘昫：《旧唐书》卷1《高祖纪》，中华书局1975年版，第17页。
[2] 魏征：《隋书》卷3《炀帝纪上》，中华书局1973年版，第66页。
[3] 刘昫：《旧唐书》卷65《长孙无忌传》，中华书局1975年版，第2454页。
[4] 王溥：《唐会要》卷47《议释教上》，中华书局1955年版，第836页。
[5] 参见周奇：《唐代宗教管理研究》，复旦大学2005年博士学位论文，第24页。

贿。或钻肤焚指，骇俗惊愚。并自贻伊戚，动挂刑网。有一于此，大亏圣教。朕情深护持，必无宽舍。已令依附内律，参以金科，具陈条制。务使法门清整。所在官司，宜加检察。其部内有违法僧不举发者，所司录状闻奏。庶善者必采，恶者必斥。"[1] 这里的"条制"被很多人认为可能就是《道僧格》的早期形态。[2] 但《度僧于天下诏》只能说明唐太宗要求制定沙汰僧尼的专门立法，并未提出究竟是用单一条文或者专门法篇的方式。而且，条制本身也不能被直接用来说明是法篇。如《高僧传》卷六《释慧远传》载："俄而［桓］玄欲沙汰众僧，教僚属曰：'沙门有能申述经诰，畅说义理，或禁行修整，足以宣寄大化，其有违于此者，悉皆罢遣，唯庐山道德所居，不在搜简之例。'［慧］远与玄书曰：'佛教凌迟，秽杂日久，每一寻至，慨愤盈怀。常恐运出非意，沦湑将及。窃见清澄诸道人，教实应其本心。夫泾以渭分，则清浊殊势；枉以直正，则不仁自远。此命既行，必一理斯得，然后令饰伪者绝假通之路，怀直者无负俗之嫌。道世交兴，三宝复隆矣。'因广立条制，玄从之。"[3] 在这份文献中，桓玄也像后世唐高祖一样有沙汰僧尼的想法，而这里的"条制"应该是指制定与沙汰僧尼有关的规则。再如，《唐律疏议·贼盗律》"谋叛"条载："【疏】议曰：有人实无谋危之计，口出欲反之言，勘无实状可寻，妄为狂悖之语者，流二千里。若有口陈欲逆、叛之言，勘无真实之状，律、令既无条制，各从'不应为重'。"[4] 由此可见，条制在唐代也可能是指向单一法条而非法篇。那么，直接将唐太宗《度僧于天下诏》中的"条制"认为是《道僧格》，很可能是过度解读。

再有，唐太宗在贞观十三年又颁布《佛遗教经施行敕》，内容主要是将《遗教经》发送给"官宦五品以上"以及"诸州刺史"，并要求他们"若见僧尼行业，与经文不同"，则用《遗教经》来劝勉僧尼。[5]《遗教经》的主要内容是佛祖告诫

---

[1] 董诰等编：《全唐文》卷5，中华书局1983年版，第66—67页。
[2] 参见郑显文：《唐代〈道僧格〉研究》，载《历史研究》2004年第4期，第43页；赵晶：《唐代〈道僧格〉再探——兼论〈天圣令·狱官令〉"僧道科法"条》，载《华东政法大学学报》2013年第6期，第127—137页。
[3] 释慧皎：《高僧传》卷6《释慧远传》，汤用彤校注，中华书局1992年版，第219页。
[4] 长孙无忌等：《唐律疏议》，刘俊文点校，中华书局1983年版，第325页。
[5] 董诰等编：《全唐文》卷9，中华书局1983年版，第109页。按《佛祖统纪》卷39载，该诏书称"宜令有司多写经本，付京官刺史各一卷"。志磐：《佛祖统纪》，收入中华大藏经编辑局编：《中华大藏经（汉文部分）》第八二册，中华书局1986年版，第685页。从与刺史的对比来看，这里的"官宦五品以上"可能指京官五品以上。

佛教徒要远离世俗事务，而前引唐太宗《度僧于天下诏》首先打击的就是僧尼"溺于流俗"的做法，这两者是否有内在联系值得注意。如果有联系，这可能意味着，条制的内容并不一定是要求以国家强制力保障戒律的实施，而仅仅是对佛教徒进行劝勉。这并非不可能。而且，尽管这份诏书规定，对僧侣遵循条制之事，要由"所在官司，宜加检察"。但有司检察的法律后果是什么？是否一定是处罚？还是处以强令还俗或者诫谕等非刑罚措施？其后，唐高宗颁布的《停敕僧道犯罪同俗法推敕》称："道教清虚，释典微妙，庶物藉其津梁，三界之所遵仰。比为法末人浇，多违制律，且权依俗法，以伸惩戒，冀在止恶劝善，非是以人轻法。但出家人等，俱有条制，更别推科，恐为劳扰。前令道士女道士僧尼有犯依俗法者，宜停。必有违犯，宜依条制。"[1] 在有条制的前提下，唐高宗时期曾经有一段时间是用"俗法"来处理僧道的不法行为。既然僧道违法还是要根据俗法来处罚，条制与俗法就有所差别，那么前述关于条制法律性质的疑问将会进一步增强。基于此，颇令人怀疑所谓"条制"的法律效力。当然，也不能排除唐代用多种方式规范僧道。

到唐高宗时，《道僧格》之名仍未得见，当然这也可能是为文献流传所限。前引唐高宗颁布的《停敕僧道犯罪同俗法推敕》称："前令道士、女道士、僧、尼有犯，依俗法者，宜停。必有违犯，宜依条制。"在该敕文中，此前僧道犯法要依俗法，现在改依条制。条制与俗法不同，是对其法律性质的判断，但不足以证明其就不是一种特别法，但问题是，条制能否被视为一种结构完整的法律篇目？这还需要进一步参酌相关文献。

以条制作为法律规范的代称，在魏晋南北朝都较为常见。如《晋书·刑法志》载："凡为驳议者，若违律令节度，当合经传及前比故事，不得任情以破成法。愚谓宜令录事更立条制，诸立议者皆当引律令经传，不得直以情言，无所依准，以亏旧典也。"[2] 再如《魏书·高宗纪》载，北魏文成帝于太安五年下诏："自今诸迁代者，仰列在职殿最，案制治罪。克举者加之爵宠，有愆者肆之刑戮，使能否殊贯，刑赏不差。主者明为条制，以为常楷。"[3] 尤其从后者来看，所谓条

---

[1] 董诰等编：《全唐文》卷14，中华书局1983年版，第164页。
[2] 房玄龄等撰：《晋书》卷30《刑法志》，中华书局1974年版，第939页。
[3] 魏收：《魏书》卷5《高宗纪》，中华书局2017年版，第141页。

制实际上是常法，即指代一种专门立法行为。

　　唐代时，以"条制"泛指法律的称呼也较为常见。除前引《唐律疏议·贼盗律》"谋叛"条外，《旧唐书·食货志下》载，贞观二年唐太宗称："既为百姓预作储贮，官为举掌，以备凶年，非朕所须，横生赋敛。利人之事，深是可嘉。宜下所司，议立条制。"[1] 唐中宗《即位敕文》称："天下宗姓，并准旧式，房州百姓，宜给复三年。其诸司官员，并杂色役掌幕士门役之徒，兼音声人丁匠等，非灼然要籍，并量事减省，所司速为条制。"[2] 在这两处，订立条制相当于立法。这些也再次说明，条制在唐代并非特指规范僧道的法律篇目。因此，无论是前引唐太宗的《度僧于天下诏》，还是唐高宗的《停敕僧道犯罪同俗法推敕》，都只能说明唐初存在一些约束僧道的规范，且与普通法律（即俗法）有差。至于这些规范究竟是单独成篇，还是依附于其他法律篇目之内，甚至是否与戒律有别，都难以确定。

二、《道僧格》在唐玄宗时期的出现

　　到唐玄宗时，中国本土文献中才明确出现《道格》的说法。《唐会要》卷50《尊崇道教》载："开元二十九年正月，河南采访使汴州刺史齐澣奏：伏以至道冲虚，生人宗仰，未免鞭挞，孰瞻仪型！其道士、僧、尼、女冠等，有犯，望准《道格》处分。所由州县官，不得擅行决罚。如有违越，请依法科罪，仍书中下考。敕旨：宜依。"[3] 郑显文根据本条涉及对僧、道两种人的规范，认为这里的《道格》应该是《道僧格》。[4] 更直接的文献来自《佛祖统纪》。《佛祖统纪》卷40载："［开元］二十九年，河南采访使齐澣言：至道可尊，当从宗仰。未免鞭挞，有辱形仪。其僧道有过者，欲望一准僧道格律处分（音分处置得所——原文小注），

---

[1] 刘昫：《旧唐书》卷49《食货志下》，中华书局1975年版，第2123页。
[2] 董诰等编：《全唐文》卷17，中华书局1983年版，第208页。
[3] 王溥：《唐会要》卷50，中华书局1955年版，第865页。
[4] 郑显文：《唐代〈道僧格〉研究》，载《历史研究》2004年第4期，第47页。桂齐逊也认为如此。参见桂齐逊：《唐格再析》，载徐世虹主编：《中国古代法律文献研究》第四辑，法律出版社2010年版，第278页。

所由州县不得擅行决罪。奏可。"[1] 同样一份法律，《唐会要》称为《道格》，《佛祖统纪》则称之为僧道格律，故《道格》很有可能就是《道僧格》的简称。[2]另外，《天圣令·狱官令》唐11规定："诸道女（士）、女冠、僧尼犯罪，徒以上及奸、盗、诈脱法服，依律科断，余犯依僧道法。"[3] 一般认为，《天圣令》所附《唐令》最早在开元二十五年。[4] 齐澣的上奏很有可能就是针对这一条《唐令》的反馈。不过，这里的格究竟泛指法律，还是指专门作为法律篇目的《道僧格》？这恐怕仍然令人疑惑。不过，正如相当部分学者指出的，日本《养老令》的注释书《令集解》中有《道僧格》之名，而宋代《庆元条法事类》中亦有《道释门》可以参考。这就很难否定《道僧格》的存在。所以，齐澣上奏的依据很可能就是《道僧格》。那么，问题就在于《道僧格》的起止时间究竟如何？

郑显文很早就指出，《道僧格》很有可能是开元二十五年《格式律令事类》的立法产物，即是唐代与僧、道有关的法律规范的汇编。[5] 这一看法相当有启发。在命名上，《道僧格》似乎属于唐代法律体系中的格，但命名方式与一般的格不同。《旧唐书·刑法志》载："贞观十一年正月，颁下之。又删武德、贞观已来敕格三千余件，定留七百条，以为格十八卷，留本司施行。斟酌今古，除烦去弊，甚为宽简，便于人者。以尚书省诸曹为之目，初为七卷。其曹之常条，但留本司者，别为《留司格》一卷。盖编录当时制敕，永为法则，以为故事。《贞观格》十八卷，房玄龄等删定。《永徽留司格》十八卷，《散颁格》七卷，长孙无忌等

---

[1] 志磐：《佛祖统纪》卷40，收入中华大藏经编辑局编：《中华大藏经（汉文部分）》第八二册，中华书局1986年版，第697页中。
[2] 需要专门回应的是，赵晶曾经提出，唐睿宗于景云二年下诏要求道僧"齐行并集"，而《道僧格》的出现意味着僧道有先后之别，这是对景云二年诏的否定。参见赵晶：《唐代〈道僧格〉再探——兼论〈天圣令·狱官令〉"僧道科法"条》，载《华东政法大学学报》2013年第6期，第136页。如果《道僧格》的命名中有四个主体（如道士、女冠、僧、尼），这一说法当然是有说服力的。然而，《道僧格》的命名中只有两个主体，或者是道先僧后，或者是僧先道后，只能择一而选。这是文字表达的客观规律，无法完全用否定了"齐行并集"来解释。
[3] 天一阁博物馆、中国社会科学院历史研究所天圣令整理课题组校证：《天一阁藏明钞本天圣令校证·附唐令复原研究》，中华书局2006年版，第342页。
[4] 黄正建：《天圣令与唐宋制度研究》，中国社会科学出版社2011年版，第48—49页。
[5] 郑显文：《唐代〈道僧格〉研究》，载《历史研究》2004年第4期，第47页。

删定，永徽中，又令源直心等删定，惟改易官号曹局之名，不易篇目。"[1] 但《唐六典·尚书刑部》载《开元格》："以尚书省诸曹为之目，共为七卷。其曹之常务但留本司者，别为《留司格》一卷。盖编录当时制敕，永为法则，以为故事。"[2] 滋贺秀三、楼劲等据此认为，"以尚书省诸曹为之目，初为七卷。其曹之常条，但留本司者，别为《留司格》一卷"实为《唐六典·尚书刑部》条中有关《开元格》内容的混入。[3] 该观点颇有说服力。

颇有趣味的是，《唐会要·定格令》载："贞观十一年正月十四日，颁新格于天下。凡《律》五百条，分为十二卷，大辟者九十二条，减流入徒者七十一条；《令》为三十卷，二十七篇，一千五百九十条；《格》七百条，以为通式。"[4] 这是对贞观十一年立法的记载。准此，《贞观律》为十二卷。又按《旧唐书·刑法志》载："玄龄等遂与法司定律五百条，分为十二卷：一曰名例，二曰卫禁，三曰职制，四曰户婚，五曰厩库，六曰擅兴，七曰贼盗，八曰斗讼，九曰诈伪，十曰杂律，十一曰捕亡，十二曰断狱。"[5] 亦即《贞观律》的卷名和篇目是重合的。这样，《唐会要》就同时记载了《贞观律》的卷数和篇数。《唐会要》又载《贞观令》为三十卷、二十七篇，又同时记载了卷数和篇数。然而，《唐会要》只在《贞观格》上记载为七百条，并未说明后者的篇数。虽则《唐六典·刑部尚书》《旧唐书·刑法志》皆载《贞观格》为十八卷，但有篇而不载篇数，或只载条数，或只载卷数，这可能是因为篇数是不存在的，而这里的卷可能并非篇的代称。作为书籍的计量单位，卷是对书籍篇幅的计量。[6] 也即，所谓《贞观格》十八卷仅指《贞观格》的篇幅是由十八卷册的书轴组成，并不能证明其已经分篇。如果《贞观格》不分篇，这意味着《道僧格》绝不可能会出现在《贞观格》中。《旧唐书·刑法志》又载："《永徽留司格》十八卷，《散颁格》七卷，长孙无忌等删定，永徽中，

---

[1] 刘昫：《旧唐书》卷50《刑法志》，中华书局1975年版，第2138页。
[2] 李林甫：《唐六典》卷6《刑部尚书》，中华书局2014年版，第185页。
[3] 参见楼劲：《唐太宗贞观十一年立法研究——以〈贞观式〉有无之悬疑为中心》，载《文史哲》2014年第6期，第55—57页。
[4] 王溥：《唐会要》卷39《定格令》，中华书局1955年版，第701页。按原书，"令为三十卷"作"分为三十卷"，分应为令之误。按：上海古籍出版社1991年版，第819页作"令分为三十卷"。
[5] 刘昫：《旧唐书》卷50《刑法志》，中华书局1975年版，第2136页。
[6] 参见马刘凤：《中国古书凡例研究》，武汉大学2009年博士学位论文，第103页。

又令源直心等删定，惟改易官号曹局之名，不易篇目。"[1] 到永徽修格时，留司格与散颁格的差异出现，并且永徽中再次修格时，"惟改易官号曹局之名，不易篇目"。亦即《永徽格》中出现篇，其后又以官号曹局之名作为篇目名。再据《旧唐书·刑法志》，这种篇目命名方式一直到《开元后格》都没有改易。而道僧不属于官曹名，故《道僧格》应不可能出现。

按照唐格一以贯之的命名方式，《道僧格》很难出现在唐格体系中。那么，《道僧格》究竟如何出现的？按《唐会要》卷49《僧尼所隶》又载："开元二十四年七月二十八日，中书门下奏：'臣等商量，缘老子至流沙，化胡成佛法，本西方兴教，使同客礼，割属鸿胪，自尔已久。因循积久，圣心以玄元本系，移就宗正。诚如天旨，非愚虑所及。伏望过元日后，承春令便宜，其道僧等既缘改革，亦望此时同处分。'从之。至二十五年七月七日，制：'道士、女冠宜隶宗正寺，僧尼令祠部检校。'"[2] 从大臣希望僧道能够"同处分"与唐玄宗仍令僧、道隶属不同机构可见，一者大臣希望能够对僧道一体对待，二者唐玄宗并不认同这种观点。[3] 由于唐玄宗不能认可这种观点，所以道士隶属宗正寺、僧尼隶属祠部。既然僧道隶属不同部门，不同部门又受专门的《留司格》规

---

[1] 刘昫：《旧唐书》卷50《刑法志》，中华书局1975年版，第2138页。

[2] 王溥：《唐会要》卷49，中华书局1955年版，第859—860页。

[3] 对这一条文献需要略作说明。唐初以鸿胪寺下的崇玄署为僧道管理机构，这一做法到武则天延载元年发生变动。《唐会要》卷49《僧尼所隶》载："延载元年五月十一日敕，天下僧尼隶祠部，不须属司宾。"王溥：《唐会要》，中华书局1955年版，第859页。僧尼改由礼部下的祠部管理，道冠仍由崇玄署管理。又据上引《僧尼所隶》文献载，唐玄宗在开元二十四年要求道冠改由宗正寺管理。根据开元二十五年的制书，僧尼的管理机构并未发生变化，那么何以中书门下的奏书和唐玄宗的制书都涉及僧尼？这就涉及"同处分"的解释。从中书门下的奏书来看，唐玄宗在此之前已经提出要将道冠改隶宗正寺。中书门下显然不仅考虑到道冠的问题，而且也考虑到如何处理僧尼的问题。虽则唐高宗时期就已经要求烧毁《老子化胡经》（蔺熙民：《隋唐时期儒释道的冲突与融合》，陕西师范大学2009年博士学位论文，第273—274页），但显然老子化胡说仍然有很强的社会影响力，并且成为中书门下奏书的重要内容。在老子化胡说的观念下，佛道本是一体。一旦道冠改隶宗正寺，僧尼就显得很尴尬。因此，僧尼所隶就成为一个重要问题。而且在佛道冲突的背景下，只改道冠所隶而不改僧尼，也很容易引起僧尼反对。因此，中书门下所提的"望此时同处分"很可能就是指要求对僧道一体对待，全部改隶宗正寺。但唐玄宗并未接受这一建议，仍然对僧道分开处遇，只更改了道冠所隶。恐怕也正因如此，中书门下和唐玄宗才会在僧尼所隶未变的情况下都提及僧尼。

范，那么《开元格》中显然不可能存在《道僧格》。[1] 不过在开元二十二年至开元二十五年的修法中，《格式律令事类》这一法律形式开始出现。既然大臣们希望能够对僧道一体管理，是否有可能由他们把意见表达到同年编成的《格式律令事类》中？赵晶提出，《道僧格》并不合乎《格式律令事类》中的命名方式。[2] 但《庆元条法事类》中确实有专门的《道释门》存在，而且作为事类体的法典编纂模式，《格式律令事类》被认为对《庆元条法事类》有一定影响。[3] 这可能意味着，《道释门》的存在是对《格式律令事类》中存在《道僧格》的一种佐证。郑显文的相关论断是有说服力的。

　　进一步深入考察前引《唐会要》的记载，其中几处记载颇值得玩味。中书门下所上《僧尼所隶》称"伏望过元日后，承春令便宣，其道僧等既缘改革，亦望此时同处分"。所谓"承春令便宣"当指开元二十五年春正月壬午的制书。这份制书内容很多，但关于僧道的只有"道士、女冠宜隶宗正寺，僧尼令祠部检校"。[4] 也即，这份制书否定了大臣们"同时处分"的请求，即前文所言唐玄宗对此事的态度。但是，制书中未见"道僧等既缘改革"的内容。尽管这份制书有不少改革内容，但都与僧道无关，而且与僧道"同处分"的说理更无关。考诸开元二十五年的政事，最重要的改革就是律、令、格、式、格式律令事类的颁行。如果中书门下希望道僧同处分，并且以改革为据。那么，在所颁布的新法律中，道僧很有可能被规定于一处。由于格一直以来都是按照官曹名命篇的，因此很难认为其中会出现专门的《道僧格》。那么，这种改革很有可能出现于《格式律令事类》中。这是一种猜测。然而，正如前文以《庆元条法事类·道释门》对《道僧格》的反推一样，这未必没有说服力。

---

[1] 按：周奇引敦煌文书 P2481 号写本《唐前期尚书省礼部报都省批复下行公文程序》，认为这说明《道僧格》属于《祠部格》的篇目。参见周奇：《唐代宗教管理研究》，复旦大学 2005 年博士学位论文，第 16—28 页。但在这份文件中，道、僧法律条文是截然分开的，这与《唐律疏议》中往往道僧并称或者说一体规范的做法也不同。究其原因，可能是两者所隶属的政府机构并不相同。这或能证明《道僧格》在早期可能并不存在。
[2] 参见赵晶：《唐代〈道僧格〉再探——兼论〈天圣令·狱官令〉"僧道科法"条》，载《华东政法大学学报》2013 年第 6 期，第 136 页。
[3] 参见孔学：《〈庆元条法事类〉研究》，载《史学月刊》2000 年第 2 期，第 42 页。
[4] 刘昫：《旧唐书》卷 9《玄宗本纪下》，中华书局 1975 年版，第 207 页。

三、《道僧格》的命名：篇目？条标？还是门标？

尽管《道僧格》的出现可能与《格式律令事类》有关，但是前引赵晶的观点仍然需要重视，即作为统合律令格式的《格式律令事类》不太可能以"格"命名其中一部分内容。虽然无法找到《格式律令事类》的文本，但观之《庆元条法事类》，其或许对于认识相关问题有所启发。考诸《庆元条法事类》的命名方式，其以事分门或者说以类为门，关于僧道的规范被纳入《道释门》，其下又分《总法》《试经拔度》《师号度牒》《违法剃度》《受戒》《住持》《行游》《供帐》《约束》《亡残》《杂犯》11部分。每一部分又按照敕、令、格、式进行整理，其中令的部分多有《道释令》，格的部分有《道释格》，式的部分有《道释式》。一方面，这里面存在专门的《道释格》；另一方面，这里面又用《道释门》来泛指有关僧道的法律规范，而《格式律令事类》中可能存在的《道僧格》应当对应着泛指有关僧道法律规范的《道释门》。周奇曾经提出，《道僧格》是一种对于僧道有关的法律规范的俗称。[1] 这或可为佐证。不过，多种材料都证明《道僧格》存在的可能性更大，因此本文很难认同周奇的观点。

参之《庆元条法事类》的立法模式，或可以得出如下结论。首先，《道僧格》决然不是法典。法典是一种独立成型的文献，具有较强的体系性和全面性。[2]《唐律》《宋刑统》《格式律令事类》《庆元条法事类》等被称为法典是可以令人接受的，作为其中一部分的《道僧格》则很难说是法典。其次，《道僧格》的"格"究竟是立法命名还是泛指法律条文？如《道释门》虽有《道释格》，但这只是其中的一部分。再如，郑显文据以复原《道僧格》条文的依据往往有敕文等。[3] 如果以"格"来涵盖这些，这种"格"更可能是泛指而非实指。最后，《道僧格》究竟是一种什么类型的命名？准《庆元条法事类》，这是对门的命名。那么问题就是，如何解释"门"，以及门的命名究竟意味着什么？

---

[1] 参见周奇：《唐代宗教管理研究》，复旦大学2005年博士学位论文，第26页。
[2] 参见［日］浅井虎夫：《中国法典编纂沿革史》，陈重民译，李孝猛点校，中国政法大学出版社2007年版，第1页。
[3] 郑显文：《唐代〈道僧格〉研究》，载《历史研究》2004年第4期，第47—54页。

无论是事类体还是刑统体都是以"门"作为分类标准。在中国古代立法史上，门是唐代法典编纂中出现的新现象。撇开秦汉律究竟有无法典的论证，至少从魏晋律等来看，中国传统法典由篇、条组成。如《晋书·刑法志》载，泰始律中"改旧律为《刑名》《法例》，辨《囚律》为《告劾》《系讯》《断狱》，分《盗律》为《请赇》《诈伪》《水火》《毁亡》，因事类为《卫宫》《违制》，撰《周官》为《诸侯律》，合二十篇，六百二十条，二万七千六百五十七言"。[1] 到《唐律》也是如此，《旧唐书·刑法志》载："玄龄等遂与法司定律五百条，分为十二卷：一曰名例，二曰卫禁，三曰职制，四曰户婚，五曰厩库，六曰擅兴，七曰贼盗，八曰斗讼，九曰诈伪，十曰杂律，十一曰捕亡，十二曰断狱。"[2] 不过，可能最晚到《格式律令事类》，门这种法典编纂体例就开始出现。

《旧唐书·刑法志》载，开元二十五年"又撰《格式律令事类》四十卷，以类相从，便于省览"。[3] 这里的类究竟指什么并没有直接说明。不过，宋代的事类体多是按照门来分类的。这或可证之。其后，以门作为编纂模式的法律典籍多见。《旧唐书·刘瑑传》载："瑑精于法律，选大中以前二百四十四年制敕可行用者二千八百六十五条，分为六百四十六门，议其轻重，别成一家法书，号《大中统类》，奏行用之。"[4]《旧唐书·宣宗纪》载："（大中七年）五月，左卫率府仓曹张戣集律令格式条件相类一千二百五十条，分一百二十一门，号曰《刑法统类》，上之。"[5] 不过，无论是2864条分646门，还是1250份121门，门的数量是巨大的，与篇、卷相当不同。如何认识门？无论是在《宋刑统》还是《庆元条法事类》中，门都类似于条。例如在编撰体例上，一改"唐律逐条为目，刑统分门立目"[6]，《宋刑统》共213门。门介于篇与条之间，又有别于条的特点。如考诸敦煌出现的唐律，条在唐律中并没有名，或者说唐律中的律条并没有名

---

[1] 房玄龄：《晋书》卷30《刑法志》，中华书局1974年版，第927页。
[2] 刘昫：《旧唐书》卷50《刑法志》，中华书局1975年版，第2136页。
[3] 刘昫：《旧唐书》卷50《刑法志》，中华书局1975年版，第2150页。
[4] 刘昫：《旧唐书》卷177《刘瑑传》，中华书局1975年版，第4607页。
[5] 刘昫：《旧唐书》卷18下《宣帝本纪》，中华书局1975年版，第631页。
[6] 刘承干：《宋重详定刑统校勘记》，收入吴翊如点校：《宋刑统》，中华书局1984年版，附录第549页。需要注意的是，刘承干校勘记认为"唐律逐条立目"，这可能认为唐律本身就有条标的早期说法。

或者条标。[1]

然而，无论《宋刑统》还是《庆元条法事类》，门都是有名或门标的。据《续资治通鉴长编》载，苏颂在《进元祐编敕表》中称："臣等今以元丰敕令格式并元祐二年十二月终以前海行续降条贯，共六千八百七十六道……随门标目，用旧制也，以义名篇，仿唐律也，其间一事之禁，或有数条，一条之中，或该数事，悉皆类聚，各附本门……又按熙宁以前编敕，各分门目，以类相从，约束赏刑，本条具载，以是官司便于检阅。元丰敕则各随其罪，厘入诸篇，以约束为令，刑名为敕，酬赏为格，更不分门，故检用之际，多致漏落。今则并依熙宁以前体例删修，更不别立赏格。"[2] 这段记载说明了几个问题。其一，宋代熙宁之前的编敕都是"各分门目，以类相从"。按照以门来编纂法典是宋代常见的立法模式，而且这是"用旧制"的结果。虽然很难证明这里的"旧制"是指唐制。但唐代确实已经出现按照"门"来编纂的法律典籍。同时，虽然名为《元祐编敕》，但所编内容实为"元丰敕令格式并元祐二年十二月终以前海行续降条贯"。这与《格式律令事类》颇为相似。其二，宋代立法存在"随门标目，用旧制也，以义名篇，仿唐律也"的规则。也即，宋代法典中的门已经有了"目"（或可称门标）。显然，门不再像唐律中的"条"一样没有条标，而是模仿唐律中的"篇"被冠以门标。据此推断，《格式律令事类》可能是法典中门标出现的早期文献。这样，由于《格式律令事类》的特殊编纂模式，该部法典并未采取篇而是采取门的结构方式，门的命名又模仿了篇名。由于《格式律令事类》"以类相从"的编纂模式，"道僧"作为一类成为一门，也被冠以"道僧"门之类的称呼。《道僧格》在此时出现，并成为《庆元条法事类·道释门》的前身。当然，《道僧格》中的"道僧"可能是门标，"格"则未必如此，而更有可能是一种对法律的泛化称呼。这或证明周奇的观点仍有一定说服力。不过，这并不妨碍《道僧》作为门标出现于《格式律令事类》中，并汇集了相关法律。

---

[1] 参见刘俊文：《敦煌吐鲁番唐代法制文书考释》，中华书局1989年版。按：个别学者认为唐律有条标，恐怕是以后代法典推论的想当然。简单说，如果唐律存在明确的条标，何以史书明载的唐律五百条，竟然被后代误读为五百零二条？《宋刑统》大概也没有条标只有门标。参见（宋）窦仪等详定、岳纯之校证：《宋刑统校证》，北京大学出版社2015年版，第9页。

[2] 李焘：《续资治通鉴长编》卷407哲宗元祐二年十二条壬寅，上海师范学院古籍整理研究室、华东师范大学古籍整理研究室点校，中华书局1985年版，第9912页。

如果这个观点是有说服力的，那么部分材料的解释就值得商榷。有观点还提出，唐代不可能存在两部规范道僧的法律，因此《道僧格》与《祠部格》不可能同时存在。[1] 例如，《白氏六帖事类集》中有《祠部格》的两条佚文，包括卷26载："私家部曲、客奴婢等，不得入道。如别敕许出家后犯还俗者，追归旧主，各依本色。"[2] 卷89载"度人格"条云："祠部格：王公已下薨，别敕许度人者，亲王二七，三品已上三人，并须亡者子孙及妻媵，并通取周亲，妻媵不须试业；若数不足，准见在度，如有假冒，不在原首之限也。"[3] 这两段材料说明，到《白氏六帖事类集》编纂时，规范僧尼的法条被放在《祠部格》中。这似乎意味着，《道僧格》的内容被归入《祠部格》。然而，《格式律令事类》本来就是对律、令、格、式的重新汇编。两部规范道僧的法律同时并存是完全有可能的。

总的来说，在唐代早期并没有发现专门的《道僧格》，实际上由于道、僧在唐代时有分属不同机构管理的情况，[4] 所以独立《道僧格》存在的可能性也比较低。而唐玄宗时，为实践中找法的便利，当时编纂的《格式律令事类》中可能出现《道僧格》。如果参之《庆元条法事类》，这部分法律或可被冠以《道僧门》之名。这应该是中国历史上能够确定的、较早对佛教进行规范的专门法篇，并且对后世有一定影响。

四、结语

《道僧格》的出现可能是唐代新法典编纂模式的产物。为了便利于查找法律，唐玄宗开元二十五年编纂了《格式律令事类》。这种新的法典编纂模式较之之前有若干变化。其一，这是律令格式等不同法律形式的再次整合汇编。其二，介于篇与条之间的门出现。其三，门开始被冠以门标，这种做法是模仿篇而非条。

---

[1] 参见郑显文：《唐代〈道僧格〉研究》，载《历史研究》2004年第4期，第46页。
[2] 白居易：《白氏六帖事类集》卷27，民国景宋本。
[3] 白居易：《白氏六帖事类集》卷89，民国景宋本。
[4] 有一种观点认为，唐高宗仪凤三年就可能出现这种情况。参见谢重光、白文固：《中国僧官制度史》，青海人民出版社1990年版，第104页。

《道僧格》可能就是对其中有关僧道的法律汇编所加的门标，只是这里的格可能是泛指而非实指。不过本文需要指出，受资料所限，该观点具有较强的猜测性。事实上，本文无法完全排除唐太宗时的条制与《道僧格》可能存在关系，同样也无法排除《道僧格》是对有关僧道法律规范的泛指。当然，目前来看，这一推断的可能性仍较大。

天圣《营缮令》与宋代桥梁的营缮与管理

彭丽华[*]

天圣《营缮令》中共有两条与津桥道路相关的令文，分别是第18条与第19条。其令文内容如下：

天圣《营缮令》宋令第18条云：

京城内诸桥及道当城门街者，并分作司修营，自余州县料理。[1]

天圣《营缮令》宋令第19条云：

诸津桥道路，每年起九月半，当界修理，十月使讫。若有阮、渠、井、穴，并立标记。其要路陷坏、停水，交废行旅者，不拘时月，量差人夫修理。非当司能办者，申请。[2]

这两条令文从两个方面对津桥道路的营缮做了规定，一是营缮层级与机构，二是营缮时间。就现有资料来看，关于桥梁的营缮层级与机构的法令规定，在唐代之前尚未发现相关的规定，但关于"津桥道路"条即桥梁的营缮时间，则非唐令首创，而是渊源有自，近绍汉律，远祖战国秦律，乃至《夏令》，兹列相

---

[*] 彭丽华，湖南师范大学历史与人类学研究所副教授。本文系湖南省教育厅人文社科重点项目"桥渡与宋代市、镇研究"（20A294）及国家社科基金青年项目"唐宋时期的桥梁、法制与社会"（16CZS041）的阶段性成果。
[1] 牛来颖：《天圣〈营缮令〉复原唐令研究》，载《天一阁藏明钞本〈天圣令〉校证（附唐令复原研究）》，中华书局2006年版，第668页。
[2] 牛来颖：《天圣〈营缮令〉复原唐令研究》，载《天一阁藏明钞本〈天圣令〉校证（附唐令复原研究）》，中华书局2006年版，第668页。

关资料如下:

《夏令》曰:"九月除道,十月成梁。"[1]

青川木牍《更修为田律》,其文有:

九月,大除道及阪险。十月,为桥,修波(陂)隄,利津梁,鲜草离。非除道之时而有陷败不可行,辄为之。[2]

张家山汉简《二年律令·田律》第246—248号简,有文曰:

九月大除道□阪险;十月为桥,修波(陂)堤,利津梁。虽非除道之时而有陷败不可行,辄为之。乡部主邑中道,田主田道。道有陷败不可行者,罚其啬夫、吏主者黄金各二两。□□□□□及□土,罚金二两。[3]

以上资料均涉及桥道的营缮时间规定,包括常规及不定期修缮,从《夏令》、战国秦律、汉律至唐、宋令的沿袭痕迹甚为明显。这表明,在《营缮令》形成之前,有关营缮事务的规定早已存在于律令体系之中。

长期以来,学界关于宋代桥梁营缮的研究,都呈现出浓厚的偏技术史的特色,这是因为有关中国古代桥梁的研究是由桥梁史家发起的。在茅以升主编的《中国古桥技术史》及唐寰澄《中国古代桥梁》(以此为基础,作者又撰成了《中国科学技术史·桥梁卷》)[4]等著作的影响下,葛金芳《南宋手工业史》《南宋全

---

[1] 徐元诰:《国语集解》卷2《周语》,王树民、沈长云点校,中华书局2002年版,第64页。
[2] 四川省博物馆、青山县文化馆:《青山县出土秦更修田律木牍——四川青川县战国墓发掘简报》,载《文物》1982年第1期;胡澱咸:《四川青川秦墓为田律木牍考释——并略论我国古代田亩制度》,载《安徽师大学报(社会科学版)》1983年第3期。
[3] 张家山二四七号汉墓竹简整理小组:《张家山汉墓竹简(二四七号墓)释文修订本》,文物出版社2006年版,第42页。
[4] 茅以升主编:《中国古桥技术史》,北京出版社1986年版;唐寰澄:《中国古代桥梁》,文物出版社1987年版;唐寰澄:《中国科学技术史·桥梁卷》,科学出版社2000年版;唐寰澄:《中国木拱桥》,中国建筑工业出版社2010年版。

史·社会经济与对外贸易卷》都设有桥梁建造一目，将南宋桥梁分为梁墩桥、浮桥、拱桥、伸臂梁桥和组合桥五类，除了探讨各类桥梁技术在南宋一朝的演进情况，还梳理了桥梁建设的资金筹措方式，借鉴茅以升等人的研究，将南宋桥梁的资金筹集方式分为官府投资、私人捐资、集资、僧侣募捐筹资等几类。[1] 此外，学界也对某一区域的桥梁进行研究，主要集中在福建泉州、浙江绍兴等地区，如程光裕《宋元时代泉州之桥梁研究》[2]及《宋元时代泉州桥梁建筑与港市繁荣的关系》[3]，李意标、黄国荡《南宋泉州桥梁建筑》等文[4]，不但关注了泉州地区的桥梁类型、筹建方式，也讨论了桥梁与泉州地方社会之间的关系，及宋元桥梁对当地港口经济发展的重大促进作用。宋代浙江地区的桥梁，关注者亦多，如吴齐正先后撰有《浙江古桥遗韵》《嘉兴古桥撷英》[5]等通识性著作，介绍了浙江现存的古代桥梁。还有不少论文关注了僧侣在唐宋桥梁营缮中的作用。[6]

由于研究取向的影响，天圣《营缮令》被发现之后，并未推进唐宋桥梁史的研究。事实上，作为"设范立制"的《营缮令》，涉及全国范围内各类营缮事务的规范。桥梁是连接为河流所阻隔的陆路交通的重要工具，作为道路系统

---

[1] 葛金芳：《南宋手工业史》，上海古籍出版社2008年版，第256—283、293—301页。葛金芳：《南宋全史·社会经济与对外贸易卷》（下），上海古籍出版社2012年版，第50—54页。

[2] 程光裕：《宋元时代泉州之桥梁研究》，载《宋史研究集》第6辑，国立编译馆1971年版，第313—334页。

[3] 程光裕：《宋元时代泉州桥梁建筑与港市繁荣的关系》，载《宋史研究集》第21辑，国立编译馆1991年版，第317—340页。

[4] 李意标等：《南宋泉州桥梁建筑》，载《福建论坛（文史哲版）》1985年第3期；郭延杰：《泉州洛阳桥》，载《文史杂志》2008年第1期。潘洪萱：《南宋时期泉州地区的石梁桥》，载《自然科学史研究》1985年第4期。

[5] 吴齐正：《浙江古桥遗韵》，九州出版社2011年版。吴齐正：《嘉兴古桥撷英》，北京工艺美术出版社2014年版。

[6] 这一方面的成果较多，学者主要是从慈善史、佛教史两个层面入手，如张文：《宋代民间慈善活动研究》（其中有一节涉及造桥与修路），西南师范大学出版社2005年版；刘秋根、宋燕鹏：《桥梁修建与士人参与——南宋士人与地方社会公益事业关系研究之一》，载《亚洲研究》（韩国）2009年第5期；方豪：《宋代僧徒对造桥的贡献》，载《宋史研究集》第13辑，国立编译馆1981年版；黄敏枝：《宋代佛教寺院与地方公益事业》，载《宋代佛教社会经济史论集》，学生书局1998年版，第413—442页；王宇：《宋代两浙地区桥梁的捐建——以张绍宽编民国〈平阳县志〉平阳石桥碑记为个案》，载《浙江地方志》2011年第1期。

的重要组成部分，桥梁事关古代国家交通与运输以及国家对地方的治理与控制，因此一直都被当作重要事务。政府设官分职、制定相关法律制度，以确保桥、道营缮事务能够合理、及时地得到解决，保证交通的畅达。因此，在讨论宋代桥梁的营缮时，实有将其与《营缮令》结合起来的必要。

一、京城内当城门街桥的营缮与管理

从桥梁所在位置来论，京城内桥梁可分为两类，即当城门街者与其他。当城门街者归中央营缮机构八作司或将作监（元丰改制时桥道等营缮事复归将作监负责）。此即上文所引天圣《营缮令》第18条所论也。不过，宋《职官志》同时也有"土木工匠之政、京都缮修"之事，"皆隶三司修造案"[1]的规定。如何看待八作司与三司修造案对包括桥道在内的"土木工匠之政、京都缮修"之事的相关规定？

这与三司、八作司的职务区分有关。三司修造案是三司的下属机构，负责土木工程等事务的统筹，天圣《营缮令》宋令第17、20条云：

> 三京营造及贮备杂物，每年诸司总料来年一周所须，申三司，本司量校，豫定出所科备、营造期限，总奏听报。

> 诸在外有合营之处，皆豫具录造作色目、料请来年所须人功调度、丁匠集期，附递申三司处分。[2]

包括桥梁在内的诸营缮事务的物料预算、造作色目、人功调度、丁匠集期等皆需上申三司，以编制国家总预算、勾检审计。具体而言，负责桥梁预算、勾检、审计等事务的是三司的户部修造案与度支发运案。户部修造案"掌京城工作及陶瓦八作、排岸作坊、诸库簿张，勾校诸州营垒、官廨、桥梁、竹木、

---

[1] （元）脱脱等撰：《宋史》卷162《职官志二》，中华书局1977年版，第3809页。
[2] 天一阁博物馆、中国社会科学院历史研究所天圣令整理课题组校证：《天一阁藏明钞本天圣令校证》，中华书局2006年版，第346—347页。

排筏"[1]，掌管的并非具体营造事务，而是京城及诸州营垒、官廨、桥梁、竹木、排筏等事务的"簿张"与"勾校"，即账目、审计等事。而度支发运案"掌汴河、广济、蔡河漕运、桥梁、折斛、三税"[2]，掌管的桥梁仅局限于汴河、广济渠及蔡河上的，也非具体营造，而是与桥梁、漕运等相关的账目等事。

具体掌管"京城工作及陶瓦八作"的实为东西八作司。《宋史·职官志》载，东西八作司"掌京城内外缮修之事"[3]。《宋会要辑稿》记载了一则资料，言汴河上木梁桥既受汴水之悍激冲力，不利于桥，而水中桥柱又有阻拦、坏舟之虞，为保护桥梁及来往舟船，内殿承制魏化基献上无脚木桥（即虹桥、拱桥）的设计图纸，建议在汴河上营造无脚桥。其文曰：

> 天禧元年正月，罢修汴河无脚桥。初，内殿承制魏化基言，汴水悍激，多因桥柱坏舟，遂献此桥木式，编木为之，钉贯其中。诏化基与八作司营造，至是三司度所废工逾三倍，乃请罢之。[4]

承接营造汴河无脚桥工作的"八作司"，即东西八作司，亦简称"作司"。据《东京梦华录》所载，汴京四河上共有桥梁35座，其中汴河上桥梁14座，蔡河上13座，五丈河上5座，金水河上3座。[5] 具体情况如下表：

北宋开封城河流与桥梁

汴河	蔡河	五丈河	金水河
虹桥	观桥	小横桥	白虎桥
顺成仓桥	宣泰桥	广备桥	五王宫桥
东水门便桥	云骑桥	蔡市桥	念佛桥
下土桥	横桥子	青晖桥	
上土桥	高桥	染院桥	

---

[1]《宋史》卷162《职官志二》，中华书局1977年版，第3809页。
[2]《宋史》卷162《职官志二》，中华书局1977年版，第3809页。
[3]《宋史》卷165《职官志五》，中华书局1977年版，第3919页。
[4]（清）徐松辑：《宋会要辑稿》方域一三之二〇，刘琳、刁忠民、舒大刚点校本，上海古籍出版社2014年版，第9543页。
[5] 孟元老撰、伊永文笺注：《东京梦华录笺注》卷1《河道》，中华书局2006年版，第24—25页。

续表

汴河	蔡河	五丈河	金水河
相国寺桥	西保康门桥		
州桥	龙津桥		
浚仪桥	**新桥**		
兴国寺桥	太平桥		
太师府桥	粜麦桥		
金梁桥	第一座桥		
西浮桥	宜男桥		
西水门便桥	四里桥		
横桥			

上表中标粗者为当街城门桥，共有 11 座，由作司修营。真宗大中祥符五年（1012 年）五月，八作司请于汴京"城东纽筲维舟以易汴桥"。真宗后下诏"开封府规度，且言经久之利，其献计兵匠，迁一资"。然而，"桥成未半岁，覆舟者数十，命毁之，仍劾献计者罪，造桥如旧制"[1]。《宋会要辑稿》载大中祥符五年九月"新置汴河浮桥，未及半年，累损公私船"[2]，所言应该正是此事。该浮桥正对着汴京内城南面城墙最东边的保康门，保康门与安远门南北相对，无疑是当城门街者，因此由八作司修营。

天禧五年（1021 年）七月，作司又"修保康门相直汴河广济桥，改名曰延安"，并"创惠民河新桥，名曰安国"，正对着汴京内城新门。作司营建汴河延安桥及惠民河新桥时，真宗曾乘车亲往观之。当年九月，由于"京城通津门外新置汴河浮桥，未及半年累损，公私船经过之际，人皆忧惧"，因此"令阎承翰规度利害，且言废之为便，可依奏废拆"[3]。通津门也叫东水门，是汴京外城东面城墙南边第二门，汴河由此入城，浮桥在东水门外，系"当城门街者"，故由作司负责。文中的阎承翰为内侍，颇有才干，长于工程，曾在八作司理材木，建议于都城之西设置材木场，专理治材，以供京师所需。太宗雍熙之后，阎承翰

---

[1]《续资治通鉴长编》卷77，真宗大中祥符五年五月丙子。
[2]《宋会要辑稿》方域一三之二〇，刘琳等点校本，第9543页。
[3]《宋会要辑稿》方域一三之二〇，刘琳等点校本，第9543页。

迁为西京作坊副使。真宗即位，改西京作坊使、内侍左班副都知。后又主持治河、修堤埽等事务。

元丰改制之后，汴京当城门街者桥梁改由将作监负责。"元丰官制行，始正职掌……（将作）监掌宫室、城郭、桥梁、舟车营缮之事，少监为之贰，丞参领之，凡土木工匠板筑造作之政令总焉"[1]，东西八作司等掌修缮、建筑材料等机构也改隶将作监。元丰二年（1079年）十二月二十五日，"诏改开远门外浮桥毕，赐知将作监吴处厚银绢及使臣、吏人有差"[2]，将作监吴处厚受赏，是因为主持营建了开远门外浮桥。

二、全国交通干线上重要桥梁的营缮

全国性交通干线上的重要桥梁，如黄河上的澶州浮桥、滑州浮桥、河阳桥等桥的营缮与管理，北宋前后期有一些改变。

北宋前期由诸州长吏、通判自决之。太祖于乾德六年（968年）末"命川、陕诸州长吏、通判并兼桥道事"[3]，桥道之事，不役民力，以州卒代之。在此之前，也基本是这样处理的，如"（乾德）三年秋，大雨霖，开封府河决阳武，又孟州水涨，坏中潬桥梁，澶、郓亦言河决，诏发州兵治之"[4]。其后，景德二年（1005年）八月庚寅，"上之驻跸澶渊也，枢密使陈尧叟虑放骑侵轶，建议令缘河悉撤桥梁，毁船舫。稽缓者论以军法。河阳、河中、陕府皆被诏"[5]，也是河阳、蒲津、大阳桥所在州府长吏、通判承诏撤桥。但对于作为汴京防御门户的澶州浮桥，若毁于水，为了尽快建成恢复交通，朝廷也会派作司前去主持营建事务。淳化元年（990年），黄河决于澶州，州城圮，浮桥断，即命西京作坊使、内殿崇班阎承翰前去主持修复事务，澶州长吏、通判从旁协助、支持。[6]

---

[1]《宋史》卷165《职官志五》，第3919页。
[2]《宋会要辑稿》方域一三之"桥梁"，刘琳等点校本，第9545页。
[3]《续资治通鉴长编》卷8，宋太祖乾德六年十二月己巳，第197—198页。
[4]《宋史》卷91《河渠志》，第2257页。
[5]《续资治通鉴长编》卷61，宋真宗景德二年八月庚寅，第1358页。
[6] 夏竦：《文庄集》卷29《魏威信墓志铭》，见文渊阁《四库全书》（集部三）影印本，第5页。

随着黄河、汴河水文情况的变化，至仁宗时期，为治河而专门新设了河渠司，都水监在此前由各州县主管的黄河、汴河上的非当城门街的桥梁营缮与管理上发挥了重要角色。仁宗皇祐三年（1051年）五月二十三日，"三司请置河渠一司，专提举黄、汴等河堤功料事，从之"[1]。都水监由河渠司统辖。至嘉祐三年（1058年）十一月，又"诏置都水监，罢三司河渠司"[2]。

为修护黄河河堤、黄河浮桥，都水监先后在澶州、滑州置"外监"，即外派机构，"轮遣丞一人出外治河埽之事，或一岁、再岁而罢，其有谙知水政，或至三年。置局于澶州，号曰外监"[3]。澶州都水外监的主要职责是提举河堤事，兼管澶州浮桥。根据现存资料记载，澶州浮桥至少在淳化元年（990年）、景祐元年（1034年）、庆历八年（1048年）、嘉祐五年（1060年）、熙宁二年（1069年）、熙宁十年（1077年）都曾毁坏。澶州浮桥不仅是汴京的门户，而且还是汴京北去河北最便捷的通道，因此有必要保持澶州浮桥的畅通，而这也是都水外监的职责之一。后来，由于澶州曹村黄河改道，宋廷被迫于滑州系浮桥以通北使、经营河北。元丰七年（1084年）七月，因滑州齐贾下埽"河水涨坏浮桥"，精通黄河水事及造船事务的都水监丞范子渊受命前去勘察地势、选择桥址。范子渊"相度滑州浮桥移次州西，两岸相距四百六十一步，南岸高崖地杂胶淤，比旧桥增长三十六步半"[4]。表明都水监在黄河桥梁上的重要作用。

都水外监的驻地先后设置在澶州、滑州，但并不意味着仅管澶州、滑州河事。《宋会要辑稿》载：

元丰五年八月二十四日，前河北转运副使周革言："熙宁中，外都水监丞程昉于滹沱河中渡系浮桥，比旧增费数倍，乞罢之，权用船渡。"从之。[5]

上述表明都水外监亦管河北路"滹沱河中渡系浮桥"事。由于都水外监的

---

[1] 《宋会要辑稿》职官五之"河渠司"，刘琳等点校本，第3141页。
[2] 《宋会要辑稿》职官五之"河渠司"，刘琳等点校本，第3141页。
[3] 《宋史》卷165《职官五》"都水监"，第3921页。
[4] 《宋会要辑稿》方域一三之"桥梁"，刘琳等点校本，第9545页。
[5] 《宋会要辑稿》方域一三之"桥梁"，刘琳等点校本，第9545页。

设置，都水监的职权范围大为扩张，从中央到地方，凡与河岸堤埽、桥道相关之事，都在其管辖之内。荥泽河堤、澶州曹村埽、洛口广武埽、大名府元城埽、冀州南宫五埽等有决溢、塌毁，都是都水监、外监前去主持治理工作。元丰五年（1082年）八月七日，又"诏应诸处广济桥道并隶都水监"[1]，广济河沿线道路、广济河上桥梁及其连接的道路等相关事务也一并交给了都水监总领。由于北宋黄河情况变动大，与清闲的唐代都水监不同，北宋都水监是一个事务极为繁据的机构，与将作监或作司、地方诸州的关系也颇为密切。徽宗朝滑州、通利军三山浮桥的营建，也是由都水监主持的。

南宋建炎以后，将作监并归工部，营缮之事，"多俾府尹、畿漕分任其责"[2]。都水监在高宗时虽置使者，并与应天府、东京置南、北丞领其司，但在绍兴十年，"诏都水事归于工部，不复置官"[3]。中央有所营造，由尚书工部统领。隆兴以后，宫室、器甲之造浸稀，且各分职掌，部务益简。工部下辖六案，即工作案，营造案，材料案，兵匠案，检法案与知杂案。后又设一专案负责御前军器。[4] 而临安府桥道事，则由"多俾府尹、畿漕分任其责"。如孝宗乾道四年（1168年）十二月诏令转运司、临安府于清湖闸堰及北郭税务北各创建一座木桥。北郭税务厨屋北的木桥建成之后，由于众人常常将舟停在附近，木桥成了缚绳维舟之所，颇为不便，因此又让临安府拆除木桥，改建浮桥。[5]

概言之，宋代处于全国交通干线上的重要桥梁，如澶州、滑州浮桥，则多由提举河事的都水监、都水外监与当地长吏、通判共同负责。到了南宋，京城及全国交通干线上的重要桥梁基本都由府尹、畿漕、转运司及州县分任其事。

三、京城内非当城门街桥及地方普通桥梁的营缮与管理

按《营缮令》第18条规定，宋代京城内桥梁非当城门街者，由开封府县修营。

---

[1]《宋会要辑稿》方域一三之"桥梁"，刘琳等点校本，第9545页。
[2]《宋史》卷165《职官志》"将作监"条，第3918页。
[3]《宋史》卷165《职官志》"都水监"条，第3921页。
[4]《宋史》卷165《职官志》"将作监"条，第3920页。
[5]《宋会要辑稿》方域一三之"桥梁"，刘琳等点校本，第9547—9548页。

开封府辖县十六，其中赤县二，畿县十四。负责京城内非"当城门街者"诸桥及道营缮的，是为开封县与祥符县（原名浚仪县，大中祥符三年改为祥符县），前为京城东南区，后为京城西北区。《东京梦华录》所载东京35座桥梁，有24座是由开封府祥符县与开封县负责营缮的。

陈留县汴河土桥的修缮是一个能够诠释天圣《营缮令》宋令第18条规定的突出例子。陈留是开封府十四畿县之一。天禧四年（1020年）六月，陈留汴河土桥桥柱因与水势相戾，往来舟船多致损溺，真宗诏令改换桥址。[1] 开封府及陈留县将桥移至原来桥址的东边。此事影响极广，延续时间甚长，一直到宋仁宗庆历四年（1044年），朝中还为此事争论不休。直接参与陈留汴河土桥事的有开封府知府吴育、知陈留县杜衍，开封县主簿杨文仲、陈留等县催纲李舜举等人。先是陈留等县催纲李舜举因为该县南镇土桥有倾覆舟船之患，为催纲督运之便，因此请求将土桥西移至以前的桥址。这一桥址便是天禧四年之后经真宗确定的地址。权知开封府吴育先派遣陈留知县杜衍、开封县主簿杨文仲前去考察，而后同意了李舜举的建议，将移桥的设计方案上奏仁宗。仁宗也派了人前去考察，之后便许可了开封府的移桥申请。[2] 其后，吴育让陈留县拆毁现存土桥，将之西移。可是，因为土桥下有陈留大姓、卫尉寺丞卢士伦的邸店，因桥被移走，导致其邸店被废、生意倒闭，卢士伦心下不服，故向朝臣请托，最后演变成一个震惊朝野的大案件。此案牵连虽广，但具体负责土桥改址、重建工作的，是开封府知府、陈留知县等人，与宋《营缮令》"州县料理"的规定一致。

地方普通桥梁指的是，除当城门街及位于全国性陆路交通干线上的桥梁之外的其他桥梁，包括府、州、县城内及其周边的众多桥梁，也包括城外位于交通线上的桥梁，甚至村野小道上的简易小桥也含括在内。

较之唐代，宋代不管是桥梁的记载还是数量都大幅增加，因此也就为我们了解桥梁与宋代地方社会的关系提供了窗口。从留存下来的文本来看，料理地方桥梁的，多为地方长官，即知府、知州、知县等。知府、知州"掌总理郡政"

---

[1] 《宋会要辑稿》方域一三之二〇，刘琳等点校本，第9543页。
[2] 李焘：《续资治通鉴长编》卷148载范仲淹之奏，言"朝廷不知先朝有诏，失于检详，遂许移之"，第3584页。

"总其纲要""凡属县之事皆统焉",县令"掌总治民政"[1]之类的记载倒比比皆是,表明这些桥道事是由知府、知州、知县等地方长官统领的,即长官负责制。

乾德六年(968年)末,太祖"命川、陕诸州长吏、通判并兼桥道事"[2]。这一诏命是采纳了襄州知州边光范的建议。此前,宋廷尝遣使治道襄州,每年征发民众五六次,朝廷钱虽费了不少,但路却没有修成,因为朝廷所费之钱却并未用在道路及修路的民众身上,而是落入了奸吏的腰包里,"吏缘为奸,多私取民课",即虚报修路人数以领取经费,"所发不充数,道益不修"。因此,边光范建议此后修道,由长吏、通判直接负责,以州卒代民,官给器用。如此可不役使民众,也杜绝了奸吏上下其手巧取豪夺。[3]

宋代地方桥梁数量较之唐代大为增加,地方长吏在桥梁营缮事务中发挥了极为突出的作用。如宋太祖时期,因洛水暴涨,漂坏桥梁。建隆二年(961年),西京留守向拱"重修天津桥成",四月,"具图来上,降诏褒美"。该桥的工程技术,"甃巨石为脚,高数丈,锐其前以疏水势,石纵缝以铁鼓络之"[4],固则固矣,但却并非全新的技术升级。杜佑《通典》载"天津桥、中桥石脚,并长寿中中书侍郎李昭德造"。[5]《新唐书》亦云:

洛有二桥,司农卿韦机徙其一直长夏门,民利之,其一桥废,省巨万计。然洛水岁淙啮之,缮者告劳。昭德始累石代柱,锐其前,厮杀暴涛,水不能怒,自是无患。[6]

可以发现,建隆时期重修的天津桥,继承了唐代武则天时期李昭德将桥之柱脚迎水之面砌成尖角的做法,这一技术是为了减少水流所带来的冲击力,从而减少桥柱所受之力,以保护桥柱。向拱所建之桥,技术较之唐代有所改进的地方是在"锐其角"之外,还"石纵缝以铁鼓络之",即用铁将桥柱之石箍成一

---

[1] 《宋史》卷167《职官志七》,第3972、3977页。
[2] 《续资治通鉴长编》卷8,宋太祖乾德六年十二月己巳,第197页。
[3] 《续资治通鉴长编》卷8,宋太祖乾德六年十二月己巳,第197—198页。
[4] 《宋史》卷94《河渠四》"洛河",第2336页。
[5] 《通典》卷177《州郡典七》,第4653页。
[6] 《新唐书》卷117《李昭德传》,第4255页。

个整体，以免个别石块被水冲走。向拱建天津桥时，职为西京留守，是洛阳府长官。开庆元年（1259年），叶梦鼎在建宁"作桥梁，置驿舍"[1]，是其复知建宁府时，亦是一府长官。

清代学者沈垚曾评价了唐、宋地方长官在营缮事务中的能动性，认为唐代地方长官较之宋代拥有更强的独立性，"唐时州县兴造之事，听长吏自为，宋后动须上请，一钱以上州县不得擅用，所请不能称所需，则所作往往不坚固。于是长吏始有借助富民，民之好义者有助官兴造之举"[2]。相比而言，宋代因事为之防、曲为之制的制度设计，地方上分立监司，漕司、帅司、宪司、仓司各司其职，互不统属相互牵制，知府、知州确实不若唐代刺史尤其是后来的节度使那般可总揽一地军事、财政、监察甚至司法权，但具体到工程营缮尤其是桥梁上来，沈垚的判断却有以偏概全之误，并不符合事实。宋代由于材料比较丰富，从桥梁事来看，地方长官在其中所发挥的主导性作用，或力排众议或倡导富民捐资捐物营缮桥梁等工程，在决策、筹集物料、资金等方面展现出极强的自主行动能力，所谓"州县兴造之事，……宋后动须上请，一钱以上州县不得擅用"，实与史实不合。兹举蔡襄建泉州万安渡石桥[3]及陈骙建天台临川桥[4]论之。

皇祐五年（1053年）蔡襄为泉州太守时，"距州二十里万安渡，绝海而济，往来畏其险"[5]，万安渡在洛阳江入海口，随着泉州海外贸易的发达，万安渡越发繁忙，然"绝海而济"，人多畏之。庆历年间，洛阳江上曾建有浮桥，但因遭风浪之侵，很快便不堪使用。后有僧人宗己及郡人王实、卢锡倡议于此创建石桥，以利民渡，然因故"未就"，蔡襄到郡之后，大力促成此事，终于成其功，花费"金钱一千四百万"，于嘉祐四年（1059年）二月建成，历时近六年。该桥的规模极

---

[1]《宋史》卷414《叶梦鼎传》，第12434页。

[2]（清）沈垚：《落帆楼文集》，上海古籍出版社1918年版，第21页。

[3]（宋）蔡襄：《端明集》卷28《万安渡石桥记》，文渊阁《四库全书》影印本，第1090册，第575d—576a页。

[4]（宋）林表民：《赤城集》卷13《陈骙·天台临川桥记》，文渊阁《四库全书》影印本，第1356册，第732c—733b页。

[5]《宋史》卷320《蔡襄传》，第10400页。

大,"长三千六百尺,广丈有五尺",笔者实地测量其长度为834米,宽7米[1],桥的两边有护栏,"翼以扶栏,如其长之数而两之"。这样规模的跨江连海石桥,在十一世纪实为举世罕见。

万安桥不仅规模宏大,而且技术也极为高明,历来为人所赞颂,乃至有"万安天下第一桥"之称,万安桥极为坚固,尤其是其桥基,屹立千年而不坏。其主要原因就在于蔡襄建桥后,在桥墩上种蛎以固其基。"以蛎房散置石基,益胶固焉。"这为后世所继承,"元丰初,王祖道知州事,奏立法,禁取蛎房"[2]。牡蛎簇聚而生,紧挨着彼此,且多有相互叠层而生者,桥墩上长年累月附生的坚硬的牡蛎就像一道保护壳,尽管下有淤泥,又有海浪冲打,但万安桥墩在蛎房的保护下却毫不动摇。

临川王琰于绍兴末年任天台知县,上任次年,即隆兴元年(1163年)便谨奉"十月成梁"之古训,欲在天台县西作新桥。其实在王琰之前,曾有县尉李琰、李异也有建桥之志,先作"百丈陲以捍冲溢",即先固堤岸,再图作桥,虽役民使力,事却未成。有此先例,后来的县令知难而退,不敢再生造桥之心。王琰到任之后,遵秉桥为知政者之职,考量往事,认定前桥不成,非为他故,乃是因为"大抵锐于土功者,利在亟成以要虚名",即前任诸公不肯慢工细活以坚其基,却一心意在桥梁速成以邀名利。而他不但想要建成此桥,更要让此桥稳固长存。因此,为了筹集经费,他率先拿出俸禄四十万钱,在他的影响下,很快就筹集了五百万钱。有了充足的建桥资金,便勘选桥址、奠定桥基,营建桥梁。这次建桥,并非如常役使农民,所谓"有穑事者与乎?有焉,毋纳其力",指的便是农民忙于而且通常也仅精于稼穑事,造桥非其所长,因此为长远计,"毋纳其力"。由于县令王琰手里有充足的资金,因此天台此次建桥募集了"斫者、凿者、陶者、墁者、梩者、筑者"等各色工匠,建造了一座"穷石以为楹""巨木以为梁""甓以培石""魁以涂甓"的石墩式木梁桥,桥墩由大岩石及石块砌成,如此精益求精,追求的就是"植之屹如""横之妥如""欲其坤""欲其确",即

---

[1] 泉州洛阳桥后虽经多次重修,但桥址、桥基、桥墩及桥墩间距未改,桥梁长度和宽度与北宋之桥相差甚小。

[2] (清)方鼎、朱开元等纂修:乾隆《晋江县志》卷2《桥渡志》,1945年晋江县文献委员会铅印本,第19—20页。

坚不可摧、牢不可破的效果。因为桥板为木梁，为了保护木梁不朽坏，又在桥上建有亭子以遮风挡雨。王琰所建之桥，规模虽不大，长五十尺，宽十九尺，高二十五尺，但却极为结实。是以过了几十年，到南宋中期还在使用。

除知州、县令等州县长官外，也有县尉参与桥梁事务者，如天台县西之桥，"前后尉李琰、李异，俱有建桥之役，作百丈隄以捍冲溢"[1]。修建于庆历八年（1048年）、号称为吴地之绝景的吴郡垂虹桥也是由"县尉王庭坚所建也"[2]。宋代县尉的事务虽集中为捕盗之事，但县内交通要道上桥梁营缮，多为一县要事，又因"九月除道、十月成梁"的古训约束，被视作官员分内之职，因此县内建桥，知县、县尉或县主簿多共理其事，如袁州分宜县浮桥、南康军建昌县修江桥、淳安县青溪上百丈桥等[3]，都是如此。

元人卢镇在宋人孙应时所纂的基础上而修成的《琴川志》，其设"桥梁"目，在篇首，作者表达了自己对于县令修桥的观点，曰"尝观宋天圣三年芜湖令董黄中浮桥政成，仁宗嘉其有爱民之惠，诏县民爱护以图永便。则知县有桥，所以便民也。为令者，亦不可不于此究心焉"[4]？这代表了时人的普遍看法，即县令理应修桥便民，此乃亲民官的本职工作。这在地方志中的体现便是，建康、吴郡、新安、华亭、仙溪等地桥梁，多由知州、知县所建。

两宋乡村桥道事，由基层社会负责。实行保甲法之后，都、副、保正、大保长等或耆长有管理乡里烟火、桥道堤岸等事。神宗熙宁八年（1075年）有敕曰"凡盗贼、斗殴、烟火、桥道等事，责都副保正、大保长管勾"[5]。高宗绍兴四年（1134年）《明堂敕文》云"福建路保正副、大小保长唯管缉捕逃亡军人及私

---

[1] （宋）林表民：《赤城集》卷13《陈骙·天台临川桥记》，台北新文丰出版社1948年影印本，第7—15页。
[2] （宋）朱长文：《吴郡图经续记》卷中《桥梁》，《宋元方志丛刊》第1册，第652页。
[3] （宋）陈傅良：《止斋集》卷39《袁州分宜县浮桥记》，《四库全书》影印本，第1150册，第806a—806d页；（宋）陈宓：《修江桥记》，载曾枣庄、刘琳主编：《全宋文》卷6965《陈宓·修江桥记》，第305册，第223—224页；（宋）胡朝颖：《重修百丈桥记》，载曾枣庄、刘琳主编：《全宋文》卷6414《胡朝颖·重修百丈桥记》，第283册，第22—23页。
[4] （宋）孙应时纂修、鲍连增补、（元）卢镇续修：《琴川志》，《宋元方志丛刊》第2册，第1159页。
[5] 《续资治通鉴长编》卷263，宋神宗熙宁八年闰四月乙巳，第6437页。

贩禁物、斗讼、桥路等事"[1]。嘉定十七年（1224年）"道路堤岸、桥梁摧毁去处，仰日下量给公费，委州县官及本乡保正等，公共相视，措置修治"[2]。孝宗乾道八年（1172年）"在法，乡村盗贼、斗殴、烟火、桥道公事，并耆长干当。今欲有耆长处依旧例，无耆长处保正同"[3]。都、副、保正、大保长、耆长等负责的桥道事，桥梁的营修与管理都应该包括在内。

四、转运司与宋代地方桥梁的营缮

转运司作为路级行政机构之一，在宋代地方事务上发挥了重要作用。太平兴国之后，太宗改道为路，"边防、盗贼、刑讼、金穀、按廉之任，皆委于转运使"，职责极为广重，"转运使于一路之事无所不总"[4]，几乎成为一路最高行政长官[5]。正因为转运使职务广、权责重，所以关乎物料筹备、人力役使、一方交通、物质人员运输，又与民众关系也极为密切的桥梁营缮，也与转运使有着剪不断的关系。史籍中关于转运司参与地方桥道修建的诏敕有很多，如：

仁宗天圣三年（1025年）七月，兴元府褒城知县窦充"乞于入川路沿官道两旁，令逐铺兵士每年栽种地土所宜林木，准备向去修葺桥阁"，其后仁宗诏令陕西及益州路转运司相度施行。[6]

神宗元丰七年（1084年）都水使者范子渊"相度滑州浮桥移次州西，两岸相距四百六十一步，南岸南崖地杂胶淤，比旧桥增长三十六步半"，诏范子渊与京西河北转运司、滑州同措置修治。[7]

徽宗大观元年（1107年）七月，以京城霖雨，水浸民居，道路不通，遣官

---

[1]《宋会要辑稿》食货一四之二二——二三，刘琳等点校本，第6277页。
[2]《宋会要辑稿》方域一〇之一〇，刘琳等点校本，第9468页。
[3]《宋会要辑稿》食货一四之四七，刘琳等点校本，第6291页。
[4] 以上均见马端临：《文献通考》卷61《职官考》"转运使"条，第1847—1849页。
[5] 关于宋代转运使的研究成果甚丰。重要者有方宝璋：《宋代在财经上对转运使的监督》，载《中国社会经济史研究》1993年第3期；戴扬本：《北宋转运使考述》，上海古籍出版社2007年版；汪圣铎：《宋代转运使补论》，载《中国史研究》2004年第1期。关于近年来转运使的研究综述，可见胡沿柳：《近年来宋代转运使研究综述》，载《卷宗》2017年第20期。
[6]《宋会要辑稿》方域一〇之"道路"，刘琳等点校本，第9463—9464页。
[7]《宋会要辑稿》方域一三之"桥梁"，刘琳等点校本，第9545页。

分督疏导,是月又诏:"自京至八角镇,积水妨行旅。转运司选官疏导,修治桥梁,毋使病涉。"[1]

转运司在地方桥道事务中的角色,在南宋体现得更为明显。南宋建炎以后,临安及诸路营缮之事"多俾府尹、畿漕分任其责"[2],进一步肯定了转运司在地方营缮事务中的角色。"先是,(曾)怀等欲于清湖闸堰及北郭税务人使厨屋北各创木桥一",孝宗乾道四年(1168年)十二月诏令转运司、临安府营度。[3] 类似的诏令不胜枚举。

考虑到宋代不少诏敕都有可能被编修成为通行的法典,即编敕,宋代延续唐后期修纂格后敕的立法形式,编敕在宋代法典体系的地位甚为重要,几乎每个皇帝在位时期都有编敕,神宗以后凡律所未载,一断以敕,以敕破律极为常见,编敕、附令敕是通行的法典,乃至唐代的律、令、格、式为宋代的敕、令、格、式所取代。[4] 以上有关转运使选官修治桥梁之诏敕,事实上具有法典意义。以上诏敕表明,在改善道路、规划桥阁修葺、改移黄河浮桥、创建木桥等事中,转运司都是重要参与者,或与府州、都水监合作,或独挑大任。

在桥道事务中,转运司上传下达信息,沟通中央与地方州县之间。一方面是接收本路州县桥道上请,并上报中央,另一方面又将朝廷决策、物资与人力调拨信息下达州县并将相关决策具体落实。州县桥梁若有所营,县令上告知州,知州也多有先呈转运司知者。倘若事大,花费大而役功多,转运司不可自作定夺,需奏上候报。天圣《营缮令》宋令第27条云:

诸别敕有所修造,令量给人力者,计满千功以上,皆须奏闻。[5]

宋代工程若所需人多,为安全计,地方需先奏闻朝廷,取得应允,方可动工。现实操作中,这条令文也被严格遵循。清代沈垚说"唐时州县兴造之事,听长

---

[1] 《宋史》卷94《河渠四》,第2344页。
[2] 《宋史》卷165《职官志五》,第3919页。
[3] 《宋会要辑稿》方域一三之"桥梁",刘琳等点校本,第9547—9548页。
[4] 戴建国:《唐宋时期法律形式的传承与演变》,载《法制史研究》(台北)2005年第7期;戴建国:《天圣令两题》,载《上海师范大学学报》2010年第2期,第125—130页。
[5] 《天圣营缮令复原唐令研究》,载《天一阁藏明钞本天圣令校证》,第650—654页。

吏自为，宋后动须上请，一钱以上州县不得擅用，所请不能称所需"，当也是本原于此。较之于唐代，宋代地方长吏可自决的工程，其役使人功量确实比唐代地方长吏为少，这在法律条文上也有反映。笔者复原的唐《营缮令》第30条云：

> 诸近河及大水，有堤防之处，刺史、县令以时检行。若须修理，每秋收讫，量功多少，自近及远，差人夫修理。若暴水泛溢，毁坏堤防，交为人患者，先即修营，不拘时限。应役一千人以上者，且役且申。（若要急，有军营之兵士，亦得通役。）所役不得过五日。

唐时，地方遇到诸如"暴水泛溢，毁坏堤防，交为人患者"的危急情况需维修地方等水利工程时，若所役人功在"应役一千人以上者""所役不得过五日"即五千功以上，地方长官可一边役使人功一边申尚书省，若在五千功以下，则无须当即申省听候朝廷意见，长吏可自决，只需在年终将役功情况附帐申上即可。[1] 而较之唐代，宋代地方长官自主役功的数目大为减少。

关于工程所需物料多寡，转运司也需检计、总理。《宋会要辑稿》载政和年间诏令曰：

> 诸营缮廨宇、馆驿、马递铺、桥道及什物之类，一就检计。谓如馆驿有损，即一驿之凡有损坏处皆是。三十贯以下，转运、提举常平司分认，从所属支，修讫，申逐司。诸营造材料所支钱及百贯，或创造三十间，每间不及四椽者以四椽准一间，申转运司。创造及三十间者，仍申尚书工部。县创造三间或缮修十间，并应支转运司钱者，申所属相度施行。应申者检计，仍委官覆检。其创造及百间，具奏听旨。诸营造材料并官给，阙，官差军工采官山林；又无，以转运司钱买。若不足，听于中等以上户税租内，随等第以实直科折。诏坐条申明行下。[2]

---

[1] 彭丽华：《论唐代地方水利营缮中劳役征配的申报——以唐〈营缮令〉第30条的复原为中心》，载《文史》2010年第3期。
[2] 《宋会要辑稿》方域一〇之"驿传杂录·递铺"，刘琳等点校本，第9480页。

"营造材料所支钱及百贯,或创造三十间"以下,譬如县新创三间或修缮十间,县申转运司,由转运司自决调度或购买。若支用钱百贯、创造三十间以上,转运司无权定夺,需申尚书工部。若创造百间及以上,则应上奏听旨。

正是因为宋代朝廷对于地方役使人功的控制更为严密,对物料、钱之支取的多寡界限也有明确规定,所以文本呈现出的信息是,转运使在信息上传下达中发挥了极为明显的作用。仁宗天圣七年(1029年)六月,京东转运司奏上夹莱州知州关于黄河坝子、桥梁的修建情况,并提出由沿岸县佐官时常巡护、淘出泥沙、栽种榆柳以加固河堤的建议。[1] 哲宗元祐元年(1086年),因为澶州浮桥被水冲毁,京西转运司为此上奏契丹国使改由驿道西路入京等事。[2] 工程所涉及的造价、选址、物料、钱数、兵夫等情况上报中央。[3] 徽宗宣和元年(1119年)五月,因永兴军界"浐水河并灞海",每经大雨,山水合并,两河泛涨,别无桥路。及水势稍息,往往病涉,多伤人命。因此,诏令"陕西路转运司相度,如不可置桥渡,即乞以过马索引路。今所属县分多差水手救护,专委本路漕臣张孝纯相度,措置闻奏"[4]。

若是所建之桥极为重要,转运使还会先向朝廷呈送"桥样"。洛阳虽为北宋西京,但早在宋太祖时,就不时想要将都城从汴京迁往洛阳。其后,迁都之论不绝于书。因此,位于洛阳中轴线上的天津桥的营建,是当时一件极为重要的

---

[1]《宋会要辑稿》方域一三之"桥梁"载天圣七年六月京东转运司言"近准差知莱州、虞部郎中阎贻庆等部辖开修夹黄河,勘会所开河桥梁坝子,除北田、滕胧坝子两座水势添涨,候开春减退修置外,其余桥坝并已修置。欲令缘广济河并夹黄河县分,令佐常切巡护,逐年检计工料,圆融夫力,淘出泥土,修贴堤身,于牵路外栽种榆柳。如河堤别无决溢,林木清活,具数供申,年终辇运司点检不虚,批上历子,理为劳绩。如公然慢易,致堤岸怯弱颓缺,栽种失时,亦乞勘逐科罚。"从之。刘琳等点校本,第9544页。

[2]《宋会要辑稿》礼三七之"宋缘陵裁制"载元祐元年四月四日工部上言,曰"京西转运司奏,北使经由道路近为浮桥解拆,改入京西路,务要不见山陵。今相度得河阳南至偃师东,由凤台、孝义次巩县,最为顺便,皆有亭驿,止是望见山陵林木,恐不须回避。"从之。刘琳等点校本,第1576页。

[3]《续资治通鉴长编》卷517,宋哲宗元符二年十月丁巳,第12302页。《宋会要辑稿》食货六二之"诸州仓库"载宁宗庆元元年十二月,"淮东转运司言:本司计料到起盖和籴桩管朝廷米斛仓廒二百八十三间,合用竹、木、砖、瓦、钉、灰、芦、簟物料,人工钱米,及周回墙围填迭地基,每间约价钱三百贯文,共享八万四千九百贯文。乞于本路桩管交子、铁钱内支降,应副起盖"。"诏令本司于真州见桩管铁钱内支拨四万二千四百贯文。"刘琳等点校本,第7588页。

[4]《宋会要辑稿》方域一三之"桥梁",刘琳等点校本,第9547页。

事情。徽宗政和四年（1114年）八月十日，京西路计度都转运使宋升奏"河南府天津桥依仿赵州石桥修砌，令勒都壕寨官董士輗彩画到天津桥，作三等样制修砌图本一册进呈"。徽宗在接到这三种不同的桥样图本之后，"诏依第二桥样修建，许于新收税钱内支拨粮米，本司应办，仍不立名行遣。仍诏孟昌龄同宋升措置"[1]。当然，宋升在主持河南府洛阳天津桥的修建之前，先向徽宗呈奏三种天津桥桥样以供徽宗选择，不排除深谙徽宗心理特征、崇信徽宗在工程美学上的造诣等因素。在此诏中，徽宗要求与宋升共同措置天津桥营建工作的孟昌龄，是当时极为重要的工程师。他设计并主持了黄河大浮桥三山浮桥的创建，这是徽宗朝的一项重大国家工程。[2] 其子孟揆又是营建著名皇家园林艮岳的总设计师。[3] 由此可知孟氏父子家传其技，其技术造诣应为当时之峰。

天津桥事实上并非宋升、孟昌龄当时在洛阳主持的唯一工程。《宋会要辑稿》载，其后，宋升又奏：

"西京端门前，考唐《洛阳图》，旧有四桥。曰谷水，曰黄道，在天津桥之北；曰重津，在天津桥之南，并为疏导洛水夏秋泛涨。岁月寖久及自经坏桥之后，悉皆湮没。今看详，见修天津桥居河之中，除谷水已与洛河合为一流外，其南北理当亦治二桥以分其势。盖不如是，则两马头虽用石段砌垒，两岸之水东入桥下，发泄不快，则两马不无决溢之患。又桥之上十里有石堰曰分洛，自唐以来引水入小河东南流入于伊。闻之耆旧，每暴涨则分减其势。若今来修建（大）[天]津桥而不治分洛堰，不能保其无虞。臣前项所乞止是天津一桥，今欲如旧制添修重津并黄道桥，及置分洛堰，增梁以疏其流于下，作堰以分其势于上，实为永久之利。"从之。[4]

宋升此奏，改变了此前仅修天津桥的设想，转而考虑了洛阳城的水流走向，参考唐《洛阳图》得知唐代洛阳城的桥梁分布，因而重新提出了一套筑洛堰、

---

[1] 《宋会要辑稿》方域一三之"桥梁"，刘琳等点校本，第9545页。
[2] 周宝珠：《宋代黄河上的三山浮桥》，载《史学月刊》1993年第2期。
[3] 伊永文：《孟元老考》，载《南开学报（哲学社会科学版）》2011年第3期。
[4] 《宋会要辑稿》方域一三之"桥梁"，刘琳等点校本，第9545—9546页。

修洛堤及并营天津、重津、黄道桥的新方案。这是综合考量洛阳水文条件及前代东都洛阳之历史而作出的蓝图规划，其工程规模之巨，及其给洛阳城所带来的变化，是翻天覆地的。这样一项包括桥、堤、堰在内的工程，一定程度上至少在洛水两岸及沟通洛水上恢复了洛阳作为唐代东都的盛况，而且经过综合治理可保新建三桥之使用寿命，"实为永久之利"。考虑到这一综合工程的设计高度，联系到孟昌龄后来设计的黄河三山浮桥，宋升此奏，很可能采纳了孟昌龄的设计思想。

朝廷虽有"无得擅行"[1]之要求，但转运司在本路桥梁事务上，还是拥有相当大的决策权。这是因为地方欲有所营建，州县常先知会转运司。营建与否，取决于地方的财力、人力等实际情况。役功多、花费大的工程，法律虽要求转运司必须申上候报，但除极少数情况，工程所需人力、财力还需本路承担。因此，在转运司申尚书工部或上奏之前，其实已作出了建或不建的决策。申上、奏闻皇帝，不过是按章行事的必要程序。绝大部分地方工程的营缮，都是转运司先作了决策再上报朝廷。朝廷或有否决者，但除却极少部分宫观祠庙或交通要道上的桥道外，少有朝廷主动提出要在地方营建某一基础设施。正是这一缘故，转运司事实上在地方工程营建中具有极大的决策权。宋仁宗时期，宣化军清河有舟渡而无桥，舟子每邀人截利为患不小，"京东转运使张公奎始谋毁舟建桥，授谋于县"[2]。熙宁七年，齐州泺源县久旱复久雨，"滔潦继作，桥遂大坏"。泺源知县施辩向齐州知府请求于泺水上修石桥以便渡民，知府"用其言，以告转运使"。转运使自作定夺，支拨经费、下令建桥。[3]又，神宗熙宁十年（1077年）诏曰"诸路转运司委知州、知县检视，计度合修城壁功料，于丰岁劝诱"[4]。同年，神宗又从中书门下之请要求各路转运司令辖下知州、知县"于丰岁分明晓谕，劝谕在城中、上等人户，各出丁夫修筑"[5]；神宗元丰元年（1078年）建昌军需修城墙，转运司上言若物料、人工不足，则应令，南县、丰县两地三等以

---

[1]《宋会要辑稿》方域一〇之"道路"，刘琳等点校本，第9463页。
[2]（宋）石介：《徂徕石先生文集》卷19，中华书局1984年版，第229页。
[3]（宋）苏辙：《栾城集》卷23《齐州泺源石桥记》，上海古籍出版社1987年版，第500页。
[4]《续资治通鉴长编》卷284，宋神宗熙宁十年九月甲戌，第6967页。
[5]《宋会要辑稿》方域八之"修城上"，第9427页。

上的民户出资，"南、丰两县三等以上户等第出备，又不足，即给省钱"[1]；高宗绍兴三年（1133年），两浙西路为修筑堤岸以防水患，诏转运司与本路宣谕"委官相度管下县分乡村，劝诱有田产上、中户量出工料"以营建水事。[2]

转运使在地方桥道事务中的角色如此重要，主要原因乃是其掌一路之财权。转运使的主要职责虽然是转运本路财权以上供朝廷或支援边军，但也需顾及本路州县城垣廨舍、营垒仓库、桥道堤堰等基础设施的建设，因为这些是保证该地区政治、经济、社会等活动正常进行的公共系统。神宗元丰七年（1084年），河南府韩绛上奏"近被水灾，自大内天津桥、堤堰、河道、城壁、军营、库务等皆倾坏"，意在分出部分经费以维修这些重要的基础设施。其后，朝廷诏令"转运司于经费余钱支十万缗"措置其事[3]。徽宗政和四年（1114年），前文所论京西路计度都转运使宋升所主持营建的洛阳桥、堤、堰等重大工程，其经费系以"新收税钱内支拨粮米"[4]。熙宁七年，齐州泺源县欲建石桥，"以告转运使得钱二十七万，以具工廪之费"[5]。建宁府欧宁于西溪修石桥，"部使者议给公钱五十万使营之"[6]，都是转运使支拨经费助本路州县修桥之例。

南宋亦然。本路属县若有桥梁营缮，亦多见转运司在其中的作用。如南宋中期袁州分宜县浮桥的创建，便系"前转运判官刘公（颖）经始，副使直龙图阁赵公（善俊）成之"。袁水将分宜县分南北两部分，北岸是地势较低的县治所在地，而上供仓则建在地势高平的南岸。未建浮桥之间，输租者常为运粮至对岸而遍寻舟船，颇为不便，危险亦存。而且，由于市设在北岸，居于南岸的民众欲入市，受一江之隔大多望水兴叹。一旦袁水漫涨，北岸低洼，"民骑屋危望岸南爽垲"，却"咫尺不得往避"。因此，县民早已希望建桥以通两岸。后江南西路转运使刘颖起意创建浮桥，转运副使赵善俊继而成之，为建该桥，江南西路转运司共拨款一百余万，以佐州县之费，并"率三岁以五千钱当河渡之入"，

---

[1]《续资治通鉴长编》卷288，宋神宗元丰元年二月丁未，第7041页。
[2]《宋会要辑稿》食货七之"水利上"，刘琳等点校本，第6138页。
[3]《宋会要辑稿》方域一之"西京杂录"，刘琳等点校本，第7279页。
[4]《宋会要辑稿》方域一三之"桥梁"，刘琳等点校本，第9545页。
[5]（宋）苏辙：《栾城集》卷23《齐州泺源石桥记》，第500页。
[6] 曾枣庄、刘琳主编：《全宋文》卷5420《袁枢·万石桥记》，第242册，第313—315页。

以河渡钱充修桥之资。其后，又委任转运司属官干办公事杨潜能主持具体事务，分宜县主簿刘孟容"视其役"，迄自桥成，而未扰民。分宜浮桥的营建，转运司起了关键作用。浮桥成后，袁州知州黄劭、分宜知县邓友龙始上任，"恨不在役中"，因此"州率岁储钱二十万以待修缮"，浮桥的维护之资也因此具备。此桥建成后，分宜县民皆大欢喜、奔走相告。这座浮桥，对分宜县而言极为重要，因为它将被袁水阻隔的分宜县连接成一个整体。鉴于转运司上下齐心、力建此桥，后来知州、知县又筹资维护，转运司与州县官员劳心劳力，一心为民。陈傅良为之作文，大加赞扬，文曰：

向使二部使者相，先后不同出一意，必且中辍，幸不中辍，而幕中赞不力，邑中治其役无具，即必不速就。虽速就，后之人恶莫己出，坏、弗坏，听自如何，则亦难久。余不足以知天下事，尝言以其小且易者，度其大且难者，当世君子诚同出一意如此，赞其画者昭其事者如此，后之人以勿坏为己责，又如此，往往天下或可为矣。[1]

上文提出若非前后两任转运判官、转运副使"同出一意"，后任继承前任未竟之事业，分宜浮桥的营缮便无法继续。若非分宜县诸官同心协力，该桥也无法快速建成，即便建成了，若无后任官员的维护，浮桥也无法长存。

五、结语

"国"与"家"的关系，是中国社会的基本关系。国是家的延伸，由家构成，也由家来实现，国在本质上是众家之体现，即为大家。正是这种理念的影响，古代中国的国家职能极为广泛，几乎涉及民众生活的各个方面。

国家集中力量组织民力建设重大工程是国家职能之一。当然，这与国家财政取自于民，有义务也有能力营建各类工程有关。这种家国一体的政治理念，

---

[1] （宋）陈傅良：《止斋集》卷39《袁州分宜县浮桥记》，《四库全书》影印本，第1150册，第806a—806d页。

一方面确实给权力阶层带来了大兴土木以满足私欲的便利，另一方面也使政府将营建、维护公共工程视作分内之事。桥道这类公共工程既造福民众，又大利于官府，既是维护自身统治的必需途径，也是展现统治合理的必要方式，而且政府财政取之于民、用之于民也符合儒家"因民之所利而利之"的善政追求，因此一直都为官府所重，营缮桥道被视作官府的基本职能，并被纳入法律体系予以规范。

桥梁作为道路系统的重要组成部分，事关古代国家交通与运输及国家对地方的治理与控制。皇帝出巡，官员上任、视察，政令传达，赋税上供，军队、丁匠、商旅往来等都离不开桥道等交通设施。因此，"九月除道，十月成梁"的古训早在《夏令》就已出现，表明早期国家或许就已明白除道建桥之事的重要性与必要性。桥道营建与否，成为判断为政者是否知政的一个标准。这一古训也被采入法律体系，已出土的简牍文献显示，在律令杂糅的秦汉时代，有桥道相关的规定收录在律中，如秦武王二年律、汉《二年律令·田律》之中都有相关规定。而到魏晋律令分途之后，关于桥道营修的规定虽不得见，但从唐代来看，有关桥道事的规定不但依旧存于《唐律·杂律》之中，而且也出现在中国历史上第一部关于国家工程事务规定的专篇法令《营缮令》之中，而这也为《宋刑统》及天圣《营缮令》所继承。

由于桥道事关国家统治，为了保证桥通道达，宋承唐制，一方面通过律、令、诏、敕等各类法律形式予以强调、规范，另一方面又设官分职，以确保有官员负责京城及州县的桥梁营缮事务。宋代汴京内当街城门之桥梁由作司修营，其余桥梁由州县分理。由于黄河河道变动频繁，再加上西夏、辽与北宋三国政权并立，黄河浮桥不仅是沟通河南、河北的交通要道，还是经营河北、防御四战之地的汴京的重要工具，更是通辽的必经通道，因此先是设立了河渠司，后又改置都水监（并置都水外监）来专门处理黄河堤埽、浮桥事，同时，相关州府长吏、通判也需积极配合都水监。其余州县位于交通要道的重要桥梁，尤其是与契丹或西夏毗邻之地，也通常由都水监负责。而普通桥梁，则由转运司、州县等负责营缮与管理。概而言之，北宋桥梁营缮与管理依然呈现出较为明显的层级性，到了南宋，情况则发生了明显的改变。由于转运司在地方桥梁事中发挥了重要的角色，掌管一路财权的转运使几乎为一路之行政长官，不管从财政还是从职务上，桥道事都与转运司关联密切。这是北宋转运司在地方桥道事务上发挥功用的原因。这为南宋所继承，至建炎时期，将作监并归工部，营缮之事，"多俾府尹、畿漕分任其责"，京城桥道事由临安府及转运司筹划。另外，南宋建都杭州，远离黄河，黄河水患、决堤不足以为腹心之患，因此曾在北宋作为繁据机构的都水监被省，地方上的桥道事自然由转运司、州县负责，宋代临安府的桥梁与地方州县的桥梁均呈现出鲜明的长吏负责制特征。

既有国家的大力提倡，又有法制的要求与约束，再加上观念的影响，而且桥道事影响面又广，各级官员不管是出于为官职责还是为了个人官声，都乐于从事修桥铺路之事，因为这不仅是响应政府号令、知政善治的体现，也因为修桥铺路是实实在在的公共工程，受益者多，官员自然也就容易获得民众颂扬，这样的政绩与名声，既是个人价值的实现，也是晋升的台阶。这是两宋时期（乃至中国古代很长时期）道路系统较为发达的又一个重要背景。

宋代例册及其地位探微

李云龙[*]

中国古代的法律形式丰富多样，不同类别和内容的法律形式相互配合，共同构成了具有自身特色的法律体系。其中既包括律、令、格、式、敕等制定法特征强烈的法律形式，也包括廷行事、决事比、故事、例等习惯法意味浓厚的法律形式。前者居于主导地位，因而中国古代法律体系也被称为律令制法律体系，但后者同样在行政事务处理和司法审判活动中发挥了重要作用，特别是例这一法律形式。相较于律、令、格、式等制定法，例有着独特的要素和价值。作为法律、制度、规范等以外的处理事务的依据，例由前事而形成，又为后事所仿效，具有比照、参考的作用。经过漫长的演变与发展，例自宋代开始逐渐成熟和完善，地位不断提高，并最终在元明清时期成为与律并行的法律形式，中国传统法律体系也实现了由律令制向律例制的转换。

虽然表现形态各异，但例的本质始终如一，那就是来源于具体的情事，并作为成文化的、已确定的正式规则体系的补充和变通。而与例相伴随的权威性、公开性、稳定性等不足的缺点，也让其饱受诟病。宋代在充分发挥例的作用、解决例存在的问题方面采取了一系列措施，如禁止援引零散个例、对散例进行正式编修、将编修后的例予以公开颁行等。其中一项成果虽然不易引起注意，但却不容忽视，那就是例册的运用。对于宋代例册的相关问题，学界目前的研

---

[*] 李云龙，男，山东潍坊人，山东大学法学院助理研究员。本文为山东大学基本科研业务费资助项目"唐宋之际的令典编修与司法运作研究"（项目编号：2020GN0100）、上海市教委科研创新计划重大项目"'一带一路'沿线新发现的古代各民族的法律文书整理及研究"（项目编号：2017-01-07-00-02-E00048）的阶段性成果。

究还较为有限。[1] 笔者在关于宋例的一些讨论中，也曾涉及例册的内容，但限于篇幅并未专门加以分析。[2] 对于宋代例册的性质和内容、例册在宋代行政事务和司法审判中的作用、例册与宋代法律体系的关系等问题，还有待进一步的阐释。本文尝试对上述问题作了初步考察，以就教于方家。

一、宋例与例册内容概述

在就宋代例册展开分析之前，有必要先对宋代例的基本情况进行介绍。宋代是例发展过程中的关键历史阶段，宋例既承接了秦汉以来经魏晋直至隋唐例形成和演变的丰硕成果，又开启了元明清例进一步发展和完善的历史趋势，具有承上启下的作用。宋代的例种类众多，从涉及的内容来看，可以分为行政例和司法例两个大类。

宋代的行政例包括条例、格例、则例和事例，宋代的行政诸例在继承秦汉以来，特别是魏晋至隋唐时期行政例持续发展的基础上又有新的充实和扩展。[3] 宋代的条例仍具有低层次法律规则的基本特点，而且在王安石变法期间，条例作为可以便宜行事的规则体系，成为各项改革措施的有力推动和保障。宋代的格例也在魏晋隋唐格例演化的基础上进一步明确化，主要适用于官员的管理等问题。宋代的则例更是随着宋代社会经济的不断发展，以及宋政权对于中央和地方各项事务管理的日益加强而大放异彩，获得了广阔的运用空间。宋代的事例则包括常例、成例、定例、恩例、优例、旧例、久例、近例、新例等，一系列名目各异但以具体事务的处理为核心的行政散例。

---

[1] 目前尚未见到专门就宋代例册进行探讨的著述，楼劲先生曾以礼例为中心对宋初三朝例的形态作了细致分析，其中有不少篇幅涉及例册的问题，参见氏著：《魏晋南北朝隋唐立法与法律体系：敕例、法典与唐法系源流》，中国社会科学出版社 2014 年版，第 612—622 页。另外，关于宋例问题的研究现状与学术史回顾，参见拙作：《宋例研究》，上海师范大学 2014 年硕士学位论文；王文涛：《宋例与宋代法律体系研究》，华东政法大学 2015 年博士学位论文。

[2] 参见拙作：《宋代行政例刍议——以事例为中心的考察》，载《求索》2015 年第 9 期；《宋例研究》，花木兰文化出版社 2016 年版，第 146—154 页。

[3] 关于宋代以前例的研究，参见杨一凡、刘笃才：《历代例考》，社会科学文献出版社 2012 年版，第 13—90 页。

宋代的司法例主要是指断例，与唐代的法例不被统治者重视相反，宋代的断例或者由朝廷直接下诏编修，或者由臣僚编修后由朝廷予以颁行，朝廷上下对于断例都十分重视。除了个别时期对于断例的态度有所差异外，在大多数时期对于断例的价值和作用都是肯定的。这也直接推动了宋代断例的大发展，就目前掌握的史料来看，宋代编修成书的断例有十数部之多，另外还有不少已有编修记录但最终未能成书的断例，规模相当庞大。而且宋代的断例在内容和体系上也逐渐趋于完善，至少从已知的两部南宋断例的编排体例来看，至迟在南宋绍兴时，断例的编排体例已经实现了与成文律典的一致。

　　总的来看，宋代的例在宋代的法律体系中扮演了关键性的角色，发挥了十分重要的作用。宋代的行政例在以刑法为主体的成文律典之外，为包括部门和地方在内的具体行政事务的处理提供了准则和依据。而宋代的司法例则为司法审判活动的顺利进行，特别是对于疑难重大复杂案件的处理起到了富有价值的参照作用。除了类别上的不同，例还存在层级上的差异，这是以往研究中较少关注的问题。上述条例、格例、则例、断例多属成文化和规范性程度较高的例，而在此之下，从低到高还有散例、例册等不同的层级。例册，或称例策，[1] 介于规范性较低的散例与较高的条例、格例、则例、断例之间，且处于过渡性的阶段，是理解宋例体系构成与动态运作的关键环节，这将是本文讨论的中心。

---

[1] 在宋代史料中还能看到例券、例簿的称谓，部分用法与例册类似。例券，如《续资治通鉴长编》载："荆湖南路转运司言：'契勘荆、广等路铸钱司牒：准内藏库牒，检会熙宁详定三司例卷数内一项，诸路坑冶课利金银并纳本库。除已牒潭州永兴场具兴发后来收到银数，以凭回报内藏库，照会本司坑冶收银，并系应副支用，久来不系起发赴内藏库之数。或合行并赴内藏库纳，即乞截自某年为额，宽立年限，逐旋带纳。'上批：'宜令依荆、广等路铸钱司牒内该指熙宁详定三司例卷内本条，并赴内藏库送纳，仍以元丰元年为始，及依所奏，均作五年带纳。'"（宋）李焘：《续资治通鉴长编》卷348神宗元丰七年九月甲辰，中华书局1995年版，第8356—8357页。例簿，如《续资治通鉴长编》卷62真宗景德三年二月丁酉："准在中书，喜用寒畯，每御史阙，辄取敢言之士，他举措多自任，同列忌之。尝除官，同列屡目吏持例簿以进，准曰：'宰相所以器百官，若用例，非所谓进贤退不肖也。'因却而不视。"第1389页。

二、宋代行政事务中的例册

首先来看宋代行政事务中的例册，行政事务是例册运用最为广泛的领域。在宋代有关行政事务处理的史料中，经常可以看到例册的名称，这里的例册属于何种性质的法律形式，其具体内容是什么，又发挥了怎样的作用？下文将逐一进行考察。

（一）例册的形成和编修

如上文所述，宋代行政事务中存在诸多类别的例，如条例、格例、则例和事例，事例则是常例、成例、定例、恩例、优例、旧例、久例、近例、新例等一系列散例的合称。根据规范程度的不同，这些名目不一的例可以分为三个层次：第一个层次是散例，位于例的体系的最底层，也是例形成后的最初形态；第二个层次是例册（例策），相较于零散的个例，例册经过了初步的积累、整理甚至是编修；第三个层次是冠以具体名称的条例、格例、则例等，这些例是前两者进一步修纂后的成果，成文化和规范性程度更高。可见例册正处于散例向更正式的例上升的过渡阶段，在例演进过程中具有独特地位。

例册的形成是例这种法律形式特质的集中体现，例能够存在并发挥作用的一个重要原因就是成文法的有限性，以刑法为主体的成文法不可能对社会的方方面面都加以规制，特别是对于具体行政事务的处理，往往鞭长莫及。戴建国先生指出："社会的发展，常使已有的制度不能应付新出现的情况，而又不可能巨细无遗地将制度制订得过于繁杂，因此产生了援引以往相类似的事例作为办事依据的惯例。"[1] 元丰七年（1084年）七月，侍御史张汝贤论奏王珪、王安礼陈乞子侄差遣法许用例时云："按法之文而折中于理，谓有司之事。无条有例，或虽有条而文意未明，应用例以补之，皆在所司。可以常行，于法未碍。"[2] 张汝贤明确指出"无条有例"及"虽有条而文意未明"时应发挥事例的补充作用。绍

---

[1] 叶孝信主编：《中国法制史》，复旦大学出版社2012年版，第203页。
[2] 《续资治通鉴长编》卷347元丰七年七月甲寅，第8330—8331页。

兴四年（1134年）曾降有指挥，要求"六曹长贰以其事治，有条者以条决之，无条者以例决之"。[1]

但中国古代根深蒂固的成文法传统决定了零散个例的运用总是受到强烈排斥，且在实践中也确实存在种种弊端。[2] 随着经济社会的转型和发展，宋代面对的管理事务日益增多，虽然宋代的立法数量较之前朝有了极大增长，但仍旧不敷使用。因而将例的内容吸收到法的框架内，无疑是朝廷上下都认可的，如《长编》元丰三年（1080年）正月己巳载："御史舒亶言：'铨院事无正条，止凭吏人检到例因缘，或致奸弊。乞委官一例删定为例策。'诏铨院合施行事，并编入敕令格式。"[3] 臣僚指出，铨院在处理事务时缺乏正式的条文规定，仅依靠吏人检例行事，所以希望通过编修例策（册）来克服此类弊端，而皇帝则诏令直接将相关内容编入成文法典敕令格式。又如绍熙二年（1191年）四月十二日，臣僚言：

前后臣僚屡有建请，皆欲去例而守法，然终于不能革者，盖以法有所不及，则例亦有不可得而废者，但欲尽去欲行之例，只守见行之法，未免拘滞而有碍。要在与收可行之例，归于通行之法，庶几公共而不胶。……如是，则所行者，皆法也，非例也。[4]

不过将所有的零散事例都上升为成文法，显然既无必要也无可能，因此一个折中的办法，即将零散的个例删修为相对系统的例册，则更为普遍和易行。庆历四年（1044年）二月丁巳，臣僚言：

欲乞特降指挥，选差臣僚，就审官、三班院并铨曹，取索前后条例，与主

---

[1] 徐松辑：《宋会要辑稿》职官八之二〇，中华书局1957年版，第2567页。
[2] 关于行政事务中零散事例的弊端问题，归纳起来有五个方面，分别为：生成途径不权威、具体内容不公开、处理方式不统一、运用程序不规范、效力发挥不稳定。参见拙作：《宋代行政例刍议——以事例为中心的考察》，载《求索》2015年第9期，第97—104页；《宋例研究》，上海师范大学2014年硕士学位论文，第155—159页。
[3] 《续资治通鉴长编》卷302元丰三年正月己巳，第7342页。
[4] 《宋会要辑稿》刑法一之五五至五六，第6489页。

判官员，同共看详，重行删定，画一闻奏。付中书、枢密院，参酌进呈。别降敕命，各令编成例策施行。[1]

臣僚希望将另降的诏敕编成例策，以备使用。陈襄《古灵集》卷7《论流内铨奏辟官属札子》中也载："前后应用诸般体例文字，尽令类聚编录，委无漏落。责自本司与判官曹员同共看详，除不可用者合行删去外，其余条目，虽多轻重不一，可以兼存者，并乞编为例册，奏取进止。"[2] 在这一札子中，陈襄奏请将流内铨前后行用的诸多规定分门别类，除不可用的删去外，其他可以并存以为参照的则编为例册。克服散例存在的弊端以充分发挥例的作用，成为编修例册的考虑因素之一。又如大中祥符九年（1016年）八月己卯，翰林学士陈彭年等言：

先准诏看详新旧编敕，及取已删去并林特所编三司文卷续降宣敕，尽大中祥符七年，总六千二百道，千三百七十四条，分为三十卷。其仪制、敕书、德音别为十卷，与刑统、景德农田敕同行。其止是在京及三司本司所行宣敕，别具编录。若三司例册，贡举、国信条制，仍旧遵用。[3]

可见三司例册被要求仍旧遵用，其作用和地位是受到肯定的。另外，从上述几条史料中也可以看出，例册的编修来源较为广泛，既有散例，亦有可以成为散例渊源的诏敕及"诸般体例文字"等，但都有一个共同点，就是具备例的本质特征，即能够成为处理之后相关事务的参照。对于编修例册的必要性，戴建国先生曾作过说明，指出："作为后事之比的例积累多了，前后往往产生矛盾，宋政府常常不定期对所行例进行整理删修，编集成册。"[4] 绍兴四年（1134年）八月，权吏部侍郎胡交修等奏：

---

[1] 《续资治通鉴长编》卷146庆历四年二月丁巳，第3550页。
[2] 陈襄：《古灵集》卷7《论流内铨奏辟官属札子》，文渊阁四库全书本。
[3] 《续资治通鉴长编》卷87大中祥符九年八月己卯，第2004页。
[4] 叶孝信主编：《中国法制史》，复旦大学出版社2012年版，第203页。

契勘近降细务指挥内一项，六曹长贰以其事治，有条者以条决之，无条者以例决之，无条例者酌情裁决。夫以例决事，吏部最为繁多，因事旋行检例，深恐人吏隐匿作弊，与七司各置例册，凡敕札批状指挥可以为例者，编之，令法司收掌以待检阅。[1]

皇上接受了此一建言，于是诏"吏部编七司例册"。[2] 在宋代，例册的运用十分广泛，不少政府机构都有编修例册的记载。如枢密院编修的例册，庆历四年（1044年）二月戊戌："命天章阁侍讲、史馆检讨王洙及枢密院都承旨、右监门卫将军战士宁编修枢密院例策。"[3] 又如熙宁三年（1070年）十月丙戌："著作佐郎馆阁校勘王存、大理寺丞馆阁校勘顾临、著作佐郎钱长卿、大理寺丞刘奉世，同编修经武要略兼删定诸房例册，仍令都、副承旨提举编定。"[4] 根据史料记载，此次删定例册的活动是有成果的，《宋史·艺文志》载："王存《枢密院诸房例册》一百四十二卷。"[5]

除枢密院外，其他不少机构也有编修例册的记载，如《长编》载，熙宁八年（1075年）八月壬子："命池州司法参军孙谔编定省府寺监公使例册条贯，又命谔监制敕库。"[6] 又如中书五房编修的例册，皇祐五年（1053年）十二月己未："参知政事刘沆提举中书五房续编例册。"[7] 作为管理经济事务的重要部门，三司也有不少例册，大中祥符四年（1011年）九月丁亥，三司盐铁副使林特上祀汾阴庆赐例册，上谓宰臣曰："外道所给，比往年南郊乃多十余万，盖募兵太广尔，

---

[1] 《宋会要辑稿》帝系一一之二，第214页。《宋会要辑稿》职官八之二〇也载："（绍兴四年）六月二十日，吏部侍郎胡交修言：'近降细务指挥内一项，六曹长贰以其事治，有条者以条决之，无条者以例决之，无条例酌情裁决。盖欲省减朝廷庶务，责之六曹令史。欲乞令本部七司各置例册，法司专掌诸案，具今日以来应干敕劄批状指挥，可以为例者，限十日尽数关报法司，编上例册。今后可以为例事，限一日关法司钞上，庶几少防人吏隐匿之弊。'从之。"第2567页。
[2] 李心传：《建炎以来系年要录》卷79，中华书局1956年版，第1291页。
[3] 《续资治通鉴长编》卷146庆历四年二月戊戌，第3535页。
[4] 《续资治通鉴长编》卷216熙宁三年十月丙戌，第5268页。
[5] （元）脱脱等：《宋史》卷207《艺文志六》，中华书局1977年版，第5288页。
[6] 《续资治通鉴长编》卷267熙宁八年八月壬子，第6553页。
[7] 《续资治通鉴长编》卷175皇祐五年十二月己未，第4241页。

其间老疾不任事者，当令简阅之。"[1] 可见是由三司编修的有关赏赐方面的例册。时人蔡襄的《端明集》中也载："（吕士昌）移知益州灵泉县，以太夫人高年，愿监舒州皖口仓。未行，服丧，外除知江之德安。罢归，三司使田公况辟君编《三司例策》，书成二百卷。"[2] 我们在这里亦能看到例册成书的记录。

（二）例册的内容和运用

宋代十分重视例册的运用，在行政事务的处理中，诸多不同类别的内容都能够看到例册发挥作用。如官员铨选方面的内容，绍兴三十二年（1162年），吏部侍郎凌景夏言：

国家设铨选以听群吏之治，其掌于七司，著在令甲，所守者法也。今升降于胥吏之手，有所谓例焉。长贰有迁改，郎曹有替移，来者不可复知，去者不能尽告。索例而不获，虽有强明健敏之才，不复致议。引例而不当，虽有至公尽理之事，不复可伸。货赂公行，奸弊滋甚。尝睹汉之公府有辞讼比，尚书有决事比，比之为言，犹今之例。今吏部七司宜置例册，凡换给之期限，战功之定处，去失之保任，书填之审实，奏荐之限隔，酬赏之用否，凡经申请，或堂白、或取旨者，每一事已，命郎官以次拟定，而长贰书之于册，永以为例，每半岁上于尚书省，仍关御史台。如是，则巧吏无所施，而铨叙平允矣。[3]

凌景夏建言，吏部七司应当设置例册，遇有确定换给期限、战功大小、去失保任等情况时，在事情处理完毕后由长官记录于例册之中。从这一奏请中我

---

[1] 《续资治通鉴长编》卷76 大中祥符四年九月丁亥，第1735页。
[2] 蔡襄：《端明集》卷40《尚书职方员外郎吕君墓志铭》，文渊阁四库全书本。
[3] 《宋史》卷158《选举志四》，第3714页。《玉海》卷117《选举》"绍兴编七司例册"条也云："绍兴四年八月庚辰，诏吏部编七司例册。胡交修言：以例决事，吏部最多，乞将敕札批状指挥可为例者，编为册，以俟检阅。从之。二十六年九月戊辰，中丞汤鹏举请明部吏、刑部，条具合用之例，修入见行之法，以为中兴成宪。从之。后四年乃成。三十二年四月甲戌，侍郎凌景夏请吏部七司置例册，淳熙元年十二月修七司法。"（宋）王应麟：《玉海》卷117，江苏古籍出版社、上海书店1987年版，第2172页。

们也能够看出，至少在凌景夏眼里，例册与例是不同的，例掌握于胥吏之手，其内容是不公开的，运用过程也没有什么程序可言。而记录于例册之后则有了很大的改观，例册由官员甚至是部门长贰主导，权威性自不待言，公开性也有了保障。而且在程序上，凌景夏还主张定期将例册上于尚书省，并关报御史台，使得例册在一定程度上具备了成法的特点。

除官员铨选外，宋代史料中的例册主要适用于礼仪制度的收载和公使钱的管理。在礼仪制度收载方面，最集中地体现为《礼院例册》的编修。欧阳修等所纂的《太常因革礼》中曾多次引用《礼院例册》的内容，并附有《仪注例册》。《文献通考》载："其书以《开宝通礼》为本，而以《仪注例册》附见之，且参以《实录》《封禅记》《卤簿记》《大乐记》及他书，经礼、曲礼于是两备。"[1] 根据笔者统计，《太常因革礼》引用《礼院例册》达78次之多，因内容较多，这里仅摘引一处：

《礼院例册》：景祐五年十二月，太常礼院奏准详定所奏，欲乞改正南郊从祀神位，玄冥为元冥，玄武为真武等。谨案，周礼孟冬祠司民，本因唐朝避文皇帝讳，遂改司人。今欲依例改玄冥等作元，先于南郊及腊祭告改名之意，其玄武、玄冥、玄弋、玄枵等并无正坛，只是配座，欲择日差官于南郊设昊天上帝位，并于本等设玄武以下四位，各用币酒脯告以改名之意。诏可。遂改玄武为真武，玄冥为真冥，玄弋为真弋，玄枵为真枵。[2]

这里收录的是更改南郊从祀神位的奏章，《宋史·礼志》中也曾两次引用《礼院例册》的内容：

《礼院例册》：文武官一品、二品丧，辍视朝二日，于便殿举哀挂服。文武官三品丧，辍视朝一日，不举哀挂服。然其车驾临问并特辍朝日数，各系圣恩。一品、二品丧皆以翰林学士已下为监护葬事，以内侍都知已下为同监护葬事。

---

[1] 马端临：《文献通考》卷187《经籍考十四》，中华书局1986年版。
[2] 欧阳修等：《太常因革礼》卷1《总例一》，清广雅书局丛书本。

葬日，辍视朝一日，皆取旨后行。[1]

《礼院例册》：诸一品、二品丧，敕备本品卤簿送葬者，以少牢赠祭于都城外，加璧，束帛深青二，纁二。诸重：一品柱鬲六，五品已上四，六品已下二。诸铭旌：三品已上长九尺，五品已上八尺，六品已上七尺，皆书某官封姓之柩。[2]

《宋史》中所引述的这两条《礼院例册》的内容，都是关于官员丧葬的礼仪和规格，对于不同等级的官员规定了不同的规格。而《太常因革礼》中所引《礼院例册》的内容则多载有具体的年月，可见《礼院例册》应是对于当时具体做法的汇集，这在相当程度上反映出古人对于礼仪制度的重视，也表明了经过编修的例册在礼仪方面所发挥的重要作用。[3]

而例册的法律效力在对公使钱的管理中体现得更为突出，在公使钱的管理方面，例册的内容更为丰富，运用也更为规范。公使钱，又称公用钱，"本为各级官署办公之费，实则多用于饮宴厨传，南宋时公使供给更被视为官吏俸禄之一部"，[4] 主要用于过往官员的接待、宴请及馈送。宋代公使钱的使用和管理呈现出制度设计和实践操作的背离：一方面，制度设计颇为严格，如苏辙云："一钱以上，皆籍于三司，有敢擅用，谓之自盗。而所谓公使钱，多者不过数千缗。百须在焉，而监司又伺其出入而绳之以法。"[5] 另一方面，在实际操作过程中则存在不少问题，违法现象层出不穷，如《涑水记闻》载："滕宗谅知泾州，用公使钱无度，为台谏所言，朝廷遣使者鞫之。宗谅闻之，悉焚公使历。使者至，不能案，朝廷落职徙知岳州。"[6]

在公使钱的使用过程中，例册所确定的事项与数额具有法律效力，是公使钱支出的基本依据。元丰六年（1083年）七月辛酉，户部言："陕西诸路缘边州、

---

[1] 《宋史》卷124《礼志二七》，第2903—2904页。
[2] 《宋史》卷124《礼志二七》，第2909页。
[3] 关于例册与宋代礼制的相关问题，参见楼劲：《魏晋南北朝隋唐立法与法律体系：敕例、法典与唐法系源流》第十一章《宋初三朝的"例"与规范形态的变迁——以礼例为中心的考察》，第567—622页。
[4] 汪圣铎：《两宋财政史》，中华书局1995年版，第482页。
[5] 苏辙：《栾城集》卷21《上皇帝书一首》，四部丛刊本。
[6] 司马光：《涑水记闻》卷10，中华书局1989年版，第196页。

军、城、寨公使给官吏之物，欲并依例策，以在市实直给价，内酒数亦据酒材所合酝升斗支给，候物价平依旧。"[1] 户部要求陕西诸路支给官吏的钱物，须依照例册中的规定来实行。绍兴二十八年（1158年）九月己卯，户部奏："言者论监司守令害民事件，乞监司知州月给例罢，非旧例册所有而辄受者，以赃论。"[2] 如果原例册没有记载的事项，则以赃罪论处。又如《苏文忠公全集》卷62《申明扬州公使钱状》载：

> 窃以扬于东南，实为都会，八路舟车，无不由此，使客杂还，馈送相望，三年之间，八易守臣，将迎之费，相继不绝，方之他州，天下所无。每年公使额钱，只与真、泗等列郡一般，比之楚州少七百贯。况今现行例册，元修定日造酒糯米每斗不过五十文足，自元祐四年后来，每斗不下八九十文足，本州之费，一切用酒准折，又难为将例册随米价高下逐年增减，兼复累年接送知州，实为频数，用度不赀，是致积年诸般逋欠，约计七八千贯。[3]

虽然苏轼抱怨扬州关于公使钱的现行例册数额有限，应对频繁的迎送开销捉襟见肘，但却不敢擅自更改，只能是提出变通和解决方案奏请朝廷予以考虑，例册所确定的数额无疑具有很强约束力。

除接待外，馈送也是公使钱支出的内容之一，对此例册中同样作出了规定。绍圣四年（1097年）五月庚午，由于"三省言兰州违法馈送"，朝廷于是下诏："诸路沿边州军，除帅臣所在外，若公使于例册外馈送，并依缘边城堡镇寨条施行。朝廷遣使及监司例外受供馈者，仍取旨。委经略、安抚、钤辖、转运、提刑、提举司，常切觉察劾奏。"[4] 如果公使在例册规定的事项和额度之外进行馈送，须依相关地方的规定予以治罪，而如果是朝廷遣使及监司在例册外受馈送，则取旨定夺。

可以看到，朝廷对于违法接受馈送的行为十分重视，例册在其惩处过程中

---

[1]《续资治通鉴长编》卷337元丰六年七月辛酉，第8124页。
[2]《建炎以来系年要录》卷180，第2985页。
[3] 苏轼：《苏文忠公全集》卷62《申明扬州公使钱状》，明成化本。
[4]《续资治通鉴长编》卷487绍圣四年五月庚午，第11575页。

起到了参照作用。又如大观二年（1108年）十二月八日，臣僚言："自今后监司并属官、帅司等处差勾当公事官，于廨宇所在遇筵会，许折送供不尽酒食，其余巡历所至，止许收例册内馈送。仍乞今后于旧例册外，别作诸般名目收受，并同监主自盗法立赏，许人陈告，仍不以赦降去官原减。"[1] 臣僚奏请除了遇有宴会"许折送供不尽酒食"外，在外出巡历时"止许收例册内馈送"，否则按监主自盗惩处，并许人陈告。

上级官员途经下级官员治所时，下级官员予以宴请和馈送是难以避免的，时至今日尚难以杜绝，遑论官本位思想浓郁且向来重视人情世故的古代社会。统治者对此无疑也十分清楚，因而与其徒劳无功地严厉禁止，还不如通过例册的设置将其有限度的公开化、合法化。这样既能够对行贿索贿行为加以约束，又能够防止公使钱的铺张滥用，还能够通过不同等级官员接待标准的差异体现统治的威严和秩序。这样的意图在相关诏敕中体现得非常明确，政和元年（1111年）三月二十一日，诏：

诸路公使支用，随逐处各有已定例册。其监司所在及巡历，或朝省遣官所至州郡往往多不循例，过有供馈。朝廷察知其弊，遂修立崇宁五年春颁敕，诸与所部监司若朝省所遣使命至本路以香药馈送者，徒二年，折计价直以自盗论。[2]

诏敕要求地方公使支出必须遵循例册的规定，对于违例馈送者则给予徒两年的刑罚。在南宋时的《庆元条法事类》中，也能看到不少关于违背例册接受馈送的处罚规定，对违法行为的具体情形区分得更为细致。如《庆元条法事类·职制门六》中专门有"馈送"部分对此类行为加以规制，其中一职制敕规定："诸监司、知州，非任满替移，（在任二年以上非。）虽有例册辄馈送罢任之物及受之者，并坐赃论。"[3] 可见两年以下的非任满替移，是不能援用例册的规定而接受馈送的。一厩库敕中规定：

---

[1]《宋会要辑稿》刑法二之四八，第6519页。
[2]《宋会要辑稿》刑法二之五四，第6522页。
[3] 谢深甫等：《庆元条法事类》卷9职制门六《馈送·职制敕》，戴建国点校，载《中国珍稀法律典籍续编》第1册，黑龙江人民出版社2002年版，第166页。

诸缘边州（帅臣所在非。）及镇寨，于例外馈送，以违制论，受者准此。应干办官属唯听受到发、酒食，其余供馈（例册有者亦是。）及一季内再至，虽酒食各不得受，违者，杖一百，所送官司罪亦如之。朝廷遣使或监司于例外受者，奏裁。[1]

敕中指出，各缘边州镇长官以外的属官等不能接受供馈，即使是长官，如果一季内再次巡历，除基本的酒食外也不得接受供馈。而在另外一厩库敕中也再次强调了朝廷对于公使钱使用的原则和策略，即一方面允许例册内已经确定的馈送事项和数额，另一方面也对例册外巧立名目的行为严厉限制和打击，《庆元条法事类》卷9职制门六载：

诸公使辄非法于额外营置钱物，（孳养猪羊之类抑配出卖收钱者同。）或排顿若例外巧作名目馈送及受，并在任官月给有次而特送人，或以酒及应公使物馈送出本州界，各徒二年，若无名过有特送，（谓非案卷所有者。）减三等。即以公使（正赐非。）见钱、金帛珍宝遗人，准盗论减一等。（例册内立定节仪非。）[2]

有敕中所列三类行为之一的徒三年，但如果是属于"例册内立定节仪"的情形，则不予追究。而且在多条公用令中，对于例册外公使钱的支出亦有限制："诸公使，例册外听长官临时支用。非见任官不得月给，非州不得馈送过客。其正赐钱，不拘此令。"[3] 明确指出非现任官员不得支给，非州一级的不得馈送。且须将例外供馈的规定予以公开："诸缘边州（帅臣所在非。）及镇寨，公使供给将校、犒设探事人等，依旧例，其镇寨，即经略安抚、钤辖司每岁点检，仍以板录例外供馈条晓示。"[4]

---

[1]《庆元条法事类》卷9职制门六《馈送·厩库敕》，第168页。
[2]《庆元条法事类》卷9职制门六《馈送·厩库敕》，第168页。
[3]《庆元条法事类》卷9职制门六《馈送·公用令》，第169页。
[4]《庆元条法事类》卷9职制门六《馈送·公用令》，第169页。

《名公书判清明集》卷一《任满巧作名色破用官钱》中也载："昨据案呈此例，已知其不合令甲，必是作法于贪污之人，遂令检寻其所由始。今稽之例册，乃果无之。创为此例者，甲守也，倍增其数者，乙守也。"[1] 之前的两任官员甲和乙因为巧立名目，以"送还行李"为名贪污受贿，现任官员胡石壁虽一开始就怀疑二人有贪污之嫌，但还是先于例册内进行检索，发现确无相关记载后才对两人的罪行予以认定，可见例册所规定的事项无疑具有法律效力，是定罪量刑时的基本依据。

例册的这一作用，在熙宁四年王安石与文彦博这两位朝廷重臣的对话中也有所反映，《长编》熙宁四年（1071年）四月壬戌载：

安石又以为诸军宜各与钱作银楪子之类劝奖习艺，然宜为立条例，使诸路一体，不然，则诸路各务为厚以相倾，而无艺极。文彦博曰："付与州郡公使，当听其自使。向时，曾令公使置例册，端午，知州送粽子若干个，亦上例册，人以其削弱为笑。"安石曰："周公制礼，笾豆贵贱皆有数。笾豆之实，菹醢果蔬，皆有常物，周公当太平之时，财物最多，岂可制礼务为削弱可笑。盖用财多少，人心难一，故须王者事为之制，则财用得以均节，而厚薄当于人心也。"[2]

王安石认为诸军可以制作银楪子之类以劝奖习艺，但是应当制定条例，使各地大致相同，防止各路一味追求厚赏，而失立赏之本意。文彦博不以为然，认为可以任由地方来处置。王安石却认为财物虽小，事关制度之大体，故不应等闲视之。可见例册成为记载这些琐碎事项的工具，从中我们也能够感受到宋代中央政府对于地方管理的日益细密和强化。总的来看，在宋代行政事务中，例册与散例存在较大的差别，不仅不被视为排斥的对象，反而在礼仪制度收载、公使支出管理等方面发挥了相当重要的作用。

---

[1] 佚名：《名公书判清明集》卷1官吏门《任满巧作名色破用官钱》，中国社会科学院历史研究所宋辽金元史研究室点校，中华书局1987年版，第31页。
[2]《续资治通鉴长编》卷222熙宁四年四月壬戌，第5401页。

三、宋代司法审判中的例册

下面我们再来看司法审判中的例册，断例是宋代司法审判活动中出现最为频繁、运用最为广泛的例。[1] 根据笔者统计，有宋一代名目可考的断例至少有16部之多。[2] 自北宋仁宗庆历年间编修第一部断例开始，至南宋宁宗开禧年间为止，除在位时间较短的英宗、钦宗、光宗朝外，断例的编修活动一直持续，几乎没有中断。而除了断例的编修外，史料中也能看到例册编修的问题，如仁宗庆历四年（1044年）七月丙戌，臣僚奏称：

> 臣请诏天下按察官，专切体量州县长吏及刑狱法官，有用法枉曲侵害良善者，具事状奏闻，候到朝廷，详其情理，别行降黜。其审刑、大理寺，乞选辅臣一员兼领，以慎重天下之法，令检寻自来断案及旧例，削其谬误，可存留者著为例册。[3]

臣僚希望审刑院、大理寺检寻审结的司法案件，删除存在错误的内容，将有价值、值得参考的案例编为例册。又如哲宗元祐元年（1086年）十一月戊午，中书省言："刑房断例，嘉祐中宰臣富弼、韩琦编修，今二十余年。内有该载不尽者，欲委官将续断例及旧例册一处看详情理轻重，去取编修成册，取旨施行。"[4] 中书省希望编修新的刑房断例，而其编修的来源则是"续断例及旧例册"，可见各部门内部积累的例册是断例编修时的重要材料来源，如川村康先生所指出的："熙宁以前的断例，在刑部、大理寺、审刑院等各机关独立编纂；与此相对，元丰以后的断例，以各机关未编集的例和内部的例册作为资料，由

---

[1] 关于宋代断例的相关问题，参见：[日]川村康：《宋代断例考》，原载《东洋文化研究所纪要》第126册，1995年，第107—160页；又载中国政法大学法律史学研究院编：《日本学者中国法论著选译》，中国政法大学出版社2012年版，第345—390页；戴建国：《宋代法制初探》，黑龙江人民出版社2000年版；《宋代刑法史研究》，上海人民出版社2008年版；杨一凡、刘笃才：《历代例考》；拙作：《宋代断例再析》，载《法制史研究》2014年第24期，第163—198页。

[2] 参见拙作：《宋例研究》，第40—43页。

[3] 《续资治通鉴长编》卷151庆历四年七月丙戌，第3672页。

[4] 《续资治通鉴长编》卷391元祐元年十一月戊午，第9509页。

中书刑房和编修敕令所等进行统一的编纂，反映了断例的管理已经统一化、集中化。"[1]

断例有未经编修和已经编修之分，前者以散例的初始形式存在于相关机构内部，后者则经过了系统的删修，多予以公开颁行，差别很大。例册则介于两者之间，相较于散例而言，经过了一定程度的整理；相较于经过编修的断例而言，还未进行细致筛选，适用范围主要限于部门和机构内部，如绍圣元年（1094年）十一月一日，刑部言：

被旨：六曹、寺、监检例必参取熙宁、元丰以前，勿专用元祐近例。旧例所无者，取旨。按降元祐六门下中书后省修进拟特旨依断例册，并用熙宁元年至元丰七年旧例。本省复用黄贴增损轻重。本部欲一遵例册，勿复据引黄贴。[2]

这里的例册即是形成和存在于刑部的，在南宋时例册的用法也是如此，淳熙四年（1177年）六月二十八日，诏："刑部自今将情法相当、别无疑虑案状依条施行外，有情犯可疑，即于已抄录在部例册内，检坐体例比拟，特旨申省。如与例轻重不等，亦令参酌拟断，申取指挥。"[3] 刑部在遇有情犯可疑的情况时，需要在部门内的例册里检寻类似的案件及其处理方式。

值得一提的是，与断例的运用背景类似，司法审判中的例册也与宋代奏谳制度的强化密不可分。奏谳制度，或称奏裁制度，是指"对刑名疑虑、情理可悯的案件必须上奏朝廷敕裁的制度"[4]，这一制度在宋代以前就已产生，既体现了皇权对于司法审判最终权限的控制，也反映出中国古代统治者重视狱讼和民命的恤刑精神。有学者指出："宋代将这一精神加以发扬光大，特别重视对疑狱的奏谳，即使因奏谳而造成大量滞狱也在所不惜，形成了宋代司法制度上的一大

---

[1] ［日］川村康：《宋代断例考》，载中国政法大学法律史学研究院编：《日本学者中国法论著选译》，中国政法大学出版社2012年版，第375页。
[2] 《宋会要辑稿》刑法一之一六，第6469页。
[3] 《宋会要辑稿》职官一五之二六，第2710页。
[4] 王云海主编：《宋代司法制度》，河南大学出版社1992年版，第315页。

特点。"[1]史载，宋代刑部的职责之一就是处理奏裁案件："若情可矜悯而法不中情者谳之，皆阅其案状，传例拟进。"[2]

之所以说二者与奏谳制度密切相关，是因为断例体现着中央司法机构乃至皇帝处理类似案件时的意见和态度，而在自下而上的奏谳程序中，无论是地方司法机构还是中央司法机构都需要断例：地方司法机构需要通过断例来了解中央司法机构及皇帝对于类似案件的处理方式；中央司法机构则需要通过断例来进行检例、贴例，并提出意见、作出拟判，最后交由皇帝裁决。断例在正式修纂前，正是以散例或例册的形式存在于需要参与到奏谳程序的各机构内部。刘笃才先生也曾指出："刑例是宋朝在恢复奏谳制度过程中形成的。各地把事有疑虑、理可矜悯、不能完全按照法律判决的死刑案件，通过奏报的途径，上报中央有关机构审核，如经皇帝批准得以减死论处，就会形成一个案例。"[3]

在奏谳程序中，下级就案件裁判向上级请示时需要贴例，特别是神宗元丰改制后，刑部取代审刑院的原有职权，负责详复大理寺所断奏案。"由于大理寺断上的都是命官要案以及地方疑虑可悯的奏裁案，法律条文中基本上找不到判罪的依据，故刑部详复拟定的主要手段就是'帖例'，即检索合适的'例'以比附定夺、草拟断敕、进呈皇帝批准，称为'帖例拟进'。"[4]元丰五年（1082年）七月的诏令中就指出："刑部贴例拟公案并用奏钞，其大理寺进呈公案，更不上殿，并断讫送刑部。贴例不可比用，及罪不应法，轻重当取裁者，上中书省。"[5]

而与帖例相伴生的一个程序是检例，神宗元丰二年（1079年），中书言："刑房奏断公案，分在京、京东西、陕西、河北五房，逐房用例，轻重不一，乞以在京刑房文字分入诸房，选差录事以下四人专检详断例。"[6]哲宗元祐元年（1086年），刑部官员认为检例乃是吏人之事，不应由官员来负责："其应供检案牍之

---

[1] 王云海主编：《宋代司法制度》，河南大学出版社1992年版，第315页。
[2] 《宋史》卷163《职官志三》，第3857页。
[3] 杨一凡、刘笃才：《历代例考》，社会科学文献出版社2012年版，第93页。
[4] 王云海主编：《宋代司法制度》，河南大学出版社1992年版，第323页。
[5] 《续资治通鉴长编》卷328元丰五年七月壬辰，第7897页。
[6] 《续资治通鉴长编》卷298元丰二年六月乙丑，第7260—7261页。

事，专责吏人。所以分事体大小，别官吏高下。今看详编修断例房要例册，草踏乃是专责吏人供检之事，本房却申请更令官吏同共保明，显失朝廷分任省曹之体。"[1] 从中也能够看到编修例册的记载。另外，有关北宋名臣韩琦的一段史料提到：

中书习旧弊，每事必用例，五房史操例在手，顾金钱惟意所去取，所欲与白举用之，所不欲行或匿例不见。公令删取五房例及刑房断例，除其冗缪不可用者，为纲目类次之，封縢谨掌，每用例必自阅。自是人知赏罚可否出宰相，五房史不得高下于其间。[2]

直到南宋孝宗时，臣僚还以韩琦为例向朝廷建议加强对于断例记录、检用等的管理，朝廷也采纳了这一建议，下诏要求："刑部将拟断案状，照自来体例依条拟定，特旨中（申）尚书省，仍抄录断例在部，委长贰专一收掌照用。"[3] 这些部门长官整理过的断例，在正式编修前很可能就是以例册的形式存在并发挥作用。司法审判中零散的断例与行政事务中的散例一样，繁杂众多、难以遍览，往往为胥吏所掌握，整理为例册后则有很大改观，有助于在一定程度上克服散例的弊病。

四、例册与宋代法律体系

上文依次对宋代例册的概况、例册在宋代行政事务和司法审判中发挥的作用进行了探讨。对于例册在宋代例体系中的层次和地位问题已经有所涉及，下面本文将从例册与宋代法律体系的关系出发，将例册置于律令制向律例制转换的时代背景下进行分析，以期加深对宋代例册的认识。上文曾多次指出例册与散例及正式编修后诸例的区别，也一直在强调例册相对于散例及正式编修后诸

---

[1] 《续资治通鉴长编》卷393元祐元年十二月丁亥，第9551—9552页。
[2] 朱熹、李幼武：《宋名臣言行录》后集卷1，文渊阁四库全书本。
[3] 《宋会要辑稿》职官一五之二五，第2710页。

例的中间性地位。例册这一法律形式产生于宋代，其广泛运用是宋例演变和发展过程中的一个重要特征。无论是宋代行政事务中的例册，还是司法审判中的例册，均为唐宋之际诸多制度共同推动的结果。

就行政事务中的例册而言，其运用背后体现出中国传统社会权力日益集中与制度逐渐规范两个看似矛盾实则统一的趋势。自宋以降，专制主义中央集权逐渐呈加强的趋势，君主的权力变得越来越难以约束，这在法律形式上的重要体现之一，即是律、令地位的下降及敕、例地位的上升。但与此同时，也存在机构运行和地方管理不断制度化的趋势，中央各机构和部门内部的事务不再简单由长官处理，地方各项事务朝廷也不再较少干预，而是或者通过立法这样的制度性措施，或者经由制例这样的次制度性手段，将其规范化和确定化。因此，成文化的例可以被视为制度化的倾向和体现，行政例的运用，特别是居于中间层次的例册的运用，将看似对立的权力的集中化与管理的制度化糅合在了一起。就司法审判中的例册而言，则是宋代奏谳制度下的必然产物，对此上文曾作过分析，这里不再赘述。

而宋人对于例的态度也逐渐趋于务实，由激烈反对变为接受认可，这样的转变对于例在宋代法律体系中发挥作用十分关键。面对日益纷繁的行政和司法事务，宋人逐渐认识到了例的价值：在成法已有规定的情况下，例的运用不可避免地会导致与其之间的矛盾与冲突；在成法未有规定，或虽有规定但存在问题的情况下，例则有效弥补了制度的漏洞和缺失，体现出对制度化措施的替代。亦如宫崎市定先生所言："从宋代起，胥吏贪图贿赂而在引用例时做手脚的弊病，就已频遭指责，但是如果没有例，那种弊病可能会更厉害。"[1] 因此，宋代不再一味排斥或者简单纳入成法，而是采取多种措施积极应对，在维持例的原貌基础上尽可能发挥其作用，例册作为其中的一项措施也受到了重视。关于例册与宋代法律体系的关系，可以通过下图予以展示：

---

[1] ［日］宫崎市定：《宋元时期的法制与审判机构——〈元典章〉的时代背景及社会背景》，原载《东方学报》京都第 24 册，1954 年；又载杨一凡总主编：《中国法制史考证》丙编第三卷，中国社会科学出版社 2003 年版，第 9 页。

令等其他法律形式

↑

（吸收、转化）

↑

断例等成文化的例

↑

（删修、编纂）

↑

例册

↑

（积累、整理）

↑

散例

↑

（产生、形成）

↑

诏敕等法律渊源或习惯

通过此图我们可以对宋例演变的动态过程有一个直观的认识。例的产生和形成与诏敕等带有上级权威的法律渊源关系密切，因为这些最容易成为仿效和参照的对象，除此之外还可能源于部门或地方存在的具有示范意义的行事习惯。当后续在类似的事务处理和案件审判过程中，需要援引前事时，这些诏敕和习惯便具有了例的属性，被记录下来成为散例。散例不断积累，数量越来越多，经过整理后成为相对条理的例册。例册的内容如果得到认可，则有可能被要求进行删修和编纂，自此成为规范程度更高的断例、条理、格例、则例等，或者仍冠以例册之名。而这些例还有可能成为令等正式法典在修订时的材料来源。[1]

可见例册在例的演变中具有承上启下的关键作用，如楼劲先生所指出的："得以进入各部门自编的例簿，乃是以往各种规范和成例的一种初级的发展样态

---

[1] 如则例与禄令的关系，参见拙作：《宋代则例初探》，载《中国学报》（韩国）2015年第72辑，第165—190页。

或途径，此时其虽还称不上法规，却也获得了对本部门行政的重要约束力。对之再加提升，则是被编入承敕编辑的例集而成为正式法规，实际上是在法律上确认了其在同类政务处理过程中的指导作用，或可被优先比附的地位。"[1] 例册看似层级低微，却是我们观察宋例运用过程的重要切入点，对于更好地认识宋例乃至宋代法律体系都很有助益。

而如果跳出宋代法律制度领域，将视线投向唐后期开始律令制演变的宏观脉络，宋代例的发展则具有一番别样的意义。作为律令制之重要一端的令，其作用随着唐宋之际的社会变迁而大大弱化。随着令的地位的降低，例的地位则在缓慢地上升。宋代以后令的编修逐渐呈下降趋势，元代一朝未有编修令典，明代只有一部《大明令》。"明中叶以后，以《大明会典》的编撰和《问刑条例》的修订为代表，传统的律令体系受到了很大冲击，也成为'律令体系'向'律例体系'转化的主要转折点。"[2] 而《大明令》也是中国古代最后一部令，到了清代，令的作用更是彻底式微，其中一个体现就是不少明令的内容被吸纳为例："明令的内容，部分地通过清例出现在《大清律例》中，因而使问题得到了部分解决，至少对于被沿用的条文而言是如此。"[3]

刘笃才先生在学界已有研究的基础上，将律令制向律例制转变的问题推向了深入，指出："律令法体系的嬗变结果是其为律例法体系所取代。律令法体系与律例法体系的转换是中国古代法制演变的重要内容。"并且认为："律例法体系的确立还体现于例的广泛应用，事例、条例、则例与律典一起构成了明清法律体系的主体。"[4] 宋代的例无疑处在了律令制向律例制转变的中间环节，发挥了极为突出的作用。在宋代以前，例经历了一个由性质含混模糊到概念和框架基本形成的过程，但由于恰逢作为成文法体系之代表的律令制的发展进程，因而相对于地位更为突出且处于上升期的令而言，例的作用为其光芒所遮蔽和抑制。

---

[1] 楼劲：《魏晋南北朝隋唐立法与法律体系：敕例、法典与唐法系源流》，中国社会科学出版社2014年版，第621页。
[2] 张凡：《〈大明令〉与明代的律令体系——明代"令"的作用与法律效力》，载《殷都学刊》2009年第3期，第144页。
[3] 霍存福等：《以〈大明令〉为枢纽看中国古代律令制体系》，载《法制与社会发展》2011年第5期，第112页。
[4] 刘笃才：《律令法体系向律例法体系的转换》，载《法学研究》2012年第6期，第179页。

诚如论者所言："为了完善国家法律制度，统治者力图把国家的法律规范尽可能地都纳入律、令，其他法律形式只有在律、令未备的情况下才允许存在，并始终处于辅助律、令而行的低层次法律地位，而且还必须纳入成文法体系，这就极大地缩小了例生存的空间。"[1]

但"隋唐时代的律令，形式上犹具对等性，实质上已经出现变化。宋代以后，令的特质又再褪色"，[2] 自宋代开始，例在法律体系中所扮演的角色由幕后走向台前。"五代后期及于宋初的法律体系，可以说是一个由形形色色的'例'所构成的体系，其基本状态和根本特征，则是法典地位的极度衰微而今上制敕作用的登峰造极。"[3] 无论是以断例为代表的司法例，还是由条例、格例、则例、事例所组成的行政例，都在继承前代基础上又有了进一步的发展，"入宋，真正进入了大规模纂修和使用例的时期"。[4] "从传统律令格式体系的打破到格敕、编敕的产生，再到例的行用是中国古代法律体系发展的必然趋势。"[5] 从表面上来看，宋例的发展成果似乎由于元代的建立而中断，但实际上，例的运用作为历史发展趋势的体现一直持续推进，最终在明清时期大放异彩。

五、结语

通过上面的分析和讨论，本文大致得出以下四点结论：第一，例册是宋代例

---

[1] 杨一凡、刘笃才：《历代例考》，社会科学文献出版社2012年版，第408页。

[2] 高明士：《从律令制的演变看唐宋间的变革》，载《台大历史学报》2003年第32期，亦见氏著：《隋唐律令的立法原理》，载《高敏先生八十华诞纪念文集》，线装书局2006年版，第283—294页。高明士先生还指出："宋以后，门阀社会解体，令亦不发达。律令的发达，说明国家法制化的盛行；宋以后，令典衰退，而国家走向独裁化。这样的历史现象，反映中国皇权透过掌握敕、律而呈现不断成长，使得刑律法典成为一枝独秀的法制象征。……相对地，作为行政法典的令，腰斩于宋，也正反映政治制度的法制化、理性化发展受挫。晋唐间，政治力（由王者代表）与社会力（由士族代表）相互妥协；宋以后，社会力（由士绅代表）反而寄生于政治力（仍以王者为代表），亦可由律令制的发展获得说明。"氏著：《中国中古政治的探索》，台北五南图书出版股份有限公司2006年版，第250—251页。

[3] 楼劲：《魏晋南北朝隋唐立法与法律体系：敕例、法典与唐法系源流》，中国社会科学出版社2014年版，第567页。

[4] 戴建国：《唐宋变革时期的法律与社会》，上海古籍出版社2010年版，第91页。

[5] 赵旭：《唐宋法律制度研究》，辽宁大学出版社2006年版，第75页。

的一种重要表现形式，在例的体系中具有过渡性和中间性的特征，位于较为原始的零散个例和经过正式编修的成文化例之间。第二，例册在宋代行政事务中得到了广泛运用，不少机构和部门都有编修例册的记录，特别是在礼仪制度收载和公使钱管理等领域，例册的效力和地位得到了充分体现。第三，例册在宋代司法审判中也发挥了积极作用，是奏谳制度完善和强化的产物，对于案件审理和奏报具有很高的参考价值，而且是断例在正式编修时的基本材料来源。第四，例册的形成与运用是宋代诸多制度共同影响下的结果，是考察宋例体系内部演进的重要切入点，对于更好地认识宋例乃至宋代法律体系都很有助益。

近年来，随着法史研究的日益精细化和多样化，例这一原本边缘的法律形式得到了学界越来越多的关注。处于例发展关键历史时期的宋例，也开始进入更多学者的视野中，有关宋例的讨论不断深入。当下的研究已经不再囿于宋人尤其是以士大夫为代表的群体对于例的评价，而是能够回归宋例创制和运用的制度背景中去思考例所扮演的角色，这是一个可喜的趋势。相较于前朝，宋代的例发展显著，不仅数量庞大、种类多样，且在繁芜杂乱的表象背后建构起独特的逻辑和秩序，形成了一个日益完善的演进体系。如何理解这些不同来源、不同类别、不同层次例之间的转化，以及例与其他法律形式之间的互动，仍是今后需要关注的课题。另外，关于宋例对后世例或直接或间接的影响，学界已逐渐达成共识，但这种影响发生的途径、渗透的机理等尚不明晰，有待进一步厘清。对于这些微观和宏观问题的探讨，无疑将有力推动中国传统法律体系研究的深入。

译语人在古代丝绸之路沿线
法律文化交流中的作用

郑显文[*]

中国自古以来就是一个多民族聚居的国家，历史上与古代周边各民族的政治、经济文化交流十分频繁。为了保障各民族之间和睦相处，中国历代统治者都十分重视以法律的手段来调解各民族之间的纠纷，重视翻译人员的管理和培养，并制定了专门的法律条文对翻译人员的行为进行规范。古代周边各少数民族政权也设立专门的翻译人员，以便与中原王朝进行交流。

中国古代对翻译人的称呼有很多，如象胥、译官、译长、译语人、译史、通事、舌人，等等。这些翻译人的身份多种多样，有的是国家官吏，有的是少数民族出身的商旅，还有的是民间百姓。古代翻译人员的职责主要是接待外国使节，为出使到周边少数民族政权的使节充当翻译；为周边的汉族民众与少数民族贸易担任翻译；遇到一些语言不通的诉讼案件担任翻译工作等。这些翻译人员对于传播古代各民族的法律文化，了解各民族的法律知识，促进中原王朝与周边各民族的法律文化交流作出了重要贡献。但是长期起来，无论是历史学界还是法史学界，对于这一特殊群体并未给予足够的重视。因此，笔者不揣浅陋，试图对上述问题略加分析，不妥之处，敬请指正！

一、译语人在古代中原王朝与西域各国法律交流中的作用

中国法律的起源很早。一般认为，夏商两代是我国法律起源的初期，该时

---

[*] 郑显文，上海师范大学教授，博士生导师。

期是否已出现了专职的翻译人员,在司法审判活动中是否存在翻译制度,因文献缺乏,已不可知。有学者指出:"上古时期各部落或部族,各有各的语言,族与族之间的来往交涉,必恃舌人传达意见,始能彼此了解。"[1]正如在《淮南子·泰族训》中所记载的那样:"夷狄之国,重译而至,非户辩而家说之也。"

从现有的文献资料来看,西周时期已经出现了专门的外事管理机构和翻译职称。[2]据《周礼·秋官》记载:"象胥:掌蛮夷、闽貉、戎狄之国使,掌传王之言而谕说焉,以和亲之。若以时入宾,则协其礼与其辞言传之。"另据《礼记·王制》记载:"五方之民,言语不通,嗜欲不同。达其志,通其欲,东方曰寄,南方曰象,西方曰狄鞮,北方曰译。"西周时期的翻译人员又称为舌人,据《国语·周语》记载:"夫戎狄冒没轻儳,贪而不让,……其适来班贡,不俟馨香嘉味,故坐诸门外,而使舌人体委与之。"韦昭注曰:"舌人,能达异方之志,象胥之职也。"

秦始皇统一全国后,建立了统一的多民族国家。在中央设立典客,作为管理蛮夷事务的机构。秦汉时期的典客主要职责是:"典客,秦官,掌诸归义蛮夷,有丞。……属官有行人、译官、别火三令丞。"[3]典客是秦朝专门负责处理蛮夷事务的管理机构,因语言不通,必然需要专职的翻译人员。

汉承秦制,西汉时期设立典客,汉景帝中元六年(前144年),更名为大行令,汉武帝太初元年(前104年)又更名为大鸿胪,属官有行人、译官、别火三令、丞及郡邸长丞等。西汉时期,随着张骞通西域,汉朝政权与西域的往来日益频繁,翻译人员在对外交往中的作用日益突出。东汉时期,班超击破焉耆,于是西域五十余国悉纳质内属,"其条支、安息诸国至于海濒四万里外,皆重译贡献"。[4]"重译贡献",即西域各国派遣翻译人员,与汉朝友好交往。

汉朝政府为了与西域各少数民族政权进行政治、经济、文化交流,也设有专职的译人从事翻译工作。据《汉书·佞幸传·董贤传》记载:"匈奴单于来朝,宴见,群臣在前。单于怪贤年少,以问译,上令译报曰:'大司马年少,以大贤居位。'单于乃起拜。""上令译报",译人,应为汉朝政府的专职翻译人员。

---

[1] 王玉哲:《论先秦的"戎狄"及其与华夏的关系》,载《南开大学学报》1955年第1期。
[2] 马祖毅:《中国翻译史》上卷,湖北教育出版社1999年版,第2页。
[3] 《汉书》卷19《百官公卿表七上》,中华书局1997年版,第193页。
[4] 《后汉书》卷88《西域传》,中华书局1997年版,第752页。

两汉时期，周边各少数民族政权也设有专职的翻译人员，以便与汉朝及周边政权的文化交往。据《史记》卷123《大宛传》记载，张骞从西域返回时，骞"因分遣副使使大宛、康居、大月氏、大夏、安息、身毒、于寘、扜罙及诸旁国。乌孙发导译送骞还"。关于"导译"的含义，元代胡三省说："导者，引路之人；译者，传言之人。"[1] 王子今等也认为，所谓"导译"，应指向导和译人，或者一身二任。[2]

丝绸之路沿线的西域地区自古以来就是多民族、多种族共存的地区。两汉时期，西域地区诸国林立，主要生存着大月氏、匈奴、大夏、康居、安息等不同的民族，这些民族语言和风俗习惯有很大的差异。有学者研究，大月氏的语言属于印欧语系，说一种赛克语或东伊朗方言。[3] 而与之相邻的大夏、康居等民族，其语言大致属于印欧语系的东伊朗语支。塔里木盆地东北部地区的龟兹、焉耆、高昌等民族，其语言应为龟兹语或焉耆——高昌语。在这样复杂的民族环境下，语言是各民族沟通交往中最为关键的因素。为了加强与西域各国政治、经济和文化的往来，译长的设立已成为必然的趋势。

西汉宣帝神爵二年（前60年），汉朝设立西域都护之职，统辖西域三十六国。为了对外交往的需要，开始在西域的一些国家设立译长。据《汉书》卷96上《西域传上》记载："鄯善国，本名楼兰，王治扜泥城……辅国侯、却胡侯、鄯善都尉、击车师都尉、左右且渠、击车师君各一人，译长二人。""尉犁国，王治尉犁城，去长安六千七百五十里。户千二百，口九千六百，胜兵二千人。尉犁侯、安世侯、左右将、左右都尉、击胡君各一人，译长二人。"[4] 据《史记》《汉书》等文献的记述，西域许多国家都设有译长，如鄯善国设译长二人，且末国设译长一人，精绝国设译长一人，于寘国设译长一人，莎车国设译长四人，龟兹国设译长四人，温宿国设译长二人，焉耆国设译长三人，山国设译长一人等。[5] 译长虽然官职低微，但却是汉朝在西域各国设立的正式官员，也佩汉朝印绶，"最凡

---

[1] 司马光：《资治通鉴》卷18，中华书局1976年版，第611页。
[2] 王子今、乔松林：《"译人"与汉代西域民族关系》，载《西域研究》2013年第1期。
[3] ［美］麦高文：《中亚古国史》，章巽译，中华书局1958年版，第263页。
[4] 《汉书》卷96下《西域传上》，中华书局1997年版，第994页。
[5] 俄琼卓玛：《汉代西域译长》，载《西域研究》2006年第2期；王子今、乔松林：《"译人"与汉代西域民族关系》，载《西域研究》2013年第1期。

国五十。自译长、城长、君、监、吏、大禄、百长、千长、都尉、且渠、当户、将、相至侯、王，皆佩汉印绶，凡三百七十六人"。[1]

在《汉书·傅介子传》中，记述了傅介子利用楼兰国译者刺杀楼兰王之事。西汉元凤年间，龟兹、楼兰等西域小国杀死汉朝使者，中断了与汉朝的往来，大将军霍光派遣傅介子出使楼兰。傅介子到达楼兰，楼兰王意不亲介子，介子阳引去，至其西界，对译者说："该使者持黄金、锦绣行赐诸国，王不来受，我去之西国矣。"随即出金币以示译者。"译还报王，王贪汉物，来见使者。"介子与坐饮，陈物示之。饮酒皆醉，"王起随介子入帐中，屏语，壮士二人从后刺之，刃交胸，立死。其贵人左右皆散走"。[2] 在新出土的居延汉简中，还记述了西域诸国设有女译的情况："诏伊循侯章□卒曰持楼兰王头诣敦煌留卒十人女译二人留守□。"[3]

除了丝绸之路沿线的西域诸国设立专门的翻译人员译长外，汉代沿边郡县也应设有翻译人员，以便于接待西域各国的外交使团。根据敦煌发现的悬泉汉简记述，敦煌地区经常接待过往的西域使者，如在鸿嘉三年正月壬辰，"遣守属田忠送自来鄯善王副使姑虪、山王副使鸟不朦，奉献诣行在所"；"今使者王君将于阗王以下千七十四人"；"送精绝王诸国客凡四百七十人"。[4] 汉朝与丝绸之路各国如此频繁地交往，沿边地区也需要大量的翻译人才。

随着汉朝与周边各少数民族的交往频繁，不可避免地要发生各种政治、经济等方面的冲突，译人的地位越来越重要。如在敦煌发现的汉代竹简中，就有"护羌使者良射伤羌男子，良对曰：伤，送调马已死"。[5] 为了规范翻译人员的职责，汉朝在法典中设立了专门的法律条文，对翻译人员的法律职责加以规范。

1983年，在湖北江陵张家山出土的《二年律令·具律》篇中，就有关于翻译人的法律条文："译讯人为诈伪，以出入罪人，死罪，黥为城旦舂；它各以其所出入罪反罪之。"[6] 该法律条文的意思是：凡是翻译夷人之语的译人，有欺诈的

---

[1]《汉书》卷96下《西域传下》，中华书局1997年版，第997页。
[2]《汉书》卷70《傅介子传》，中华书局1997年版，第764页。
[3] 谢桂华、李均明、朱国炤：《居延汉简释文合校》，文物出版社1987年版，第496页。
[4] 胡平生、张德芳编纂：《敦煌悬泉汉简释粹》，上海古籍出版社2001年版，第157页。
[5] 胡平生、张德芳编纂：《敦煌悬泉汉简释粹》，上海古籍出版社2001年版，第157页。
[6]《张家山汉墓竹简（释文修订本）》，文物出版社2006年版，第24页。

行为,由此产生出入人罪的现象,如是死罪,将处以黥为城旦舂的刑罚;其他各罪,各以其所出入罪反坐之。汉律中该法律条文表明,如果是汉朝的民众与周边少数民族的民众发生法律纠纷,若原、被告有一方因语言不通,当事人可以通过翻译人员向法庭陈述意见。翻译人员在翻译时有欺诈的行为,将追究其法律责任。汉代关于译人的法律规定直接影响到了唐以后的各代法典。

魏晋南北朝时期,许多朝代都沿用了汉律的规定。在诉讼审判活动中,允许少数民族诉讼当事人使用本民族语言为自己辩护,官府指定的翻译人员为其翻译。据《三国志》卷15《梁习传》记载:"鲜卑大人育延,常为州所畏,而一旦将其部落五千余骑诣习,求互市。习念不听则恐其怨,若听到州下,又恐为所略,于是乃许之往与会空城中交市。遂敕郡县,自将治中以下军往就之。市易未毕,市吏收缚一胡。延骑皆惊,上马弯弓围习数重,吏民惶怖不知所施。习乃徐呼市吏,问缚胡意,而胡实侵犯人。习乃使译呼延,延到,习责延曰:'汝胡自犯法,吏不侵汝,汝何为使诸骑惊骇邪?'遂斩之,余胡破胆不敢动。"在本案中,梁习"使译呼延",意思是让翻译人员把处罚的结果转告给育延,这说明在涉及少数民族的案件中设有专门的翻译人员,让违法者清楚自己的犯罪事实及应承担的法律后果。

在南北朝时期,许多少数民族政权都设有专职的翻译人员。北魏有译令史之职,道武帝时,太史令晁崇弟懿"以善北人语内侍左右,为黄门侍郎"。[1] 北齐后主时,侍中刘世清能通四夷语,为当时第一。[2] 北周至隋,译语人经常出入各种外交活动之中。据《周书》卷26《长孙俭传》记载:"时梁岳阳王萧詧内附,初遣使入朝,至荆州。俭于厅事列军仪,具戎服,与使人以宾主礼相见。俭容貌魁伟,音声如钟,大为鲜卑语,遣人传译以问客。"这里的遣人传译,就提到了专门的翻译人员。

唐代法律关于译语人的规定十分完善,因后面专门讨论,此不多赘。两宋、吐蕃、西夏、辽、金各政权长期并存,各政权之间经常有外交往来,为了方便对外交往,各政权都设立了专职译语人,以便于从事外交活动,传达彼此之间

---

[1]《册府元龟》卷996《外臣部》,中华书局1960年版,第11690页。
[2]《册府元龟》卷996《外臣部》,中华书局1960年版,第11691页。

的信息。

宋朝时期，译语人在对外交往活动中的地位非常重要，为了规范翻译人的职责，宋代的法典《宋刑统》沿用了唐律"译人诈伪"的条款，规定："诸证不言情，及译人诈伪，致罪有出入者，证人减二等，译人与同罪。注：谓夷人有罪，译传其对者。"[1]

在宋朝和周边少数民族的交往过程中，也会出现一些翻译人故意挑起事端，破坏民族关系的情况。《宋史》卷186《食货八》记载："绍兴四年，诏川、陕即永兴军、威茂州置博易场；移广西买马司于邕管，岁捐金帛，倍酬其直。然言语不通，一听译者高下其手，吏得因缘为奸。"对于译者的违法行为，宋朝政府进行了严厉的惩罚。据《宋史》卷298《陈希亮传》记载："是秋大熟，以新易旧，官民皆便。于阗使者入朝，过秦州，经略使以客礼享之。使者骄甚，留月余，坏传舍什器，纵其徒入市掠饮食，民户皆昼闭。希亮闻之曰：'吾尝主契丹使，得其情。使者初不敢暴横，皆译者教之，吾痛绳以法，译者惧，其使不敢动矣。况此小国乎？'乃派教练使持符告译者说：'入吾境，有秋毫不如法，吾且斩若。'取军令状以还。"另据《宋史》卷318《张方平传》记载："（方平）徙益州。未至，或扇言侬智高在南诏，将入寇，摄守亟调兵筑城，日夜不得息，民大惊扰。"张方平说："此必妄也。"适上元张灯，"城门三夕不闭，得邛部川译人始造此语者，枭首境上，而流其余党，蜀人遂安"。

与唐宋政权并存的西北地区的吐蕃政权也设有翻译人制度，有些地方官员精通汉、藏等多种语言。在法藏敦煌文书P.T.1080号《比丘尼为养女事诉状》中，吐蕃政权的司法官员就用藏、汉两种文字作了批示，有学者指出："藏文苍古遒劲，汉文'准件'二字飞扬流畅，看来，这位大理法司是精通藏汉文的双语人。"[2]

西夏是我国西北少数民族党项族建立的政权，在西夏的法典《天盛改旧新定律令》中，设有关于译语人的法律条款，其中规定："正副使、内侍、合门、文书、译语等，不与自人相伴而行，于理不□随意□□不□，于他国客副他人等饮酒作歌，为歌失态，借贷失礼时，正副使无官徒一个月，有官罚马二。其

---

[1] 《宋刑统》卷25，薛梅卿点校，法律出版社1999年版，第457—458页。
[2] 郑炳林、黄维忠主编：《敦煌吐蕃文献选辑·社会经济卷》，民族出版社2013年版，第157页。

中内侍，合门、译语等有上、次、中品官者罚马一，无官十三杖。"[1] 从该条史料中，我们看到西夏的译语分为上、次、中品官，说明在西夏政权中有规模很大的翻译人队伍。

我国北方少数民族政权辽、金政权也设有翻译人制度。据《金史》卷57记载："译人，上京、北京各三人，东京、西京、南京各二人。通事二人。"[2] 在金代，出现过翻译人员故意错译而徇私枉法的现象，据《大金国志》卷12记载："大金国法酷严，北人官汉地者，皆置通事，即译语官也。而通事之舞法尤甚，上下轻重，皆出其手。招权纳贿二三年，皆致富，民俗苦之。"这种情况引起了一些朝廷官员的担忧，时翰林修撰杨庭秀上言："州县官往往以权势自居，喜怒自任，听讼之际，鲜克加审。但使译人往来传词，罪之轻重，成于其口，货赂公行，冤者至有三、二十年不能正者。"[3] 为了确保翻译人员准确地翻译，除了在律典中对"译人诈伪"的行为进行处罚外，还加强对翻译人员队伍的管理，不合格者，一律辞退。据《金史》卷15记载："癸未，大雨。太子、亲王、百官表请御正殿，复常膳。庚寅，择明干官提控铨选无违失者与升擢，令译史不任事者，验已历俸月放满，别选能者。"

元朝是我国北方少数民族蒙古族建立的政权，译人在国家社会生活中的地位尤其重要。元代在礼部之下设有会同馆，管理接待外国使者并负责通译、互市等方面的事务。在地方各级官府中，也设有专职的翻译人员。元代法律详细规定了对译史的责任追究制度，"诸译史、令史，有过不叙，诈称作阙，别处补用者，笞五十七，罢役不叙"。如果是"蒙古译史，能辨出诈伪文字二起以上者，减一资升转"。[4]

在英国学者亨利玉尔的《古代中国闻见录》第3卷中，记述了意大利人约翰·孟德高维奴到元朝来受审的情况："余尝受法庭传审，几受死刑。最后乃得天主怜助，有某君作证，启发大汗之天心，使知余实冤枉无罪，告者诬枉。大

---

[1] 史金波、聂鸿音、白滨译注：《天盛改旧新定律令》卷11，法律出版社1999年版，第398页。
[2] 《金史》卷57《百官三》，中华书局1975年版，第1305页。
[3] 《金史》卷45《刑》，中华书局1975年版，第1023页。
[4] 《元史》卷105《刑法四》，中华书局1976年版，第2670页。

汗将诬告者及妻妾儿女，悉放逐之。"[1] 约翰·孟德高维奴的回忆录中没有提到翻译的情况，但从罗马教皇派遣的特使游记《柏朗嘉宾蒙古行记》中却有如下记述："我们递交了信函，而且要求派一些能翻译信函的译员；耶稣受难日（复活节前的星期五），他们向我们派来了翻译。"[2] 这说明外国使节来华，无论是朝见皇帝还是发生诉讼，都有元朝政府派出的翻译人员提供翻译。

元代与西方各国的经济贸易往来频繁。自元世祖平定江南后，凡邻海诸郡与外国往还，互易舶货者，其货以十分取一，粗者十五分取一。一些外国商人为了通商便利，不惜高价雇佣舌人，即翻译人员。据亨利玉尔《古代中国闻见录》第3卷记述："在塔那时，须觅舌人。宁以高价雇用良舌人，不可吝省而雇劣等舌人。盖雇用良舌人，所多出之价，尚远不及劣等舌人以后之浮费也。"[3] 这里的舌人，指民间的翻译人员，他们不但在互市交易活动中承担翻译的角色，一旦发生法律冲突，也在诉讼活动中担任翻译的任务。

明朝建立后，改变了唐宋时期的立法传统，对所谓的"化外人"适用属地法主义的原则，"凡化外人犯罪者，并依律拟断"。[4] 随着明朝与周边国家的政治、经济往来，涉外法律冲突不断。明朝中叶以后，与西北诸国贸易往来频繁，一些边吏借机盘剥外商，引起了外商的不满。正德时期，外蕃使多贾人，来辄挟重资与中国互市。"边吏嗜贿，侵克多端，类取偿于公家。……是岁贡使皆黠悍，既习中国情，且憾边吏之侵克也，屡诉之。"[5] 在这些"屡诉之"的涉外案件中，当然离不开翻译人员。

明朝政府十分重视对翻译人员的选拔和培养。明成祖永乐五年（1407年），建立了最早培养翻译人才的学校四夷馆。《明史·职官志三》记载："提督四夷馆，少卿一人，掌译书之事。自永乐五年，外国朝贡，特设蒙古、女真、西蕃、西天、回回、百夷、高昌、缅甸八方馆，置译字生、通事、通译语言文字。"明朝政府培养出来的翻译人员对于宣传明朝法律，调解涉外法律纠纷作出了重要贡

---

[1] 张星烺：《中西交通史料汇编》，中华书局2003年版，第321页。
[2] 《柏朗嘉宾蒙古行记、鲁布鲁克东行记》，耿升、何高济译，中华书局1985年版，第94页。
[3] 张星烺：《中西交通史料汇编》，中华书局2003年版，第415页。
[4] 《大明律》卷1，怀效锋点校，法律出版社1999年版，第20页。
[5] 张廷玉等撰：《明史》卷332《西域传》，中华书局1974年版，第8623页。

献。正统三年（1438年），明政府开设大同马市，巡抚卢睿请令军民平价市驼马，达官指挥李原等通译语，"禁市兵器、铜铁"，向外商和少数民族商客翻译明朝政府的禁令。

明代涉外法律冲突不断发生，因言语不同需要不同语种的翻译人员，翻译人员违法犯罪的情况也时有发生。据《明史》卷81记载："成化十四年，陈钺抚辽东，复开三卫马市。通事刘海、姚安肆侵牟，朵颜诸部怀怨，扰广宁，不复来市。兵部尚书王越请令参将、布政司官各一员监之，毋有所侵克。遂治海、安二人罪。"

为了规范翻译人员的法律责任，《大明律》把唐律中"证不言情及译人诈伪"的条款并入"狱囚诬指平人"条中，规定："若鞫囚及证佐之人不言实情，故行诬证，及化外人有罪，通事传译番语不以实对，致罪有出入者，证佐人减罪人二等。通事与同罪。"注云："化外人本有罪，通事符同传说出脱全罪者，通事与犯人同得全罪。若将化外人罪名增减传说者，以所增减之罪坐通事。"[1]很明显，明律继承了唐律的法律传统。

明朝对翻译人员的违法犯罪行为处罚很重。正德年间，发生了一起为葡萄牙使团当作翻译人的火者亚三诈骗事件。1517年8月，葡萄牙人皮雷斯向明朝递交国书而遭到拒绝，但他因使命未遂而不愿离去，并因通译火者亚三在广东官府的周旋活动而得以滞留广州。后火者亚三贿赂明武宗宠臣江彬，诈称马六甲使臣，使团终于在1519年末接到进京的命令……正德十六年，武宗驾崩，世宗即位，火者亚三也因冒充马六甲使臣之事而被决议处斩，皮雷斯等人则令发送广东监禁。[2]在西班牙人门多萨所著的《中华大帝国史》一书中，记述了外国使团寻找翻译的情况：中国皇帝的将官王望高追击海盗林凤，遇上了西班牙人。其中西班牙人船上有个叫先生的中国人，曾多次到马尼拉做生意，是西班牙人的好友，懂得他们的语言，"西班牙人马上登艇前往中国人的船，把上述先生带去当翻译，跟中国人交谈。……这时先生向他谈到海盗已到这些岛屿，及有关围城的事……王望高队长对这些消息十分高兴，再三表示满意，几次拥抱西班

---

[1] 《大明律》卷28，怀效锋点校，法律出版社1999年版，第217页。
[2] 张国刚：《从中西初识到礼仪之争》，人民出版社2003年版，第101—102页。

牙人"。[1]

　　清朝入关后，继承了明朝的法律传统，对境内不同民族之间的犯罪，实行属地法的原则。凡因语言不通而发生的诉讼，由翻译代为转述。清朝对于通事在翻译时出现出入人罪的情况，规定了相应的法律责任，据《大清律例》卷36记载："化外人有罪，通事传译番语（有所偏徇），不以实对，致断罪有出入者，证佐人，减罪人二等。通事与同罪。"注云："化外人本有罪，通事扶同传说，出脱全罪者，通事与犯人同得全罪。若将化外人罪名，增减传说者，以所增减之罪坐通事。谓如化外人本招承杖六十，通事传译增作杖一百，即坐通事杖四十；又如化外人本招承杖一百，通事传译减作笞五十，即坐通事笞五十之类。"在清代的文献中，可以看到对一些翻译人员处罚的案例。雍正十一年（1733年），"台湾民、番杂处，土音非译不通。有奸民杀人贿通事，移坐番罪，疑之，再鞫，竟得白"。[2] 另据《清史稿》卷337记载：杨景素，江南甘泉人，乾隆十八年授福建汀漳龙道，"漳浦民蔡荣祖欲为乱，景素率营卒擒斩之。调台湾道。厘定汉民垦种地，并生熟番界址。革游民为通译而不法者，代以熟番"。杨景素对于那些不法的通译者予以革除，已经认识到翻译人员因错误翻译会影响到各民族之间的交往。

二、译语人在唐代丝绸之路沿线法律交流中的作用

　　唐代是中国古代对外交往十分活跃的时期，据《唐六典》卷4"尚书礼部"记载，唐代最为兴盛的贞观至开元年间，约有三百个国家与唐朝交往，保持友好往来的国家有七十余个。作为公元七至九世纪东亚乃至世界政治、经济和文化的中心，每年都有大量的外国人来唐朝学习、生活、经商和游览。唐代也是我国多民族国家形成发展的重要时期，在唐朝的周边地区，生活着突厥、吐谷浑、高昌、回纥、吐蕃、党项、南诏、奚、契丹等众多少数民族。频繁的政治经济往来，不同的语言风俗习惯，必然会造成彼此之间发生法律冲突。如何公正合理地调

---

[1] ［西班牙］门多萨：《中华大帝国史》，何高济译，中华书局1998年版，第174页。
[2] 《清史稿》卷307《陈大受传》，中华书局1997年版，第2714页。

处纠纷，解决争端，就需要翻译人员从中翻译，把原、被告双方真实的意思表达出来。唐代中央和地方官府都设有专职的翻译人员；民间社会通晓"蕃语"的人员有时也临时担任翻译工作；来唐的外国使团、商人有时自带翻译。这些人员构成了庞大的翻译群体。为了规范翻译人员的行为，唐朝制定了专门的法律条文，对翻译人员的法律责任加以规范。

唐代中央拥有一批专职的译语人，分布于鸿胪寺、中书省等机构。鸿胪寺是唐代的外交机关，其职责是迎送蕃客，了解蕃情，为国家的外事决策提供咨询。鸿胪寺设有专职的翻译二十人，据《唐六典》卷2记载："凡诸司置直，皆有定制"，其中"鸿胪寺译语并计二十人"。这二十人的官品不是很高，"鸿胪寺译语，不过典客署令"，[1] 是从七品下，但他们在唐代与周边各民族国家的交往中却发挥着不可替代的作用。除了专门的译语人外，鸿胪寺的有些官员也具有翻译能力，鸿胪寺的性质决定译语人的工作主要是以口译为主。[2] 在开元年间，简失密国（今克什米尔）遣使者物理多来唐，"因丐王册，鸿胪译以闻"。[3] 贞元四年（788年），回鹘公主来朝，德宗遣人"引回鹘公主入银台门，长公主三人候诸内，译史传导，拜必答，揖与进"。[4] 译史，应为官府的翻译人员。

唐代的鸿胪寺除了为来访的外国使节进行翻译外，还负责了解周边各国的"山川国风"。如在唐会昌年间，黠戛斯可汗遣使者到长安，唐武宗诏宰相"即鸿胪寺见使者，使译官考山川国风"。[5] 据《唐六典》卷5"职方郎中"条记载："其外夷每有番官到京，委鸿胪寺讯其人本国山川、风土，为图以奏焉；副上于省。"可见，唐代鸿胪寺中的译语人也是唐朝政府了解周边各少数民族政权的重要窗口。

唐代中书省是中央的决策机构，中书省的职责之一是负责外交文书的接收、上奏及起草，因此在中书省也设有专职的译语人。据《新唐书》卷47《百官志二》记载，中书省有"蕃书译语十人"。永徽元年，中书令褚遂良贱买中书译语

---

[1]《新唐书》卷45《选举志下》，中华书局1975年版，第1174页。
[2] 韩香：《唐代长安译语人》，载《史学月刊》2003年第1期。
[3]《新唐书》卷221下《西域下》，中华书局1975年版，第6256页。
[4]《新唐书》卷217上《回鹘上》，中华书局1975年版，第6124页。
[5]《新唐书》卷217下《回鹘下》，中华书局1975年版，第6150页。

人史诃耽的土地,被监察御史韦思谦弹劾。[1] 关于唐代中书省译语人的出身情况,1986年在宁夏固原县出土了《史诃耽墓志》,其中记载:"君讳诃耽,字说,原州平高县人,史国王之苗裔也……祖思,周京左师萨宝、酒泉县令……(史君)武德九年,以公明敏六闲,别敕授左二监……寻奉敕直中书省翻译朝令,禄赐一同京职。……永徽四年(653年),有诏:朝议郎史诃耽,久直中书,勤劳可录,可游击将军,直中书翻译如故。"[2] 由此可知,史诃耽长期在唐代中书省任职,担任中书译语人职务。李德裕在《论译语人状》中说:"右缘石佛庆等皆是回鹘种类,必与本国有情。纥扢斯专使到京后,恐语有不便于回鹘者不为翻译,兼潜将言语辄报在京回鹘。望赐刘沔忠顺诏各择解蕃语人,不是与回鹘亲族者,令乘递赴京,冀得互相参验,免有欺弊。"[3] 从李德裕的奏疏中可以看到,唐代中书省的译语人大多是西域的回鹘族等少数民族出身。

唐代中书省译语人的主要工作除从事外交文书的翻译、口译和笔译等事务之外,有时也奉命随行出使。据《册府元龟》卷1000《外臣部》记载,贞观年间,"太宗遣折冲都尉、直中书译语揖怛然纥使西域,焉耆王突骑支因遣使朝贡"。

除了中央的鸿胪寺、中书省有专职的译语人外,唐代缘边节度使、都督府以及一些州县等也设有译语人。这些译语人除了负责迎送外国使团、参与互市贸易,有时还翻译外交文书,[4] 或代写汉文文书等工作。如安禄山曾在西北地区从事互市贸易,"解九蕃语,为诸蕃互市牙郎"。[5] 史思明也是少数民族出身,"解六蕃语,与禄山同为互市郎"。安、史二人通晓多种"蕃语",其工作性质是在唐朝与周边少数民族贸易时担任翻译的事务。

二十世纪六七十年代,在中国西北的敦煌吐鲁番等地,发现了大量的唐代官文书,为人们了解唐代的译语人提供了最新资料。如在阿斯塔那第188号墓出土了《唐译语人何德力代书突骑施首领多亥达干收领马价抄》残卷,现引之如下:[6]

---

[1] 《旧唐书》卷88《韦思谦传》,中华书局1975年版,第2861页。
[2] 罗丰:《固原南郊隋唐墓地》,文物出版社1996年版,第69—71页。
[3] 《全唐文》卷701,上海古籍出版社1990年版,第3189页。
[4] 黎虎:《汉唐外交制度史》,兰州大学出版社1998年版,第478页。
[5] 《开元天宝遗事 安禄山事迹》,中华书局2006年版,第73页。
[6] 中国文物研究所等编:《吐鲁番出土文书(图录版)》第4册,文物出版社1996年版,第41页。

（前缺）
1　□钱贰拾贯肆佰文
2　　右酬首领多亥达干马叁足直。
3　　十二月十一日付突骑施首领多亥达
4　　干领。
5　　　　　译语人　何　德力

从该件法律文书的内容看，何德力似乎是唐代西州官府的译语人，从事唐与突骑施首领互市的翻译工作，是地方官府的官吏，在互市贸易时担任翻译和见证人的角色。

有唐一代，来唐的外国使团、商队通常也自带翻译人员。当发生法律纠纷时，外国使团自带的译语人则承担起翻译工作。现存的日本僧人圆珍来唐的台州牒记录了日本使团自带译语人丁满的情况，文书内容如下：[1]

台州　　牒
　　当州今月壹日，得开元寺主僧明秀状称，日本国
内供奉赐紫衣僧圆珍等叁人，行者肆人，都柒人，
从本国来，勘得译语人丁满状。谨具分析如后。
　　僧叁人
　　　壹人　内供奉赐紫衣僧圆珍
　　　壹人　僧小师丰智
　　译语人丁满　行者的良　已上巡礼天
　　　台、五台山，及游历长安。
　　壹僧小师闲静　行者物忠宗　大全吉。
　　　并随身经书，并留寄在国清寺。
　　本国文牒并公验，共叁道。

---

[1]　［日］池田温：《东亚律令的交通规制一瞥》，载高明士主编：《东亚文化圈的形成与发展》，台湾大学出版中心 2005 年版，第 353 页。

牒　得本曹官典状，勘得译语人丁
满状称，日本国内供奉赐紫衣求
法僧圆珍，今年七月十六日离本国。

（后略）

　　唐代在缘边地区生活通晓汉语及少数民族语言的民众有时也担任翻译的工作。在新疆阿斯塔那第29号墓出土的《唐垂拱元年（685年）康尾义罗施等请过所案卷》，该案卷三次提到突厥译语人翟那你潘的名字。从翟那你潘代表商队参加答辩，并起着担保人的身份来看，[1]他似乎并非唐代西州官府的官吏，而是普通的商人或民众。

　　唐代各级官府中的译语人成分复杂，有的来源于官府举办的培训学校，唐文宗开成元年（836年）五月颁布敕令："应边州今置译语学官，掌令教习，以达异意。"[2]说明唐朝边境各州，曾设有专门的译语学官，负责教授少数民族语言，培养专门的翻译人才。还有的译语人因长期生活在西北地区，与各民族民众共同生活，能够熟练地掌握少数民族语言，在对外贸易和发生法律冲突时担任译语人，像安禄山、史思明应属于此。

　　从现存的唐代文献资料看，唐代的译语人大多出身于少数民族或外国人。唐初贞观年间，唐太宗遣折冲都尉、直中书译语揾怛然纥出使西域，揾怛然纥显然属于胡人血统。在宁夏固原出土的《史诃耽墓志》中，记载了武德九年（626年）史诃耽奉敕"直中书省翻译朝令"，[3]史诃耽应为昭武九姓之一的史国人。日本僧人圆仁在《入唐求法巡礼行记》中所记述的新罗译语人金正南、朴正长等，其身份应是新罗人。

　　唐五代时期也有许多译语人出身于汉人。如日本僧人圆仁《入唐求法巡礼行记》卷3记载的"楚州新罗译语刘慎言"，其身份应是汉人；又如后晋天福六年（941年），西凉府留后李文谦遣"西凉府译官杨行实与来人赍三部族蕃书进

---

[1] 李方：《唐西州的译语人》，载《文物》1994年第2期。
[2] 《册府元龟》卷996《外臣部》，中华书局1960年版，第11691页。
[3] 罗丰：《固原南郊隋唐墓地》，文物出版社1996年版，第69—71页。

之",[1] 杨行实很有可能是汉人出身。

唐代众多民族聚集生活以及频繁的对外交往，必然会出现各种法律冲突。如何妥善地解决纠纷，处理好对外关系及民族关系，加强彼此之间的了解，需要译语人这一中间媒介。

唐朝关于涉外法律冲突实行属人法兼属地法主义的原则："诸化外人，同类自相犯者，各依本俗法，异类相犯者，以法律论。"[2] 所谓"同类自相犯者，各依本俗法"，唐律中充分考虑到了各民族的风俗习惯不同，法律传统不同，在立法上首先是要尊重各民族的风俗习惯；"异类相犯者，以法律论"，即不同民族、不同国家的人在唐朝境内犯罪，依照唐朝的法律论处。唐律中该法律条文的设立主要是出于维护国家司法主权的需要。

唐朝的法律制度，也需要通过译语人向"化外人"传播。如长庆元年（821年），在山东沿海地区有海贼掠卖新罗良人，穆宗皇帝颁布法令："起今以后，缘海诸道，应有上件贼赃卖新罗国良人等，一切禁断，请所在观察使严加捉搦，如有违犯，便准法断。"[3] 该法令很快通过译语人传达到了新罗。长庆三年，新罗国使金柱弼向唐朝的进状，就是在了解了唐代上述法令之后所作的回应。唐文宗太和年间，回鹘每遣使入朝，所至强暴。边城长吏多务苟安，不敢制之以法。李载义为河东节度使后，一改前任的做法，"有回鹘将军李畅者，晓习中国事，知不能以法制御，益骄恣"。载义招李畅与语曰："可汗使将军朝贡，以固舅甥之好，不当使将军暴践中华。……苟有不至，吏当坐死。若将军之部伍不戢，凌辱上国，剽掠庐舍，载义必杀为盗者，将军勿以法令可轻而不戒励之。"[4] 李载义向回鹘将军说明唐代的法令，也是由译语人转述。

唐代的译语人是唐朝政府了解周边少数民族政权法律的窗口。据唐代《仪制令》规定："凡蕃客至，鸿胪讯其国山川风土，为图奏之，副上于职方。殊俗入朝者，图其容状衣服以闻。"[5] 唐代文献对于周边国家法律制度的记述，皆来

---

[1] 《册府元龟》卷980《外臣部》，中华书局1960年版，第11521—11522页。
[2] 《唐律疏议》卷6，刘俊文点校，法律出版社1999年版，第144页。
[3] 《唐会要》卷86，中华书局1955年版，第1571页。
[4] 《旧唐书》卷180《李载义传》，中华书局1975年版，第4675页。
[5] [日]仁井田陞著：《唐令拾遗补》，东京大学出版会1997年版，第1303页。

源于译语人的转述。如古代波斯，"其刑法：重罪悬诸竿，射而杀之；次则系狱，新王立乃释之。赋税，准地输银钱"。[1] 对古代伊斯兰法的记述是："其大食法者，以弟子亲戚而作判典，纵有微过，不至相累。不食猪、狗、驴、马等肉，不拜国王、父母之尊，不信鬼神，祀天而已。其俗每七日一假，不买卖，不出纳。"[2]

唐代译语人把外国的法律制度译成汉语，对唐代的立法也起到了借鉴作用。如古代罗马法中关于埋藏物的规定是："某人在自己的地方发现的财宝，被尊为神的阿德里亚奴斯遵循自然衡平，把它授予发现人。如果它是某人在圣地或安魂地偶然发现的，他作了同样的规定。但如果它是某人在并非致力于这一业务，而是出于意外的情况下在他人的地方发现的，他将一半授予土地的所有人。"[3] 唐令《杂令》的规定与古罗马法相类似："诸于官地内得宿藏物者，皆入得人；于他人私地得者，与地主中分之。"[4] 唐代的律令法与古代罗马法如此相似，历史上东西方两大法系罗马法系与中华法系是否有过交流和碰撞，译语人是否曾经翻译过古罗马法的一些法律，很值得探究。

唐代译语人的另一重要作用是在诉讼活动中充当翻译人的角色。对于"异类相犯"的案件，首先要解决的是语言不通的问题。由于原、被告一方不懂汉语，就需要翻译人员把原、被告双方的真实意见向司法机关陈述出来。在新疆阿斯塔那第330号墓出土了《唐西州高昌县上安西都护府牒稿为录上讯问曹禄山诉李绍谨两造辩辞事》残卷，其中粟特人曹禄山宣称其兄"身是胡，不解汉语"。[5] 既然曹禄山兄"不解汉语"，很有可能由懂汉语的其弟曹禄山代为转译。唐代法律对于译语人的管理非常严格，开元十九年十二月唐玄宗颁布敕令："鸿胪寺当司官吏以下，各施门籍出入，其译语、掌客出入客馆者，于长官下状牒馆门，然后与监门相兼出入。"[6]

根据现存唐代文献的记述，有许多涉外案件都需要译语人从中翻译。唐人

---

[1] 《通典》卷193《边防九·波斯》，中华书局1988年版，第5270页。
[2] 《通典》卷193《边防九·大秦》，中华书局1988年版，第5266页。
[3] 《法学阶梯》，徐国栋译，中国政法大学出版社2005年版，第133页。
[4] 中国社会科学院历史研究所：《天一阁藏明抄本天圣令校正》，中华书局2006年版，第752页。
[5] 《吐鲁番出土文书》第6册，文物出版社1985年版，第471页。
[6] 《唐会要》卷66，中华书局1955年版，第1151页。

的判文中记录了《对真腊国人市马判》这样一个拟判案例，内容如下："真腊国人来，云于峰州市马。御史科安南都护罪，诉云：为相知捉搦陆路不伏。"判词回答："眷兹真腊，早挹淳风……所以来往边州，市马峰部。论其由绪，未乖从有之方，验以逗留，岂爽求无之道。御史职唯激浊，志在扬清，疑彼奸非，欲婴罗网。都护为相知捉搦……今既市马往来，据礼难书厥罪。御史科结，有谢于弹珠；都护有词，无惭于辨璧。宜依薄诉，用叶通途。"[1] 真腊人到峰州买卖马匹，监察官御史怀疑其有奸非，便控告安南都护失职。都护认为真腊人是正当贸易，罪名难以成立。在本判例中涉及了真腊人，当然要考虑语言不通等方面的因素，需要翻译人员从中传译。

在天宝二年（743年），日本僧人荣叡、普照邀请扬州大明寺高僧鉴真前往日本弘法，临行前因僧人"如海等少学"，拒绝了其赴日的请求。如海一怒之下到官府诬告随行僧人道航造船入海，与海贼勾结作乱。当时淮南道采访使班景倩信以为真，推问此案，并令人到大明寺捕捉日本僧普照和开元寺僧玄朗、玄法等人。后经过调查，纯属诬告。扬州官府将审问的结果上报给中央，最后唐朝皇帝下令扬州官府，说："僧荣叡等，既是蕃僧，入朝学习，每年赐绢廿五匹，四季给时服；兼予随驾，非是伪滥。今欲还国，随意放还，宜〔委〕扬州，〔依〕例送遣。"[2] 在本案中，虽未提及译语人的姓名，但日本使团随行的译语人或当地官府的译语人在本案的审理中无疑承担了翻译的任务。

唐代涉外案件的审理，皆设有翻译人，允许其使用本民族语言为自己辩护。现存公元九世纪阿拉伯商人的游记《中国印度见闻录》中，记录了这样一个案例：有一个原籍是呼罗珊（Khurasan）的人，来伊拉克采购了大批货物，运到唐朝去卖。当他来到广州之后，因在一些货品价格的交易上，与前来选购舶来品的宫廷宦官发生了争执，最后外商拒不出卖自己的货物。宦官倚仗自己深得唐朝皇帝的宠幸，竟采取强制手段，把外商带来的好货全部拿走。这个外商为了讨回自己的物品，千里迢迢来到都城告御状。在皇宫里，唐朝皇帝接见了他。翻译向他询问案情，他就把同宦官怎样发生争执，宦官又怎样强行夺走他货物的事

---

[1]《全唐文》卷981，上海古籍出版社1990年版，第4505页。
[2] 汪向荣校注：《唐大和尚东征传》，中华书局2000年版，第45—46页。

情一一报告了。皇帝当即派人调查此事，证明外商所述属实。[1]在本案中，由皇帝亲自审理，因语言不通，由翻译人员传译问案，说明翻译人在涉外案件的审理中担当了重要的角色。

根据学者调查，在现存的敦煌吐鲁番文书中，有七件文书记述了译语人。[2]笔者认为涉及法律诉讼方面的文书有四件。

新疆阿斯塔那第210号墓出土的《唐西州高昌县译语人康某辩辞为领军资练事》残卷是一件司法文书的残卷，[3]该残卷仅残存4行：

〔高〕昌县译语人〔康〕
　领
　军资练拾疋
　辩被问付〔上〕
□但
（后缺）

该文书虽残损严重，但属于地方官府的诉讼残卷似乎没有疑问。本案发生的时间是贞观二十三年（649年），译语人康某应为昭武九姓的胡人，他究竟是为自己辩护还是为他人翻译，因文书过于简略，已不得而知。但从唐代译语人的职责分析，他似乎是为别人进行翻译。

另一件涉及译语人的文书是阿斯塔那210号墓出土的《唐史王公□牒为杜崇礼等绫价钱事》残卷，现残存九行，内容如下：[4]

　管合
　叁文。
　高昌　人杜崇礼〔等〕

---

[1] 穆根来等译：《中国印度见闻录》卷2，中华书局1983年版，第115—117页。
[2] 李方：《唐西州的译语人》，载《文物》1994年第2期。
[3] 中国文物研究所等编：《吐鲁番出土文书（图录版）》第3册，文物出版社1996年版，第39页。
[4] 中国文物研究所等编：《吐鲁番出土文书（图录版）》第3册，文物出版社1996年版，第38页。

上件物及　到谨〔牒〕
四月一日史王　公□
紫绣绫等价〔及〕
译语人等
（后缺）

在同一墓葬出土的《唐贞观二十三年杜崇礼等辩辞为绫价事》残卷应与此内容相关联，共七行：

人杜崇
人孟
紫绣绫
辩被
以不者　件
　　□□领八匹同□
两匹今并领得，被问依
贞观二十三年三月廿

这两件残卷都破损严重，文书中提到了译语人杜崇礼的名字。案件的起因是杜崇礼等人领取紫绫绣，因出现了价格问题，而被官府勘问。唐代对市场的管理十分严格，本案中出现的价格问题，应是唐高昌县与少数民族互市中出现的问题，[1] 作为互市双方的媒介译语人杜崇礼有可能从中做了手脚，才被官府追问。

1966年，在新疆阿斯塔那出土的66TAM61：24（a）、23（a）、27/1（a）、2（a）、22（a）号《麟德二年五月高昌县勘问张玄逸失盗事案卷残卷》，这是一件刑事案件中司法官员的审问记录，其中也提到了译语人，现引之如下：[2]

---

[1] 冻国栋：《唐代民族贸易与管理杂考》，载《魏晋南北朝隋唐史资料》1988年第9、10辑。
[2] 中国文物研究所、新疆维吾尔自治区博物馆等编：《吐鲁番出土文书（图录版）》第3册，文物出版社1996年版，第238—239页。

（前缺）

知是辩：问陌墙入盗张逸之物，今见安

仰答所由者。谨审：但知是长患，比邻具

陌墙盗物，所注知是盗，此是虚注。被问依

　　　贰。麟德二年五月　日

　　　更问　贰　示。

（后缺）

春香等辩：被问所盗张玄逸之物，夜□更

共何人同盗，其物今见在□□答□

及今因

审：但春香等身是突厥

更老患，当夜并在家宿，实

依实谨辩。

　　　麟德二年　月日

　　　译语人翟浮知。□

　　　问张逸。贰□。

张玄逸，年卅二。

玄逸辩：被问在家所失之物，

□告麴运贞家奴婢将

推穷元盗不得，仰答答所

谨审：但玄逸当失物，已见踪迹

运贞家出，即言运贞家奴婢盗，

当时亦不知盗人。望请给公验，

更自访觅。被问依实谨辩。

　　　麟德二年

在本案中，春香是麴运贞家奴婢，身份卑贱，由于她是突厥人，不懂汉语，所以官府派译语人翟浮知为其翻译。

在新疆阿斯塔那第29号墓出土的《唐垂拱元年（685年）康义罗施等请过

所案卷》，是一件中亚商队前往中原进行贸易，途经西州，被官府勘问过所的案卷，该案卷中也多次提到译语人，因文书较长，现节录如下：[1]

（一）
　　（前缺）
垂拱元年四月　日
译翟那你潘
　连　亨　白
　　十九日
　义罗施年卅

钵年六十
拂延年卅
色多年卅五
被问所请过所，有何来文，
仰答者。谨审：但罗施等并从西
来，欲向东兴易，为在西无人遮得，更
不请公文，请乞责保，被问依实谨
　　（后略）

根据上述文字，我们对本案的情况有了初步了解：有一中亚商队前往中原进行贸易，因没有唐朝颁发的过所，即出入关的凭证，被唐朝西州地方官府查问。唐代西州是"汉官府"，因语言不通，需要译语人从中翻译。

接下来是译语人翟那你潘为商队所作的辩词：

那你潘等辩：被问得上件人等辞请将
家口入京，其人等不是压良为贱，诱寒盗

---

[1] 中国文物研究所、新疆维吾尔自治区博物馆等编：《吐鲁番出土文书》第3册，文物出版社1996年版，第346—349页。

等色以不（？）仰答：但那你等保

知不是压良等色，若后不依今

款，求受依法罪，被问依实谨。

从"那你等保知不是压良等色"一句分析，译语人翟那你潘应保证商队的家口不是压良为贱，否则将承担相应的法律责任，可知其与商队有着密切的关系，并非唐代西州官府的译语人，有可能是当地的居民或商队的随行翻译。

现存的日本大谷文书第 1067 号中，也有"昌译语"的字样，[1] 因文书残损严重，其内容已不得而知。在斯坦因第三次中亚探险在阿斯塔那墓葬所获波斯军官员怀岌上尚书省某司牒文（编号 AST Ⅲ·4·093）中，两处提到了译语人，其中记载："发京，多折冲、果毅、傔及译语等"，"并请准波斯军别，检校果毅并傔、译语，于所在处便给发遣"。李方教授认为，这些译语人与折冲、果毅、要籍、傔从一样，从伊、西、庭三州中差募，这里的波斯军译语人，恐为唐代西州官府的译语人。[2]

唐代译语人大多出身于少数民族，与诉讼案件中的原、被告或属同一民族，或有直接的利害关系。加之负责审理案件的唐代官员不懂少数民族语言，这就为翻译人员从中徇私舞弊、操纵审判提供了机会。

为了规范译语人在诉讼审判活动中的行为，唐朝政府采取了许多防范措施：其一，要求译语人在翻译的司法文书上签字画押，以保证翻译的内容准确无误。在新疆阿斯塔那第 29 号墓出土的《唐垂拱元年康义罗施等请过所案卷》所提到的译语人翟那你潘，就保证中亚商队的入京家口"不是压良等色，若后不依今款，求受依法罪"。又如在阿斯塔那第 61 号墓出土的《唐麟德二年婢春香辩辞为张玄逸失盗事》残卷，也有译语人翟浮知的签名及画指印，以保证翻译的真实性，否则将承担相应的法律后果。其二，为了避免译语人在翻译的过程中有欺诈行为，唐代官府在一些重大事件上经常使用数名译语人同时进行翻译。其三，制定专门的法律条文，对译语人诈伪的行为追究法律责任。《唐律疏议》卷 25 "证

---

[1] ［日］小田义久：《大谷文书集成》第一卷，法藏馆昭和五十八年版，第 14 页。
[2] 李方：《唐西州的译语人》，载《文物》1994 年第 2 期。

不言情及译人诈伪"条对翻译人员的法律责任作了明确规定:"诸证不言情,及译人诈伪,致罪有出入者,证人减二等,译人与同罪。注曰:谓夷人有罪,译传其对者。"长孙无忌等在疏议中对"译人诈伪"的定罪量刑又作了进一步说明:"传译番人之语,令其罪有出入者","译语人与同罪",若夷人承徒一年,译人云"承徒二年",即译人得所加一年徒坐;若夷人承流,译者云"徒二年",即译者得所减二年徒。如果刑名未定,司法机关尚没有判决,已知道译人翻译不实,止当按照"不应为"罪处罚,即译人徒罪以上从重,杖罪以下从轻。所谓"不应得为"罪,是指"律、令无条,理不可为者",处罚办法是:"诸不应得为而为之者,笞四十;事理重者,杖八十。"[1]唐律设立该条文,是为了规范译语人的法律行为,保障诉讼审判中当事人的正当权益,以维护司法的公平公正。

综上所述,中国古代为了与周边各少数民族进行文化交流,许多朝代都设立了翻译人,规定不同民族之间的法律纠纷实行翻译制度,并以立法的形式对翻译人员错译和徇私枉法的行为加以规范,以维护司法的公正。该项制度从先秦经过汉魏南北朝时期的发展,到唐代逐渐成熟,并一直延续到明清两代。

从现存的敦煌吐鲁番文书来看,中国古代的译语人对于促进丝绸之路沿线各民族的法律文化交流作出了重要贡献。概而言之,主要体现在如下几方面:第一,译语人制度的形成,促进了丝绸之路沿线各民族的经济法制的交流。如唐代在西北地区缘边各州县与周边各少数民族政权定期举行商品交易,称为"互市",唐朝政府在边境地区设立了特殊的贸易管理机构互市监,专门负责商品交易之事。据《唐六典》卷22记载:"诸互市监,各掌诸蕃交易之事,丞为之贰。凡互市所得马、驼、驴、牛等,各别其色,具齿岁、肤第,以言于所隶州、府,州、府为申闻。"在唐朝与西北少数民族互市的过程中,译语人起到了重要的媒介作用。第二,译语人对于传播丝绸之路沿线各民族的法律文化,调解各民族的法律纠纷,起到了重要的作用。众所周知,由于各民族的风俗习惯不同,丝绸之路沿线各民族的法律制度也不相同,如古代吐蕃有收继婚的传统,赞普墀松德赞(Khri srong lde brtsan,742—797年)殁后,其子牟尼赞普(Mu ne btsan po,

---

[1]《唐律疏议》卷27,刘俊文点校,法律出版社1999年版,第561页。

774—797年）就娶了父亲的妃子之最年轻者，并加以宠爱。[1]西夏党项族的法律习俗允许把妻子、辅主之妻子、官人妇男等典押给他人，据《天盛改旧新定律令》规定："使军之外，诸人自有妻子及辅主之妻子等、官人妇男等，使典押他人处同居及本人情愿等，因官私语，允许使典押。"[2]古代的译语人把丝绸之路沿线各民族的法律介绍传播，减少了彼此之间的法律纠纷。因此，没有古代的译语人，就不可能出现古代丝绸之路的繁荣景象。

---

[1] ［日］山口瑞凤：《西藏》（上），许明银译，全佛文化事业有限公司2003年版，第156页。
[2] 史金波、聂鸿音、白滨译注：《天盛改旧新定律令》卷11，法律出版社1999年版，第388页。

丝绸之路沿线出土的古代佉卢文书研究概述

韩树伟[*]

佉卢文是古代流行于中亚、新疆鄯善等地的一种文字，起源于犍陀罗，使用时间为公元3—5世纪，5世纪之后因最后使用其文字的鄯善国灭亡随之消失。它与印度贵霜王朝有密切的关系，据传是由古代印度一位叫驴唇的神仙所创，故又名为驴唇文。[1]实际上，它与古印度的梵文同属于阿拉美文的变体，书写时从右往左。20世纪末，佉卢文以经卷、文书、碑铭、题记和钱币的形式，被发现于印度、巴基斯坦、阿富汗、乌兹别克斯坦，以及中国新疆的和田、库车、尼雅、楼兰、米兰等地，甚至在河西走廊的敦煌、河南洛阳等地也有发现。

佉卢文的发现、释读，与欧洲的考古探险家如斯坦因（M.A.Stein）、伯希和、斯文赫定，语言学家如普林谢普（J.Prinsep）、拉森（Ch.Lassen）、拉普逊（E.J.Rapson）等密不可分。当然，这些佉卢文材料，由于历史的原因大多散藏在英、法、德、印度等国家。本文所说的佉卢文文书主要是指英国考古学家、探险家斯坦因从1901—1931年四次在塔里木盆地南缘的尼雅、楼兰遗址考察、挖掘所得的一千余件的文书。文书出土后，斯坦因委托英国语言学家拉普逊等人对文书中的大约764件进行了转写、释读、发表。前三次探险期间所获的文书，拉普逊和法国的塞纳、波叶尔进行了第一次、第二次的释读、整理，随即以《奥莱尔·斯坦因博士在中国新疆发现的佉卢文文书》[2]第一册、第二册发表；

---

[*] 韩树伟，中共甘肃省委党校（甘肃行政学院）副教授。本文是国家社科基金西部项目"佉卢文文献所见汉晋鄯善国史研究"（21XZS016）的阶段性成果。

[1] （唐）段成式等撰：《酉阳杂俎》卷11，曹中孚等校点，上海古籍出版社2012年版，第62页。

[2] *Kharoṣṭhī Inscriptions*, *Discovered by Sir Aurel Stein in Chinese Turkestan*, Part I–III, Transcribed and Edited by A.M. Boyer, E.J. Rapson, E.Senart and P.S. Noble, Oxford at the Clarendon Press, 1920, 1927, 1929.

第三册由拉普生与他挑选的诺布尔进行释读整理并发表。[1]斯坦因第四次探险所获的48件文书，因中国当时有识之士与政府的反对和阻止未能带走，而是雇佣英国驻喀什领事舍利夫进行了拍照，经过拉普逊整理为《收自奥莱尔·斯坦因爵士的佉卢文文书照片》，但未刊布照片。1995年，兰州大学的王冀青先生在英国留学时，将这批照片研究后发表。[2]1937年，拉普逊弟子贝罗将斯坦因第四次中亚考察所获佉卢文文书进行了转写、英文翻译，并以《尼雅佉卢文书别集》[3]为题发表。之后，开始英译整个斯坦因所获佉卢文书，直到1940年完成。王广智先生将其翻译成中文。[4]这本书里面含有大量的世俗文书，尤以法律经济类文书为多。

随后，国内外专家和学者对有关佉卢文的出土资料及传世文献进行了释读、整理与研究，发表、出版论著逐渐增多。因笔者博士论文涉及佉卢文书，故对近几十年来有关佉卢文的研究成果进行了大量的阅读与系统的梳理，从简牍文书释读、遗址考古发掘、城镇地理讨论、环境变迁、经济社会、法律契约、宗教艺术、王号世系、早期居民人种构成等多方面进行了简要论述，旨在为学界同仁深入研究古代新疆塔里木盆地鄯善、于阗及其他地区的社会形态、民族构成、区域关系、历史地理等提供参考资料之便利，对丝绸之路、西域史研究大有裨益。

一、简牍文书释读

不论是出土的简牍文书，还是传世文献，它们都是研究古代新疆塔里木盆地政治、法律、社会、宗教、民族关系、地理环境等的关键性材料。自佉卢文书被发现后，学界对其进行了文字上的介绍和内容上的考释。如赵俪生先生对

---

[1] 王冀青：《拉普生与斯坦因所获佉卢文文书》，载《敦煌学辑刊》2000年第1期，第22页。
[2] 王冀青：《斯坦因第四次中亚考察所获文书》，载《敦煌吐鲁番研究》第3卷，北京大学出版社1998年版，第259—250页。
[3] T.Burrow, *Further Kharoṣṭhī Documents from Niya*, Bulletin of the School of Oriental Studies, University of London, Vol.9, No.1 (1937), pp.111-123.
[4] 王广智译：《新疆出土佉卢文残卷译文集》，载韩翔主编：《尼雅考古资料》1988年，第183—267页。

新疆出土佉卢文的简书内容做了考释,其文语言铿锵有力、掷地有声,论据充分,认为 Supi 人即苏毗,分析了鄯善国的政治经济情况,论证了都护制度的作用。[1] 马雍先生对佉卢文文书及其研究史作了全面的介绍、调查、归类和分析。[2] 史继忠、龙基成阐述了历史上的多种文字,对文字之间的关系进行了比较,其中对佉卢文的说明,有助于我们对佉卢文的认识。[3] 段晴、张志清对中国国家图书馆所藏的相关佉卢文、梵文文书进行了释读与研究,并呈现在读者面前。[4] 黄盛璋先生翻译并介绍了美国学者邵瑞琪(Richard Salomon)释读兰州大学吴景山先生骑自行车去尼雅遗址考察时捡到的残片,文章指出这块残片的"下片"曾被斯坦因获取,并收藏在现在印度的德里博物馆,并希望获得212号照片来证实。[5] 新疆考古队1980年在楼兰古城进行了发掘,得65件汉文文书、1件佉卢文尺牍,平明先生对其进行了重新核校与考证。[6] 孟凡人[7]、侯灿[8]、杨代欣[9]、胡平生[10]等人对罗布泊西岸楼兰遗址出土的木简残纸文书进行了介绍与论证,对探讨魏末晋初楼兰地区的社会历史情况有一定的意义。路志英根据楼兰出土的汉文简纸文书,对其中的物量表示法与量词进行了统计,指出简纸文书物量表示法基本形

---

[1] 赵俪生:《新疆出土佉卢文简书内容的考释和分析》,载《兰州大学学报》1979年第1期,第54—67页。

[2] 马雍:《佉卢文》,载《中国民族古文字会议论文集》1982年,第162—165页;《新疆所出佉卢文书的断代问题——兼论楼兰遗址和魏晋时期的鄯善郡》《古代鄯善、于阗地区佉卢文字资料综考》《新疆佉卢文书中的 Kosava 即氍毹毛考——兼论"渠搜"古地名》,载《西域史地文物丛考》,文物出版社1990年版。

[3] 史继忠、龙基成:《少数民族文字比较探源》,载《贵州民族研究》1994年第2期,第110—117页。

[4] 段晴、张志清:《中国国家图书馆藏西域文书:梵文、佉卢文卷》,中西书局2013年版。

[5] 黄盛璋:《尼雅新出的一件佉卢文书》,载《新疆社会科学》1986年第3期,第86—90页。

[6] 平明:《一九八〇年楼兰出土文书考释》,载《文史》第36辑,中华书局1992年版,第157—170页。

[7] 孟凡人:《楼兰鄯善简牍年代学研究》,新疆人民出版社1995年版。

[8] 侯灿:《楼兰新发现木简纸文书考释》,载《文物》1988年第7期,第40—55页。

[9] 侯灿、杨代欣:《楼兰汉文简纸文书集成》,天地出版社1999年版。

[10] 胡平生:《楼兰木简残纸文书》,载《新疆社会科学》1990年第3期,第89—97页。《魏末晋初楼兰文书编年系联(上)》(《西北民族研究》1991年第1期,第67—77页)、《魏末晋初楼兰文书编年系联(下)》(《西北民族研究》1991年第2期,第6—19页)、《楼兰出土文书释丛》(《文物》1991年第8期,第41—47页)。

式有 3 种, 出现一般量词 17 个, 度量衡单位量词 18 个。[1]

在佉卢文的释读与考证上, 北京大学的林梅村先生成果斐然,《沙海古卷》对塔里木盆地南缘的楼兰、于阗、尼雅等遗址出土的东汉佉卢文、双语文书、佉卢文书信进行了考释与论述, 对了解当时的历史具有重要的参考价值。[2] 中山大学刘文锁先生对林氏《沙海古卷》作了进一步的补充和考释[3], 其《新疆出土简牍的考古学研究》[4]一文梳理了简牍在新疆的考古发现, 为佉卢文相关研究提供了便利。王樾对新疆文物考古研究所收藏的两件汉文木简进行了辨读, 认为是汉代小学字书"仓颉篇"中的文字, 这在新疆出土还是第一次。它的出土, 佐证了中西文化的交流, 具有重要的意义。[5] 有一件佉卢文文书经陈明进行考释为药方, 他对照梵文、于阗文、回鹘文的相似处方, 据其剂量的变化, 探究彼此间的关系, 以此来说明西域医药文化交流的特点, 认为处方中的绝大多数药物系唐宋本草中的常用药物, 得出佉卢文药方受过中原医学的影响。[6]

二、墓葬、遗址的考古发掘

佉卢文的发现, 离不开考古。自欧洲探险家在新疆等地挖掘出大量文书、文物后, 引起国内仁人志士的重视, 随后展开了一系列的考古与调查, 同样获

---

[1] 路志英:《楼兰汉文简纸文书物量表示法与量词》, 载《山西大学学报》2014 年第 6 期, 第 56—62 页;《楼兰汉文简纸文书字形中的钩画研究》, 载《语文研究》2015 年第 1 期, 第 45—48 页。
[2] 林梅村:《沙海古卷——中国所出佉卢文书(初集)》, 文物出版社 1988 年版。另见《楼兰新发现的东汉佉卢文考释》(《文物》1988 年第 8 期, 第 67—70 页)、《新疆佉卢文书释地》(《西北民族研究》1989 年第 1 期, 第 72—80 页)、《新发现的几件佉卢文考释》(《中亚学刊》第 3 辑, 中华书局 1990 年版, 第 63—70 页)、《新疆尼雅所出犍陀罗语〈解脱戒本〉残卷》(《西域研究》1995 年第 4 期, 第 44—48 页)、《犍陀罗语文书地理考》(《传统文化与现代化》1997 年第 6 期, 第 31—41 页)、《新疆文物考古研究所藏佉卢文译文》(《中日共同尼雅遗迹学术调查报告书》第 2 卷, 1999 年)、《尼雅 96A07 房址出土佉卢文残文书考释》(《西域研究》2000 年第 3 期, 第 42—43 页)、《新疆营盘古墓出土的一封佉卢文书信》(《西域研究》2001 年第 3 期, 第 44—45 页)等文章。
[3] 刘文锁:《沙海古卷释稿》, 中华书局 2007 年版。
[4] 刘文锁:《新疆出土简牍的考古学研究》, 载《西北史地》1996 年第 3 期, 第 58—65 页。
[5] 王樾:《略说尼雅发现的"仓颉篇"汉简》, 载《西域研究》1998 年第 4 期, 第 55—58 页。
[6] 陈明:《一件新发现的佉卢文药方考释》, 载《西域研究》2000 年第 1 期, 第 12—22 页。

得了大量的地下文物。其中，还有"中瑞西北科学考察团""中日共同尼雅遗迹学术考察队"等中外合作的考古、考察。加上之前斯坦因考古挖掘所获的文书，在新疆塔里木盆地南缘遗址出土了大量的文书、文物，这对研究古楼兰、鄯善、于阗等具有重要意义。侯灿的《楼兰遗迹考察简报》等文章报道了楼兰古城发掘的遗迹遗物，并介绍了相关的历史文化。[1] 肖小勇对以塔里木盆地为中心的新疆天山以南地区涉及史前时代的墓葬进行综合分析，认为墓葬类型与年代之间存在直接的关系，同时体现文化的多元特点。[2] 吐尔逊·艾沙指出1979年在孔雀河下游老开屏发掘东汉墓一座，1980年在楼兰古城东郊两处高台地发掘东汉墓八座。[3]

这些考古活动大多集中在古代绿洲遗迹，李遇春在《尼雅遗址的重要发现》中指出出土大批丝织品，对研究汉代各种丝织工艺取得了重要样本；出土的佛教内容蜡染棉布说明早在汉代就有佛教传入新疆，并在当地种植棉花、织布。[4] 贾应逸在《略谈尼雅遗址出土的毛织品》中指出出土较多的是平纹组织的毛织品，最引人注目的是10号遗址出土的罽，彰显了中原纺织技术对新疆毛纺织业的影响。[5] 另外他对同一遗址出土的"司禾府印"进行了研究，指出这是一方汉代管理屯田机构的印章，表明了汉代对这一地区的管理。[6] 无独有偶，关于楼兰地区发现的印章，吴勇推测为"张币千人丞印"，官秩为三百石，可能属于本地制造，对研究汉晋时期西域长史营的职官系统具有重要意义。[7] 吴勇先生还对尼雅遗址出土的62件珊瑚进行了记录，指出尼雅遗址是新疆地区迄今为止在一地发现珊

---

[1] 侯灿：《楼兰遗迹考察简报》，载《历史地理创刊号》，上海人民出版社1981年版。另见侯灿：《楼兰考古文化研究》，载徐海生主编：《新疆古代民族文化论集》，新疆大学出版社1990年版，第64—92页；《论楼兰城的发展及其衰废》，载《中国社会科学》1984年第2期，第155—171页；《楼兰古城址调查与试掘简报》，载《文物》1988年第7期，第1—22页；《楼兰城郊古墓群发掘简报》，载《文物》1988年第7期，第23—39页。

[2] 肖小勇：《西域史前晚期墓葬类型研究》，载《西域研究》2013年第1期，第50—60页。

[3] 吐尔逊·艾沙：《罗布淖尔地区东汉墓发掘及初步研究》，载《新疆社会科学》1983年第1期，第128—134页。

[4] 李遇春：《尼雅遗址的重要发现》，载《新疆社会科学》1988年第4期，第37—46页。

[5] 贾应逸：《略谈尼雅遗址出土的毛织品》，载《文物》1980年第3期，第78—82页。

[6] 贾应逸：《新疆尼雅遗址出土"司禾府印"》，载《文物》1984年第9期，第87页。

[7] 吴勇：《楼兰地区新发现"张币千人丞印"的历史学考察》，载《西域研究》2017年第3期，第41—48页。

瑚最多的一处；认为其来源于西方，是丝路商品交易之一，充分说明了中西方贸易的往来与交流。[1] 孟凡人指出墓出铜镜、丝绸、棉布佛画时间大致在魏晋时期，墓地应在河渠干枯废弃之后，时间为公元 4 世纪初至中叶。[2] 于志勇对新疆尼雅遗址 95MNIM8 的考古概况做了介绍，并发表了发掘简报，使我们对汉晋时期此地的历史文化有了清晰的认识，对研究汉晋时期西北民族关系起到积极作用，有助于我们认识和分析尼雅河流域古代的生态环境。[3] 俞伟超通过对尼雅 95MNI 号墓地 M3 与 M8 的墓主身份进行研究后认为墓主身份为精绝王继承者，其年代在汉末建安左右至魏晋时期。[4] 阮秋荣对尼雅遗址的聚落形态进行了探讨，展现了古代尼雅地区的生活面貌，有助于我们对古代尼雅文明的认识。[5] 岳廷俊根据大量佉卢文、汉文资料和考古资料论证了尼雅遗址的废弃是政治因素和自然因素综合作用的结果，废弃时间为公元 45—376 年。[6] 塔克拉玛干综考队考古组考察了那勒克遗址、玉姆拉克开特买遗址、札洪鲁克墓地、阿孜利克居住遗址、阿亚克塔他让烽火台遗址，认为均属于鄯善国时期的文化遗存，指出车尔臣河流域人类与生态环境的变化。[7] 刘文锁、郑渤秋利用记载有关"尼壤"的佉卢文和汉文史料，从"尼壤"和"尼壤城"的时代入手，将讨论引向深入。[8] 王华、张伍连分五个方面详细论证了尼雅遗址蜡染布出自印度犍陀罗地区以及印度蜡染起源较早的观点。[9] 张弛通过对尼雅 95MNIM8 出土的弓矢形制和数量进行研究，认为精绝王族的丧葬习俗受到汉代礼制的影响，反映出中原与西域地区的

---

[1] 吴勇：《新疆尼雅遗址出土的珊瑚及相关问题》，载《西域研究》1998 年第 4 期。
[2] 孟凡人：《论尼雅 59MN001 号墓的时代》，载《西域研究》1992 年第 4 期，第 50—62 页。
[3] 于志勇：《新疆尼雅遗址 95MNIM8 概况及初步研究》，载《西域研究》1997 年第 1 期，第 1—10 页；《新疆民丰县尼雅遗址 95MNI 号墓地 M8 发掘简报》，载《文物》2000 年第 1 期，第 4—40 页。
[4] 俞伟超：《尼雅 95MNI 号墓地 M3 与 M8 墓主身份试探》，载《西域研究》2000 年第 3 期，第 40—41 页。
[5] 阮秋荣：《试探尼雅遗址聚落形态》，载《西域研究》1999 年第 2 期，第 51—60 页。
[6] 岳廷俊：《尼雅遗址废弃浅析》，载《西北史地》1999 年第 4 期，第 99—103 页。
[7] 刘文锁：《且末县古代文化遗存考察》，载《新疆文物》1990 年第 4 期，第 20—29 页。
[8] 刘文锁、郑渤秋：《"尼壤"考述》，载《西域研究》2000 年第 2 期，第 38—44 页。
[9] 王华、张伍连：《尼雅遗址出土的东汉蜡染布研究》，载《东华大学学报》2006 年第 1 期，第 24—27 页。

文化交融。[1]

考古中还发现有佛寺遗址，贾应逸认为尼雅新发现的佛寺遗址是汉代精绝国故址，展现了汉晋时期精绝地区佛教寺院、佛教艺术和佛教发展的状况和特点，使尼雅遗址的研究取得了突破性的进展。[2] 张铁男对尼雅遗址中编号为93A35的佛教寺院发掘作了介绍，并结合尼雅其他编号遗址中出土的材料，认为佛教最早传入尼雅的时代应与佉卢文传入时间一致，尼雅有严格的僧团组织，佛教成为全民皆信的宗教。[3]

对于一些建筑遗迹，王宗磊的《尼雅古建工艺及其相关问题》有助于我们了解和认识当时的社会情况、生产力发展水平、人们的生活习俗以及建筑的工艺水平和人们的审美观点等，为我们深入研究尼雅王国的政治、经济、文化以及与中原地区在建筑工艺的交往提供了丰富的材料。[4] 紧接着，刘文锁对尼雅遗址遗物和简牍与建筑遗迹作了详细的介绍与说明，指出有很多遗迹（群）的使用延续了较长时间，越往早期的遗迹（群）数量越少，造成这一现象的原因除了越早期的遗存越难保存下来外，越往早期人类的活动规模越小。[5]

除了尼雅遗址，还有对古墓沟[6]、巴什夏尔遗址、营盘墓地、山普拉古墓地、小河墓地的考古发掘，有助于我们对古代居民生活有清晰的认识，对研究古代人种具有重要的意义。有人还对古墓沟墓地的植物遗存进行了考述，对研究古代植被、地理环境都有重要价值。[7] 巴什夏尔遗址，是南丝道东端上的一处十分重要的遗址，是当时中亚粟特人居住、活动的中心。相当于宋、元初期的玻璃器皿，既与古代波斯、中世纪的阿拉伯玻璃器皿有相当多的共同特性，又在中

---

[1] 张弛：《尼雅95MNIM8随葬弓矢研究——兼论东汉丧葬礼仪对古代尼雅的影响》，载《西域研究》2014年第3期，第7—12页。
[2] 贾应逸：《尼雅新发现的佛寺遗址研究》，载《敦煌学辑刊》1999年第2期，第48—55页。
[3] 张铁男：《尼雅佛教寺院遗址的发掘与研究》，载《西域研究》2000年第1期，第47—53页。
[4] 王宗磊：《尼雅古建工艺及其相关问题》，载《西域研究》1999年第3期，第67—72页。
[5] 刘文锁：《论尼雅遗址遗物和简牍与建筑遗迹的关系》，载《欧亚学刊》2001年，第116—149页。
[6] 王炳华：《孔雀河古墓沟发掘及其初步研究》，载《新疆社会科学》1983年第1期，第117—128页。
[7] 张贵林等：《新疆罗布泊古墓沟墓地植物遗存研究》，载孟宪实、朱玉麒主编：《探索西域文明：王炳华先生八十华诞祝寿论文集》，中西书局2017年版。

原地区的遗址和墓葬中发现过。但巴什夏尔玻璃器皿是新疆本地所产原料熔制生产的，具有本地的鲜明特点，是东西方贸易往来的重要见证。[1] 新疆尉犁县营盘是古代楼兰通向西域的一处枢纽重镇，其出土文物汇集了古代东西方不同的文化因素，展现了古代丝绸之路的景象。周金玲等人对墓地埋葬方式、出土文物所反映出的文化特征、经济形态以及墓地年代等作了分析研究。[2] 1992—1993年，新疆洛浦县山普拉古墓地共发掘古墓18座，该墓地出土文物丰富多彩，反映出汉晋时期这一地区的社会、经济和文化生活情况，以及繁荣的丝路经贸与文化交流景象。[3] 2016年，新疆洛浦县比孜里墓地发掘墓葬40座，墓葬类型多样，葬具、葬式、出土器物等有较大差别，显示了不同的葬俗；墓葬存在多组相互叠压打破关系，对研究丝路南道汉晋时期墓葬提供了绝佳的考古学地层关系，对墓葬形制的演变提供了参考。M5墓室内出土的一枚羊脂白玉对研究古代新疆和田玉的使用及其传播等方面具有重要意义。[4] 梁一鸣等人利用蛋白质组学方法推断出小河墓地草篓残留物为牛奶制品，揭示了此地早期居民的生活和社会活动。[5] 梅建军等人对小河墓地出土的12件金属样品和7件金耳环实物标本作了初步分析，其中锡耳环和金银耳环均为至今中国境内经科学鉴定发现的最早的锡和金银合金制品。小河墓地金属器在材质和加工工艺上所展现出的多样性，反映了小河墓地与周邻地区早期文化之间存在广泛的联系或互动。[6]

---

[1] 张平：《若羌县巴什夏尔遗址出土的古代玻璃器皿》，载《新疆社会科学》1986年第3期，第87—92页。

[2] 周金玲等：《新疆尉犁县营盘墓地15号墓发掘简报》，载《文物》1999年第1期，第4—16页。另参见周金玲：《新疆尉犁县营盘古墓群考古述论》，载《西域研究》1999年第3期，第59—66页；周金玲、李文瑛：《新疆尉犁县营盘墓地1995年发掘简报》，载《文物》2002年第6期，第4—45页；吴勇：《新疆尉犁县营盘墓地1999年发掘简报》，载《考古》2002年第6期，第58—74页。

[3] 肖小勇、郑渤秋：《新疆洛浦县山普拉古墓地的新发掘》，载《西域研究》2000年第1期，第42—46页。关于埋葬制度可参见刘文锁：《山普拉墓地的埋葬制度》，载《西域研究》2002年第3期，第50—55页。

[4] 胡兴军、阿里甫：《新疆洛浦县比孜里墓地考古新收获》，载《西域研究》2017年第1期，第144—146页。

[5] 梁一鸣等：《小河墓地出土草篓残留物的蛋白质组学分析》，载《文物保护与考古科学》2012年第4期，第81—85页。

[6] 梅建军等：《新疆小河墓地出土部分金属器的初步分析》，载《西域研究》2013年第1期，第39—49页。

三、历史地理、环境变迁

楼兰、鄯善、于阗等是古代丝绸之路新疆段南道的重要节点，余太山考证了楼兰、鄯善、精绝这三个地名的来龙去脉，追本溯源，将玄奘东归路线清晰地展现在读者面前。[1] 殷晴认为在西汉时期特别在前期，有所谓的楼兰"东西道"，即沿塔里木盆地南北缘而行的北道；汉朝掌控天山东部以后，以车师为起点的北道，才开始畅通，同时，充分的资料证明，南道的存在与通行，是毋庸置疑的事实。[2] 对城镇遗址的地理位置进行探讨与分析，有助于揭开古代新疆塔里木盆地绿洲的神秘面纱。

首先是对楼兰国都的考证，林梅村《楼兰国始都考》对学术界关注的焦点进行了介绍，接着探讨了学界对楼兰国都的不同看法，认为楼兰国都位置在LE城。[3] 不久黄盛璋对此提出了异议，从楼兰城与国都争论必须遵循地理方位和烽燧证据，LE古城不是楼兰城/Kroraina——林文自我否定的证据，LE城的年代、隶属、职能与废弃下限三个方面，探讨了斯坦因对楼兰遗址编号中的LE，同林氏进行了讨论。[4] 紧接着王守春从生态环境的角度阐述了楼兰古城在古代丝绸之路上的重要地位，以及环境变迁对它的重大影响。此文具有重要的现实意义。[5]

其次对于阗国、精绝国、且末等亦有研究。李吟屏详细而有力地论证了于阗国都故址在阿拉勒巴格，认为约特干是国都附属，哈奈不存在，纳格拉罕纳为在王城东南角。[6] 林梅村对汉代精绝国与尼雅遗址之间的关系进行了研究，对中西文化交流以及研究丝绸之路具有重要的意义。[7] 对于且末古城，李肖认为在

---

[1] 余太山：《楼兰、鄯善、精绝等的名义——兼说玄奘自于阗东归路线》，载《西域研究》2000年第2期，第32—37页。

[2] 殷晴：《汉代丝路南北道研究》，载《新疆社会科学》2010年第1期，第121—128页。

[3] 林梅村：《楼兰国始都考》，载《文物》1995年第6期，第79—85页。

[4] 黄盛璋：《初论楼兰国始都楼兰城与LE城问题》，载《文物》1996年第8期，第62—72页。

[5] 王守春：《楼兰国都与古代罗布泊的历史地位》，载《西域研究》1996年第4期，第43—53页；《历史上塔里木河下游地区环境变迁与政治经济地位的变化》，载《中国历史地理论丛》1996年第3期，第60—73页；《历史时期塔里木河下游河道的一次大变迁》，载《干旱区地理》1996年第4期，第10—18页。

[6] 李吟屏：《古代于阗国都再研究》，载《新疆大学学报》1989年第3期，第40—47页。

[7] 林梅村：《汉代精绝国与尼雅遗址》，载《文物》1996年第12期，第53—59页。

车尔臣古河床东岸。[1]刘文锁利用转写和译释的佉卢文，根据对其记录内容、年代与出土地点组合关系分析，大致地复原出尼雅遗址在佉卢文时代鄯善国凯度多州时期的行政区划及其所对应的遗迹和遗迹区。[2]

环境变迁是塔里木盆地边缘古国演变的重要因素，相关的研究成果有助于我们了解新疆在古代历史地理上所经历的沧海桑田。水涛指出西域早期的文明在发展演变中，不仅与周边地区的古代文明中心有关系，而且受环境因素的制约很大。如此一来，新疆地区便成为连接古代东西方文明的桥梁和纽带。[3]王永兴、阚耀平根据考古资料和实地考察，认为河流变迁对人类的活动影响很大，一旦干枯，随之而来的便是沙漠化。[4]关于罗布泊，周廷儒认为它在历史时期从来没有迁移到别处，而是在湖盆内部受到最新构造运动和水文变化的影响，表现出各个时期积水轮廓的变动，并非"游移湖"。[5]苏北海先生对史书中记载的"蒲昌""蒲昌海""秦海"几个地理概念作了解释和说明，有助于对塔里木盆地边缘位置的认识。[6]奚国金指出罗布泊经历了楼兰、屯城、英苏-阿拉干、喀拉库顺库尔、罗布泊、台特马湖等历史时期，认为其终点湖位置是变化的，罗布泊的位置和存在决定了塔里木河下游的洼地分布和水文变动情况。[7]

四、宗教艺术

佉卢文简牍内容显示，汉晋时期的于阗、鄯善等地盛行佛教，不论是从佛寺遗址、壁画艺术，还是出土的丝织品看，都有着深深的佛教艺术烙印。而鄯善国的僧侣在世俗生活与戒律上，却与古代印度佛教有显著差异。黄振华通过

---

[1] 李肖：《且末古城地望考》，载《中国边疆史地研究》2001年第3期，第37—45页。
[2] 刘文锁：《尼雅遗址历史地理考略》，载《中山大学学报》2002年第1期，第18—25页；《尼雅遗址行政区划复原》，载《华夏考古》2003年第4期，第63—70页。
[3] 水涛：《西域史前文明发展的若干理论问题》，载《西域研究》2005年第4期，第44—51页。
[4] 王永兴、阚耀平：《塔里木盆地南部2000年来的环境变迁》，载《干旱区地理》1992年第3期，第38—45页。
[5] 周廷儒：《论罗布泊的迁移问题》，载《北京师范大学学报》1978年第3期，第34—40页。
[6] 苏北海：《蒲昌·蒲昌海·秦海考》，载《喀什师范学院学报》1986年第1期，第55—62页。
[7] 奚国金：《罗布泊迁移的历史过程及其新发现》，载《西域研究》1992年第4期，第5—16页。

列举文书中"沙门"名称与其相关的梵文词源进行对比,确认其为佛教僧侣无疑,从而为研究鄯善王国的佛教社会提供可靠的文献基础,弥补了鄯善国宗教历史研究的不足。[1]夏雷鸣通过研究 Kh.511 号文书认为它是鄯善国举行浴佛法会的祈愿词。该文书反映了鄯善国佛教信众因地制宜地改变了佛典规定的浴佛形式,说明鄯善国的小乘佛教奉多佛说,属大众部,指出该文书也是若羌、且末地区皮肤病的最早的史料见证,并认为凡是有佛教存在的地方,既有世俗的一面,亦有出世的一面,指出鄯善佛教在世俗上是受自印度贵霜王朝,之后又对敦煌的世俗佛教产生了影响。[2]敦煌研究院杨富学先生探讨了鄯善国时期佛教界普遍存在着"有信无戒"现象,僧人不守戒律,他们不仅娶妻生子、饮酒食肉,而且置产敛财、役奴使婢。许多僧人虽然在寺院挂籍,却常年居住在俗家,与家人共同生活。鄯善国的僧侣虽名为出家人,但实际上过的却是一种地地道道的俗家生活。有些僧人还兼有户主身份,成为政府合法的纳税人。说明当时不管是世俗社会还是佛教界,都不以为这些现象是违戒的,而是合法的。从佉卢文文书看,鄯善国也曾存在规范僧人行为的规章,但世俗味非常浓厚,与正统的佛教戒律大相径庭,而对违戒僧人的处罚方式,也多是俗家的经济手段,使僧人的行为融入鄯善国的伦理道德之中,比较深刻地反映了鄯善国佛教的世俗化倾向。鄯善国凸显的佛教戒律问题在中原早期佛教界同样存在,故而可将鄯善国佛教看作中原早期佛教的一个标本。不难看出,此时的鄯善国僧侣不仅地位高,而且倚仗权势参与世俗事务,一方面反映了佛教盛行,另一方面反映出印度在向周边传播佛教时所展现的强大力量。[3]李博亦探讨了公元 3 至 5 世纪鄯

---

[1] 黄振华:《魏晋时期楼兰鄯善地区佛教研究札记——佉卢文沙门名号考证》,载《民族研究》1996 年第 4 期,第 84—88 页。

[2] 夏雷鸣:《从"浴佛"看印度佛教在鄯善国的嬗变》,载《西域研究》2000 年第 2 期,第 45—52 页;《从佉卢文文书看鄯善国僧人的社会生活——兼谈晚唐至宋敦煌世俗佛教的发端》,载《丝绸之路民族古文字与文化学术讨论会论文集》2005 年,第 95—103 页;《从佉卢文文书看鄯善国佛教的世俗化》,载《新疆社会科学》2006 年第 6 期,第 116—122 页。

[3] 杨富学:《论鄯善国出家人的居家生活》,载西华大学敦煌学研究中心编:《敦煌学》第 27 辑,乐书出版有限公司 2018 年版,第 215—221 页。另参〔印〕阿格华尔著:《佉卢文书所见鄯善国佛教僧侣的生活》,杨富学、许娜译,载《甘肃民族研究》2006 年第 4 期,第 100—104 页;杨富学:《鄯善国佛教戒律问题研究》,载《吐鲁番学研究》2009 年第 1 期,第 59—76 页;杨富学、徐烨:《佉卢文文书所见鄯善国之佛教》,载《五台山研究》2013 年第 3 期,第 3—9 页。

善国僧人娶妻、收养行为的世俗生活，认为其产生受该地区自然地理环境、国家发展需要及文化习俗等多方面原因的影响。这对以后中国佛教的世俗化发展产生了极为重要的作用。[1]

五、经济社会

从出土的佉卢文简牍、汉佉二体钱来看，新疆古代塔里木盆地边缘绿洲主要是鄯善国存在农牧业、葡萄种植等现象，其社会生产力相对落后，有人口买卖行为，还有对妇女状况的记载。关于葡萄种植，张南依据佉卢文书、吐鲁番文书，结合其他文献对新疆塔里木盆地南缘及东南缘、吐鲁番盆地种植葡萄与酿造业的发展进行了论述。文章认为，从汉代开始，新疆种植葡萄、饮用葡萄酒渐成习俗，酿酒及贮酒的技术已有较高水平。[2] 卫斯从经济史角度出发，通过对尼雅遗址出土的佉卢文简牍中相关农业经济方面文书的研究，揭示出农奴社会制度下的精绝国土地所有制的主要形式，作者指出，作为私有财产，无论是买卖，还是抵押葡萄园土地，双方均有契约或协议书。可知，葡萄园种植是精绝国的一项经济支柱产业，精绝国大面积种植葡萄园促进了葡萄酿酒业的发展，当时政府对酒业的管理十分严格，设有酒局征收酒税，国家将税酒商运到周边国家与地区，酒税自然成了精绝国的一项主要财税来源。葡萄种植户若拖欠税酒则是要支付利息的。[3] 丁君涛以新疆尼雅出土的佉卢文葡萄园买卖契约为基础，考察鄯善国时期葡萄园的买卖、经营等活动，对鄯善国的葡萄酒的酿造、销售等进行了探索，通过对鄯善国时期与高昌时期的葡萄园买卖契约进行对比研究，发现鄯善国时期精绝地区的葡萄园产业已经初具规模，且利润可观。[4]

---

[1] 李博：《古代鄯善国僧人娶妻与收养行为探究》，载《中华文化论坛》2013年第9期，第69—74页。
[2] 张南：《古代新疆的葡萄种植与酿造业的发展》，载《新疆大学学报》1993年第3期，第51—57页。
[3] 卫斯：《从佉卢文简牍看精绝国的葡萄种植业——兼论精绝国葡萄园土地所有制与酒业管理之形式》，载《新疆大学学报》2006年第6期，第66—70页。
[4] 丁君涛：《从佉卢文契约看鄯善国葡萄园买卖》，载《北方工业大学学报》2017年第6期，第88—94页。

关于农牧业，王欣先生指出鄯善地区在史前时期的社会经济以畜牧业为主，同时绿洲农业的端倪已经显现。汉通西域后，其绿洲农业、园艺业开始兴起，而鄯善王国的局部统一又进一步促进了这一地区社会经济的发展，为保证丝路南道的畅通提供了坚实的物质保障，对东西丝路经济交流起到了重要作用。[1] 王欣、常婧在《鄯善王国的畜牧业》一文指出鄯善国的牧业经济不仅为丝路交通提供了充足的畜力资源，而且在王国的社会生活中占有重要地位，为此，鄯善王国设置专门的官吏进行管理，甚至鄯善王还常以敕谕的形式直接参与畜牧事务的管理，各类牲畜在民间的商贸活动中充当着货币的角色。[2] 张婧从解读的佉卢文书指出骆驼、马的功能除了运输工具、作为官员的"专车"、祭祀牺牲外，还充当货币的职能运用于税收中。这对鄯善国而言，不仅是上层权贵权力的体现，而且是下层百姓财富的象征，其用途甚广。[3] 有关鄯善国丝织业研究，杨富学先生从出土的佉卢文简牍内容，认为鄯善国在3—4世纪丝织品交易现象频繁，且深入社会生活的方方面面，随着不断发展的中西丝绸之路，鄯善国及其周边地区的贸易亦出现多元化的趋势。[4]

关于古代鄯善国及塔里木盆地的社会现象，有研究指出当时存在一种收养子女的交易行为，且受法律保护，收养后的奶费则由牲畜等实物支付，这不仅说明了这种现象在南疆地区的存在，而且窥探出以实物作为交换方式仍然是该时期当地的主要经济现象。[5] 钱伯泉认为魏晋时期鄯善国已是以农业为主，牧业生产已经退居次要的地位。土地有所谓的王田、公田、私田，存在剥削与被剥

---

[1] 王欣：《古代鄯善地区的农业与园艺业》，载《中国历史地理论丛》1998年第3期，第81—94页。

[2] 王欣、常婧：《鄯善王国的畜牧业》，载《中国历史地理论丛》2007年第2期，第94—100页。

[3] 张婧：《鄯善国骆驼用途归类初探》，载《西北农林科技大学学报》2012年第2期，第137—140页；《鄯善国马之用途初探》，载《西安文理学院学报》2017年第4期，第21—24页。

[4] 杨富学、刘源：《佉卢文简牍所见鄯善国丝织品贸易》，载《石河子大学学报》2017年第3期，第52—60页。另见王立恒：《鄯善国丝织业与丝路贸易》，西北民族大学2011年硕士学位论文；刘源：《佉卢文书所见鄯善国与周边纺织品贸易》，西北民族大学2017年硕士学位论文；杨富学、徐烨：《佉卢文简牍与鄯善国经济史的构建》，载《石河子大学学报》2015年第1期，第105—110页。

[5] 李博：《新疆出土佉卢文书中所见收养人给付送养人"奶费"现象管窥》，载《中南大学学报》2012年第6期，第207—210页。

削的对立关系，实际上还是套用传统史观来进行评析，不足为据。[1] 杨富学、徐烨指出在鄯善国内已经形成了以国王为首的地主阶级，他们向耕种自己土地的农民或农奴收取地租，农民或农奴是鄯善国最基本的劳动生产者，认为当时鄯善国社会还保留着一定的奴隶制残余，存在"奴仆"和"私属"，从佉卢文文书看，这部分人一般不参加生产劳动，具体劳动性质不详。[2] 李天石根据发现的佉卢文文献指出在3—5世纪的鄯善王国尼雅地区存在奴隶阶层和奴隶制度。从奴隶的身份特征来看，其法律地位类同财产，生命权利缺少保障，奴隶劳动在当时社会中占有相当比重。其身份特征与中原奴婢制、罗马奴隶制相比，在相似点上前者大于后者。[3] 在一份买卖奴隶文书中，存在买卖后的违约行为，这种行为将受到处罚，可见3—5世纪的新疆南部存有买卖奴隶的现象，从违约处罚的条款看，有物质、刑事两种处罚，法律维护奴隶主的利益。[4] 关于鄯善国妇女的现状与问题，杨富学先生从一些表达妇女的不同词汇对斯坦因所获的佉卢文书进行了分析，这是一种全新的视角，透过对这些女性不同称呼的词汇，可以看出女性的身份、地位，有助于整件文书的解读，对了解当时妇女的处境以及公元2—4世纪的社会、宗教、政治和经济生活都具有重要意义。[5] 并对佉卢文书Kh.677号进行了研究，指出这是唯一一份记载有鄯善国妇女拥有土地问题的文书，并与吐鲁番出土的其他文书做了对比。说该地既没有交seni税，也没有纳niciri税。[6]

关于出土的钱币，英国学者克力勃对和田汉佉二体钱作了细致的探讨，分析了它所属的时间，介绍了汉佉二体钱背后的因素，有助于扩充我们对中亚史

---

[1] 钱伯泉：《魏晋时期鄯善国的土地制度和阶级关系》，载《中国社会经济史研究》1988年第2期，第92—97页。

[2] 杨富学、徐烨：《鄯善国社会性质再议》，载《新疆师范大学学报》2014年第4期，第84—89页。另见徐烨：《佉卢文文书所见鄯善国的奴隶与农奴》，西北民族大学2014年硕士学位论文。

[3] 李天石：《试论3—5世纪鄯善王国奴隶制的几个问题——兼与中原奴婢制、罗马奴隶制比较》，载《山西大学学报》2014年第2期，第19—26页。

[4] 张婧：《三至五世纪新疆南部社会史状研究——以奴隶买卖的佉卢文文书为据》，载《社会科学家》2011年第4期，第30—34页。另见张婧、谢宝利：《三至五世纪新疆南部地区奴隶疏离原主史题考——以佉卢文书为据》，载《社会科学家》2012年第1期，第141—143页。

[5] ［印］阿格毕尔著：《新疆出土佉卢文简牍所见妇女的处境》，徐烨、文俊红译，杨富学校，载《中国边疆民族研究》第八辑，中央民族大学出版社2014年版，第229—238页。

[6] 文俊红、杨富学：《佉卢文书所见鄯善国妇女土地问题辨析》，载《石河子大学学报》2015年第2期，第40—44页。

知识的了解。[1] 林梅村先生利用佉卢文书 Kh.661 号及汉佉二体钱详加考证出两位于阗王，即《魏书》中的"秋仁"（Gugramaya）、《梁书》之"山习"（Vijida Simha）。认为该文书接近鄯善佉卢文书年代的上限，大致在公元 3 世纪中叶，正值我国历史上三国鼎立时期。而汉佉二体钱铸造年代上限不早于公元 175 年，下限不晚于公元 220 年。[2] 杨富学先生利用佉卢文书中涉及的鄯善国货币，指出高昌回鹘时代，回鹘文契约文献中经常出现的 Satir 一词，与佉卢文 satera/sadera 和希腊文 stater 有某种联系，反映了东西方文化在西域地区的碰撞与吸收。[3] 袁炜从钱币上的佉卢文铭文勾勒出于阗国在东汉、贵霜之间灵活的外交手腕以及多元的文化现象，但仅从铭文中有关"大王"等称号并不足以说明"于阗国不隶属于贵霜帝国，其与贵霜是一种平等的关系"之说法，若似作者所言"于阗国仅是汉王朝的属国"，那钱币铭文何不只现汉文呢？因此，这背后反映的文化现象，仅凭铭文上反映的年号，是说明不了于阗国与贵霜、东汉的关系的。至多就是于阗小国，首尾两端，运用灵活的外交手腕，对东西方文化采取了兼容并蓄。[4]

六、王号世系

对鄯善王、于阗王世系的研究，有助于对于阗、鄯善国政治历史脉络的把握，同时对塔里木盆地区域及周边地区关系具有重要意义。通过出土佉卢文书的记载，可大致推理出鄯善、于阗国的王号世系。林梅村对和田文管所收藏的一件佉卢文进行了考释，从内容判断其为离婚契约，时间在前凉建兴二十三年（335 年）与前秦建元十八年（383 年）之间，推测有位叫 Sulica 的鄯善王在谱系中应排在元孟与休密驮之间，披露出尼雅遗址的最后废弃和尼雅河下游水源逐渐枯

---

[1] ［英］克力勃著：《和田汉佉二体钱》，姚朔民编译，载《中国钱币》1987 年第 2 期，第 31—40 页。
[2] 林梅村：《佉卢文书及汉佉二体钱所述于阗大王考》，载《文物》1987 年第 2 期，第 35—43 页。
[3] 杨富学：《佉卢文书所见鄯善国之货币——兼论与回鹘货币之关系》，载《敦煌学辑刊》1995 年第 2 期，第 87—93 页。
[4] 袁炜：《从汉佉二体钱上佉卢文铭文看于阗国与东汉、贵霜的关系》，载《中国钱币》2016 年第 4 期，第 3—6 页。

竭相关的新材料；又利用出土的佉卢文书，考证出鄯善王童格罗迦纪年，这对研究鄯善王世系大有裨益，并为我们披露了一百年左右不见史乘的鄯善轶史，填补了鄯善王国世系中的空白，对我们研究鄯善国历史文化、与周边关系，提供了清晰的脉络。[1] 土登班玛对新疆所出鄯善佉卢文书与中国境外所出的贵霜佉卢文献进行对比，探讨鄯善佉卢文书所用王号的渊源，论据很有说服力，对"侍中"做出了"胜者"的解释，对鄯善王俗名"元孟"解为"善男"之义，这种论述很有创见。[2] 段晴以尼雅遗址 29 号出土的 22 件佉卢文书为依据，以萨迦牟云的经历为线索，对古代鄯善王国社会生活进行个案研究。[3] 杨巨平利用近年发现的碑铭、钱币资料，对公元前后的巴克特里亚希腊人、塞人、月氏人、贵霜人之间的关系进行了追溯，认为 Soter Megas 乃一名将军，是被阎膏珍派去"监领""天竺"的。由于这些钱币的造型比较独特，与贵霜王朝早期诸王时期铸造的钱币有明显的差异，故说明他并不是贵霜王朝世系中的正式成员。[4]

七、法律契约文书

根据出土的佉卢文简牍文书内容来看，大多为经济、法律、契约类，这对研究古代鄯善国政治、经济、法律、社会具有重要价值。殷雯指出鄯善国的法律对民间的交换行为、经营活动是加以保护的，除国家立法外，所属各州亦有自己的法律，国王具有无限的权力，他颁布的诏令频见于出土文书。鄯善国的法律制度是为了维护奴隶主阶级的统治。有助于我们对鄯善国社会经济、政治

---

[1] 林梅村：《佉卢文时代鄯善王朝的世系研究》，载《西域研究》1999 年第 1 期，第 39—50 页。另参林梅村：《新疆尼雅发现的佉卢文契约考释》，载《考古学报》1989 年第 1 期，第 121—136 页；《尼雅新发现的鄯善王童格罗迦纪年文书考》，载马大正、杨镰主编：《西域考察与研究续编》，新疆人民出版社 1998 年版，第 196—216 页。
[2] 土登班玛：《鄯善佉卢文书所见王号考——兼论所谓"侍中"》，载《中国边疆史地研究》1992 年第 3 期，第 72—84 页。
[3] 段晴：《萨迦牟云的家园——以尼雅 29 号遗址出土佉卢文书观鄯善王国的家族与社会》，载《西域研究》2016 年第 3 期，第 54—64 页。
[4] 杨巨平：《"Soter Megas"考辨》，载《历史研究》2009 年第 4 期，第 140—152 页。

法律状况的了解。[1] 李博指出 3 至 5 世纪鄯善国收养契约在内容上主要包括主题语、封印、立契时间、当事人、收养对象、交易方式、权利与义务等。[2] 这些佉卢文契约文书在时间上早于吐鲁番、敦煌所出之同类型文书，且以不同的语言形式表述，有"封检式"书写传统，讨论了文书的基本格式、分类以及与早期契约有关的若干问题，对进一步研究契约文书有参考意义。[3] 关迪对新疆和田博物馆新征集的一件佉卢文木牍的写作年代与地点进行了考证，对木牍内容进行了拉丁文字母转写与翻译，并判定这件佉卢文木牍为一件长达八年的跨国买卖纠纷的判决书。[4] 有一件佉卢文离婚契比较特别，从其格式及内容看，是属于 3—4 世纪精绝及鄯善地区的婚姻问题，其中女性在财产处置及离婚中具有主动权，这与敦煌文书中的"放妻书"所反映的有很大区别，却与中亚粟特地区有些相似。[5] 段晴对中国国家图书馆藏 BH5-31 佉卢文买卖土地契约从文书形制、翻译、注释、词汇等方面对国图所藏的文书进行了介绍，[6] 并对中国国家图书馆藏 BH5-1 号佉卢文书进行了研究，认为其与另外两件造立契约《高僧卖女》《舅卖甥女》不同，是人亡故后对契约的蠲除。而这种蠲除契约的法律形式以及文案的结构属首次出现，对再现于阗社会的历史、人文风俗显得弥足珍贵。[7] 皮建军对中国国家图书馆藏 BH5-4、5 号佉卢文信件和买卖契约从其形制、格式、内容作了详细介绍，释读出相关的王号以及契约内容，具有重要价值。[8] 吴赟培对和田博物馆藏佉卢文尺牍放妻书进行了再释译，提供新的

---

[1] 殷雯：《鄯善国法律初探》，载《新疆师范大学学报》1987 年第 3 期，第 86—91 页。
[2] 李博：《三至五世纪鄯善国收养契约探析》，载《中南大学学报》2013 年第 4 期，第 242—246 页。
[3] 刘文锁：《佉卢文契约文书之特征》，载《西域研究》2003 年第 3 期，第 78—87 页。
[4] 关迪：《和田博物馆藏佉卢文判决书考释》，载《西域研究》2014 年第 4 期，第 9—15 页。另见关迪：《古鄯善国佉卢文简牍的形制、功用与辨伪》，载《西域研究》2016 年第 3 期，第 84—93 页。
[5] 刘文锁：《说一件佉卢文离婚契》，载《西域研究》2005 年第 3 期，第 107—111 页。
[6] 段晴：《中国国家图书馆藏 BH5-31 佉卢文买卖土地契约》，载朱玉麒主编：《西域文史》第六辑，科学出版社 2011 年版，第 1—16 页。
[7] 段晴：《〈伏阇达五年蠲除契约〉案牍》，载《敦煌吐鲁番研究》13 卷，2013 年，第 291—304 页。
[8] 皮建军：《中国国家图书馆藏 BH5-4、5 号佉卢文信件和买卖契约释读与翻译》，载《China Tibetolog 中国藏学》（英文版）2012 年第 2 期，第 39—47 页。

原文转写以及汉译，反映出尼雅在疏梨阇统治时期家庭离婚的情况。[1] 王臣邑对和田博物馆藏的一件佉卢文木牍进行了研究，指出此木牍是迄今为止来自龟兹地区最早的世俗文献，涉及龟兹古国的国王 Pitrrbhakta，特别是为鄯善国的佉卢文称谓 Nuava 提供了原始证据。[2] 段晴、才洛太对青海藏医药文化博物馆藏佉卢文尺牍进行了研究，对安归伽 26 年佛图军相关事迹进行了释读，并讨论了公元 3 世纪末鄯善王国的职官变革等。[3] 张婧在其博士论文中，介绍了人口买卖文书、佉卢文人口买卖文书，对人口买卖合法性问题、人口买卖文书中的买卖双方、被卖人、奴隶生存状况、3—5 世纪新疆南部地区社会状况等进行了研究。作者后来在各期刊、学报上又进行了补充、发表。[4] 在佉卢文人口买卖契约中，奴婢买卖占大多数，买进者多为有钱的官僚、地主，被卖者既有因贫出卖儿女者，也有战俘、逃亡等被劫掠者，还有非奴婢的买卖。[5] 乜小红、陈国灿对出土佉卢文有关土地、人口买卖契约进行了探讨，认为这些契约在公元 3—4 世纪有借鉴吸收汉式契约的变化，说明了鄯善国与同时期的汉晋王朝在政治、经济方面的联系。[6] 此文逻辑缜密、思路清晰、论据充分。然佉卢文契约与中原契约的关系，到底是谁受谁的影响大，笔者认为佉卢文契约受贵霜或者印欧契约的影响比较大，因为西域商业之风浓厚，更有利于契约的健全，而当时格局的变化，都有可能将这种契约通过丝绸之路传至塔里木盆地进而影响到中原契约。

---

[1] 吴赟培：《和田博物馆藏佉卢文尺牍放妻书再释译》，载《西域研究》2016 年第 3 期，第 75—83 页。

[2] ［哥伦比亚］王臣邑：《和田博物馆藏源于龟兹国的一件佉卢文木牍》，载《西域研究》2016 年第 3 期，第 65—74 页。

[3] 段晴、才洛太：《青海藏医药文化博物馆藏佉卢文尺牍》，中西书局 2016 年版；《佉卢文的证言——青海藏医药文化博物馆藏两件佉卢文尺牍研究》，载孟宪实、朱玉麒主编：《探索西域文明：王炳华先生八十华诞祝寿论文集》，中西书局 2017 年版。

[4] 张婧：《新疆出土佉卢文人口买卖文书及相关问题研究》，陕西师范大学 2012 年博士学位论文。

[5] 陈国灿：《略论佉卢文契约中的人口买卖》，载《西北师范大学学报》2015 年第 3 期，第 46—50 页。

[6] 乜小红、陈国灿：《对丝绸之路上佉卢文买卖契约的探讨》，载《西域研究》2017 年第 2 期，第 64—78 页。

八、区域关系

从考古发掘的文书、文物可以看到，中西方文化在塔里木盆地相互交融，相互影响。王炳华先生从佉卢文书、汉佉二体钱、新疆出土贵霜钱币，以及佛教经典、佛教艺术等方面论证了贵霜王朝与古代新疆的关系，体现了丝绸之路中西文化的交流。[1] 孟凡人先生针对一些国外学者提出的公元 2 世纪后半期（175 年以后）至 3 世纪前半期贵霜王朝被萨珊王朝灭亡为止，鄯善王国在贵霜王国统治之下、佉卢文亦随之传入鄯善的说法，孟凡人先生根据《史记》《汉书》《后汉书》《三国志》等传世典籍和《尼雅遗址和东汉合葬墓》简报、鄯善境内发现的出土文书等文献论证指出贵霜统治鄯善之说纯属虚构。[2] 刘洁在对比研究汉藏文献以及出土资料的基础上，指出贸易的进行与佛教的东传是佉卢文在汉晋时期流布于新疆塔里木盆地诸城郭的主要推动力。[3] 羊毅勇指出文化的多元性是尼雅遗址的显著特征，作者从传世文献与尼雅出土的丝织品、漆器、铜镜说明汉文化对当地的影响，从当地特有的一些西域土著文化以及佛教艺术等认为它又受到其他文化的影响。[4] 林梅村指出犍陀罗语东渐疏勒、于阗、龟兹，直至鄯善，月氏人起到了传播的积极作用，且将佛教输入了中原，而以犍陀罗语文学为媒介，加强了中印文化之间的交流。[5] 尼雅出土彩锦织文上的"五星出东方利中国"，被认为是一条占辞，它不仅反映了古代尼雅居民追求安稳生活的良好祈愿，而且强力地证明了当时中西文化、经济、政治的交流，它的出土对这批墓葬的断代亦将有所裨益。[6]

---

[1] 王炳华：《贵霜王朝与古代新疆》，载《西域研究》1991 年第 1 期，第 35—38 页。
[2] 孟凡人：《贵霜统治鄯善之说纯属虚构》，载《西域研究》1991 年第 2 期，第 29—39 页。
[3] 刘洁：《汉晋时期西域精绝国与贵霜、苏毗关系考略》，载《山东社会科学》2015 年第 4 期，第 105—109 页。
[4] 羊毅勇：《尼雅遗址所反映的中外文化交流》，载《西域研究》1999 年第 2 期，第 61—66 页。
[5] 林梅村：《犍陀罗语文学与古代中印文化交流》，载《中国文化》2001 年第 1 期，第 225—235 页。
[6] 于志勇：《新疆尼雅出土"五星出东方利中国"彩锦织文初析》，载《西域研究》1996 年第 3 期，第 43—46 页。

九、早期居民、人种溯源

林梅村研究了吐火罗人的起源与迁徙，探讨了吐火罗人与龙部落的关系，认为在以佉卢文字母书写的犍陀罗语（Gandhari）传入塔里木盆地之前，楼兰人说的是吐火罗语，楼兰人是吐火罗人的一支。[1] 黄盛璋先生利用传世文献与出土文书，对楼兰—鄯善为何人所建、所操语言特点、国都的变迁等问题进行了探讨，认为楼兰人是塔里木盆地东缘有记载的早期居民，并非贵霜贵族，他们建立了楼兰国，否认操吐火罗语。作者虽然论据充分，但有违史事，其实塔里木盆地边缘的早期居民与印欧人种是有关系的。[2] 谢承志等对一例尼雅股骨样本线粒体高可变一区进行扩增和测序，并做了编码区的限制性片段长度多态性分析，结果显示这一个体属于U3亚型，而U3亚型在现代人群中主要集中分布在近东和伊朗，又与其他新疆古代人群对比显示：尼雅人群和山普拉人群可能存在一定的母系遗传联系，与潘其凤先生的体质人类学分析结果一致，并指出山西虞弘墓主人属于主要分布在西部欧亚大陆的单倍型类群U5，而虞弘夫人的单倍型类群G主要分布在东部欧亚人群中，这对研究历史上各民族的族源、迁徙、分化、融合等提供了分子生物学上的证据。[3] 邵兴周等人根据出土文物对新疆洛浦县山普拉人颅骨、下颌骨作了研究，判断其年代约为公元前1世纪末至公元3世纪，在人种特征上，既有蒙古人种的大部分特征，又有欧罗巴人种的一些明显特征，为人类学、形态学及临床医学提供了资料。[4] 韩康信接着谈道，山普拉古墓地的古代居民在体质形态上应是接近长颅欧洲人种地中海东支类型，而不是具有"大蒙古人种大部分特征，但也有欧罗巴人种一些较明显特征"的混血类型。作者

---

[1] 林梅村：《开拓丝绸之路的先驱——吐火罗人》，载《文物》1989年第1期，第72—74页。另参林梅村：《吐火罗人与龙部落》，载《西域研究》1997年第1期，第11—20页；《吐火罗人的起源与迁徙》，载《西域研究》2003年第3期，第9—23页。

[2] 黄盛璋：《塔里木盆地东缘的早期居民》，载《西域研究》1992年第1期，第1—14页。

[3] 谢承志等：《尼雅遗址古代居民线粒体DNA研究》，载《西域研究》2007年第2期，第51—55页。另见谢承志：《新疆塔里木盆地周边地区古代人群及山西虞弘墓主人DNA分析》，吉林大学2007年博士学位论文。

[4] 邵兴周等：《新疆洛浦县山普拉出土颅骨的初步研究》《新疆洛浦县山普拉人下颌骨的研究（一）》，载《新疆医科大学学报》1984年第2期，第153—154页。

指出，正确鉴定山普拉古代人头骨的种系特点，对了解新疆境内古代居民的种族历史有重要意义。[1] 张全超等人采用 ICP-AES 法测定表明罗布淖尔古代居民的食谱中以动物类食物为主，植物类食物为辅，牛羊肉、奶制品和鱼类是动物类食物的主要来源，而植物类食物的摄入来源于小麦等谷类植物，这为进一步研究古代人群的食谱结构提供了科学的参考依据，对深入研究新疆地区早期农业资源的利用与开发有重要的意义。[2]

综上所述，近年来有关丝路沿线出土的佉卢文研究成果丰硕，尤其是国内学者对新疆塔里木盆地南边遗址出土的文书的释读与利用，进一步推动了佉卢文以及其他领域的研究，如佉卢文涉及的贵霜王朝反映出的中外关系的研究，从楼兰沿着丝绸之路南道到西域反映的中西交通史研究，从佉卢文字以及于阗文所反映的少数民族文字研究，从佉卢文法律契约文书反映的古代新疆居民的法律、经济、社会状况，等等。佉卢文的释读首先是从国外学者开始，国内学者如黄盛璋、林梅村、段晴紧随其后，他们的释读与翻译，为学界了解与深入研究佉卢文所反映出来的一系列问题提供了很大的帮助，具有重要的意义。众所周知，佉卢文是一种死亡了的文字，以佉卢文为书写载体的大量佉卢文书，在实际研究中还存在各种各样的问题，相信以后的研究除了对它的精确性再释读外，对其反映出来的问题进一步挖掘，尤其是与西域史、丝绸之路沿线历史有关的信息，是大有裨益的。

---

[1] 韩康信：《新疆洛浦山普拉古墓人骨的种系问题》，载《人类学学报》1988 年第 3 期，第 239—248 页。

[2] 张全超等：《新疆古墓沟墓地人骨的稳定同位素分析——早期罗布泊先民饮食结构初探》，载《西域研究》2011 年第 3 期，第 91—96 页。另见张全超等：《新疆罗布淖尔古墓沟青铜时代人骨微量元素的初步研究》，载《考古与文物》2006 年第 6 期，第 99—103 页。

英藏敦煌西域古藏文文献中的法律文书概述

盛 洁[*]

近年来，笔者在上海古籍出版社整理出版"英藏敦煌西域藏文文献"项目过程中，对英国所藏以斯坦因收藏品为主的敦煌和新疆地区出土古藏文文献的收藏源流、编目情况、整理研究、出版现状的情况进行了全面梳理，对其中的法律文书作了调查和分析。相比于法藏藏文文献，英藏藏文文献的原始分卷较为混乱，编目、定名和研究都有待进一步的探讨。

一、英藏敦煌藏文文献的收集过程

英藏敦煌藏文文献主要来自斯坦因收集品。斯坦因于1900—1916年三次中亚考察，在中国西北地区，尤其是在新疆、甘肃敦煌等处发掘和收集了大量重要文物。他的第一次考察在1900—1901年，主要发掘了和田和尼雅遗址，部分藏文写本出土于安得悦（Endere）遗址。第二次考察在1906—1908年，除了重回和田和尼雅考察，斯坦因还发掘了楼兰、米兰遗址，并在敦煌附近的长城沿线获得大量汉简。在莫高窟，斯坦因买走文献卷子24箱，以及其他文物5箱，包括藏文写卷、印刷品和题刻。后再回到吐鲁番和塔里木盆地北线，一路发掘考察。其中在麻扎塔格、卡达力克、米兰、吐鲁番等地发现了大量写卷和简牍。1913—1915年的第三次中亚考察中，斯坦因先主要沿塔里木盆地南线考察，在麻扎塔格、山普拉、达玛沟等地发现很多写卷和简牍。后探甘肃敦煌附近的长城烽燧，并再次从莫高窟带走570件文物。此外，他在黑水城和吐鲁番也获得

---

[*] 盛洁，上海古籍出版社编辑。

了许多文物和写卷。

综合来看，斯坦因收集品中的藏文文献，主要来自四个地点：1.出自敦煌藏经洞的写本等文献；2.来自中国新疆，即西域地区的写本等文献；3.出自新疆的简牍，大约有2214枚，其中部分杂有于阗文；4.来自黑水城和额济纳河的藏文文献。

关于斯坦因收集的藏文文献的数量，目前并没有完整的目录。据荣新江教授统计，英藏目录中登记有约3500件。[1]武内绍人教授研究统计，第二次考察所获的敦煌藏文写本有3094件，第三次所获新疆藏文写本有1037件，简牍有2457件。[2]据杨铭教授统计，敦煌藏文写本共3014件，西域写本有1306件，共计4320件。[3]

按照国际敦煌项目（以下简称IDP）官方网站刊布的统计数据，目前敦煌藏文写本约为3583件，加上未编目的共有4109件。而这一部分数据，不包括汉文中杂写的藏文文献，有的也没有列入藏文文献的缩微胶卷中。目前这部分的统计，仍然十分混乱，不同的标准计算较为复杂，需要进行进一步的整理。

二、英藏敦煌藏文的入藏源流、整理和编目

斯坦因获得的收集品中，汉文、粟特文、突厥文、回鹘文等归英国博物馆的东方印本与写本部保存。1973年，英国博物馆东方印本和写本部归属英国图书馆东方品收藏部（OC），原文献也全部入藏。

于阗文、龟兹文、藏文等，由位于伦敦的印度事务部图书馆保存，因此被称为IOL。1991年，印度事务部图书馆（IO）也并入英国国家图书馆，这批文献入藏英国国家图书馆的东方文献部，合并为东方和印度事务图书馆收集品（OIOC）。

在印度事务部图书馆的藏文文献，都被编号为IOL tib，分别来自不同的考

---

[1] 荣新江：《海外敦煌吐鲁番文献知见录》，江西人民出版社1996年版。
[2] 武内绍人：《现阶段的古藏文文献研究》，载《东洋史研究》2009年第67期第4号。
[3] 杨铭：《英藏敦煌西域古藏文非佛教文献的刊布与研究》，载《西域研究》2006年第3期。

察收藏。斯坦因收集品主要包括 IOL tib J，是敦煌藏语文献，有 3094 个编号，IOL tib K 和 N，是斯坦因第二、三次考察的简牍，共 2214 件，其中 N 有 2457 件左右。IOL tib L 和 M，为第二、三次考察的藏文写卷，M 有 1037 个编号。

在英国图书馆东方品收藏部，斯坦因的文书被编号 8210-12，以及 Or.9615。以前，人们认为在 OC 中没有藏文，后来研究发现其中也有一大批藏文文献。

Or.8210 主要是敦煌藏经洞的汉文写本。由于斯坦因所购买的汉文写卷大都是一包包保存的，每包 12 卷，当时用 Ch.（千佛洞）加上小罗马数字表示包袱号，其实是经帙与经卷。而后来入藏英国博物馆后，卷子被打开，外面的经帙上的编号被打乱，因此 S 号前的原 Ch 号不可考察。而藏文写卷上仍留有 Ch. 编号。经卷和经帙被拆散后，编为 S. 号，或者 P. 等，共有 13989 个文献。其中部分文献的反面可见藏文，共有 33 件。[1]

Or.8211（1-3326）包括第一次和第二次考察的敦煌简牍和在其他遗址出土的各类语言简牍和写本，主要以第一次考察文物为主。前 1-991 号简牍和写本，由沙畹做过整理。除了博物馆馆藏编号外，有原始编号，如烽燧的 T.，尼雅 N.，麻扎塔格 M.Tagh，楼兰 L.A. 和 L.B. 等。其中也杂有 4 件藏文文献（956-961 号）。991-3326 以后的文献目前还没有编目整理，包括汉文和佉卢文木简。

Or.8212（1-1946）主要是第三次考察所获文献，也包括第一次和第二次考察的一部分。其中也有原编号，指明了出土地点，包括 Ch., Kao, K.K., Yar. 等。1-195 号主要是民族语言文献，有粟特文、藏文等。民族语言文献这部分有巴内特的编目。这部分文献中有很多重要的历史类文献。其中 168-173 是安得悦的藏文文献，194 也为藏文文献。188 据推测为象雄语文献。Or.8212/187 号为著名的《吐蕃王朝编年史》。200-855 号主要为汉文，由马伯乐编目。856 以后的文献，除了汉文也有部分民族文字的木简和写卷。这部分文献有马伯乐的未刊编目，到 1360 号。之后的文献，大多数是碎片，但其中也有部分藏文写卷，据统计约有 106 件。

---

[1] 陈庆英和武内绍人分别有整理成果。

表 1　英藏藏文文献的编号与出土地对照表

藏文文献			
	敦煌	西域简牍	新疆	黑水城
IO 中（IOL tib）	J 敦煌（73vol）	K 和 N 简牍（2214 件）	L 和 M 写本（2vol）	黑水城文献
OC 中（Or.）原英国博物馆 73 年后	Or.8210 敦煌汉文中的夹杂藏文（88 件）	Or.8211（4 件）	Or.8212（1–195）中的藏文。856 后的藏文。（114 件）	
1991 年合并后 OIOC			Or.15000 最新分配号，1991 年以后	

其中 IOL tib J 是藏文文献的主体部分，原来大部分带有 Ch. 和 Ch.fr 编号。在印度事务部图书馆保存时，这批文献根据大小分册整理装订为 72 卷，编号（1–73 卷），第 41 卷缺编，每卷内的每一页给定一个页数。[1]另外还有双语和长卷被另外打包，以及几包卷子，放置在保留旧卷号的箱子里。这些也是托马斯和其他人研究时使用的卷号和页数的编目。

除了武内绍人正确指出的以上信息，实际工作中可见，还有部分有其他编号 T.t.d 混入，主要是敦煌附近烽燧发现的写本和残片。另外，虽然这部分文献编号到 1–73，但目前托马斯编号卷 73 的内容已经无法找到了，实际上研究者目前只能看到 1–71 卷的内容。[2]

1996 年后，原来归藏英国国家图书馆的写卷被拆开、分离，放入盒子，或者塑封保存，每个盒子或者卷前有纸页，说明原编号，1991 年后的编号、钢印的页码等信息。并且，从卷 1 重新编号编到了卷 122。但并不是每个盒子都有卷号。其中，IOL 中来自米兰的两包写卷，有 482 个。还有 45 个长写卷。未被编目。此外还有近 100 卷和文献，应该主要是 IOL 中来自 L 和 M 的写本等文献。

---

[1] 据上海古籍出版社所购得英国微缩胶片时整理发现。武内绍人整理时，日方所购胶片也指出了这一点。

[2] 这点马筑先生已经指出。

（一）敦煌出土的藏文文献的整理编目

英国所藏的 IO 编号的敦煌出土的藏文文献主要由托马斯和威利·普散（Pousin）进行编目。普散主要对其中的佛教文献进行编目，普散编目成果为《印度事务部图书馆藏敦煌藏文写本目录》，1962 年出版，编号为 VP，有 765 个编号。其中，1-723 为佛教文献，后面是非佛教文献。

后东洋文库购买了英国的缩微胶卷，从 1977 年开始编写了《斯坦因收集藏语文献解题目录》12 册，第 9 册开始将编号扩充出 1000-1518 个，共计约 2400 件。但部分最常见的《大乘无量寿宗要经》未编入目录。

但普散的目录并不是完整的，还有许多文献没有被编号。普散未完成编号的写卷（大多数是片段），由沙木（Sam van Shaik）在 2001 年编号为 IOL.Tib.J，数字从 766 到 1774。于是，最初印度事务部收藏的斯坦因敦煌藏文写卷现在被编号为 IOL.Tib.J.1-1774。普散目录涉及的写卷多样，其编号已经进一步区分到小数点以后的一个数字。例如，普散编号 310 号，包含一千多个《大乘无量寿经》写卷，被细分成 IOL.Tib.J.310.1 到 IOL.Tib.J.310.1207。

托马斯主要负责非佛教部分的编目整理，主要成果为 1935 年和 1951 年的《关于西域的藏文文献和文书》，但他的完整编目并未完全出版。目前已出版刊布者有写本 121 件、简牍 380 件。其中敦煌部分在《有关西域的藏文文献和文书》第二卷中刊布 39 件。

武内绍人于 1995 年出版《中亚的古藏文契约文书》，其中敦煌部分收录 12 件，比托马斯目录新多出 5 件敦煌文献。共有敦煌、西域出土契约文书 58 件，其中英国所藏有 28 件。

杜晓峰（Jacob Dalton）和沙木在 2006 年于 IDP 网站发布一个新的英藏藏文文献目录《英国国图藏斯坦因敦煌藏文密教解题目录》，提到其中敦煌收集的文献有 80 包，11 函藏文文书，每一函都有 1.5 英尺高。

2012 年，岩尾一史等将 Or.8210 中杂入敦煌汉文的古藏文文献出版，收录了 88 个卷号的文献，包括非佛教文献近 60 件，其余为宗教文书。

在国内，萨仁高娃发表有《国外藏敦煌汉文中的非汉文文献》，其中英藏藏文部分与以上研究基本一致。据杨铭先生统计，敦煌古藏文中非佛教写本约有

860多件。

（二）新疆出土的藏文文献整理编目

英国所藏的出土于新疆地区的藏文文献，最早由托马斯在《有关西域的藏文文献和文书》中发布并编目82件，包括麻扎塔格的45件和米兰的37件。托马斯还曾编写过斯坦因第三次考察在新疆收集的藏文文书目录，IDP网站于2007年公开了这一目录。

武内绍人在《英藏斯坦因收集品中的新疆出土古藏文写本》一书中统计了英藏藏文中的新疆出土的写本，入藏IO的有601件，OC的有117件，还有1件在大英博物馆，共计719件。

根据IDP网站统计，目前英国所藏新疆出土的藏文写本和简牍，IOL.tib.M写本共1306件，IOL.tib.L写本共1277件，共计2583件。

除编目外，以沙木、杜晓峰和岩尾一史为主要代表的研究者，大量利用这批文献，分别研究了唐代吐蕃佛教历史和中亚吐蕃帝国历史等内容，取得了重大的学术成就。

三、《英藏敦煌西域藏文文献》的整理与编纂

20世纪90年代以前，除少数学者有条件到英国、法国、俄罗斯等国查阅原件，多数中外学者整理研究敦煌遗书所依靠的都是敦煌遗书的缩微胶片和据缩微胶片印制的图版。由于当时摄影设备和技术欠佳，不少世俗文书文字模糊，很难辨认，极大地影响了学术界对这批资料的利用。而目前，除了有IDP网站直接刊布海内外敦煌文献资料，日本东京外国语大学的古藏文文献在线项目也已上线，并出版了一些在线丛刊。这些线上编目和文献刊布成果，使分离的收藏品重聚，克服了文献的机构分划，极大便利了学者的研究。

尽管已经有诸多编目，以及线上数据库的公开刊布的文献和研究成果，但影印图版图录仍是非常有必要的。理由如下：

首先，英、法胶卷中许多文献不甚清晰，所谓胶卷照片不清楚，录文或有

错误，可以加倍放大的原版图版能带来识别的优势。

其次，对于释读，仅可见文字，而书法、字形，以及行文格式，墨水，乃至纸张形态，和前后页的关系等，都需要图版才能够反映原貌。

最后，IDP 数据库将部分卷子分散整理，造成对整体认识的缺失。而重新整理和出版可以帮助研究者认识其本来的相互联系。

这项英藏藏文文献的新的整理工作由西北民族大学、上海古籍出版社和英国国家图书馆合作，出版收录英国国家图书馆藏斯坦因历次中亚探险所获全部藏文收集品，主要来自敦煌、米兰、麻扎塔格和黑水城等地。由英方提供全部缩微胶卷，国内研究者进行文献解读、藏汉文定名、编目等工作。全部《英国国家图书馆藏敦煌西域藏文文献》（后简称《英藏敦煌西域藏文文献》）大约分为 26 册，已在 2022 年出版至第 17 册。

在整理中，每幅图版下都标明原馆藏编号、内容的藏文标题和汉文标题、该号文献的总拍数和分拍数；在释读该号文献拟定标题的同时，记录、编写其内容、专名、事件等叙录要素和版本情况，以及简单的研究情况、参考文献等，为今后的详细撰写《叙录》进行准备。为简省篇幅且不影响研究，对于大量重复的通行佛经，将视具体情况作"存目"处理，即不出图版，保留编号并予以说明；对其中具有题记、写经人署名、批校等特别内容和形式者则照常刊印。

正如整理者之一沙木教授所说，照片所见的许多藏文文献是松散的贝叶装形式。当这些藏文写卷在敦煌藏经洞被发现的时候，是和其他语言的写卷捆绑在一起的。在印度事务部图书馆，不同语言的写卷被分开并且放置的地方不同。藏文散叶也包括数百个卷轴，主要是《大乘无量寿经》的抄写件。当时的保护手段以纸为背衬，用丝网覆盖。自从 20 世纪 90 年代以来，英国图书馆去除了他们的皮革装订和旧纸背衬，正逐渐从所有页中去除丝网；对撕毁和易碎的页，在必要的地方代之以最小限度的修补。因此，写卷现今的图版也更接近它们的原始形式。

除了前期的照片准备，书中第一册也编写了一篇前言，里面详细介绍了英藏文献编目和研究情况，包括至 2010 年的情况，对于研究者具有很好的帮助作用。例如，关于 IOL.Tib.N：不同遗址的藏文木片，特别是米兰和麻扎塔格的。IOL.Tib.M：不同遗址的藏文写卷，特别是额济纳河和黑水城（斯坦因第三次探险）的，而这部分其实主要是来自黑水城。敦煌发现物都被给予以字母"Ch"开头的代码，即是"千佛洞"（也称莫高窟）的英文缩写。

除了如前所述，可以见到经卷整合的情况外，每一个文件的开始都有原始附表，标明原斯坦因编号、后序编号 IOL tib J 的编号，以及页码。这对我们为图录排序，以及查找、对比斯坦因报告和数据库等工作有很大的帮助。

四、《英藏敦煌西域藏文文献》中所见法律文书

由于敦煌西域出土文献的内容极为丰富，对其进行分类整理一直是目录学家和敦煌文献研究者深感棘手的问题。对于敦煌出土的汉文文献，郝春文教授策划并组织以收藏地为单位、以馆藏流水号为序依次释录敦煌社会历史文献的整理方法。目前其整理的成果《英藏敦煌社会历史文献释录》已经出版了 15 卷，大约已占英藏敦煌社会历史文献的一半。法藏文献中有《盗窃追赔律》《纵犬伤人赔偿律》《狩猎伤人赔偿律》等律法，直接与法律相关。而契约文书也常被单独择取，成为研究的一个专题。[1]《仓曹会计牒》《左二将百姓户口状》等文献，也反映了当时的法律制度。

在英藏藏文文献中，绝大部分为佛教经卷，除佛经以外的敦煌古藏文文书，目前的归类研究大致有：1. 托马斯《有关西域的藏文文献和文书》第二卷刊布的 39 件文书；2. 混杂于大英图书馆东方文献部、编号为 Or.8210—Or.8212 敦煌汉文文献中的 33 件藏文写本；3. 武内绍人 1995 年出版的《中亚的古藏文契约文书》，其中敦煌部分与托马斯第二卷相比，多出了 5 件文书。以上共约 80 件。

而藏文部分的英藏文献中，关于法律文书的研究和整理仍在展开中。狭义的法律文书，一般主要指与立法、司法等相关的文书，尤其是正规的法典写本，包括律、律疏、令、格、式等。而广义来讲，国家在政治、经济、文化各方面都有订立法律和规范，体现法律内容的文书也很广泛。其中，地方政府的官府文书、判文、诉讼，属于民商法的契约，乃至牒文、田籍、户口状等，也都多少与法律有关。关于此类文书，托马斯、武内绍人有专题研究。托马斯刊布的

---

[1] 乜小红：《俄藏敦煌契约文书研究》，上海古籍出版社 2009 年版。

文书中有关契约者有16件，包括还麦契、借物契、买卖牦牛契、买奴契、耕契等。[1]武内绍人在《英国图书馆藏斯坦因收集品中的新疆出土古藏文写本》一书中，对于新疆出土文献进行了分类，将社会历史类归于文书（或法律文书）类，其中契约93件，法律文献10件，另有信件、经济文献等可能也涉及法律内容。[2]杨铭、贡保扎西、索南才让等先生出版了《英国收藏敦煌古藏文文书选译》，选译了57件古藏文文书，包括托马斯在《有关西域的藏文文献和文书》第二卷中译注的37件，和近年刊布的古藏文写本20件，其中涉及土地、户籍名册、法律文书、账簿与物品、契约、书信等法律文书内容。关于契约类文书，则有侯文昌博士对于敦煌吐蕃文契约文书进行了全面的研究。王尧、卓玛才让、陆离、杨铭、陈国灿等教授都有过具体的研究。德国学者Dontson在2007年发表《吐蕃王朝的占卜与法律：论骰子在借贷、利率、婚姻和征兵中的法律功能》，涉及占卜和法律功能的问题，也非常令人感兴趣。[3]敦煌藏文文献中诸多丰富的内容，可反映当时的法律文化。

虽然大部分文献都已经经过释读，但在笔者对于《英藏敦煌西域藏文文献》的整理出版中，仍有新的发现。

第一，此次出版，按照原有的英藏文献卷号编号顺序进行整体整理，可以将文献本身与前后文献的关系作出分析。有的法律文书内容，与其他宗教和世俗内容同出一地。有的法律文书，则与其他内容合写在一页，或书写在汉文文献和经卷的背面。其最后为何与其他文献一起保留或丢弃，或为何与其他内容合写，均值得研究者整体发掘。

例如，借贷皮绳纸张契约文[4]，IOL.Tib.J.卷57之217号文件，本卷166—220页均没有斯坦因原编号，原文件夹标注原始编号为aTtd.p.66，217号为册页装之一页。该页文献被定名为借贷皮绳纸张契约文，正面为契约文，反面为杂写，

---

[1] ［美］F.W.托马斯：《敦煌西域古藏文社会历史文献》（增订本），刘忠、杨铭译，商务印书馆2019年版。
[2] 杨铭、索南才让、贡保扎西：《英国收藏敦煌古藏文文书选译》，民族出版社2019年版。
[3] 多特森（B.Dotson），"Divination and Law in the Tibetan Empire: The role of Dice in the Legislation of Loans, Interest, Marital Law and Troop Conscription", M.T. Kapstein and Dotson eds., *Contributions to the Cultrual History of Early Tibet*, Leiden/Boston: Brill, 2007, pp.3-77.
[4] 《英国国家图书馆藏敦煌西域藏文文献》第12册，上海古籍出版社2020年版，第217页。

包括汉字、藏文和图案。该册间杂在梵夹装佛经中，为凌乱的几页，为何世俗文书夹杂于佛经写本中，此类现象是否普遍出现，均值得进一步探讨。

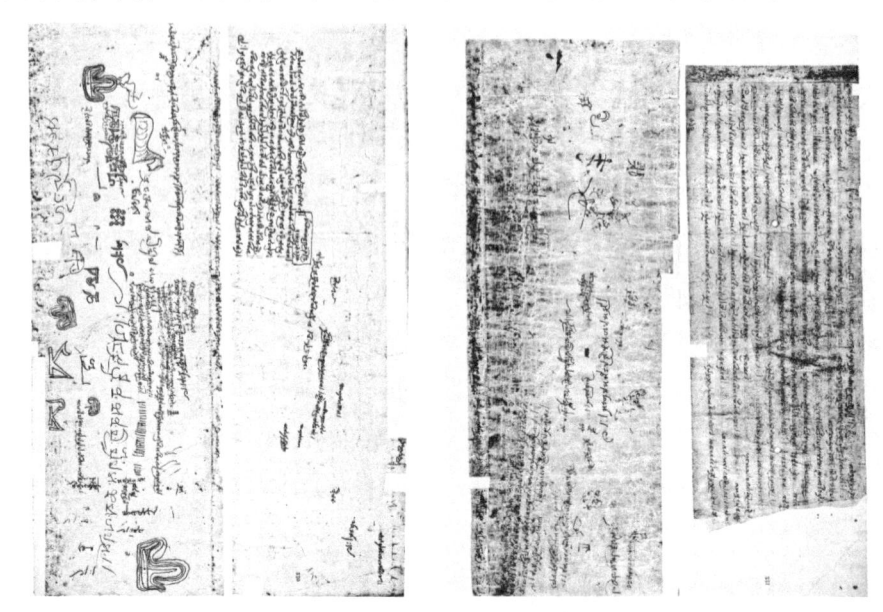

图 1 借贷皮绳纸张契约文及前后页面

又如，IOL.Tib.J. 卷 68 之 29 号文件[1]，正反都保留了原斯坦因编号 Ch.73.iv.14，现 IDP 网站编号 IOL Tib J 134，被定名为马年陇州大节度衙牒文。该文献为五页连缀而成，正面包括牒文和菩萨行祈愿文，反面为圣般若波罗蜜多百五十颂。据推测应该为习字练习。

第二，部分文书在以往研究时，更多注意的是文书内容本身，对于斯坦因的发掘收集地点和原编号细节未做详考。而在图版中保留有斯坦因和历次编号，可以考察文书的原始出土地点，更清晰地了解其写作背景。

例如，卷 53 之 70-22 号，为法律判文[2]，斯坦因原编号为 T.t.d II 404，本文件原出土编号 Ch.73. XIII.18，后 VP 编号经沙木补充编辑为 762.4，现英国馆藏编号为 IOL Tib J 793 Recto。对于此件文书，IDP 上尚没有具体的释读内容。该页文献在收入第 53 卷时，编有钢印页码 18。前一页为佛经，后一页为施油灯历。

---

[1]《英国国家图书馆藏敦煌西域藏文文献》第 14 册，上海古籍出版社 2020 年版，第 97 页。
[2]《英国国家图书馆藏敦煌西域藏文文献》第 11 册，上海古籍出版社 2019 年版，第 34 页。

整卷装帧形式为册页式，有的页面为通栏，有的分左右两栏，内容相互不连贯。原出土地也不尽相同。根据编号，此件文献当为敦煌附近烽燧遗址发现的纸本残片，为何发现在烽燧遗址，烽燧周边是否有频繁的法律文书往来或具有履行法律职能的行政场所，值得探究。

又如，卷 56 之 105-95 号为诉争千户长牒[1]，为一个长卷。斯坦因原编号为 T.t.d II 22。陈践先生曾对此文书进行具体释文和研究，并定名为《争夺新扎城千户长官职之诉讼文》。[2] 从整卷来看，其后邻接的文书即为瓜州节度使写经牒，前后文书的出土地点和相关性可供联系讨论。

图 2　法律判文，IOL Tib J 793 Recto

第三，关于纸张本身的残损与否，大小，以及书法形式，通过此次出版与前人研究结合，对于当时的契约用纸专门性，书写格式规范等，都可以略窥一二。

第四，契约类文书多处于卷 53 至 56 之间，以及卷 70 至 73 之间，这些文献，根据前文所述斯坦因报告，应该原来就打包捆绑在一起，那么此类文献以什么

---

[1]《英国国家图书馆藏敦煌西域藏文文献》第 11 册，上海古籍出版社 2019 年版，第 34 页。
[2] 陈践践：《争夺新扎城千户长官职之诉讼文》，载《中国藏学》2004 年第 3 期，第 119—125 页。

标准被集中在一起，又是出于什么目的被保存，这些都是可以整体思考的问题。丛书的第1—10册，大多为梵夹装和蝴蝶装，内容为佛教文献，包括佛经、仪轨文、祈愿文、佛传等等，较为规范。

从第11册起，特别是卷53开始，出现了大量的卷轴、残片，内容也毫不连缀，其中产生了大量的世俗文书，或者说社会历史文献，占卜、契约文书、千字文、法律文书、牒文、田籍等。

五、结语

敦煌西域出土藏文文献在不同的研究领域里的重大意义已不需长冗论证。最初，随着20世纪40年代《吐蕃年表》和《吐蕃编年史》译本的公布，敦煌藏文写卷对于研究早期西藏历史的重要性显而易见。这两个文本明显早于以前看到的吐蕃历史记载，对重构吐蕃史具有重要意义。随后的研究着眼于更广范围的带有历史重要性的写卷，包括法律文书、有关占卜的活动、官员的任命和派遣、私人个体间的契约以及私人信件和官方公文。敦煌藏文文献中的佛教文献，是了解藏传佛教早期发展、佛经整理、仪轨实践、文化信仰等的主要史料。而写卷也是藏文书面文字的最早实例，为我们直观展现了藏文文字的发展情况。此外，藏文文献和其他语言如汉语、于阗语和回鹘语的写卷研究相结合，也可阐明西藏地区和其他地区、民族之间文化交流和融合的关系。比如契约文书的格式，藏文明显借鉴了汉文的一些形式。

目前，对于法藏敦煌西域藏文文献的研究成果比较显着，而英藏藏文文献的编目整理、综述和独立研究，特别是世俗文献的研究仍十分有限。我们期待随着国内外学者的共同努力，在编目、整理发展的同时，在完整的影印、编目等工作的辅助下，对于英藏藏文文献的分类整理、释读和研究工作，能迈上一个新的台阶。

日本《令集解》所引"本令"初探

张 雨[*]

《令集解》是日本著名法典《养老令》的私撰注释书,[1]在平安初期的贞观年间(859—877年)由律学家(明法家)惟宗直本在官修注释书《令义解》的基础上,汇集诸家注释和学说而成。编者在纂集《令集解》时,引用了从编成《古记》(《大宝令》注释书)的天平年间(729—749年),到完成集解期间产生的诸多律令的注释书(《令释》《跡记》《穴记》《赞记》等)及学说(舆大夫云、额大夫云等)。[2]

在上述注释书或学说中,不仅多次提及"本令",还具体引用了不少《本令》节文来解释令文的语义,其来源通常被认为是日本现存最早的书籍(汉籍)目录《日本国见在书目录·刑法家》(宽平三年完成,891年)中著录的"《本令》卅卷"。[3]自仁井田陞在《唐令拾遗》中提出《本令》即《唐令》的论断以来,这一看法便成为学界通说,但却缺乏对《令集解》中"本令"所指,以及《本令》渊源作全面细致的辨析。在全面收集《令集解》"本令"相关条文(见附表1)的基础上,笔者尝试对上述两个问题作出初步回答,不当之处,敬希方家教正。

---

[*] 张雨,中国政法大学法律古籍整理研究所副教授。
[1] 《令集解》,新订增补国史大系(普及版),吉川弘文馆1985年版。本文正文及附表所引该书资料出处、页码,均为该版本。
[2] [日]井上光贞:《日本律令の成立とその注釈書》,初刊井上光贞等校注:《律令》,载《日本思想大系》第3卷,岩波书店1976年版,后收入井上光贞:《日本古代思想史研究》,岩波书店1982年版;中文稿见尹琳译:《日本律令的注释书》,载何勤华主编:《律学考》,商务印书馆2004年版,第244—271页。
[3] 孙猛:《日本国见在书目录详考》,《本文篇》,上海古籍出版社2015年版,第11页。

一、《本令》即《唐令》通说的由来

仁井田陞对《本令》的看法，主要见于他在复原唐令时所加按语：其一，"《唐六典》卷八注：'隋令有奏抄、奏弹、露布等，皇朝因之。'据此可以认为唐令中有'奏弹式'。另外，《令集解》所引的唐令（又云本令）断文（——引者注：参见附表1第37—38例），都与《日本公式令》'奏弹式'的一部分相一致。可以说，大概都为唐《公式令》'奏弹式'的一节"。其二，"穴说'内外官谓迄郡司用也，案本令知耳'（——引者注：见附表1第3例）中的本令，可能是相当于日本令有关巡察使的规定的唐令"。[1]

因此，在某些情况下，《唐令拾遗》便直接将《令集解》引录的《本令》文字作为唐令（即将其令文时代标注为"唐代"），直接予以复原。如《卫府职员令》第2条"诸门管钥"、《考课令》第35条"本府考讫申省"均是其例。[2] 池田温作为编辑代表在对《唐令拾遗》进行增补时，显然仍继承着《本令》即《唐令》的看法，对上述两条复原唐令，只是作了误字补订和篇目调整的修正。[3]

阪上康俊则进一步推断了《本令》的年代。早在20世纪80年代，他就撰文指出，《日本国见在书目录》中的《本令》极为可能是《贞观令》或《永徽令》。[4] 其后，复撰文《日本舶来唐令的年代推断》，在坚持其前文基本观点的基础上，补充了最新的研究结果。他提到《古记》（成书于天平十年，即唐开元二十六年，738年）在引用唐令时，使用了《本令》和《开元令》两种称呼（也有只提具体篇名的情况），并且还曾将两者放在一起比较："案本令，至四岁为别群也。开

---

[1] ［日］仁井田陞著：《唐令拾遗》，栗劲等编译，《公式令》第4条"奏弹"，《职员令》第2条"尚书都省"，长春出版社1989年版，第485、30页。
[2] ［日］仁井田陞著：《唐令拾遗》，栗劲等编译，长春出版社1989年版，第43、251页。
[3] ［日］仁井田陞著：《唐令拾遗补》，东京大学出版会1997年版，第337、594页。该书对《卫府职员令》第2条"诸门管钥"中仁井田氏误引之"精进"补订为"请进"，而将《考课令》第35条"本府考讫申省"加以删除。但删除的原因是认为该条应为《军防令》，而非《考课令》，参见同书，《军防令》补2条，第620—621页。
[4] ［日］阪上康俊：《〈令集解〉に引用された唐の令について》（《九州史学》1986年第85号，第44—45页。其依据是，《令集解》所引《本令》条文中含有存在于《贞观令》《永徽令》中的尚书令一职。《唐令拾遗补》吸纳了这一看法，将原书依据《本令》所复原之唐令标注部分修订为永徽令（详见下文及附表1第43—44例）。

元令，牡马牡牛每三岁别群。准例置尉长，给牧人。"（见附表1第48例）其中，《本令》被普遍认为是《永徽令》，而《开元令》则被认定为开元三年令。[1] 吉永匡史也认同阪上氏的看法，认为现阶段虽然无法确定《本令》具体为唐令中的哪一部，但至少可以确定为唐令无疑。[2]

在《日本国见在书目录详考》中，孙猛全面梳理了《令集解》（全书共50卷，今本现存35卷）中称《本令》之例凡54处，仅提示散见于卷二（3，出现次数，下同）、卷四（1）、卷六（1）、卷九（4）、卷十（3）、卷十一（2）、卷十五（2）、卷十七（5）、卷十八（1）、卷二〇（1）、卷二一（2）、卷二二（2）、卷二三、卷二八（4）、卷三〇（1）、卷三一（1）、卷三二（3）、卷三四（5）、卷三六（2）、卷三八（7）、卷四〇（2）、佚文（2），而未详引其文。关于《本令》的性质，他指出古代日本称中国所撰之令为《唐令》或《本令》（所举文例，即附表1第23例），所撰之律为《唐律》或《本律》（如《令集解》卷五《职员令》"左兵卫府"条引《令释》"谓取《本律》心说耳"），[3] 继而考虑到《养老令》篇名与《永徽令》大致相同，却与《开元令》不同，故将《本令》亦判定为《永徽令》。[4] 就此而

---

[1] ［日］阪上康俊著：《日本舶来唐令的年代推断》，何东译，"社会转型与多元文化"国际学术研讨会，复旦大学2005年版，后收入韩昇主编：《古代中国：社会转型与多元文化》，上海人民出版社2007年版，第171—174页。

[2] ［日］吉永匡史著：《日本书籍中的唐代法制——以唐令复原研究为视角》，王博译，载中国政法大学法律古籍整理研究所编：《中国古代法律文献研究》第11辑，社会科学文献出版社2017年版，第216—237页。2016年12月，该文日文原稿曾在中国政法大学"比较法史·域外之眼·全球史观：中国法律史研究新视野"学术工作坊上宣读，笔者忝为评议人曾认真拜读。因此，该文对笔者思考《本令》《唐令》关系问题帮助甚大。此外，厦门大学周东平教授及二松学舍大学大学院王佳鑫同学也为笔者提供了重要资料。谨此并致谢忱！

[3] 《令集解》，第145页。

[4] 孙猛：《日本国见在书目录详考》，《考证篇》，第743页。其依据为［日］泷川政次郎：《律令の研究》，刀江书院1934年版；［日］阪本太郎：《日唐令の篇目の异同について》，泷川博士米寿纪念会编：《律令制の诸问题——瀧川政次郎博士米寿紀念論集》，汲古院1984年版。参见［日］奥村郁三编著：《令集解所引漢籍備考》"44/7b"条按语（参附表1第2条），关西大学出版部2000年版，第73页。奥村氏认同泷川政次郎相关研究的观点，将《本令》原则上认定为《永徽令》，因此在《汉籍别一览》中将相关条目于"唐令（永徽令·开元令·唐令私记·唐令释）"中。不过，他在面对《本令》中存在日本官制专名时，一方面会提出其意不明的观点（同书"106/2a"条，其中有"散位"一词，第149—150页。参附表1第4条），而在另一方面也会接受《唐令拾遗补》的做法，将《本令》中"三位""勋位"的"位"改为"品"，见同书"518/2a"条，第458—459页，参附表1第21条。另外，经过与笔者的检索相对照，除了附表1第15例失载外，其余55例皆可见于奥村氏前揭书。

言,虽然该看法与阪上氏一致,但却是基于日唐令篇目比较的旧说(如主张《养老令》之《捕亡令》《假宁令》为《永徽令》所有,未见于《唐六典》所载《开元令》篇目中),而未能及时关注到自明钞本《天圣令》残卷发现以来的最新研究成果。[1]

受日本学者的影响,中国学者也多认同《本令》即"唐令"之说。如据郑显文统计《令集解》中共有188处提到了唐令或引用了唐令的内容,其中以"唐令"或"本令"的形式出现最多。但其据《唐令拾遗》《唐令拾遗补》所做复原而举出的唐令佚文,均为带有"唐令"的引文。[2] 另外,宋家钰在述及《天圣令》及其所附唐令价值时,也曾提到《古记》对《本令》与《开元令》的同时引用(引文见前),认为《本令》是开元以前的唐令。[3]

二、通说未必为通:《本令》所载官制与唐制的差异

然而,上述《本令》即《唐令》的通说未必准确。笔者曾尝试利用《令集解》有关于唐奏弹式的断章残句对其作出复原,[4] 并借此研究御史台在唐代前期司法

---

[1] 戴建国:《试论宋〈天圣令〉的学术价值》,载张伯元主编:《法律文献整理与研究》,北京大学出版社2005年版,第154—163页;[日]大津透:《北宋天聖令の公刊とその意義——日唐律令比較研究の新段階》,载《东方学》第114辑,2007年,中文稿见薛珂译:《北宋天圣令的公布出版及其意义——日唐律令比较研究的新阶段》,载《中国史研究动态》2008年第9期,第19—30页。两文均指出,从唐《贞观令》到开元二十五年令,唐令始终只有27篇正篇目(即《唐六典》所载唐令篇目,通常被认为是开元七年令的篇目),另有附篇目若干,如《关市令》后附《捕亡令》,《医疾令》后附《假宁令》等。《天圣令》残卷的发现,验证了《养老令》所列篇目基本为唐令(《养老令》对唐令篇目次序作了调整,并增加了后者没有的《僧尼令》),同时也证实了唐令篇目是一脉相承的。

[2] 郑显文:《日本〈令集解〉中所见的唐代法律史料》,载"沈家本与中国法律文化国际学术研讨会"组委会编:《沈家本与中国法律文化国际学术研讨会论文集》,中国法制出版社2005年版,第784—788页。

[3] 宋家钰:《明钞本北宋天圣令(附唐开元令)的重要学术价值》《唐开元厩牧令的复原研究》,载天一阁博物馆、中国社会科学院历史研究所天圣令整理课题组校证:《天一阁藏明钞本天圣令校证(附复原研究)》,中华书局2006年版,第13、503页。

[4] [日]仁井田陞:《唐令拾遗》,栗劲等编译,《公式令》第4条"奏弹",长春出版社1989年版,第484页。

政务运行机制中的作用，[1] 从而关注到《本令》与《唐令》的关系问题。

为解决这一问题，笔者初步梳理了《令集解》中所引《本令》的内容，并注意到如下一条《穴记》（见《公式令》"任授官位"条）：

穴云：《狱令》为位案注"毁"字生文，此条为"注除簿案"生文，两条其义各异。但案《本令》（眉注：令，据宫本傍书、印本补）奏抄式，刑部覆断讫，送都省。都省令以下、侍郎以上，及刑部尚书以下、侍郎以上，俱署申奏。奏报之日，刑部径报吏部，令进位案，注"毁"字，并造簿，于行事无烦。今此《令》，申奏之日，无刑部卿俱署奏，太政官独奏。奏报之日，下符刑部。即刑部转报式部，令进位案，注"毁"字，此转回亦间，事涉不便。但愿者，官奏报之日，自然召式部，令进位案，注"毁"字。又报符刑部，令造簿。仍刑部者，为报元任授，注除簿案。尚报式部，式部从先注"毁"字日知事状了，尚依文报耳。此恐其忘失不注簿案，丁宁累刑部注送耳（此义少异上义，相喻得理，但尚所烦者有耳。此违《本令》者然耳。上论了）。……又，依本《狱令》，[2] "刑部申都省日，位记俱副进"耳。（附表1第43—44例）

《唐令拾遗》将其中"奏抄式，刑部覆断讫，送都省。都省令以下、侍郎以上，及刑部尚书以下、侍郎以上，俱署申奏"一句复原为唐《公式令》第2条（标注为开元七年令、开元二十五年令，《唐令拾遗补》将标注改为"永"，即《永徽令》）的部分内容，而将"案《本令》……奏报之日，刑部径报吏部，令进位案，注'毁'字，并造簿""奏报之日，刑部径报吏部，令进位案，注'毁'字，并造簿"两句复原为唐《狱官令》第20条的部分内容（标注为唐代，《唐令拾遗补》将其改为"永"），并认为此条是与《养老令·狱令》第28条相

---

[1] 张雨：《御史台、奏弹式与唐前期中央司法政务运行》，载《中国古代法律文献研究》第13辑，社会科学文献出版社2019年版，第157—174页；《唐代司法政务运行机制及演变研究》，上海古籍出版社2020年版，第140—154页。

[2] 《唐令拾遗》的复原及引据材料中，"本《狱令》"中"本"字后均衍一"令"字。《唐令拾遗补》已将其删去。

当的唐令。[1]

  《天圣令》的发现为复原唐《狱官令》提供了新的依据和参照。天圣《狱官令》宋令第 25 条："诸犯罪，应除、免及官当者，计所除、免、官当给降至告身，赎追纳库。奏报之日，除名者官、爵告身悉毁；（妇人有邑号者，亦准此）。官当及免官、免所居官者，唯毁见当免及降至者告身；降所不至者，不在追限。应毁者，并送省，连案，注'毁'字纳库；不应毁者，断处案呈付。若推检合复者，皆勘所毁告身，状同，然后申奏。"整理者将此条宋令完整复原为唐《狱官令》第 31 条（即与日本《狱令》第 28 条相当的唐令）。虽然整理者完全依据宋令文本来复原唐令的做法还有待商榷，但其准确地指出了唐令中不可能出现"位记"这样的日本官制名词。[2]

  其实，除了位案（记）、《狱令》等专名不应存在于唐令以外，从上引《本令》中所反映出来的官制，如尚书都省有"令以下、侍郎以上"之官，不仅与唐制不合，亦与唐以前的尚书省制皆不符（见表 1）。由此可见，此条《本令》所提及的奏抄式需要"都省令以下、侍郎以上，及刑部尚书以下、侍郎以上，俱署"，决非唐令奏抄式之文。[3]

---

[1] ［日］仁井田陞：《唐令拾遗》，《公式令》第 2 条"奏抄式"，长春出版社 1989 年版，第 480—482 页，《狱官令》第 20 条"奏报之日刑部径报"，第 708—709 页。［日］仁井田陞著、池田温编集代表：《唐令拾遗补》，第 707—708、821 页。养老《狱令》第 28 条："凡犯罪应除免及官当者，奏报之日，除名者，位记悉毁。官当及免官，免所居官者，唯毁见当免，及降至者位记。降所不至者，不在追限应毁者。并送太政官毁，式部案注'毁'字（以太政官印印'毁'字上）。"《令义解》卷 10，新订增补国史大系（普及版），吉川弘文馆 1985 年版，第 320—321 页。

[2] 雷闻：《唐开元狱官令复原研究》，载《天一阁藏明钞本天圣令校证（附复原研究）》，第 622—623 页。除此之外，该文还指出，唐令中不可能出现"案本令""本狱令"等文字。不过，这属于复原体例问题，此不论。

[3] 参见张雨：《公文书与唐前期司法政务运行——以奏抄和发日敕为中心》，载包伟民、刘后滨主编：《唐宋历史评论》第 7 辑，社会科学文献出版社 2020 年版，第 60—75 页；《唐代司法政务运行机制及演变研究》，第 125—139 页。

表 1　唐以前尚书都省官制沿革简况表 [1]

官　称	沿　革
尚书令	秦置，自唐龙朔三年（663年），制废尚书令。至代宗广德中（763—764年），特拜郭子仪为之。子仪以太宗故，让不敢受。
左右仆射	秦置仆射一人，汉献帝建安四年（199年），分置左右。魏晋以降，"省置无恒。置二，则为左右仆射；或不两置，但曰尚书仆射"。
左右丞	秦置丞二人，至汉成帝建始四年（前29年），置丞四人。东汉光武帝始减其二，唯置左右丞。自后沿置。
左右司郎中	隋大业三年（607年），初置左右司郎二人，品同诸曹郎。唐贞观二年（628年），改为郎中。
左右司员外郎	武后永昌元年（689年）置，与郎中分掌曹务。神龙元年（705年）省，二年（706年）复置。

然而也不能就此断定，《令集解》所引"本令"皆非唐令。究竟奈良、平安时期的日本律令注释家是在何种"语义"下使用"本令"一词，其与《唐令》之间的关系为何？若《本令》是独立于《唐令》之外的一种令，它的渊源又如何？均有待于进一步的分析。

三、《令集解》所引"本令"文例分析

近来，在学生李雅婧协助下，笔者亦将《令集解》翻检一遍，共寻得称引"本令"56处（见附表1），较奥村郁三、孙猛前揭书所得略多1—2处。除此之外，笔者注意到，在国史大系本《令集解》每卷卷末均列有该书不同版本上历代写校者的题记，其中亦有若干"本令"之例（见附表2）。但需要说明的是，这应是"某某之本令书"之意，[2] 虽与本文所要讨论之文例无关，但至少也可提醒我们日本古代律令研究者使用的"本令"一词语义的多元可能。

基于对附表1所见56处"本令"文例的分析，可将其分为以下四种情况：

---

[1] 资料来源：（唐）杜佑撰、王文锦等点校：《通典》卷22《职官四·尚书上》，中华书局1988年版，第592—601页。

[2] 如附表2第6条，图本奥书《令集解》卷20末"同年（指建治二年）四月五日，引合花山院本令校合一"一句，在无穷会本奥书《令集解》卷20末："同二年四月五日，引合花山院（引者注：'花山院'三字，原为旁书，系补入之字）他本校合一。"第606—607页。

（一）"本令"指唐令者（共35例）

应该肯定的是，《令集解》中确实普遍存在用以指代唐令的"本令"，比较直观的如附表1第36、52例。[1] 据统计，此种情况的数量是最多的，共有35例（占比62.5%）。这是造成众多学者形成前述通说的主要原因。

《令集解》所引注释书中，《古记》是成书最早的一部，且是唯一一部对当时还在行用的《大宝令》的注释。值得注意的是，《古记》中所引"本令"（凡15例），均可被视为唐令。[2] 之所以这么说，原因有三：（1）《古记》所引"本令"中含有唐制专名，[3] 且强调其与"此间"制度的不同。[4]（2）《古记》所引"本令"有与《开元令》规定不同者，反映其为不同年代唐令，比如前引之附表1第48例。[5]（3）之所以认为"'本令'与《开元令》规定不同之处反映其为不同年代

---

[1] 附表1第36例："释云：……《断狱律》云：应议请减者，并不合拷讯，皆据众证定罪者，《令》不推拷，谓此取《本令》文耳。何？《唐令》云：流内九品以上官有犯，应纠劾而未知审实者，并据状勘问，不须推拷者。文言'九品以上'，故劳推拷事耳。我《令》云'五位以上'，即知推拷文徒然耳。"第52例："穴云：使吊，唐令云：为本服五服内亲、百官二品以上丧，并一举哀者。案之，使奏闻之日，此闻丧日也，故知当日举哀，即初服锡纻及不视事。而当时师云：下条发丧（眉注：丧，原作哀，今意改）日，内停见事，及服锡纻者，会本令'举哀'之义。少难。抑得此意三条可勘会。"

[2] 参见附表1，第10、11、12、17、18、30、31、35、40、47、48、49、50、51、54例。

[3] 如附表1第12例中"十六为中男"，第18例中"帐内、亲事"，皆是。另外，除《古记》外，其他注释书所引"本令"中亦含有唐制专名者，如附表1第8例（里正）、第13例（州刺史）、第14、55例（部曲）、第22例（九品）、第25-26例（流内流外）、第27例（官品勋品），第37、38例（大理）。

[4] 参见附表1第10例。另外，第29、56例虽非《古记》所引，亦可作如是观。

[5] 除此之外，类似的例子还见于附表1第54例："检《本令》，送丧堪者不给，然此间广给耳。"仁井田陞据以复原为唐《丧葬令》十甲条，《唐令拾遗》，第751页。"此间广给"，当与《养老令》"皆给殡殓调度"规定相关。笔者注意到，仁井田陞据《唐律疏议》所复原的开元二十五年《丧葬令》十乙条为"诸从征及从行、使人所在身丧，皆给殡殓调度，递送至家"，并加以按语："在《开元二十五年令》中，或许也有如《令集解》古记所引的《唐令》一节。"《唐令拾遗》，第751—752页。但实际上，这里反映出《大宝令》《养老令》与开元二十五年唐令的规定一致，却与《本令》不同（吴丽娱也注意到此条"本令"，不见于天圣《丧葬令》附唐2条，见氏著：《唐丧葬令复原研究》，载《天一阁藏明钞本天圣令校证（附复原研究）》，第685—686页）。另外，也有"本令"所指即《开元令》的情况，如附表1第6例的《穴记》："问：满十户者，立别里，未知有所归哉？答：案《本令》读耳。"其后，《令集解》又引《古记》："一云：以廿户令（眉注：令，阁本作合）置长一人，郡以二里，为郡故（故私记：案《开元令》，十户以别可置长者）。"

唐令"的说法，是因为他书转述在《古记》时有将"本令"改称"唐令"的情况。[1]

《古记》所引"本令"中，还值得讨论的是附表 1 第 40 例："问：皆数外别给驿子一人，未知驿子，马欤？人欤？又传若为处分？答：有马而人从，故称驿子。又传者，别不给。《本令》，别给驿子，谓引导之人，此间作馱（驮）。"前文讨论了《大宝令》《养老令》与开元二十五年令的文本一致，却与《本令》不同的情况，但此条则反映出，亦有《本令》《养老令》《开元令》文本一致（均作"驿子"），而与《大宝令》（作"馱"）不同的情况。[2] 至于《古记》所引"本令"的其他文例，其实缺乏明显特征，因其同为一书所引，故归为此一类情况。[3]

（二）"本令"与唐令文字相同，但可能并非唐令者（共 8 例）

如前所述，"本令"中会出现"尚书省""令""尚书""侍郎"这类同样存在于唐令的机构（官职）名称，而两者设官之制实则不同的情况（见附表 1 第 43-44 例），因而对于类似"与唐令文字相同，但可能并非唐令者"尤其需要仔细辨别。如附表 1 第 23 例：

> 穴云："省未校"，谓十二月卅日以前，《令释》见义。……问：《本令》云："尚书省"者，未知此文"省"者，亦其情欤？答：此文者谓式、兵部。《古令》改"太政官"为"省"，案知耳。《古记》云：问：注"若本司考讫以后，太政官未校以前"，若为其义？答：本司，谓中务省、卫府等。考后，谓八月一日以来。太政官未校以前，谓式部省内外官考文校讫，而十二月一日以后申太政官，官处分，

---

[1] 如附表 1 第 51 例："释云：案《唐令》，廿岁以上不责课，又不入耗限，但此令既无此文，则可有别式也。古记云：问：游牝以四岁为始，未知至老除课法有不？答：将有别式也，但《本令》，其马廿岁以上，不在课驹限，牛以下不言之。"《令集解》所引注释书，虽然先《令释》后《古记》，但实际成书年代，却是《古记》在前，故而《令释》所引《唐令》与《古记》所引《本令》应该是同一条，但这却与"《开元令》：马廿一岁以上不入耗限"的规定不同（《令集解》，第 923 页）。类似将"本令"改写为"唐令"的例子，还见于附表 1 第 47、31 例。而第 41 例中，则是《令义解》在对《令释》加以转述时，将后者所提到的"本令"改称为唐令。

[2] 《开元令》，参见仁井田陞据《唐律疏议》《宋刑统》所复原的开元二十五年令，《唐令拾遗》，第 509 页。

[3] 其他注释书所引"本令"，亦被归入此类情况的，还有附表 1 第 9、28、29、33、34 例。

谓讫之校定。假令，虽申太政官，未处分，犹申送而合附校也。

以及第 24 例：

此条送省者何？或云：先申官，乃送省。或云：直送省，何者？依《本令》："本府考讫，录申尚书省"案记者（在《军防令》），此《令》初条，改"尚书省未校以前"为"省未校以前"，又改此条，"送尚书省"者而改为"省"，然则"本司考讫，主典以上送官，番上送省"者何？师同后说。

虽然上述"本令"文字与唐令文本应相同，但从《穴记》或《赞记》问答来看，却是涉及《本令》《古令》《养老令》之间文本的改变。类似的情况，还见于附表1第45、46例。可以说，在这里，注释者关注的是令文文本的时间性差异，而非像《古记》中所体现出的地域性差异。关于这一问题，涉及对《本令》渊源的探讨，详后分析。

基于上述分析，附表1第1、2例中"本令"文字虽然同于唐《职员令》尚书仆射的职掌，[1] 但也可能并非唐令，故将其暂归于此类情况。

（三）"本令"与唐令文字不同（共6例）

除了上述文本相同而可能非唐令的"本令"外，还有一些本身文字就不同的，但学者有所忽视、而径自据以复原为唐令的情况，如附表1第5例："检本令，诸门管镒，本卫请进。然则诸门管镒，闱司掌之，不由典镒。"[2] 甚至存在有

---

[1] [日] 仁井田陞著：《唐令拾遗》，栗劲等编译，长春出版社1989年版，第28页。
[2] "管镒"应为日令专名，同样的事物在唐令中均作"管钥"，如《唐六典》载"城门郎掌京城、皇城、宫殿诸门开闭之节，奉其管钥而出纳之"（卷8《门下省》，第249页），尚官局"司闱掌宫闱管钥之事"（卷12《宫官》，第349页），东宫"宫门郎掌内外宫门管钥之事"（卷26《左右春坊》，第669页。参见《通典》卷30《东宫官》，"今宫门局有郎二人，丞二人，郎掌东宫殿门管钥及启闭之事，丞贰之"。第831页），府州"兵曹、司兵参军掌武官选举，兵甲器仗，门户管钥，烽候传驿之事"（卷30《州县官吏》，第749页）。此外，附表1第16例，未被《唐令拾遗》《唐令拾遗补》提及，但"勋位"亦为日令专名。

学者已经注意"本令"文本与唐制不符，但仍然以改字的方式加以复原的情况，比如附表1第4、21例。[1]

此外，较为明显的不同，还出现在有关官员去世后赙赠的规定中（见附表1第53例）。据此，日唐依令赙赠涵盖的范围，《养老令》与开元七年令、开元二十五年令均作"职事官"，[2]而《古令》《本令》作"百官"。但也有不甚明显者，如附表1第7例："穴云：应分者，不用此令，谓少子寡妻堪为户主应分者，古令见耳。又，唐令云：上条以子孙继绝者，谓为养子也。分财条，见本令耳。""应分者，不用此令"，见于养老《户令》第13条"为户"（相应唐令见《唐令拾遗·户令》第16条），其上条为第12条"听养"，[3]对应唐令见《唐令拾遗·户令》第14条。注释所引唐令，见《唐令拾遗·户令》第15条，而养老《户令》中无相应令文。[4]仁井田陞之所以将其位置复原为相当于日令第16条之前的唐令，就是因为此条注释书有"唐令云：上条"云云。与之类似，"谓少子寡妻堪为户主应分者，古令见耳"一句，意在强调，在《古令》中有专门令文规定的"少子寡妻堪为户主应分"的情况，在《养老令》中被删除，仅保留"应分者，不用此令"的说法。由此可见，此条注释意在阐述不同时期、不同地域令文体系的不同。故"分财条，见本令耳"亦应作如此理解，[5]虽然其令文内容不知，但应该与唐令和《养老令》均有所区别。

（四）"本令"意为"令条本文"之类（共7例）

这一类情况中，最典型的应是附表1第39例："谓：四驿以上，依文，二驿为差故也。释云：以下，谓四驿以上，案本令知也。……跡云：六驿以下，谓四

---

[1] 需要注意的是，附表1第21、22例"本令"文字，实际上出现于《令释》对同一句《养老令》的解读，但却分别含有日令专名和唐令专名。之所以出现这种情况，可能与这条内容并非同时、由一人所引用注释者。

[2] 开元七年令、开元二十五年令，仁井田陞据《通典》《白孔六帖》复原，《唐令拾遗》，第748—749页。

[3] 令文为："凡无子者，听养四等以上亲于昭穆合者，即经本属除附。"

[4] 《唐令拾遗·户令》第14—16条，第141—144页。

[5] "分财条"应是指与唐令（《唐令拾遗·户令》第27条，第155页）、《养老令》（《户令》第23条"应分"，《令集解》，第291—300页）相当的《本令》条文。

驿以上，《唐令》：马日行七十里，乘驿马四驿故也。穴云：六驿已下者，四驿以上，诸读者同之。"这一条集解，包含了《令释》《迹记》《穴记》《义解》（按成书先后为序）四家之说，针对的是养老《公式令》第32条："凡给驿传马，皆依铃传符克数（事速者，一日十驿以上；事缓者，八驿；还日，事缓者，六驿以下）"中"六驿以下"一句。虽然《迹记》称唐令有"马日行七十里，乘驿马四驿故也"，但就目前资料而言，唐令中有"马日行七十里"，而不应有"乘驿马四驿"之文。[1] 故《令释》所言的"本令"，应该如《令义解》所言，系"依（令条本）文，二驿为差故也"的含义。此外，附表1第3、15、19、20、32、42例，皆是其例。

四、《本令》渊源推测

如前所述，虽然在《令集解》所引"本令"中，大部分情况所指为唐令，但更值得我们注意的是其中所提及的不同于唐令的《本令》。如果《本令》非唐令，那它是否为日令？若为日令，与《大宝令》《养老令》的渊源又如何？

首先，既经《日本国见在书目录》著录，所以仍需回到这一目录系统来思考《本令》的性质与渊源。《日本国见在书目录·刑法家》共著录法制书41部，但其内容及分类并不统一（见表2），对此，吉永匡史的解释是《日本国见在书目录》的作者藤原佐世本人是精通汉籍的大学头文章博士，其有能力在理解书籍内容的基础上进行分类排列。因此，藤原佐世不大可能会作出不统一的分类排列，现存目录中的律令（1）—（4）只可能是别人在成书后加入的。藤原佐世是从（5）开始亲自撰述的，[2] 所以（5）—（18）完全是按照"律（律注释书）、令

---

[1] 前者见《唐令拾遗·公式令》第44条（《养老令》亦有相应规定，亦作"马日七十里"，见《公式令》第77条"行程"，《令集解》，第911页），后者见同前书《公式令》第21条："诸给驿马，给铜龙传符，无传符处为纸券。量事缓急，注驿数于符契上。"第535、509页。既然称"注驿数于符契上"，则令文中应不会如《养老令》"事速者，一日十驿以上；事缓者，八驿；还日，事缓者，六驿以下"这样的具体规定。

[2] ［日］吉永匡史：《〈日本國見在書目録〉刑法家と〈律附釋〉——律受容の一斷面》，榎本淳一编：《古代中國·日本における學術と支配》，同成社2013年版，第177—199页。参见氏著前揭文《日本书籍中的唐代法制——以唐令复原研究为视角》，第222、225页。

（令注释书）"的顺序排列的。

表2 《日本国见在书目录·刑法家》的内容及其分类[1]

分　类	书　籍　名
律①	（1）大律六卷、（2）新律十卷
令①	（3）隋大业令卅卷
格	（4）唐贞观勅格十卷
律②	（5）唐永徽律十二卷、（6）唐永徽律疏卅卷、（7）大唐律十二卷
律注释书	（8）刑法抄一卷、（9）唐具注律十二卷、（10）律附释十卷
令②	（11）本令卅、（12）古令卅卷、（13）新令十卷、（14）大业令参十卷、（15）唐永徽令卅（卅）卷、（16）唐开元令卅卷
令注释书	（17）唐令私记卅卷、（18）金科类聚五卷
格·勅（格注释书）	（19）唐永徽格五卷、（20）垂拱格二卷、（21）垂拱后常行格十五卷、（22）垂拱留司格二卷、（23）开元格十卷
	（24）开元格私记一卷
	（25）开元新格五卷、（26）格后勅三十卷、（27）长行格七卷、（28）开元皇口勅一卷、（29）开元后格九卷、（30）散颁格七卷、（31）僧格一卷
式①	（32）唐永徽式廿卷、（33）唐开元式廿卷
统类	（34）大中律统领（类）十二卷
判①	（35）判样十卷、（36）判轨一卷、（37）救急判罪一卷、（38）百节判一卷
勅	（39）贞观勅九卷
判②	（40）中台判集五卷、（41）大唐判书一卷

按照目前的认识，《本令》（《贞观令》或《永徽令》）—《古令》（《大宝令》）—《新令》（《养老令》），[2] 现存《日本国见在书目录·刑法家》著录汉籍的排列方式确实存在吉永匡史所提到的日本法令（法制书）与隋唐法令（法制书）

---

[1] 本表引自吉永匡史《日本书籍中的唐代法制——以唐令复原研究为视角》的日文原稿，参见前揭中文稿，第225—226页。原表（11）"卅"后即脱"卷"。（15）（34）中的误字，系作者据池田温、孙猛研究更正。

[2] ［日］和田英松：《日本见在书目录に就いて》，载《国史说苑》，明治书院1939年版；［日］池田温：《关于〈日本国见在书目录〉刑法家》，载《法律史研究》编委会编：《中国法律史国际学术讨论会论文集》，陕西人民出版社1990年版，第216—230页。参见吉永匡史：《日本书籍中的唐代法制——以唐令复原研究为视角》，第226—227页。

相夹杂的现象。

需要指出的是，在所著录的上述三部令中，其实只有《新令》与《养老令》卷数一致，可以确定两者为同一部书。但对于《古令》和《大宝令》，正如孙猛所指出的，两者卷数不合（前者40卷或30卷，后者11卷），因而认为疑《古令》为《永徽令》。[1] 但从笔者所见《令集解》所引注释书中，确实提到有与《本令》类似的，含有日本官制专名的《古令》节文，[2] 最典型的例子，见附表1第23例（引文详前）。

据此条可知，养老《考课令》中"省未校以前"一句，[3]《本令》作"尚书省未校以前"，[4]《古令》以前的令文为"太政官未校以前"，《古令》"改太政官为省"，应作"省未校以前"，[5]《养老令》则沿《古令》之文。由此可见，既然"古令改太政官为省"，则此处所载《古令》亦应是日令而非唐令。若立足于《本令》《古令》皆为日令，则前述《日本国见在书目录·刑法家》中日唐法令（法制书）夹杂的现象则不存在。至少就令的部分而言，是按照先日令，而后隋唐令的方式进行排列的。并且，无论是日令，还是隋唐令，都是按照时间顺序著录的（见表3）。

限于本文的主旨，仍继续讨论《本令》的渊源问题。关于此问题，主要依据前引不同于唐令的《本令》条文。可将相关不同之处制为表3。

---

[1] 孙猛：《日本国见在书目录详考》，载《考证篇》，第44—46页。

[2] 至于"古令"是否会像"本令"一样，存在指代多元的情形，笔者尚未进行全面考察。

[3] 该条《养老令》的全文为："凡内外文武官初位以上，每年当司长官考其属官。应考者，皆具录一年功过行能，并集对读，议其优劣，定九等第，八月三十日以前校定。京官畿内，十月一日，考文申送太政官。外国，十一月一日，附朝集使申送。考后功过，并入来年（若本司考讫以后，省未校以前，犯罪断讫，准状合解及贬降者，仍即附校。有功应进者，亦准此）。无长官次官考。"《令集解》，第531—542页。

[4] 现有史料所引唐令，并无相应于日令中小字注释的"若本司考讫以后，省未校以前"云云一句，仁井田陞据《本令》及日本令（《养老令》）复原。而与《养老令》中"申送太政官"一句相应的唐令，在《唐六典》中作"送省"，《五代会要》《册府元龟》作"到京"。《唐令拾遗》，第240—242页。

[5] 然而据附表1第23例所见《古记》："问：若本司考讫以后，太政官未校以前，若为其义"，若《古记》确为《大宝令》的注释书话，则"本司考讫以后，太政官未校以前"应是《大宝令》之文。这与据《穴记》所得出的结论不相符。留待后考。

表3 《本令》——《养老令》与《唐令》《天圣令》文本异同表

《本令》	尚书省（未校以前）	送尚书省	科料	驿子	系饲	系饲并牧同给，牧马亦同申国，国申上耳	百官
《古令》以前	太政官（未校以前）						
《古令》（古记）	省（未校以前）			駄			百官
《养老令》	省（未校以前）	送省	科折	驿子	厩（左右马寮）	只提及官畜及所司（左右马寮），未及牧马	职事官
《唐令》		送省，到京	科料	驿子	系饲		职事官
《天圣令》			科料[1]		系饲[2]		文武官[3]
来源	附表1第23例	附表1第24例	附表1第34例	附表1第40例	附表1第45例	附表1第46例	附表1第53例

据此可知，若作为日本令中的一部，《本令》的修纂时间只应存在于太政官"一官八省制"定型之前。据青木和夫等人的研究，在太政官"一官八省制"定型之前，曾存在过太政官——六官的体制（由六官向八省的转变）。井上光贞甚至将"太政官——大辨官——六官"成立的时间提前到《近江令》的施行（参见表4），认为左右大臣（太政官）、大辨官、六官分别是模仿唐尚书省左右丞、左右司郎中（以上都省）、六部而创立的。并且根据《续日本记》中孝德天皇（难波朝廷）时"刑部尚书""卫部"的记载，他又提出应当承认六部是对大化时代官制的继承。[4]

---

[1] 牛来颖：《天圣营缮令复原唐令研究》，载《天一阁藏明钞本天圣令校证（附复原研究）》，第665页。

[2] 宋家钰：《唐开元厩牧令的复原研究》，载《天一阁藏明钞本天圣令校证（附复原研究）》，第502—503页。

[3] 吴丽娱：《唐丧葬令复原研究》，载《天一阁藏明钞本天圣令校证（附复原研究）》，第682—683页。

[4] 相关研究综述，见［日］井上亘：《虚伪的"日本"》，社会科学文献出版社2012年版，第162—168页。

表4　日本律令制定与施行的编年之轴[1]

1	《近江令》	天智天皇671年施行
2	《飞鸟净御原令》	持统天皇689年施行
3	《大宝令》	文武天皇701年施行
4	《养老令》	元正天皇718年制定，孝谦天皇757年施行

虽然《近江令》早已散佚，甚至对它本身存在与否，许多学者都持怀疑态度，但从颁令之时，新设太政大臣和御史大夫来看，与《本令》所载官制亦不相符合。而《飞鸟净御原令》颁行之后（该书虽然散佚，但从他书征引来看，确有其书），不仅恢复了太政大臣等，分纳言为三职，还正式任命了"八省百寮"，可以视为太政官"一官八省制"的定型之时（见表5）。[2]因此《飞鸟净御原令》亦不可能是《本令》。

表5　《日本书纪》中日本律令官制的形成[3]

时　间	官制设置	备　注
大化元年（645年）六月	新设左大臣、右大臣等	
大化五年（649年）二月	置"八省百官"	记载不可信
天智十年（671年）正月	新设太政大臣和御史大夫（大纳言）	
朱鸟元年（686年）九月	天武天皇去世，百官奉诔	大政官及法官、理官、大藏、兵政官、刑官、民官等六官
持统四年（690年）七月	恢复太政大臣等，分纳言为三职，迁任"八省百寮"	记载可信

---

[1] ［日］井上亘：《虚伪的"日本"》，社会科学文献出版社2012年版，第154页。

[2] 关于《近江令》《飞鸟净御原令》的情况，见［日］井上亘：《虚伪的"日本"》，社会科学文献出版社2012年版，第154页。就附表1第23例《穴记》引文所反映出的《本令》、《古令》以前的令、《古令》、《养老令》的顺序及其文本而言，《古令》以前的令，很可能相当于《飞鸟净御原令》。因为后者的颁布，标志着太政官体制的初定。故而当时不仅强调"考文申送太政官"，且强调要相关奖惩在"太政官未校以前"附入本年考。随着太政官制的日渐成熟，后者便在《大宝令》中被改为由负责具体事务处理的式部、兵部省"未校以前"云云，进而为《养老令》所继承。但这只是就制度发展逻辑作出的推测，目前并无更多的证据来推翻《近江令》官制中存在太政大臣，或证实天智朝曾置尚书令、仆射等省官与吏部、刑部等六部的情况。聊述于此，以待先进。

[3] ［日］井上亘：《虚伪的"日本"》，社会科学文献出版社2012年版，第101—102页；王海燕：《日本古代史》，昆仑出版社2012年版，第150—151页。

就目前而言，《本令》的渊源有可能应朝着两个方向思考：（1）有没有可能是在《近江令》之前的一部未施行的令；（2）或者是在天武朝六官体制下，曾制定过的一部令（也可能并未正式颁布）。

考虑到目前并没有足够多的证据来证实《近江令》之前，日本就曾有过仿照唐制制定并颁行过律令（当时还处在激烈的新旧斗争之中）的做法，笔者更倾向于第二种可能。正是因为《本令》是天武天皇时制定而未及颁布的法令，因此当天武天皇去世后，皇位继承又重回天智天皇一系，[1] 故而该书遂不行于世。直到《古记》成书之后，《本令》才又重新受到关注，并逐渐为律令注释家所重视（尤其是为《穴记》作者所引），但当时人们也未将"本令"作为专名来使用，因此造成了《令集解》所引"本令"指代多元现象的出现。当然，这样的看法只是推测，目前仍远未能彻底解决此问题。

五、结语

日本平安时代初期修成的《令集解》一书，多次提及"本令"并引用与其节文。长期以来，"本令"及其令文被认为来源于《日本国见在书目录·刑法家》所著录的"《本令》卅卷"，并形成所谓《本令》即《唐令》的通说。笔者从《本令》所反映出的官制与唐制不同入手，进而系统掌握了《令集解》所提及的"本令"文例。通过考诸"本令"所处语境，或据其节文文本进行分析，可知，奈良、平安以来的日本律令注释者所使用的"本令"一词，含义指代多元，不可贸然与《日本国见在书目录》所载《本令》混为一谈，更不可将后者与《唐令》简单地相提并论。

尽管限于笔者的学力，目前尚无可能彻底解决《本令》的渊源问题，但或许指出《本令》并非《唐令》，亦可对日唐律令比较研究有所帮助，故聊撰小文，以求贤达释惑。

---

[1] 参见［日］井上亘：《虚伪的"日本"》第四章《"天武系王权"重探：改写飞鸟、奈良政治史》，社会科学文献出版社2012年版，第176—195页。

附表1：《令集解》所引"本令"文例

序号	引　文	出处 卷数	篇名	令条	正文节文	页码	引用情况《唐令拾遗》	《唐令拾遗补》
1	穴云：……一云：上句下句，兼悬举持耳。……但本令云：惣判省事，故分为三句长。	卷二	职员令	太政官	举持纲目	44	引据（29）	——
2	新令私记云：惣判庶事，谓官内少少之事，……又，本令云：判省事故也。	卷二	职员令	太政官	惣判庶事	44	同上	——
3	穴云：内外官，谓迄郡司用也，案本令知耳。	卷二	职员令	太政官	权于内外官取清正灼然者充	54	引据（29）按语（30）	——
4	穴云：配流人，专使用何人？本令云：差部内散位者，于此不明。	卷四	职员令	刑部省	卿一人，掌鞫狱、定刑名	106	参考（703-704）	——
5	释云：……检本令，诸门管钥，本卫请进。然则诸门管钥，闱司掌之，不由典钥。	卷六	职员令	闱司	掌宫阁管钥	175	据以复原〔唐〕并引据（43）	补订讹文（337）
6	穴云：……问：满十户者，立别里，未知有所归哉？答：案本令读耳。	卷九	户令	为里	随便量置	260	参考（126）	——
7	穴云：应分者，不用此令，谓少子寡妻堪为户主应分者，古令见耳。又，唐令云：上条以子孙继绝者，谓为养子也。分财条，见本令耳。	卷九	户令	为户	应分者，不用此令	273	参考（157）	——
8	穴云：……转写，谓京国官司写也。为以本令里正易京国官司故也。	卷九	户令	造计帐	即依旧籍转写	282	引据（148）	按语（532）
9	穴云：帐籍亦籍。私案，依本令，手实及籍，然则帐籍二也。	卷九	户令	造户籍	国亦注帐籍	285	据以复原〔武〕〔开七〕〔开二五〕并引据（149-150）	全文补订，将三个时代令条分列，但未据此条复原（533-534）

续表

序号	引文	出处 卷数	出处 篇名	出处 令条	出处 正文节文	出处 页码	引用情况《唐令拾遗》	引用情况《唐令拾遗补》
10	古记云：……年月日下，夫姓名注付，食指点署，但食指为记，法用此间，与本令异耳，其记文送里长也。	卷一〇	户令	七出	画指为记	306	——	按语（543）
11	古记云：……问：诸条次妻并妾无文，若为处分？答：次妻与妻同。但妾者不载文，夫任意耳。一云：本令，妾比贱隶，所以不载，此间妾与妻同体，宜临时量也。	卷一〇	户令	殴妻祖父母	及欲害夫者	310	参考（165）	——
12	古记云：……案礼并本令，以十六为中男，此间令，以十七为中男，即十六以下谓之孤耳。	卷一〇	户令	鳏寡	凡鳏寡孤独贫穷老疾	311	引据（133）	——
13	穴云：本令云：州刺史，每年一巡行属县。	卷一一	户令	国遣行	每年一巡行属郡	317	引据（167）	——
14	穴云：……私案，……假两家家人所生，父相承为家人。是本令云：部曲子，不之客女子故（师不同之，但可问他耳）。	卷一一	户令	家人所生	相承为家人	338	引据（171）	〔唐〕→〔永〕（547-548）
15	穴云：……朱云：问：……又枯损者，又如本员，令种满何？……先云：然也。枯者亦如本令种。	卷一二	田令	桑漆	上户桑三百根，漆一百根以上	358	——	——
16	跡云：……案本令，应荫勋位子者充学生，此间令临时量耳。	卷一五	学令	大学生	若八位以上子，情愿者听	444	——	——
17	古记云：讲授多少，谓依本令。假令，大经三年讫，即一年料一秩充，以此为多少耳。	卷一五	学令	为考课等级	皆计当年讲授多少，以为考课等级	453	参考（188）	——

续表

序号	引文	出处 卷数	出处 篇名	出处 令条	出处 正文节文	出处 页码	引用情况《唐令拾遗》	引用情况《唐令拾遗补》
18	古记云：……一云，未还本贯之间，便充帐内资人者，听通计也。还本土讫后，更求仕者非。何者？本令：若回充帐内亲事，谓祖父帐内便充子孙是也。	卷一七	选叙令	本主亡	若回充帐内资人者，亦听通计前劳	493	据以复原〔唐〕并引据（203-204）	——
19-20	穴云：……谓不论本所阙不之状，还上，但本所不阙者，为番上耳，案本令知耳。本令云：令本司有阙者，依选式比校。	卷一七	选叙令	职事官患解	还令上本司	499	据以复原并引据（205）	〔唐〕→〔永〕（573）
21-22	释云：……本令：三位以上，带勋位高，同当勋阶荫。 释云：……又，本令云：自外降入九品者，并不得成荫者。此即降子阶，不降父位也。	卷一七	选叙令	五位以上子	其五位以上，带勋位高者	518	校记引并引据（214-215） 据以复原〔唐〕并引据（215）	改"三等"为"三品"（577） ——
23	穴云：……问：本令云：尚书省者，未知此文省者，亦其情软？答：此文者谓式、兵部。古令改太政官为省，案知耳。	卷一八	考课令	内外官	省未校以前	539-540	引据（241）	——
24	问：……此条送省者何？或云，先申官，乃送省。或云：直送省。何者？依本令，本府考讫，录申尚书省案记者（在军防令）。此令初条，改尚书省未校以前，为省未校以前，又改此条送尚书省者，而改为省。	卷二〇	考课令	分番	对定讫，具记送省	588	引据（241-242）；复原并引据（251-252）	考课令复原削除，军防令增补，并〔唐〕→〔永〕（594、620-621）

续表

序号	引文	出处 卷数	出处 篇名	出处 令条	出处 正文节文	出处 页码	引用情况 《唐令拾遗》	引用情况 《唐令拾遗补》
25-26	穴云：……本令云，流内流外长上官，故可云内外初位。……公云，本令云，流内流外，故耳云内外官。	卷二一	考课令	内外初位	凡内外初位以上长上官	609	引据（257）	——
27	跡云：……本（眉注：此下宫本傍书"令欤"）云：官品勋品令（眉注：令，图本宫本获本印本作合）如初，即知告身如初，明不解官。	卷二二	考课令	官人犯罪	本犯私罪断徒以上	633	据以复原〔唐〕并引据（260）	未改动，而增加开元年间令条（595）
28	穴云：……本令，视部内好学等，亦如之。	卷二二	考课令	贡人	皆本部长官贡	649	参考（167）	——
29	大夫云：……未知本令始给与此始计，其别何？答：始给，谓虽无日给耳。今于此始计，谓恐通计前任之日，故生此文，宜计满百廿日给，故云始计也。	卷二三	禄令	夺禄	从复任日为始计	661	据以复原并引据（239）	〔唐〕→〔永〕（590）
30	古记云：……假令于行幸所参出入者，书记云诣行在所耳，案本令可知。	卷二八	仪制令	赴车驾所	曰诣行在所	703	参考（401）	——
31	古记云：过时乃罢，谓本令过亏时者，即如常理务也。罢，训止。……此令过亏时乃退，遂日不理务耳。罢，训退。	卷二八	仪制令	太阳亏	过时乃罢	708	引据（412）	——
32	穴云：……问：案本令，五十六十两色生文，于此何？答：文称乡饮酒礼，然则依礼习耳，但唐以六十为老，于此令以六十一为老耳。	卷二八	仪制令	春时祭田	一行乡饮酒礼	723	引据（437）	——

续表

序号	引文	出处					引用情况	
		卷数	篇名	令条	正文节文	页码	《唐令拾遗》	《唐令拾遗补》
33	跡云：……又夫侄为三等，夫兄弟为四等事者，犹依本令而设法耳。	卷二八	仪制令	五等亲	夫侄……为三等	732	据以复原〔唐〕并引据（444）	——
34	私记云：……科折二字，或书作科料，但依令释习耳。私依本令叮造料字。	卷三〇	营缮令	在京营造	应科折	761	据以复原并引据（740）	〔唐〕→〔永〕（833）
35	古记云：问：年月日，未知谁笔？答：御所记录年月日耳。何知者？以本令云：御画日故。	卷三一	公式令	诏书	年月御画日	775	引据（477-478）按语（478）	——
36	释云：……断狱律云：应议请减者，并不合拷讯，皆据众证定罪者，令不推拷，谓此取本令文耳。	卷三二	公式令	奏弹式	不须推拷	803	引据（484）	——
37	穴云：……本令云：御注者留台为案，更写一通移送大理故。	卷三二	公式令	奏弹式	事大者奏弹	804	据以复原〔唐〕并引据（484）	——
38	穴云：……唐令云：移送大理寺，然则于此令云刑部耳。……本令云：更写一通移送大理。下云：非应奏者，并纠移所司推判者。案之，似纠移囚身耳。	卷三二	公式令	奏弹式	并纠移所司推判	805	同上	——
39	释云：以下，谓四驿以上，案本令知也。	卷三四	公式令	给驿传马	六驿以下	854	参考（510）引据（536）	——
40	古记云：……本令，别给驿子，谓引导之人，此间作駄（驮）。	卷三四	公式令	给驿传马	皆数外别给驿子一人	855	引据（509）	——
41	释云：……检本令，使事未毕之间，便纳所在官司。……今检此令无既此文，则知使事未毕之间者，使赍耳，还到于京，二日之内送纳也。	卷三四	公式令	给驿传马	其驿铃传符，还到二日之内送纳	855-856	同上	——

续表

序号	引文	出处 卷数	出处 篇名	出处 令条	出处 正文节文	出处 页码	引用情况《唐令拾遗》	引用情况《唐令拾遗补》
42	穴云：谓本（眉注：或此下脱令字）心。……此条顾本令心案耳。	卷三四	公式令	内外诸司	无职掌者，为散官	867-868	——	——
43-44	穴云：……案本令奏抄式，刑部覆断讫，送都省。……于行事无烦。今此令，申奏之日，无刑部卿俱署奏，太政官独奏。……此转回亦间，事涉不便。……丁宁累刑部注送耳（此义少异上义，相喻得理，但尚所烦者有耳。此违本令者然耳）。	卷三六	公式令	任授官位	仍录报元任授	907-908	《公式令》引据（481-482）；《狱官令》据以复原并引据（707-708）按语（709）	注释（708）；补订文字及标点讹误、〔唐〕→〔永〕（821）
45	穴云：案本令，于厩系饲饲（眉注：饲，恐衍），故云系饲，粟草并于厩所贮积使供，今改系饲称厩。	卷三八	厩牧令	厩细马	凡厩	915	——	——
46	穴云：……依本令，系饲并牧同给。	卷三八	厩牧令	官畜	凡官畜应请脂药疗病者	917	——	——
47	古记云：……本令云：其有数少不成群者，均入诸群。	卷三八	厩牧令	牧每牧	凡牧，每牧置长一人，帐一人	918	据以复原并引据（627）	〔开七〕〔开二五〕→〔永〕〔开七〕〔开二五〕
48	古记云：……案本令，至四岁为别群也。开元令：牡马牡牛，每三岁别群。准例置尉长，给牧人。	卷三八	厩牧令	牧每牧	其牧马牛，皆以百为群		据以复原并引据、按语（628）	〔唐〕→〔永〕（788）
49	古记云：各一百每年课驹犊各六十，……然本令，马牛以百廿为群，……此间以百为群，计牝不足百。	卷三八	厩牧令	牧牝马	各一百每年课驹犊各六十	919	引据（627）	——
50	古记云：……首从难定，若不得定者，均分给耳，以均分给为长，本令见文。	卷三八	厩牧令	每乘驹	各赏牧子稻廿束	920	引据（630）	〔开七〕→〔永〕〔开七〕（789）

续表

序号	引文	出处 卷数	出处 篇名	出处 令条	出处 正文节文	出处 页码	引用情况《唐令拾遗》	引用情况《唐令拾遗补》
51	古记云：……本令，其马廿岁以上，不在课驹限，牛以下不言文。	卷三八	厩牧令	死耗	死数同者，听以疫除	924	引据（629）	——
52	穴云：……而当时师云，下条发丧日，内停见事，及服锡纻者，是会本令举哀之义。	卷四〇	丧葬令	京官三位	遣使吊	958	参考（743）	——
53	穴云：……又古及本令，称"百官"，此令称"职事"。	卷四〇	丧葬令	职事官	凡职事官薨卒，赗物……皆依本位给	962	引据（749）	——
54	古记云：皆给殡殓调度，谓不限高下给之，……又检本令，送丧堪者不给，然此间广给耳。	卷四〇	丧葬令	官人从征	皆给殡殓调度	964	据以复原〔唐〕并引据（751）	——
55	穴云：……又本令云，部曲所生子孙，相承为部曲，家女不云，家女所生故。（义解红本里书）	佚文	捕亡令	两家奴婢		9	据以复原并引据（171）	〔唐〕→〔永〕（547-548）
56	释云：……本令曰致斋，此令改曰斋日也。（义解红本里书）	佚文	狱令	五位以上		13	引据（699）	——

附表2：《令集解》不同版本写校者题记中所见"本令"

序号	文例及版本	卷数	页码
1	右以清家之本令写之，遂一校了。 宽永甲戌（十一年，1634）仲夏 中原职忠 （获本奥书）	卷三末	84
2-3	右以清家之本令写之，课少外记，一校。 宽永十一年五月日 中原职忠 （获本奥书）（印本奥书）	卷六末	192

续表

序号	文例及版本	卷　数	页码
4	右以清家本令书写宽永甲戌孟冬校了 中原职忠记之 （荻本奥书）	卷九末	290
5	右以清家之本令写之，一校毕。 宽永十一甲戌秋日 中原职忠 （印本奥书）（荻本奥书无"令"字）	卷一五末	462
6-8	建治二年（1276）闰三月廿九日以正亲町本书写— 同年四月五日引合花山院本令校合— 章藤 （图本奥书）	卷二〇末	607
	建治二年闰三月廿九日以正亲町本书写了 同年四月五日引合花山院本令校合毕 章好（藤） （宫本奥书）		607
	建治二年闰三月廿九日以正亲町本书写毕 同年四月五日引合花山院本令校合毕 章藤 （荻本奥书）		607-608
	建治二年闰三月廿九日以正亲町本书写毕 同年四月五日引合花山院本令校合毕 章藤 （印本奥书）		608
9-10	右以清家本令写之遂合校毕 宽永十一年仲秋 大府侍郎中原职忠 （荻本奥书）（印本奥书）	卷二一末	624-625
11-12	右以中家本令书写之遂一校毕 万治四年（1661）仲春仲旬 羽林中郎将藤原 （荻本奥书）（印本奥书）		

阿斯塔那墓出土的唐代废弃官文书与纸质随葬品

杨晓宜[*]

一、前言

近年来中国古文书学研究兴起，关注古文书的形制、内容等各方面讨论。[1]结合古文书学与法制史两大方面的研究，本文综论中国法制史与文书行政的多重关系。在法制史研究方面，学界日趋重视出土文献与文物的材料，为加深出土资料的运用与研究，以吐鲁番出土文书为例，分析唐代官文书与墓葬随葬品的使用。本文主要参考唐长孺主编《吐鲁番出土文书》，[2]详细罗列吐鲁番墓葬出土的文书内容，以及部分墓葬纪年等相关信息。为具体呈现问题意识与相关讨论，将研究对象限缩在阿斯塔那墓葬群，这也是《吐鲁番出土文书》记载较为详尽的墓葬群，通过特定研究群体的综合分析与讨论，得以勾画出可能的历史面貌。

关于吐鲁番文书研究，学界集中于出土文书内部的讨论，或是文书发布形制等，进行细部考察、分析，不少文书内容涉及法律案件或牒状，对于唐代法

---

[*] 杨晓宜，台湾大学历史学系博士，上海师范大学古籍所讲师。
[1] 黄正建：《中国古文书学的历史与现状》，载《史学理论研究》2015年第3期，第135—139页；赵晶：《论日本中国古文书学研究之演进——以唐代告身研究为例》，载《早期中国史研究》2014年第6卷第1期，第113—141页。
[2] 唐长孺主编：《吐鲁番出土文书》，文物出版社1992年版。

制史研究颇具影响。[1] 目前吐鲁番出土文书研究著作，着眼于文书内容及外在形式，对于文书本身的来源和运用状况并未多加着墨，此正是本文所要探讨的核心。根据韩森（Valerie Hansen）的研究，吐鲁番出土文书的来源是当地居民将书写过的纸回收再利用，制作成死者的随葬品。公元640年以后，唐朝统治吐鲁番一地，为节省官文书存放空间，唐令规定官府所有文书在三年后必须扔掉。废弃文书部分流入制作丧葬冥衣的人手上，他们也回收私人文书材料，包含信件、契约、诗歌、药方和学校习字簿等，进而制作成纸质随葬品。[2] 韩森的研究视角提供了思考废弃官文书进入墓葬的流程，也能有效结合吐鲁番出土文书与唐代律令的研究。

在吐鲁番阿斯塔那墓葬研究方面，主要参考唐长孺《吐鲁番出土文书》，采用1959—1975年的考古报告。另外也参考相关考古报告，如《吐鲁番县阿斯塔那——哈拉和卓古墓群发掘简报（1963—1965）》[3]《吐鲁番县阿斯塔那——哈拉和卓古墓群清理简报》[4]《1986年新疆吐鲁番阿斯塔那古墓群发掘简报》[5]《1973年吐鲁番阿斯塔那古墓群发掘简报》[6]《吐鲁番晋—唐墓葬出土文书概述》[7]，补充

---

[1] 在唐代官文书形制研究方面，中村裕一运用吐鲁番出土文书资料，讨论各式公文书的形制与使用规范，如上、下行文书，平行文书，告身，过所等，整理唐代吐鲁番各类文书（中村裕一：《唐代公文书研究》，汲古书院1996年版）。赤木崇敏进一步探讨唐代西州的行政文书程序，以及县、各级军府的文书往来（赤木崇敏：《唐代前半期的地方公文体制——以吐鲁番出土文书为中心》，载邓小南主编：《文书·政令·信息沟通：以唐宋时期为主》，中华书局2011年版，第119—165页）。另有部分官文书与法律史研究，如刘俊文：《敦煌吐鲁番唐代法制文书考释》，中华书局1989年版。陈永胜：《敦煌吐鲁番法制文书研究》，甘肃人民出版社2000年版；郑显文：《出土文献与唐代法律史研究》，中国社会科学出版社2012年版；[日] 仁井田陞：《唐宋法律文书的研究》，东方文化学院东京研究所1937年版。

[2] Hansen Valerie, *The Silk Road: A New History*, New York: Oxford University Press, 2015. 芮乐伟·韩森（Valerie Hansen）著：《丝路新史：一个已经逝去但曾经兼容并蓄的世界》，李志鸿译，许雅惠审定，麦田出版社2015年版，第111—123页。

[3] 新疆维吾尔自治区博物馆：《吐鲁番县阿斯塔那——哈拉和卓古墓群发掘简报（1963—1965）》，载《文物》1973年第10期。

[4] 新疆维吾尔自治区博物馆：《吐鲁番县阿斯塔那——哈拉和卓古墓群清理简报》，载《文物》1972年第1期。

[5] 吐鲁番地区文管所：《1986年新疆吐鲁番阿斯塔那古墓群发掘简报》，载《考古》1992年第2期。

[6] 《1973年吐鲁番阿斯塔那古墓群发掘简报》，载《文物》1975年第7期，第8—18页。

[7] 新疆维吾尔自治区博物馆：《吐鲁番晋—唐墓葬出土文书概述》，载《文物》1977年第3期，第21—29页。

相关墓葬信息，如文书原先的形制、折损状况、出土概况等。另参考侯灿、吴美琳主编《吐鲁番出土砖志集注》[1]，收有目前发掘的墓志内文与注释。此外，关于吐鲁番纸质随葬品研究，如孙丽萍《吐鲁番古墓葬纸明器考论》[2]，以及陆锡兴《吐鲁番古墓纸明器研究》[3]，皆综论纸质明器的功用与使用状况，有利于观察与分析纸质随葬品。以上研究成果提供许多墓葬资料，结合出土文书研究，多方讨论唐代文书制成随葬品的历程。

基于目前学界的丰富成果，试图从中找出不同的视角与讨论面向。比对唐代官文书与吐鲁番墓葬研究成果，学界大多讨论文书内容与行政体制，对于墓葬与文书两者之间关系的分析较少。对此延伸出两个问题意识：1. 为何官文书会出现在墓葬里？牵涉唐代前期对于官文书的保管机制，通过唐代律令的讨论，以及比对墓葬与出土文书的纪年，整理两者相差的时间，综合分析文献资料与墓葬信息两者的关联性。2. 官文书回收利用与纸质随葬品的关系是什么？当官文书作为废纸使用，进入墓葬体系，被制作成墓主贴身用品、装饰用品、纸棺、人俑、纸鞋、纸帽等，这些纸质随葬品代表了另一种墓葬功用与象征意义，如随葬品材料与性质的转变，或因应当地需求，纸类在吐鲁番的使用与流传等讨论课题。根据以上两点，本文将研究断代订在唐代贞观年以后[4]，地域限缩在吐鲁番阿斯塔那墓葬群，比对要点为出土文书纪年、墓葬纪年、两者相差时间、纸质随葬品等四大面向，说明唐代官文书的运用与纸质随葬品的象征意义。

二、唐代官文书的保存机制与法规

若要说明吐鲁番出土文书的形制，必须探讨唐代官文书的保存与运用状况，

---

[1] 侯灿、吴美琳：《吐鲁番出土砖志集注（上、下册）》，巴蜀书社2003年版。
[2] 孙丽萍：《吐鲁番古墓葬纸明器考论》，载《吐鲁番学研究》2014年第2期，第84—90页。
[3] 陆锡兴：《吐鲁番古墓纸明器研究》，载《西域研究》2006年第3期。
[4] 结合出土文书与当时文书行政法律制度的讨论，比对律令制度，唐代律令等传世文献可作为比对分析的材料，因而将时间订在唐代。研究时间订于贞观年间，乃因贞观十四年（640年）唐帝国灭高昌，以其地置西州，而后高昌成为西州都督府治所，直至9世纪为回纥所取代。本文主要界定年代为唐西州时期。

尤以回应第一个问题点："为何官文书会出现在墓葬里？"须审视唐代官方对于文书保存的规定。首先，关于唐代官文书的定义，《唐律疏议·贼盗律》"盗制书及官文书"条（总273条）提到："在司寻常施行文书，有印无印等。"[1] 所谓官文书，乃指官府平常使用的各类文书，不论是否加上官印，皆属于官府文书。此行政体系包含中央层级及地方官府的上下行文书，最基层单位可至坊正或里正使用的文书，此类文书在吐鲁番出土资料中皆可见到。

唐代官府文书为楮纸，质地较麻纸更为粗糙，尺寸为 1 尺 ×1.5 尺，其中也杂有一些破纸或废纸。纸在质量上有粗细之分，质地优者称为案卷，粗糙者称为次纸。官文书形制可分为三部分，一为收件机构与长官姓名，二为文书内容，三为书写者之机构与职称、日期，最后加上官印，完成以上几个步骤后就成为一份完整的官文书。[2] 唐代用纸量庞大，尤以官府体系所用最为大宗，如《新唐书》所载一例可资为证：

> 中书令李林甫以租庸、丁防、和籴、春彩、税草无定法，岁为旨符，遣使一告，费纸五十余万。条目既多，覆问踰年，乃与采访朝集使议革之，为长行旨，以授朝集使及送旨符使，岁有所支，进画附驿以达，每州不过二纸。[3]

开元、天宝年间李林甫担任中书令，当时朝廷遣使下达中央法规，所使用的纸量达五十余万，可见耗纸量之大。为减低纸的用量，李林甫改行他策，由中央发布的内容每州限定不超过二纸，足见唐代纸的重要性与官府文书体系的运作状况。

（一）官文书类型与保存

关于唐代官文书，《唐律疏议·贼盗律》"盗制书及官文书"条（总273条）

---

[1] （唐）长孙无忌等撰：《唐律疏议·贼盗律》"盗制书及官文书"条（总273条），中华书局1983年版，第351页。
[2] 关于唐代官方用纸的介绍，参考［日］藤枝晃：《汉字的文化史》，知识出版社1991年版，第91—92页。
[3] （宋）欧阳修等撰：《新唐书·食货志》卷51，中华书局2000年版，第1345—1346页。

所载《疏》议曰："重害，谓徒罪以上狱案及婚姻、良贱、勋赏、黜陟、授官、除免之类，称'之类'者，谓仓粮财物、行军文簿帐及户籍、手实之属。"[1] 此处"重害"，指盗官文书最严重的状况，可理解为重要的文书类型，包含徒罪以上的法律案件、档案，以及涉及身份、任官、婚姻有关者，也包含"之类"文书，如官府仓粮财物、户籍、名籍等。在唐代官方体制下，若弃毁、盗取官文书等违法行为，唐代司法官员根据文书重要性，对违法者所处之刑罚也有所差异。

综观《吐鲁番出土文书》所载文书内容（参看附表），绝大多数是地方官府文书，涉及钱谷、军兵资费、名籍、户籍、手实等。另有一些是法律类文书，牵涉徒罪以上者并不多，主要是勘问辞或民间土地纠纷等，多属于轻罪案件。此外，不同的官府体系，也包含上行、平行、下行文书等行政程序，如《唐六典·尚书都省》载：

> 凡都省掌举诸司之纲纪与其百僚之程序，以正邦理，以宣邦教。凡上之所以逮下，其制有六，曰：制、敕、册、令、教、符。下于县，县下于乡，皆曰符。凡下之所以达上，其制亦有六，曰：表、状、笺、启、牒、辞。诸司自相质问，其义有三，曰：关、刺、移。凡内外百司所受之事皆印其发日，为之程限：一日受，二日报。[2]

关于不同机构间的文书往来与行政程序，唐代有规范的制度与运作，如是否用印代表不同意义。官文书的保存机制也有所规范，根据《唐六典·尚书都省》载：

> 凡文案既成，勾司行朱讫，皆书其上端，记年、月、日，纳诸库。凡施行公文应印者，监印之官考其事目，无或差缪，然后印之；必书于历，每月终纳诸库。……凡天下制敕、计奏之数，省符、宣告之节，率以岁终为断。京师诸司，皆以四月一日纳于都省。其天下诸州，则本司推校以授勾官，勾官审之，联署封印，附计帐使纳于都省。常以六月一日都事集诸司令史对覆，若有隐漏、不同，

---

[1]《唐律疏议·贼盗律》"盗制书及官文书"条（总273条），第351页。
[2]（唐）李林甫等撰：《唐六典·尚书都省》卷1，中华书局1992年版，第10—11页。

皆附于考课焉。[1]

针对尚书省的文案处理、保管系统，凡所有已完成的文案，都须有勾检官进行审核，并记录日期，最后储放在仓库内。此外，其他州级官府文书也须由勾检官审核，签署封印后，送交至中央，清楚载明中央官府对于各类文书的保管与审核标准。唐代勾检官在文书行政中担任重要职责，对于文书内容的核对与储放有其规范，又称为"勾检制度"。若比对唐代吐鲁番文书，其内文留有朱色标记、朱色字句，且数量相当庞大，推测是勾检官进行审核时所留下的记号，也代表了唐代官府文书的行政程序与相关规范。[2]

综论唐代法律规定与行政文书流程，可知官文书的来源与用途，在使用与保管上有一定的规制与组成人员，从官文书的纸、使用规范、审核人员、保存机制等，都有详细载明相关流程。不论是盗取还是毁坏、亡失官文书，皆会处以刑责，如《唐律疏议·杂律》"弃毁亡失制书官文书"条（总438条）：

> 诸弃毁制书及官文书者，准盗论；亡失及误毁者，各减二等。（毁，须失文字。若欲动事者，从诈增减法。）其误毁失符、移、解牒者，杖六十。（谓未入所司而有本案者。）[3]

唐代官文书可分为现行文书与非现行文书，本条律文主在规定对象为现行文书。凡弃毁制书，徒二年；弃毁官文书则依盗罪处置，杖一百；若是亡失、误毁者，杖八十。此外，文书也有分轻重等级之别，如符（上至下）、移（平行文书）、牒（下至上）属于低阶之公文书，[4] 若有误毁、亡失者，再减等刑责，处以杖六十。结合前述唐代官文书的使用规范、审核机制，再比对法律规范内容，可知唐代官文书体制的完整性，不论是官文书的保管还是弃毁、亡失等状况，都有明文规定及遵守条款。

---

[1] （唐）李林甫等撰：《唐六典·尚书都省》卷1，中华书局1992年版，第11—12页。
[2] 参考王永兴：《唐勾检制研究》，上海古籍出版社1991年版。
[3] 《唐律疏议·杂律》"弃毁亡失制书官文书"条（总438条），第514页。
[4] （唐）李林甫等撰：《唐六典·尚书都省》卷1，中华书局1992年版，第10—11页。

（二）官文书的拣除

若唐代官文书体系如此严谨，备以法律规定作为处罚依据，代表文书的行用与内容有其重要性，不可随意丢弃、损毁。此类墓葬出土的官文书属于哪类？目前学界多认为是官府的废纸利用，同一墓葬保存的文书有可能是同批，彼此之间有关联性，这些断片残牒某种程度上可接续复原。[1] 既然吐鲁番出土文书可能是同批官文书，那么唐代官府废弃文书的处理规范为何？与前述弃毁、亡失官文书的状况是否相关？

根据唐令规定，官文书有一定的保存期限，如《唐律疏议·贼盗律》"盗制书及官文书"（总273条）所载："《疏》议曰：'即盗应除文案者'，依令：'文案不须常留者，每三年一拣除。'既是年久应除，即非见行文案，故依凡盗之法，计赃科罪。"[2] 唐代官文书分为现行文书与应除文书（非现行文书）两种。唐律规定若盗取"应除文书"，以一般盗罪处置，计赃论罪，亦代表这类文书的重要性又更为降低。所谓应除者，乃根据唐令规定而来，如一些不重要且无须常留的文案，每三年定期拣除一次，"应除"的过程包含官府内部的挑选、审核。官府文书都须经过筛选，将重要文书保留，不重要或已满年限者则予以丢除，进入废纸系统。

关于唐代官文书废除，仁井田陞将此令列为唐开元二十五年，但此法条应在唐前期（高宗时期）就有规定。仁井田陞比对《日本养老令》复原与补充，目前唐令没有保留相关细则，可根据《日本养老令》讨论废除的文书类型与性质。[3]《日本养老·公式令》第八十三条：

---

[1] ［日］藤枝晃：《汉字的文化史》，知识出版社1991年版，第90页；唐长孺主编：《吐鲁番出土文书》，文物出版社1992年版。

[2]《唐律疏议·贼盗律》"盗制书及官文书"条（总273条），第351页。

[3] 日本养老令和唐令有发展渊源，日本天皇参考唐代律令格式，建构律令制国家，可参考养老令以作为唐令的补充。养老律令于养老二年（718年），由藤原不比等撰定，天平胜宝九年（757年）施行，以永徽律疏为蓝本。养老令除以永徽令为蓝本外，也可能参考开元三年令，或是参照永徽令至开元三年令之间其他的令文。《养老律令》共有十卷十二篇的律、十卷三十篇的令。参考［日］押部佳周：《日本律令成立の研究》，东京塙书房1981年版；高明士：《东亚传统教育与法文化》，台大出版中心2007年版，第224页；郑显文：《从唐律到日本律——关于日本律成立的几个问题》，载《比较法研究》2004年第2期。

凡文案、诏敕奏案及考案、补官解案、祥瑞、财物、婚、田、良贱、市估案，如此之类常留。以外年别检简，三年一除之。具录事目为记。其须为年限者，量事留纳。限满准除。[1]

此条令文关于常留与非常留之分，作为官府挑选、拣除的参考依据。所谓常留者是重要的官文书，《日本养老·公式令》所载细目与《唐律疏议·贼盗律》"盗制书及官文书"条相似，都涉及官方诏书、任官、身份等类，至于次要或不常留文书，则是在此类之外者，三年进行一次拣除。《日本养老·公式令》详细说明拣除过程，必须"具录事目为记"，即进行审核与登录条目后才可废除官文书，可见官文书保存规制的严谨。而此条唐令也可呼应墓葬出土官文书的可能因素与背景，意即墓葬内的官文书应属于官府非现行文书，经过一定的年限与拣除，成为废纸的一部分，而官文书正是此类废纸的大宗，回收利用成纸质随葬品。对于官文书的规范与保存机制，可重新反思吐鲁番出土文书与官府行政文书的关联性。以官方规定的三年为限，结合现存文献资料与墓葬考古报告，检视吐鲁番墓葬的纪年时间与文书时间，分析、比对唐代官文书的保存、废除与废纸利用等问题。

三、阿斯塔那墓葬纪年与出土文书

根据《吐鲁番出土文书》研究成果，参照考古报告为 1959 至 1975 年，共 13 次发掘简报，清理出晋至唐四百五十余座墓葬，唐代以后墓葬群集中于第二、三、四册。研究群体的设定时间为唐代贞观年以后，因贞观十四年（640 年）唐帝国灭高昌，设置西州，而后高昌成为西州都督府治所，直至 9 世纪为回纥所取代，主要界定年代为唐西州时期。[2] 吐鲁番出土文书为新疆地区，在当地已发现汉代

---

[1] [日] 会田范治：《注解养老令》，京都有信堂出版社 1964 年版，第 1076—1077 页；[日] 仁井田陞：《唐令拾遗》，长春出版社 1989 年版，第 534—535 页。
[2] 北魏和平元年（460 年）柔然人进入此地，立汉人阚伯周为高昌王，建立高昌王国。而后由张孟明、马继儒及曲嘉统治，曲氏高昌（499—640 年）是年代最长的最后一个王朝，贞观十四年（640 年）为唐所灭，其地置西州及安西督护府。参考潘吉星：《中国造纸史》，上海人民出版社 2009 年版，第 409 页。

纸张遗迹，[1]这说明纸张从造纸中心陕西通过甘肃河西走廊传入新疆，也发现不少晋代至隋唐的纸本文书。关于纸张的制造与来源，在吐鲁番阿斯塔那古墓发现高昌时期重光元年（620年）文书，内载有"纸师隗显奴"，[2]以及其他古墓发现的文书载有"当上典狱配纸坊驱使"，[3]可知当时已出现专门掌管纸张制造的单位与官职，[4]促使我们更加了解吐鲁番文书的可能来源，多数纸张应是出自官方的造纸作坊。

吐鲁番地区制造与使用纸张的事实，令人联想到纸张在墓葬出现的状况，以及官府行政文书的关联性。为解决官方文书进入墓葬的经过与时间，根据《吐鲁番出土文书》所载阿斯塔那墓葬群中，整理有墓志纪年之墓，并在其内所保留的文书，且须有纪年者，通过墓葬纪年与文书纪年两者，综合分析唐代官文书进入废纸体系的时间断定与回收利用。为方便查阅分析，笔者已整理"阿斯塔那出土文书与唐代墓志纪年对照表"（参见附表）。

（一）阿斯塔那墓出土文书与唐代墓志纪年对照表之整理

关于吐鲁番出土文书的纪年问题，根据唐长孺初步研究可知，大部分墓葬出土文书的时间早于墓葬年代，下限不晚于墓志纪年。但有例外情形，可能是盗扰，或墓葬人数先后次序的问题，因此文书纪年不一定能完全代表该墓的纪年。[5]因盗扰与埋葬人数、次序，影响研究群体的变动性，尤其大部分墓

---

[1] 1933年考古学家在罗布淖尔汉烽燧遗址发现汉宣帝时期（公元前73—前49年）的麻纸，长十公分、宽四公分，为当地屯戍士兵所用。1900年斯文赫定在罗布淖尔的古楼兰遗址发现公元3—4世纪的纸本文书。相关研究成果可参考李约瑟（Joseph Needham）主编，钱存训著：《造纸及印刷》，台湾商务印书馆1995年版，第80页；潘吉星：《中国造纸史》，上海人民出版社2009年版，第412页。

[2] 此墓葬文书为吐鲁番阿斯塔那151号墓（72TAM151：52）。

[3] 此墓葬文书为吐鲁番阿斯塔那167号墓（72TAM167：3），纸本文书高21.7公分、长8.5公分，肤色麻纸，推测此文书时间为公元6—8世纪。潘吉星：《中国造纸史》，上海人民出版社2009年版，第416页。此文书所载"当上典狱配纸坊驱使"，从文字叙述中"典狱"与"当上"两个字词，推测纸坊应为官方设置的单位，才会有典狱官负责统领罪犯至纸坊服劳役的记录。

[4] 潘吉星：《中国造纸史》，上海人民出版社2009年版，第411—420页。《中国造纸史话》，台北明文书局1985年版，第94—98页。

[5] 唐长孺主编：《吐鲁番出土文书》第1册，文物出版社1992年版，第1—3页。

葬并无详细考古报告可参考，而《吐鲁番出土文书》仅简单记录墓葬人数与顺序。综观相关资料发现，许多墓葬为双人合葬或多人合葬，仅出土一个墓志，从这些微薄信息很难推测文书纪年与墓志纪年的关系，如同一墓葬内的文书可能分为二至三批进入墓葬，难以清楚分辨哪些文书是属于哪个人，或出土墓志属于哪位死者，甚至有些文书是高昌时期而非唐代等问题。墓葬信息之不足与数量之庞大，造成研究的困难点。本文试图找出唐代官文书与墓葬时间的关系，以及官文书废除运用的问题点，将文书分类项目增加，补上墓葬等相关信息。

根据《吐鲁番出土文书》与《吐鲁番出土砖志集注》所载资料，整理"阿斯塔那出土文书与唐代墓志纪年对照表"，细分成几类项目，如墓葬号码、墓志纪年、出土文书纪年、墓葬与文书相差时间、出土文书篇名（细分为官、私文书类型）、各篇文书纪年、各篇文书与墓志相差时间、文书所载地点、纸质随葬品、墓葬资料等，共有33例。表格内所载文书篇名为有纪年者，无纪年文书已先行排除，仅列出几则文书为例。从细部整理项目中，试图解决上述困难点，排除非墓志纪年的文书，记载不清楚者则以"不明"作记。另有盗扰或埋葬顺序的状况，则注记"文书晚于墓葬的时间"（如204号墓、330号墓、221号墓、188号墓）。有些为同墓葬的文书，被制成纸鞋、纸帽穿戴在墓主身上，而墓主却无纪年者（无墓志），则标明"某尸随葬品"（29号墓），或"后葬者的随葬文书"（187号墓）。

此外，同一墓葬可分为不同批的文书，根据出土墓志作比对，在"墓葬与文书相差时间"此项目，将可能的断定时间罗列出来，如338号墓有尸三具，文书可分为二段纪年：高昌时期文书34—42年、唐代文书3—13年；206号墓为合葬墓，男尸先葬，文书亦有三段纪年：高昌时期文书71年、唐代文书15—17年、唐代文书5年；230号墓为合葬墓，男尸先葬，文书分为二段纪年：唐代文书18—24年、11年；509号墓为三人葬，其中一尸无法推断纪年，文书分为二段纪年：唐代文书7年、3—6年。虽然墓志不完全代表同墓葬的时间，但用以可比对文书与墓葬纪年相差的最短时间，这可能是最接近文书废纸利用进入墓葬的时间。从以上四例可知，墓葬与文书纪年最短的相差时间为3—13年、5年、11年、3—6年，可推论从现行文书成为废纸利用的纸质随葬品，其时间是 3—13 年，符合前述唐令规定："文案不须常留者，每三年一拣除"，[1] 而此推论并不会受到墓葬盗扰或埋葬顺序的影响。最后，因研究群体中有部分为唐代墓志，但内部出有高昌时期文书，为综合讨论文书运用问题，也将高昌晚期文书放入探讨，清楚比对墓葬文书的纪年。

再者，关于阿斯塔那墓葬群的墓志，参考《吐鲁番出土砖志集注》，[2] 唐代最早墓志纪年为唐贞观十四年（640 年），最晚为唐建中三年（782 年）。唐代吐鲁番地区墓葬多集中在贞观十五年（641 年）至武周长安年间（704 年），这段时间约 60 年。唐代开元年间以后，此区墓志数量相当稀少。再比对出土文书与墓志，多集中于高宗、武则天时期。"阿斯塔那出土文书与唐代墓志纪年对照表"所载墓志纪年为唐贞观十六年（642 年）至唐开元二十五年（737 年），最晚纪年为 506 号墓，根据墓主买阴宅契唐大历四年（769 年），以及"马寺尼法慈为父张无价身死请给墓夫赙赠事牒"之大历七年（772 年）。因此，表格内所载墓葬纪年时间为唐贞观十六年（642 年）至大历七年（772 年），两者横跨约 130 年，与《吐鲁番出土砖志集注》所载唐代墓志数量最集中的时间差不多。比对"阿斯塔那出土文书与唐代墓志纪年对照表"与墓志纪年，吐鲁番唐代墓葬群集中在唐高宗、武则天（武周）、唐玄宗，此时期也是唐帝国治理西州较为紧密的时代。

（二）纪年墓与文书纪年的时距

关于纪年文书与墓葬的相差时间，少数文书与墓葬相差时间较长，有 30 年以上，但此类所占比例不高。本列表共有 33 例，年代超过 30 年的有 7 例，多数出现在唐代贞观年间的墓葬，其内保留高昌时期文书，因此文书纪年较墓葬早 30 年以上。如 140 号墓（唐永徽六年：655 年），大部分为高昌时期的私文书，另有少许唐代文书。337 号墓（唐显庆二年：657 年），本墓葬盗扰严重，有些文书晚于墓葬时间，有高昌时期与唐代文书。338 号墓（唐乾封二年：667 年），本

---

[1]《唐律疏议·贼盗律》"盗制书及官文书"条（总 273 条），第 351 页。
[2] 侯灿、吴美琳：《吐鲁番出土砖志集注（上、下册）》，巴蜀书社 2003 年版。

墓葬盗扰严重，多为高昌时期的私文书，唯一有纪年的官文书是唐永徽五年（654年），与墓葬纪年相差13年。117号墓（唐永淳三年：683年），大部分为高昌时期的私文书，仅有一例官文书为唐贞观二十年（646年），与墓葬相差37年。206号墓（唐永昌元年：689年），大部分为唐代官文书，仅有一例为高昌时期官文书，与墓葬相差71年，但此墓为合葬墓，男尸亡于高昌延寿十年（633年），推测此文书随男尸而葬。506号墓（唐大历四年至七年：769—772年），本墓葬出有官、私文书，与墓葬相差时间最多者为开元十八年之官文书，约差距39—42年，仅有一例，推测为特殊案例。比对各墓葬与文书差距时间可知，相差30年以上者，多为特殊状况，因多人合葬之故，先葬者随葬文书为高昌时期或私文书类型，所以墓葬与文书纪年差距较大。206号墓与506号墓因出土文书量较多，相差时间较大者的文书属于特殊案例，仅有一例。因此，墓葬与出土文书相差30年以上者，可能是随葬过程中所造成的影响，而非官文书进入墓葬内的确切时间。

综观其他墓葬资料，文书纪年与墓葬纪年相差时间1—15年左右，其中又多集中于3—9年之间。若墓志与官文书皆为唐代纪年者，如302号墓相差时间为3—16年，多为官文书。338号墓仅一例官文书相差13年。206号墓相差15—17年、5年，此两例皆为官文书。44号墓相差7—15年，为官文书有纪年者。42号墓相差1—4年，官文书为差科簿、转租田亩公文事、户口帐，根据唐代律令规定此属于不须常留者，年限未满3年可能已拣除。61号墓相差8年，此墓官文书皆为麟德二年（665年），文书所载地点多为高昌，推测部分文书为同一批官文书。201号墓相差2年，由西州都督府发布的"符"，属于上级机构下达命令的低阶公文书，符合唐代律令规定，属于不须常留者，年限未满3年已拣除。221号墓相差1—9年，多数官文书超过三年，仅有三例为相差一年，属于细事官文书。209号墓相差15年，为官文书。508号墓相差6—7年，为官文书。100号墓相差6—18年，为官文书。36号墓相差9年，皆为神龙元年（705年）之官文书。188号墓相差8—9年，多为官文书。230号墓相差11年。192号墓相差5年，为官文书。187号墓相差2—7年，为官文书。509号墓相差3—7年，为官文书。506号墓相差3—13年，为官文书。以上几例皆扣除私文书部分，根据墓葬纪年推测官文书进入废纸利用的可能时间，为3年以上，仅有几例不超过3年,因其为不须常留者,故年限未满而拣除。综观吐鲁番出土文书,大多为低阶公文书,如牒、辞、符、名籍、差科簿、户籍、官府细事等,增加了文书成为废纸的可能性。

综合而言,比对唐代墓葬纪年与出土官文书纪年,两者相差时间约1—15年,多集中于3—9年之间。当官府文案累积到一定程度后,再将官文书流传至市面,以作为不同用途,而墓葬之纸质随葬品为其中一种。因废纸流通至市面后需要一些时间制成纸质随葬品,从现行官文书至废除后进入墓葬的时间,推测大约是3—9年。除了部分文书纪年相当接近墓葬纪年,大部分都超过3年,可见唐代官文书的保存期限与墓葬文书的使用有关。若将此时序比对唐令规定,"文案不须常留者,每三年一拣除",[1] 阿斯塔那墓葬文书确实符合官文书废除的保存期限,亦证明"阿斯塔那出土文书与唐代墓志纪年对照表"所列出的时间差距,最接近官文书废除后再行利用的时段。

(三)废弃官文书的流通路线

关于文书所载地点,根据"阿斯塔那出土文书与唐代墓志纪年对照表",大多数为西州官文书,高昌县所占比例最高,另有记载乡名者,如武城乡、崇化乡、安西乡等。仅有几例来自其他州或长安,如204号墓(高昌延寿九年:633年),出有洛州河南县官文书;140号墓(唐永徽六年:655年),出有延州的上烽契;206号墓(唐永昌元年:689年),出有长安、洛阳官文书,其中一个女俑身上出有33件来自长安的当票,包含一些典当布匹的收据;[2] 44号墓(唐永徽六年:655年),出有肃州官文书;29号墓(唐咸亨三年:672年),出有申送尚书省的案卷;188号墓(唐开元三年:715年),出有甘州官文书;230号墓(武周长安二年:702年),出有两则长安官文书,其一为尚书省户部发布的命令。吐鲁番墓葬群内文书流通的过程,大多为西州官文书或私文书(以契约类居多),少部分为长安发布的中央命令,另有来自洛州、甘州、延州、肃州等地,但外

---

[1]《唐律疏议·贼盗律》"盗制书及官文书"条(总273条),第351页。
[2] 韩森(Valerie Hansen)著:《传统中国日常生活中的协商:中古契约研究》,鲁西奇译,江苏人民出版社2009年版,第20—21页。

地文书流通率较本地低得多,文书流通仍以西州本地为主。从外地进入西州墓葬内的文书,可能有一条运送的路程,即长安—甘州—肃州—西州,长安为一分界点与文书聚散处,由此地接收各地官府文书,并在运送过程中,可能将延州、洛州文书送至其他地方,甚至是远在西边疆域的西州。以上推论乃根据"阿斯塔那出土文书与唐代墓志纪年对照表"而来,不代表全部的吐鲁番出土文书,仅呈现部分状况。

四、纸质随葬品与物质文明

唐代对于纸的运用相当多元,大多数用在文书或契约,尤以官府文书最为大宗。比对阿斯塔那墓葬与出土文书的纪年,可知唐代官文书行用超过三年者,经由官府拣除后作为废纸利用,并进入墓葬成为纸质随葬品,官府保存文案至废纸进入墓葬的时间3—9年左右,符合唐代律令的规定。除了官文书的保管与出土文书纪年讨论之外,另一问题点为"官文书回收利用为纸质随葬品",即官文书废弃后已非官府文案,而是转变为纸质随葬品,它代表了另一种墓葬功用与象征意义。"纸"除了文书形式之外,是否被制成其他用品?根据《旧唐书·回纥传》卷195所载:

（代宗宝应元年）初,回纥至东京,以贼平,恣行残忍,士女惧之,皆登圣善寺及白马寺二阁以避之。回纥纵火焚二阁,伤死者万计,累旬火焰不止。……时东都再经贼乱,朔方军及郭英义、鱼朝恩等军不能禁暴,与回纥纵掠坊市及汝、郑等州,比屋荡尽,人悉以纸为衣,或有衣经者。[1]

此段史料记载唐代宗宝应元年（762年）回纥攻略东都的战事,其间死伤人数众多,街坊屋宅被损毁,人们生活困苦,因而"以纸为衣,或有衣经者"。除了文书使用之外,纸也可成为人的生活用品,如衣服之类,但前提是战乱时期,在相当艰困、难以生存的时空背景下,人们才有可能以纸作为衣服,

---

[1]（后晋）刘昫:《旧唐书·回纥传》卷195,中华书局2000年版,第5204页。

一般人不会将纸作为贴身用品。[1] 纸类使用的普遍性仍是文书，而非文书形式都是特殊状况。若将此概念放置在阿斯塔那墓葬中重新审视，纸不仅作为文书使用，最为广泛的运用是制作成墓主的生活用品，如纸鞋、纸帽等。[2] 此意味着"纸"制成生活用品是在死后世界，而存在活人世界（俗世）使用状况较少，除非有战乱或宗教用途等特殊情况。从纸的运用反思唐代文书的多重面貌，纸除了作为文书类，也被制成墓主的随葬用品，并成为另一种特殊的墓葬文化。

（一）纸质随葬品与墓主生活用品

吐鲁番阿斯塔那墓葬出土文书有一部分是以文书形式随葬，如衣物疏、功德疏等，506号墓"张无价买阴宅地契"，以及151号墓与327号墓"随葬衣物疏"，明显都是墓主死后进入另一个世界，以作为日后使用的地契，及相关随身物清单，文书本身具有宣示、宣告的意涵。[3] 另有一部分为废纸回收利用，制成死者的衣饰，如纸鞋、冠带、枕衾等，或为其他随葬品（纸棺），此类文书形制所占比例最多。有些文书不一定是西州当地，而是从外地运送而来，有的是敦煌、庭州、伊州、洛州、长安等地，体现唐代文书的流通性与回收利用的多重功能。

---

[1] 部分史料记载穿着纸衣的状况，如唐代大历年间（766—779年）某禅僧长期穿着纸衣，又被称为"纸衣禅师"。但穿着纸衣仍非普遍现象，大多是将纸作为某一种素材，或是用树皮制成衣服，或是用纸作成楮冠或鞋内衬里。参考李约瑟（Joseph Needham）主编，钱存训著：《造纸及印刷》，第142—150页。阿斯塔那墓出土的纸制品，其实活着的人也可用，如纸衣、纸冠、纸帐、纸被等，因当时新疆地区节省纸张，纸制品大多由旧纸作成。参考潘吉星：《中国造纸史》，上海人民出版社2009年版，第210—211页。

[2] 纸钱是一种另外创造出来的随葬品，而不是废弃文书回收利用所制成，两者代表的意义不同。如新疆阿斯塔那唐墓（64TAM34号墓）曾出土纸钱，这座墓为公元667年，将纸剪成连串钱贯，用以焚化或陪葬等祭祀所用，此并非本文要讨论的纸质随葬品。关于纸钱的讨论，可参考李约瑟（Joseph Needham）主编，钱存训著：《造纸及印刷》，第134—138页。陈登武：《地狱·法律·人间秩序——中古中国的宗教、社会与国家》，五南图书出版社2009年版，第155—158页。

[3] 韩森（Valerie Hansen）：《为什么将契约埋在坟墓里》，载朱雷主编：《唐代的历史与社会》，武汉大学出版社1997年版，第540—547页；韩森（Valerie Hansen）著：《传统中国日常生活中的协商：中古契约研究》，鲁西奇译，江苏人民出版社2009年版。

当官文书成为废纸后，有一部分成为纸质随葬品，进入墓葬体系，作为墓主死后世界的使用物品。纸作为一种普遍使用的材质，价格较丝绢低廉、方便剪裁。在吐鲁番墓葬群中时常可见到纸类随葬品，类似绢帛的墓葬功用，加上纸的制作为麻料织物，涂上颜色后和绢帛有相似性，又具有韧性、柔软性和一定的硬度，可随意涂色装饰，价格比绢帛便宜，较为一般人所能接受，进而作为墓葬使用，可称为"纸明器丧葬文化"。使用纸作为随葬品，并非墓主经济不佳的因素，因为纸在唐代仍是昂贵之物，多为官府使用，若在墓葬中能使用纸质作为随葬品，代表墓主绝非低阶身份。[1]

唐代废弃官文书有一部分进入墓葬内，多数成为墓主的随葬用品，纸鞋比例最高，另有一些为纸靴；纸冠、纸帽数量次于纸鞋。另有出土纸腰带、草俑、完整文书等。关于纸鞋方面，在33个墓葬案例中，16个墓葬内出有纸鞋，扣除墓葬信息未明者11例（仅能看出方形文书或残片文书者），废弃文书制成纸鞋的比例最高。关于纸鞋形制，根据《1986年新疆吐鲁番阿斯塔那古墓群发掘简报》记录，86TAM 389：32，仅存前部鞋日，是方口，鞋底和鞋帮分别用双层无字纸折叠裁剪好，再用细麻线联缀起来。鞋帮表面涂黑绘彩，中间纵向饰一较宽的条带纹，条带内饰菱形格，是先用白色勾出，再用浅黄色描绘，菱格内饰红、白色点。鞋帮近底处饰一周较窄条带菱格纹，白色线条，红白色点。残长5公分、底宽9公分、高6公分。86TAM387：38，前部保存完好。方鞋口，前端略弧尖，底、帮都使用书写过的纸，制法同上，鞋帮表面涂黑。长16公分、底宽10公分、高6公分。[2] 从纸鞋形制的说明可知，纸作为墓主随葬品，其制作有如真鞋一般，仍有颜色和花纹作为装饰，此正是墓主在死后世界使用的物品，以取代绢帛制成的昂贵鞋。

在阿斯塔那墓葬群中，纸鞋是最常出现且使用的纸质随葬品，另有类似的生活用品——纸靴，根据"阿斯塔那出土文书与唐代墓志纪年对照表"所载，117号墓（唐永淳三年：683年）、188号墓（唐开元三年：715年）、506号墓（唐大历四年至七年：769—772年），共有3例，纸鞋与纸靴属于性质相似的生

---

[1] 关于纸质随葬品与墓主的关系，参考孙丽萍：《吐鲁番古墓葬纸明器考论》，载《吐鲁番学研究》2014年第2期，第84—90页。

[2] 吐鲁番地区文管所：《1986年新疆吐鲁番阿斯塔那古墓群发掘简报》，载《考古》1992年第2期。

活用品，可能因纸靴制作所用纸量较多，使用比例较纸鞋低。除了鞋类的纸质随葬品，纸帽、纸冠亦是纸明器之一，纸帽共有 3 例（42 号墓 – 唐永徽二年：651 年、221 号墓 – 唐永徽四年：653 年、209 号墓 – 唐显庆三年：658 年），纸冠有 2 例（42 号墓、29 号墓 – 唐咸亨三年至垂拱元年：672—685 年），冠帽类纸质随葬品集中于 651—685 年之间，即唐高宗、武则天时期。关于纸帽形制，根据《1986 年新疆吐鲁番阿斯塔那古墓群发掘简报》记录，86TAM386：21，半圆筒状，高 13 直径公分。帽顶、帽围是用双层书写使用过的废纸折叠裁剪好，再用细麻线缝缀在一起。86TAM387：30，长 39 公分、宽 18 公分。圆筒状，用双层没有书写过的纸，外面涂黑，结缝处用丝线缝合。高 12 公分、径 16 公分。[1]

比对冠帽类与鞋类纸质随葬品，就数量上而言，鞋类所占比例最高，共有 19 例；冠帽类有 5 例，远低于鞋类随葬品。就制作年代而言，鞋类遍及各时期，从唐贞观年间到大历年间皆有，横跨约 130 年；冠帽类则集中于唐永徽至垂拱年间，横跨 35 年左右。纸鞋类是一种普遍性的墓葬物品，有专门人员进行制作与贩卖，使用的纸数量可能较少于纸帽、纸冠，在多数墓葬中为常见的纸质随葬品，使用时间也较长；而冠帽类集中在高宗、武周时期，因目前资料有限，尚无法断定其意义。在此所采用的墓葬案例，乃根据有纪年的墓葬与文书所推测，并非完全代表唐代墓葬纸明器的普遍性，而是限于阿斯塔那的唐代纪年墓葬。

在吐鲁番出土墓葬群中，鞋帽是用涂成黑色的剪纸作成，有时会在尸体的胸部放有一些用纸剪裁的微型衣服，为了制造这些陪葬品，使用废弃档案或官文书，纸的背面有些为汉文书写的文书。在某些墓葬中，人们会在死者的衣服下面和胸部上放置陪葬衣物的清单，认为死者能将这些东西带到另一个世界。[2] 除了纸类鞋帽，也包含纸腰带等生活用品，如 29 号墓（唐咸亨三年：672 年），男尸出有纸腰带。又如 509 号墓（唐开元二十五年：737 年），后葬之外侧女尸

---

[1] 吐鲁番地区文管所：《1986 年新疆吐鲁番阿斯塔那古墓群发掘简报》，载《考古》1992 年第 2 期。

[2] 莫尼克·玛雅尔（Monique Maillard）著：《古代高昌王国：物质文明史》，耿升译，中华书局 1995 年版，第 202—203 页。

出有纸衾，文书纪年为开元十九年（731年）至宝应元年（762年）。其中文书量最多者为506号墓（唐大历四年至七年：769—772年），墓主张无价，内含纸棺，纸棺长2.3公尺、前高0.87公尺、宽0.68公尺、后高0.5公尺、宽0.45公尺。它以细木杆为骨架，自前至后撑以五道弧顶支架，糊以外表涂红的故纸。无底。根据现场遗迹、遗物判断，死者是被置于一片糊以故纸的苇席（代棺底，其长宽与纸棺下口相等）上，再罩上纸棺。[1] 文书内容为唐天宝十三载至十四载（754—755年）"交河郡长行坊贮马料交卷"，即西、庭二州驿馆的马料收支帐。

（二）纸质随葬品与死后世界的想象

关于阿斯塔那唐代墓葬群之纸质随葬品，可看到纸类多元使用的面貌，如墓主的生活用品、贴身用品等。纸质随葬品作为墓主死后世界的使用对象，除了在墓葬资料所呈现的具体实物，唐代笔记小说也记录冥界使用纸质物品的故事。根据《太平广记·鬼三十六·李重》卷351：

（大中五年）检校郎中知盐铁河阴院事李重罢职，居河东郡。被疾，旬日益甚，沈然在榻。……重曰："侍御饮酒乎？"曰："安敢不饮。"重遂命酒，以杯置于前。朱衣者曰："吾自有饮器。"乃于衣中出一杯，初似银，及既酌，而其杯翻翻不定。细视，乃纸为者。二人各尽二杯，已而收其杯于衣中。将去，又诫重曰："君愈之后，慎无饮酒，祸且及矣。"重谢而诺之，良久遂去。至庭中，乃无所见。视其外门，扃键如旧。又见其榻前，酒在地，盖二鬼所饮也。重自是病愈。[2]

唐宣宗大中五年（851年），李重因病躺卧在榻上，突然见到一位朱衣人、一位白衣人，二人与他饮酒。在此过程中，朱衣人自备酒杯，细看后发现此杯

---

[1] 新疆维吾尔自治区博物馆、西北大学历史系考古专业：《1973年吐鲁番阿斯塔那古墓群发掘简报》，载《文物》1975年第7期。
[2] （宋）李昉：《太平广记》卷351，《鬼三十六·李重》，引唐代张读《宣室志》，中华书局1995年版，第2777—2778页。

为纸所制成。饮酒毕,又自行将纸杯收回衣中。最后,二位客人还嘱咐李重,身体痊愈后不可饮酒误事。而后,李重发现地上有酒,原来此二人为鬼。由这个故事可知,唐代冥界使用纸类制成的用品,如酒杯为冥界之鬼所用。唐代对于纸质随葬品的墓葬功用与李重故事有所关联,比对阿斯塔那墓葬出土文物,虽无纸杯之随葬品,但有许多纸鞋、纸帽等生活用品,可推论纸质用品在冥界使用的共通性,亦可视为从陶、瓷器转化为纸质随葬品的过程。纸质随葬品产生了另一种新的墓葬功用,它成为墓主在死后世界使用的生活用品,可与其他实体制成的物品一同并用,如绢帛、陶器、泥器、瓷器、青铜器等。纸质随葬品的便利与可塑性大,加上官文书废纸利用的功能,逐渐成为墓葬中可见的随葬品之一。

纸质随葬品可作为墓主的生活用品、贴身用品,亦可作为人俑装饰所用,尤其是人俑与人体的四肢构成。根据"阿斯塔那出土文书与唐代墓志纪年对照表"所载,206 号墓(唐永昌元年:689 年),出土两个舞乐俑,身上有文书。女俑一,女舞俑高 35.7 公分,为半身木胎俑,用纸捻成臂膀,外着丝织衣服。眉间额际的红色花钿、脸颊处晕染的斜红以及唇角两侧的红色妆花。她上身穿黄色短襦,下身穿黄地红条纹长裙,花锦腰带束腰。花帛披肩搭于肩上,旋绕于手臂间。女俑二,女舞俑高 29.8 公分,头部为泥塑彩绘,身躯以木柱支撑,用纸捻成臂膀。乌黑头发挽成了回鹘髻,内穿绿色绮裙,上身外套短袖联珠纹锦短衣,下身穿彩条纹微喇长裙,肩披降黄色长条状印花罗纱。[1] 墓葬中的人俑有时为木制,其臂膀常是另外嵌入。如果臂膀是用纸张剪贴裱糊成,仅是粘贴上去,手部无法活动。有时人们只着重于人俑头部的雕刻,身体等其余部分并未雕琢加工,而是给人俑穿上织物或彩纸作成的服装。[2] 就如 206 号墓两位女舞俑的臂膀皆为纸所制成,头部有雕刻、装饰,身体为木材质,再穿上漂亮的服装。纸除了文书使用和墓主随葬品之外,也包含替代人俑的四肢。

人俑四肢可用纸作为替代,在阿斯塔那墓葬中也有尸体用纸作为残肢的替

---

[1] 中国历史博物馆、新疆维吾尔自治区文物局:《天山·古道·东西风——新疆丝绸之路文物特辑》,中国社会科学出版社 2002 年版。

[2] 莫尼克·玛雅尔(Monique Maillard)著:《古代高昌王国:物质文明史》,耿升译,中华书局 1995 年版,第 205 页。

代品。如151号墓（高昌重光元年：620年），夫妻合葬墓。男尸先葬，右腿残肢用纸包扎，出有文书。在阿斯塔那墓葬群中，同时发现人俑的臂膀与墓主右腿残肢，皆使用纸作为替代品，且为文字记录的文书，更见废弃文书多元的运用功能。但为何人体四肢用纸作为替代品？这代表什么意义？在唐代，尚未发现相关史料记载纸类作为肢体的实证，但宋代《夷坚志》有一条类似记录，提到用纸制成人体支架，可作为诠释的依据，如晏氏媪：

> 晏元献家老乳媪燕氏，在晏氏数十年，一家颇加礼。既死，犹以时节祭之。尝见梦曰："冥间甚乐，但衰老须人挟持，苦乏使耳。"其家为画二妇人焚之。复梦曰："赐我多矣，奈软弱不中用何。"其家感异，嘱匠者厚以纸为骨，且绘二美婢，它日来谢曰："新婢绝可人意，今不寂寞矣。"[1]

晏氏老媪死后，托梦告知家人为其增添仆人照料生活，先用纸画成二位妇人样貌，烧给老媪。但老媪来托梦告知，纸画仆人柔弱不堪使用，希望能有更好使且坚固的仆人。对此，家人特别嘱咐工匠，此次与先前仅用纸画样的制作方式不同，是以纸作为人骨支架，再绘上二婢样貌，而后烧给老媪。老媪再次托梦答谢家人，并提到新婢好使，可照料其生活。从这个故事可知，纸类作为人体骨架的可能，体现人俑或人体四肢、骨架的坚固之意。就如206号墓舞乐俑的臂膀与151号墓墓主的右腿残肢，使用纸作为包扎或替代为骨架的一部分，反映纸是一种坚固、耐用、便利的材质，多元使用在墓葬文化。纸质随葬品大多制作为墓主的贴身用品或为装饰所用，仅有少数运用在其他随葬品。纸质类亦可作为残肢的替代品，代表纸的功用不仅是随葬品，也可替代墓主身上所需之物，包含弥补任何不足之处。

五、结语

阿斯塔那墓地位于吐鲁番市东南约40公里处，为西晋至唐代高昌居民的墓

---

[1]（宋）洪迈：《夷坚志》卷16《甲志·晏氏媪》，中华书局1981年版，第142—143页。

地，总面积约 10 平方公里。1959 年以来，考古工作者先后进行 13 次考古发掘，清理西晋至唐代墓葬四百多座。干燥的地理环境，使墓葬内部的文书得以保存，供为后世学者研究之用，对于唐代文书研究具有重大影响。本文主要讨论阿斯塔那墓葬群出土的唐代墓志与纪年文书，进而比对同一纪年墓葬出土的文书，找出两者相差时距，推论唐代官文书保存期限与废弃利用的状况。分为两大主轴，一为唐代官文书的保存机制；二为官文书废弃后，回收利用制成纸质随葬品。

首先，关于唐代官文书的保存机制，整理"阿斯塔那出土文书与唐代墓志纪年对照表"，细分出各类文书、墓葬纪年、官私文书之区别、纸质随葬品类型、墓葬信息等，推论墓志与文书纪年两者相差时间约 1—15 年，其中多集中于 3—9 年之间。当官府文案累积到一定程度后，经由拣选、废除的程序后，再将废弃官文书流传至市面，以作为不同用途，而墓葬之纸质随葬品为其中一种。若将此时序比对唐令规定，"文案不须常留者，每三年一拣除"，确实符合官文书废除的保存期限，亦证明"阿斯塔那出土文书与唐代墓志纪年对照表"所列出的时距最接近官文书废弃利用的时间，从现行官文书至废除后进入墓葬的时间，大约是 3-9 年。此外，讨论唐代官文书的界定与内容轻重之分，不同的文书类型略分为常留、不常留。综观吐鲁番出土文书类型，大多为低阶的官文书，以西州本地为主，可见官府文书的流通与废纸运用，仍集中在本地的文案。

其次，讨论唐代官文书回收利用之纸质随葬品，从官府文案形制转变为墓葬功用，这是极大的转换与变通过程，也呈现出纸类多元运用的面貌。阿斯塔那墓葬群因地理环境与气候之故，保留一定数量的纸质随葬品，可作为研究的参考样本。根据"阿斯塔那出土文书与唐代墓志纪年对照表"所载墓葬资料，分析各类纸质用品，如纸鞋、纸帽、纸棺等，以及人俑与墓主的肢体用纸制成，体现文书废弃后回收再利用的功能，以及纸质随葬品呈现出另一种墓葬文化。纸质随葬品有几点特色：耐用、可塑性强、便利、较绢帛便宜、坚固可供为人体四肢之替代品、废弃的官私文书可作为回收利用、随葬品材质的转变与变通等，呈现出纸质随葬品的特点与可用性。

关于唐代官文书保存与废弃利用的过程，本文尝试从宏观角度讨论细微的问题，通过纪年墓葬与文书，推论唐代官文书从现行到废除利用的时间，以及讨论纸质随葬品在墓葬文化中的历史意义与多元功用。

阿斯塔那出土文书与唐代墓志纪年对照表

- 参考唐长孺主编：《吐鲁番出土文书》，文物出版社1992年版。
- 墓葬号码标注：册数－页码。如：2-39，即第2册第39页。

墓葬号码	墓葬纪年（参考墓志纪年）	出土文书纪年（最早与最晚的文书纪年）	墓葬与文书相差时间	纸质随葬品
78号墓 2-39	唐贞观十六年（642年）	高昌延寿十一年（634年）唐贞观十四年（640年）	2—8年	纸鞋
519号墓 2-71	唐贞观十六年（642年）	高昌延寿十七年（640年）	2年	残片文书
171号墓 2-73	唐贞观十六年（642年）	高昌延寿十四年（637年）	5年	纸鞋
151号墓 2-85	墓表及随葬衣物疏：高昌重光元年（620年）	高昌延和八年（609年）高昌义和五年（618年）	2—11年	纸鞋 纸冠 残肢包扎
204号墓 2-152	高昌延寿九年（633年）	唐贞观二十二年（648年）	?	长方形文书与残片
302号墓 2-179	唐永徽四年（653年）	高昌延寿十四年（637年）唐贞观二十三年（649年）唐永徽元年（650年）	3—16年	纸鞋 残片文书
140号墓 2-194	唐永徽六年（655年）	高昌重光四年（623年）至延寿九年（632年）	23—32年	纸鞋
134号墓 2-215	唐龙朔二年（662年）	唐麟德二年（665年）	?	纸鞋
337号墓 2-221	唐显庆二年（657年）	高昌延寿八年（568年）至唐龙朔三年（663年）	89年 1—8年	纸鞋 残片文书
338号墓 2-239	唐乾封二年（667年）	高昌延寿二年（625年）至唐总章元年（668年）	34—42年 23年 3—13年	纸鞋
326号墓 2-249	高昌延昌二十六年（586年）	高昌和平元年（551年）至唐总章元年（668年）	35年 2—3年	纸鞋

续表

墓葬号码	墓葬纪年（参考墓志纪年）	出土文书纪年（最早与最晚的文书纪年）	墓葬与文书相差时间	纸质随葬品
117号墓 2-288	唐永淳三年（683年）	高昌延寿四年（627年）至唐太宗或高宗时期	37—56年	纸靴
206号墓 2-299	唐永昌元年（689年）	高昌义和五年（618年）至唐光宅元年（684年）	71年 15—17年 5年	舞乐俑
44号墓 3-66	唐永徽六年（655年）	唐贞观十四年（640年）唐贞观二十二年（648年）	7—15年	长方形残片文书
74号墓 3-79	唐显庆三年（658年）	唐显庆三年（658年）	0年（仅私文书）	纸鞋残片文书
42号墓 3-110	唐永徽二年（651年）	唐贞观二十一年至二十四年（647—649年）唐永徽元年（650年）	1—4年	纸帽 纸鞋 纸冠 草俑
4号墓 3-208	唐咸亨四年（673年）	唐显庆三年（660年）至唐咸亨四年（673年）	3—13年	纸鞋 长方形文书
330号墓 3-230	唐咸亨三年（672年）	唐总章元年（668年）至唐咸亨五年（674年）	4年	纸鞋
61号墓 3-236	唐咸亨四年（673年）	唐麟德二年（665年）	8年	残片文书
201号墓 3-258	唐咸亨五年（674年）	唐咸亨三年（672年）至五年（674年）	2年	方形文书
202号墓 3-263	唐麟德元年（664年）唐仪凤二年（677年）	唐上元二年（675年）	2年	残片文书
221号墓 3-303	唐永徽四年（653年）	唐贞观十八年（644年）唐贞观二十二年（648年）唐永徽元年（650年）唐永徽三年（652年）	1—9年	纸鞋 纸帽

续表

墓葬号码	墓葬纪年（参考墓志纪年）	出土文书纪年（最早与最晚的文书纪年）	墓葬与文书相差时间	纸质随葬品
209号墓 3-317	唐显庆三年（658年）	唐贞观十七年（643年）	15年	纸帽 纸鞋 残片文书
29号墓 3-334	唐咸亨三年（672年）	唐咸亨三年（672年）至唐垂拱元年（685年）	纸腰带纪年不明。出自纸冠，同一批文书为670—689年，彼此相隔约20年。	纸腰带 纸冠
508号墓 3-401	武周长安三年（703年）	天册万岁二年（696年）万岁通天二年（697年）	6—7年	长方形文书 圆形文书
100号墓 3-404	武周久视元年（700年）	唐永淳元年（682年）武周延载元年（694年）	6—18年	长方形文书
36号墓 4-14	唐开元二年（714年）	唐神龙元年（705年）	9年	长方形文书
188号墓 4-24	唐开元三年（715年）	唐神龙二年（706年）唐神龙三年（707年）	8—9年	纸靴
230号墓 4-65	武周长安二年（702年）	唐仪凤三年（678年）唐文明元年（684年）文书多为691年前（武周天授二年）	18—24年 11年	长方形文书 残片文书
192号墓 4-143	唐开元十二年（724年）	唐开元七年（719年）	5年	残片文书
187号墓 4-201	唐载初元年（689年）武周长安四年（704年）	唐垂拱三年（687年）	2—7年	残片文书 长方形文书
509号墓 4-251	武周久视元年（700年）唐开元二十五年（737年）	武周、开元时期 唐开元十九年（731年）至唐宝应元年（762年）	7年 3—6年	纸鞋 纸衾

续表

墓葬号码	墓葬纪年（参考墓志纪年）	出土文书纪年（最早与最晚的文书纪年）	墓葬与文书相差时间	纸质随葬品
506号墓 4-392	墓主买阴宅契约唐大历四年（769年）。马寺尼法慈为父张无价身死请给墓夫赐赠事牒唐大历七年（772年）。	唐开元十八年（730年） 唐开元十九年（731年） 唐开元二十年（732年） 唐天宝十载（751年） 唐天宝十三载至十四载（754—755年）→数量最多。 唐乾元二年（759年） 唐上元二年（761年） 唐大历五年至六年（770—771年）	37—42年 14—28年 1—13年	纸棺 纸靴

图书在版编目(CIP)数据

敦煌西域出土的法律文书与中国古代法制研究 / 郑显文,王蕾主编. — 北京：中国法制出版社,2023.11

ISBN 978-7-5216-3310-8

Ⅰ.①敦… Ⅱ.①郑… ②王… Ⅲ.①出土文物—法律文书—研究—中国—古代②法制史—研究—中国—古代 Ⅳ.① K877.94 ② D929.2

中国国家版本馆 CIP 数据核字（2023）第 030076 号

责任编辑：李宏伟　　　　　　　　　　　　　　　　封面设计：杨鑫宇

敦煌西域出土的法律文书与中国古代法制研究
DUNHUANG XIYU CHUTU DE FALÜ WENSHU YU ZHONGGUO GUDAI FAZHI YANJIU

主编 / 郑显文　王　蕾
经销 / 新华书店
印刷 / 北京虎彩文化传播有限公司
开本 / 710 毫米 ×1000 毫米　16 开　　　　　　　　印张 / 20.5　字数 / 323 千
版次 / 2023 年 11 月第 1 版　　　　　　　　　　　2023 年 11 月第 1 次印刷

中国法制出版社出版
书号 ISBN 978-7-5216-3310-8　　　　　　　　　　　　　　　　定价：75.00 元

北京市西城区西便门西里甲 16 号西便门办公区
邮政编码：100053　　　　　　　　　　　　　　　　　传真：010-63141600
网址：http://www.zgfzs.com　　　　　　　　　　　　编辑部电话：010-63141804
市场营销部电话：010-63141612　　　　　　　　　　印务部电话：010-63141606

（如有印装质量问题，请与本社印务部联系。）